FÚTBOL: EL JUGADOR ES LO IMPORTANTE

La complejidad del ser humano como verdadera base del juego

Francisco José Cervera Villena
Rosa María Coba Sánchez

Título: FÚTBOL: EL JUGADOR ES LO IMPORTANTE. LA COMPLEJIDAD DEL SER HUMANO COMO VERDADERA BASE DEL JUEGO

Autores:: FRANCISCO JOSÉ CERVERA VILLENA Y ROSA MARÍA COBA SÁNCHEZ

Diseño de cubierta: Fernando G. Mancha
Fotografía de portada: José Luis Rúa Nácher

Colaboración en gráficos: MARTA CERVERA VILLENA

Editorial: WANCEULEN EDITORIAL DEPORTIVA, S.L.
C/ Cristo del Desamparo y Abandono, 56 41006 SEVILLA
Tlfs 954656661 y 954920298
www.wanceulen.com   infoeditorial@wanceulen.com

ISBN: 978-84-9993-274-3

Dep. Legal:
©Copyright: WANCEULEN EDITORIAL DEPORTIVA, S.L.
Primera Edición: Año 2012
Impreso en España: Publidisa

Reservados todos los derechos. Queda prohibido reproducir, almacenar en sistemas de recuperación de la información y transmitir parte alguna de esta publicación, cualquiera que sea el medio empleado (electrónico, mecánico, fotocopia, impresión, grabación, etc), sin el permiso de los titulares de los derechos de propiedad intelectual. Cualquier forma de reproducción, distribución, comunicación pública o transformación de esta obra solo puede ser realizada con la autorización de sus titulares, salvo excepción prevista por la ley. Diríjase a CEDRO (Centro Español de Derechos Reprográficos, www.cedro.org) si necesita fotocopiar o escanear algún fragmento de esta obra.

Sobre los autores

Francisco José Cervera Villena

- Licenciado en Ciencias de la Actividad Física y del Deporte por la Universidad de Granada.
- Nivel III de Fútbol. Técnico Deportivo de Grado Superior.
- Máster Universitario de Preparación Física por la UCLM y la RFEF
- Máster de Investigación en Ciencias de la Actividad Física y del Deporte con Mención de Calidad por el Ministerio de Educación y Ciencia por la Universidad de Málaga.
- Realizando actualmente la Tesis Doctoral especializada en Fútbol por la UMA (Universidad de Málaga). Director: Antonio Hernández Mendo. Codirectores: IVEF Vitoria (Julen Castellano Paulís) y Universidad de Jaén (José Alfonso Morcillo Losa).
- Entrenador Nacional de Natación
- Profesor de Educación Secundaria
- Temporada 2005/06: Preparador Físico del Granada B en categoría Senior Preferente.
- Temporada 2006/07: Alternó la Preparación Física del Polideportivo Ejido Juvenil A en Liga Nacional con el Primer Equipo como Preparador Físico Adjunto en 2ª División A,
- Temporada 2007/08: Primer Entrenador Juvenil A del Polideportivo Ejido. Objetivo: ascender a División de Honor Juvenil por primera vez en la Historia del Club Polideportivo Ejido. Puesto 2º, que da el ascenso directo dicha categoría.
- Colaboración en la preparación física del primer equipo en 2ª división al tiempo que coordinó la Preparación de Porteros del todas las categorías del club.
- Temporada 2009/10: Preparador Físico C.D. Huetor Tájar del grupo IX de Tercera División.
- Temporadas 2010/11 y 2011/12: Preparador Físico C.D. Guijuelo del grupo II de 2ªB. Scouting y análisis de rivales. Entrenamiento de Porteros. Orientación y control metodológico de los técnicos del fútbol base.

Rosa Mª Coba Sánchez

- Licenciada en psicología. Universidad Autónoma de Barcelona.
- Máster en neuropsicología. Universidad Autónoma de Barcelona.
- Máster en prevención de riesgos laborales. Especialidad psicosociología del trabajo. Escuela de Alta Dirección Hospitalaria de Madrid.
- Psicóloga especialista en psicología clínica y neuropsicología en Policlínica del Poniente.

ÍNDICE

PRÓLOGO de Radomir Antic 11

PRÓLOGO de Luis Rubiales 15

Agradecimientos 19

Preámbulo 21

CAPÍTULO 1. INTRODUCCIÓN: DETRÁS DE LO APARENTE ESTÁ LO ESENCIAL 27

CAPÍTULO 2. EL FÚTBOL ESTÁ ENFERMO: PARTIR DEL JUGADOR ES LA MEDICINA 39
   2.1. Paradigma jugador-modelo de juego. 44
   2.2. Aditividad nula y no nula. La persuasión como una forma de aditividad positiva. 58
   2.3. Gestionar el perfil de competencias de la persona-jugador 64
      2.3.1. Persona – jugador – presión. 64
      2.3.2. Persona – jugador – miedo. 71

CAPÍTULO 3. NEUROPSICOLOGÍA AL SERVICIO DEL JUEGO 93
   3.1. Plasticidad cerebral. 99
   3.2. Affordance: una invitación a la interacción. 110
   3.3. Ampliando el margen de competencias. Cerebro del que aprende y cerebro del que "enseña" 120
   3.4. Inteligencias múltiples 123
   3.5. Asociaciones y capacidad de ejecución desde la interacción 127
   3.6. Necesitamos aprender a pensar como base de un entrenamiento coherente ¿cómo lo hacemos? 131
   3.7. Pensamiento convergente y pensamiento divergente como base de conceptos y como medio hacia la construcción del modelo de juego 136
   3.8. Pensamiento irradiante y mapas mentales 139
   3.9. Calidad en el aprendizaje. El pensamiento crítico 150
   3.10. Pensamiento sistémico. La velocidad en el juego no es cuestión de músculo 151

CAPÍTULO 4. UN PASO MÁS ALLÁ DE LA TEORÍA DE SISTEMAS 167
4.1. El fútbol no es tuyo, ni tuyo ni mío 167
4.2. Procesualismo frente a postprocesualismo. "la historia
 la hace el que gana" 180
4.3. Entrenamiento sistémico.. 186
4.4. ¿Qué entendemos por ser buen jugador? Una respuesta
 desde la autopoiésis y las multiestructuras sistémicas............................ 189
4.5. ¿Un adiós al acto táctico? 203
4.6. Un continuum desde la intención generadora a ¿la intención
 táctica?.. 210
4.7. De la raíz de las multiestructuras a la savia de un nuevo constructo.. 222

CAPÍTULO 5. LAS EMOCIONES TAMBIÉN JUEGAN, PERO DESDE EL CAMPO, NO DESDE EL DIVÁN: UN PLAN DE ACTUACIÓN BASADO EN EL MARKETING NEURONAL.. 233
5.1. La inteligencia emocional desde la interpretación del juego................. 242
5.2. Cultura y filosofía de club/equipo: la magia de las neuronas espejo... 245
5.3. Pensamiento lateral. 254
5.4. Resilencia. 258

CAPÍTULO 6. LA DIRECCIÓN DE EQUIPO DESDE EL JUGADOR: HACIA EL ESTÍMULO EMOCIONALMENTE COMPETENTE.......................... 263
6.1. La hierba crece de noche, el jugador en la empatía 263
6.2. El entrenador como gestor de las consistencias conductuales.
 Partir del principio del carácter no lineal del comportamiento
 humano 267
6.3. El proceso de ósmosis en la dirección de equipo: una visión
 metafórica de la realidad. Una fundamentación biológica
 de la dirección de equipo 272
6.4. La posibilidad de lo improbable 274
6.5. El proceso de entrenamiento: ¿una incoherencia hecha realidad
 o una realidad incoherente? ¿es la periodización táctica una forma
 lineal de planificar? 280

CAPÍTULO 7. FÚTBOL SOCIOAFECTIVO. EL VALOR POR ENCIMA DEL MEDIO 291
7.1. El problema de lo cuantificable en el desarrollo del juego.
 El fútbol como retrato de la sociedad 291
7.2. Hacia una nueva perspectiva de las relaciones sociales:
 algo que estaba en el juego y se está desvirtuando 295
7.3. La convivencia de valores en la creación del modelo de
 juego los dominios de aprendizaje..298
7.4. La neurociencia como base de los medios socio afectivos:
 un "ubuntu futbolístico" 306

Epílogo de José Alfonso Morcillo 327
Glosario 333
Referencias bibliográficas 337
Referencias electrónicas 340

PRÓLOGO

Siempre es un motivo de alegría acercarme a las personas interesadas en aprender; como jugador y como entrenador esa ha sido mi máxima. Realizar el prólogo de este libro hace que mi alegría sea doble, ya que esta obra me contagia el entusiasmo de sus autores y porque me siento completamente identificado con su título.

Cuando comencé a jugar en el Sloboda Uzice como defensa, que el fútbol iba a ser mi vida ya lo tenía claro mucho tiempo antes. El olor a cal e hierba recién cortada me acabó de convencer. Siempre supe que los roles de un jugador dentro del campo y el puesto específico estaban sobrevalorados, que el talento no tenía por qué estar asociado al puesto y que todo era mucho más "sencillo". Después, mi trayectoria me llevo a comprender que el fútbol es de la gente; los jugadores están de paso y los técnicos han de gestionar la ilusión por mejorar de todos. Desde entonces hasta hoy, mis convicciones se han convertido en certezas, entre ellas una de las que parte este libro: la persona es lo fundamental: EL JUGADOR ES LO IMPORTANTE.

Es por ello que no tuve la menor duda en realizar el prólogo de este libro. Cuando Fran y Rosa contactaron conmigo para tal fin, la claridad de su exposición, la valentía por compartir sus teorías y argumentos, algunos de ellos muy novedosos y con una proyección muy interesante, así como el entusiasmo que me trasmitieron, me hicieron apoyar sin dilación este proyecto.

El concepto de dinamismo y movimiento, para una persona que ha viajado y vivido en diversos lugares del mundo, me atrae y me atrapa tanto como el movimiento del cerebro que hay detrás y lo sustenta. Un claro ejemplo de ello lo conforman la relación entre neuronas espejo-pensamiento-emociones-conducta. ¡No nos estanquemos!: el talento no capitula con la edad, sino con las ganas de evolucionar y no olvidemos que tal y como una persona es fuera del campo se muestra dentro del mismo.

El fútbol nos devuelve la ilusión por recoger frutos de un buen trabajo. Sociológicamente ha costado y está costando mucho llegar a una estabilidad dados los tiempos que corren. A nivel deportivo se está consiguiendo. El ciudadano español se forja bajo la lucha por ser mejor en su día a día al tiempo que se reivindica con un arte vivido, pensado, luchado, en definitiva, trabajado: la selección española de fútbol es el mejor ejemplo de ello.

Los criterios no admiten comparaciones, pero el juego del Barça y el del Real Madrid son un reflejo de la cultura de cada club que la alberga: para el primero, la paciencia es su mayor virtud, que no lentitud, y la ponen en práctica mediante el pase como medio de comunicación y el acoso como medio de reivindicación de lo que con tanto esmero construyeron ya que no es obligatorio ir más rápido para llegar antes ni tampoco estar quieto y ser paciente como sinónimo de desidia; de hecho, ya lo dijo el sabio: no basta con llegar antes, sino hay que saber llegar. Por su parte, el Real Madrid quiere un resultado rápido, y su juego es así, de vértigo, como sus equipos, cuya calidad, a veces se acelera tanto que coinciden en espacio y tiempo jugadores, desarbolando lo que podría ser una buena construcción de juego.

Navegando por las páginas de la presente obra y en mis entrevistas con sus autores, he podido constatar algo ya demostrable: que la mejora es posible en cualquier situación y ámbito porque es voluble. Cada forma de jugar es respetable pero lo que no debemos pretender es ir contra natura. Si queremos una cantera, sea cual sea el club, hay que tener en cuenta dos cosas: paciencia, de un lado, y que la ausencia de error forme parte del acierto por el otro. Si queremos modificar cosas reflexionemos, porque se puede.

Competir no es nada fácil y menos cuando en la sociedad de hoy en día se da la ambivalencia entre éxito rápido y tecnología. Dar prioridad a la persona que se enfunda una elástica es más importante que aprender un pase: la mochila descrita por lo autores al hablar de la persona-jugador. No puedo estar más de acuerdo.

Actualmente, el fútbol balcánico hace mucho hincapié en la técnica y su desarrollo, quizás por ser dicha tecnificación una manera de cohabitar con el desarrollo de los mercados y las potencias mundiales. La técnica no es que esté al servicio de la relación socio-afectiva dentro del campo y del modelo de juego; es que fuera del mismo no existe. Habría que ir más allá. La cultura se puede modificar y el fútbol contribuye a ello. La tecnificación futbolística no sirve de nada sin un marco cultural adecuado, lo que en fútbol se plasmaría con lo que llamamos táctica, pero podríamos dar un paso hacia adelante e ir más allá, tal y como los autores explican. El término "balance" es la clave: equilibrio al servicio del desarrollo; desarrollo equilibrado que no haga de funambulista emocional con el jugador sin darle las herramientas necesarias para andar por la cuerda floja permitiendo una caída lo más acolchada posible, porque tarde o temprano, amigos míos, se cae, se pierde, te meten un gol. El fútbol es como la vida.

Reflexionemos acerca de lo que se suele hacer al entrenar a niños pequeños. Una especialización temprana, término que podría ser definido como perjudicial e incorrecto de por si, suele ser sinónimo de problemas que se extrapolan a la vida de los jóvenes jugadores puesto que se les transmite la idea de un pensamiento único por la falta de herramientas para resolver problemas en otros puestos y/o contextos. Ello conlleva que la alta especialización sea una complejidad muy simple: mi puesto y punto, con el encasillamiento que ello comporta en la forma de hacer las cosas, puesto que todos debemos compartir valores que el juego transmite desde el propio campo, desde "el todo". El juego necesita del entendimiento de quien lo ejecuta y éste nunca podrá entenderlo al máximo si no vivencia las diferentes posiciones en momentos de juego diferentes, y hablar de momentos, como recogen los autores, es una adaptación neurosocioafectiva ya que cada instante genera cambios en el siguiente y puede ser diametralmente opuesto al anterior. Se trata pues de dar libertad para educar en responsabilidad pero, ¿cuál es la contradicción? Asociar edad-conceptos/cualidades a una interpretación fragmentada del juego; conforme crece el jugador también le vamos restando potencial, sencillamente, nos escudamos en que "el fútbol es así" porque la categoría en la que se juega no permite proponer ni poner el talento a divagar, sino que implica el tópico falso y mecanicista de que ganar es sinónimo de controlar como fichas a pequeños y grandes jugadores, que luego crecen en físico pero mueren en virtudes. Del mismo modo, queremos trabajar una capacidad física concreta y no debemos anteponer el desarrollo de la misma al incremento vivenciado de conceptos para la construcción de un modelo de juego.

Observar qué tenemos que hacer para que un equipo funcione implica un estilo en la dirección del mismo, ganarse la confianza del jugador es la mejor forma de conseguir esto, es elegir una manera de jugar en base a lo que tenemos y que, quizás, nos lleve a encontrar un punto de encuentro cuanto antes entre todos los recursos humanos de los que disponemos ya que el acuerdo y la socialización, sin miedo a la discusión, reducen dudas. El resultado último es una comunicación, desde la interacción, más fluida y bidireccional como base de una unidad que tiene que darse en el campo. Todos debemos saber por qué hacemos las cosas. Profesionales del ámbito de la neuropsicología pueden contribuir a mejorar la relación cerebro-conducta desde el campo.

El jugador debe poder creer en sí mismo durante el proceso de entrenamiento y sus comportamientos en competición, le deben dar a la hora de coger una posición, la mayor información en el espacio y el tiempo, tanto al tener como al perder la posesión...y esto nos devolverá información que supondrá recursos a utilizar en el equipo para avanzar y recuperar la confianza en el vaivén competitivo al tiempo que nos da pistas sobre su personalidad. El más difícil problema está medio solventado si está bien analizado y el mejor análisis de todos es creer ciegamente en los verdaderos protagonistas de este juego: LOS JUGADORES.

Les animo a disfrutar con esta obra tanto como yo lo he hecho: van a encontrar novedades y propuestas de futuro que no van a dejar indiferente a nadie.

Radomir Antic
Entrenador de Fútbol

PRÓLOGO

Conocer al futbolista es básico para aquellos que trabajan en el mundo del fútbol. Creo que esta profesión es maravillosa y el gran amor que siento por ella es tan inmenso como la felicidad o tristeza, la plenitud o frustración, la satisfacción o rabia, que puede llegar a producir.

No olvidemos que en el vestuario de cualquier equipo, conviven personas cuyas ilusiones se funden en un objetivo general, pero que en ocasiones son contradictorias, incluso opuestas en cuanto a lo personal. Un compañero que realiza un magnífico encuentro y que ayuda a ganar al equipo, acerca a aquel que está en el banquillo o en la grada al FIN COMÚN, pero puede ser que le aleje enormemente de sus METAS INDIVIDUALES, condenándole a la suplencia en siguientes compromisos. Por lo tanto, es ésta una profesión que requiere una gran dedicación y generosidad en el esfuerzo y entrega cuando el protagonismo se nos niega, además de un gran tesón y fuerza interior que no nos deje desfallecer ni rendirnos y que alimente día a día la autoestima y confianza (que en otros momentos más dulces viene intrínseca en el propio éxito), y que, con trabajo, constancia y un método eficaz, acaba llegando antes o después. De igual manera, aquel que vive un gran momento, debe tener siempre los pies en el suelo y saber que un giro inesperado lo cambia todo en una décima de segundo.

El futbolista es un lobo en una manada. Puede ser un gran líder, un magnífico lugarteniente, un soldado más que cumple a la perfección, un solitario que se aparta del clan o que, incluso, queda excluído por el resto. Para ser un miembro reconocido de la manada, son necesarias dos cualidades que generen la aceptación. Se puede carecer de una de ellas, pero nunca de las dos; *el buen comportamiento ante los demás y/o el rendimiento en el terreno de juego*. Éstos son los factores que te hacen ser importante y que te aúpan bien a lo más alto, bien a un status medio dentro del grupo, o por el contrario, te apartan y condenan (aunque la nobleza y los valores innatos al deporte, hacen que siempre se proporcionen segundas e incluso terceras oportunidades). No hace falta ser el máximo goleador para tener éxito deportivo, ni ser el mejor cada fin de semana, sino conocer tu trabajo y realizarlo. Es tan importante para ello, explotar las virtudes como saber esconder los defectos.

Francisco José y Rosa María, hablarán fundamentalmente en este apasionante y didáctico libro, de la persona que hay delante y detrás de cada jugador, de sus emociones, del pensamiento, del aprendizaje e inteligencia, de las cuestiones socio-afectivas y de las vías neuropsicológicas más adecuadas para poder conseguir el mejor RENDIMIENTO posible y de cómo poner el cerebro al servicio del juego y no al servicio de la justificación y la excusa de quien no tiene la asertividad recomendable. Un cerebro "osmótico" (si se me permite copiar un término utilizado por los autores para la dirección del grupo), que tenga una membrana semipermeable para alcanzar el equilibrio necesario, dejando que penetre o impidiéndolo, según corresponda, aquello que aporta o que contamina la competitividad del futbolista y dejando que fluya aquello que posibilitará un buen resultado, lo que llamamos: UN ÓPTIMO RENDIMIENTO.

Durante mi carrera, tuve toda clase de compañeros y pude aprender de ellos, de todos.

Una frase pronunciada por uno de ellos en el primer entrenamiento de la temporada, cuando jugábamos juntos en categorías inferiores, se me quedó grabada para los restos y fue la primera gran lección que aprendí: "Rubi, si mañana coges de nuevo los calcetines rotos, los llevarás durante todo el año". He aquí una gran verdad. El futbolista atento, despierto, siempre concentrado, siempre expectante, tiene la mayor de las virtudes para hacer aflorar lo mejor que lleva dentro. Se desprende de este mensaje a su vez, que el que antes aprende, antes mejora y resuelve las situaciones. Es el llamado "pensamiento sistémico" llevado a la mayor sencillez, a la pureza y a la ingenuidad de dos niños, dos amigos que dan sus primeros pasos en el aprendizaje de la competición. Este consejo que recibí, imagino que no habrá pasado inadvertido, es recomendable usarlo en los entrenamientos, en los partidos, pero en general en el día a día de nuestras vidas.

Para ello, primero tuve que aceptar el mensaje y ver en él un foco instructivo y no entenderlo como una crítica destructiva, vacía o arbitraria. Podría ser, por qué no, una modalidad del "Pensamiento Crítico".

En lo referente a la figura del técnico, también tuve toda clase de entrenadores y preparadores físicos, y sus diferentes formas de entender el fútbol y la vida me hicieron crecer y mejorar.

Muy tácticos y viceversa; grandes estrategas y viceversa; físicos; valientes; miedosos; prudentes; ordenados; alocados; con un fútbol basado en la técnica y la libertad o sobrio y sin un resquicio para la invención e imaginación, etc....

Los mejores sin duda, fueron aquellos capaces de romper moldes y no quedarse en un estadio inmóvil, sino agrupar y usar diferentes recursos dentro de sus convicciones. El estilo ha de ser una guía, un patrón que se refuerce cada vez más, pero nunca en mi opinión, una prisión que te condene a la involución. Es aconsejable no confundir flexibilidad con falta de firmeza, porque, muy lejos de lo que podría parecer, son en mi opinión dos facetas complementarias y casi imprescindibles en un buen director. La primera implica una gran capacidad de adaptación al entorno y la segunda es señal de que nada escapa al control, imprime seguridad al grupo y reafirma en la posición de abanderado del proyecto común.

Aquel que seduce con su explicación y trabajo haciendo creer al futbolista, da el primer paso hacia el éxito. Tras éste vendrán otros más, tales como: observar; meditar; y por supuesto decidir; desde el liderazgo, con el fin de "optimizar" al máximo a toda su plantilla y obtener resultados que le permitan crecer, que le permitan GANAR (que bella palabra para todo deportista!!!) y evitar así, convertirse en un dinosaurio extinto en la "selección natural" en la que cada año se convierte una temporada futbolística para el entrenador.

Digo esto porque, en cada equipo, suele haber un tímido o un callado, un charlatán (a veces más), un guaperas (a veces más), un "empanado" (siempre hay uno, sólo uno, que sobresale por encima de los demás), cuatro o más "pocheros" (jugadores de cartas), uno o dos "eruditos", uno o dos belicosos, un compañero comprensivo, quizás uno o dos ansiosos; un "padre de los demás", un cómico (aunque pueden asociarse en pareja), etc... Algunos de estas "condiciones" en ocasiones se solapan.

Es del todo subjetivo, anecdótico e inexacto, cómo yo o cualquier otra persona puedan definir a veintitantos chicos, lo que sí está claro, es que son muy diferentes entre ellos y eso es lo que he querido plasmar anteriormente. Por tanto, explicar, entrenar, motivar, sancionar o recompensar a todos de igual manera es algo ineficaz y avocado al fracaso. Lo difícil es, cómo conseguirlo sin generar desigualdad en el trato y arriesgarse a "partir" un vestuario. La respuesta: el jugador tolera ciertas desigualdades si los resultados respaldan al técnico o si el protagonista "las merece" para bien o para mal (criterio subjetivo pero muy a menudo uniforme entre los miembros del vestuario). Otro tipo de decisiones no proporcionales, podrían acabar pasando factura y crear una herida en el seno del grupo. Así pues, cómo lo administre el "Míster" es esencial. Se hablará más adelante de la gestión por parte del entrenador de las consistencias conductuales.

Para finalizar, decir que sólo conociendo al futbolista se puede conocer el fútbol. Predecir reacciones, evitar conflictos, dirigir con eficacia, saber qué se puede esperar en todas las parcelas de él, obtener rendimiento, mantenerlo involucrado, hacerle sentir importante siempre. El futbolista da el máximo siempre que siente que dan el máximo por él. Yo soy futbolista y esta es mi opinión.

Espero haberlo hecho de manera respetuosa y ojalá acertada para quien lea estas líneas.

De lo mencionado se desprende que, efectivamente, **EL JUGADOR ES LO IMPORTANTE.**

GRACIAS ROSA, GRACIAS FRAN.

Luis Rubiales Béjar
Presidente AFE

AGRADECIMIENTOS

Este es un libro que versa sobre personas, escrito por personas y dirigido a personas cuyo protagonista es una persona: el jugador.

Para nosotros, hablar de personas es hablar de vida, y un libro, sin duda, es vida. Escribir es uno de los actos supremos del ejercicio que supone el verbo vivir ya que nos permite a través de la creación aunar, palpar, elaborar y transmitir percepciones, emociones, sentimientos, pensamientos....

El desarrollo de esta obra ha supuesto para nosotros un ejercicio de vida. Y la vida no siempre es fácil. Escribirlo, por tanto, tampoco lo ha sido, pero, sin lugar a dudas, podemos afirmar, y lo decimos alto y claro, que escribir este libro ha sido un bello ejercicio de libertad, la materialización de un deseo de crecimiento, de sano inconformismo y, por qué no, una forma de afrontamiento del miedo, de ese miedo inherente al ser humano, porque compartir este texto que ustedes tienen entre las manos significa compartir mirándonos a los ojos, desnudar el alma; es mirar al miedo, coger aire y apreciar cómo esa sensación recorre los poros de la piel al tiempo que nuestros sentidos interpretan la balanza de forma positiva y nuestra mente nos da permiso para seguir viviendo y sintiendo sin reparos, sin ataduras.

Albert Einstein dijo: "la teoría general de la relatividad es la idea más feliz de mi vida". Nosotros decimos: "La teoría de que el jugador es lo importante es una de las ideas que nos mueve en la búsqueda de la felicidad en nuestro día a día, en lo que supone decir en voz alta y debatir un conjunto de reflexiones, de puntos de vista que pretenden trasladar al lector la necesidad de dinamizar el pensamiento, de hacer fluir el conocimiento y de compartir emociones y valores, en definitiva, de compartir vida".

Agradecer al lector que sostiene en este instante un pedacito de nuestra vida se nos antoja demasiado poco, aunque bien es cierto que hay ocasiones en las que pocas palabras son suficientes para decir mucho. Esta es una de ellas: gracias, infinitas gracias.

Nos seguimos encontrando en la vida.

PREÁMBULO

El 18 de Mayo de 1995 en un hospital de Nueva York y en estado muy grave José Luis Sampedro escribió en una de sus notas diarias: "...*hay que vivir el sendero con dignidad...En el umbral de los ochenta años ya va siendo hora de empezar de nuevo*".

En fútbol, en su más de un siglo de vida, quizás, ya va siendo hora de empezar de nuevo.

El demérito de otros nunca puede dejar que en nosotros habite la esperanza. Entre otras cosas porque el demérito nada tiene que ver con lo que nos hace sentir la verdadera esperanza. Cuando tocamos con los pies en el suelo, transformamos la esperanza en culpa. Y la culpa impulsa de nuevo el engranaje de la negatividad.

Lo que les pasa a otros es lo que nos pasa a todos, porque somos humanos. Como usted, como su vecino de arriba o como la primera persona con la que cruzaremos mañana un "hola, buenos días". Los seres humanos somos complejos cual mecanismo de un reloj suizo. Pero no magistrales en nuestra ejecución. Nuestra esencia es esa, un traje no mecanicista que cada uno ha de hacerse a sí mismo.

Sufrir, amar, sentir, desear, temer, anhelar, soportar, convivir... infinitivos grandes, muy grandes....el reloj se desajusta tanto como lo es la capacidad del ser humano para convivir con sus emociones, en sus microvidas dentro de una vida. Una parte microscópica nunca debe condicionar una vida, pero a veces sucede. Hay vidas, sin embargo, que están condicionadas macroscópicamente, aunque tengan micro-partes que funcionen muy bien. Al final, hablamos de lo mismo, del desajuste del mecanismo.

Tic, tac, tic, tac ......

Conforme el reloj va avanzando en el cobarde contexto vital en el que nos desarrollamos, cuando todavía nos preguntamos qué fue antes, si el huevo o la gallina, cuando todo avanza hacia no sabemos dónde, la reflexión es lo que nos debe hacer fuertes. Párate y piensa. Siente. Palpa. Interpreta. Trata de dar más sentido a lo que es importante pero primero pregúntate qué es lo importante. Avanzamos y avanzamos, nos disfrazamos con lo superfluo y queremos adaptarlo a lo que nos rodea. El escepticismo se hace eco de una humanidad que busca respuestas, cada vez más mecanizada, cada vez más especializada. Una humanidad sin espejo retrovisor pero con buenos faros bixenon; un avance en lo grandioso, un retroceso en lo maravilloso. Lo demostrable es lo perdurable, la interpretación no está de moda. Es la parte pagana de la sociedad del siglo XXI que hace de la simple reflexión un austero golpe de pérdida de tiempo. No hay sitio para pensar, no hay sitio para interpretar. Y ésta es la única perspectiva permitida a quien es joven e ignorante. Palabras muy sabías de Hans Selye cuando descubrió el SAG (Síndrome General de Adaptación), también llamado estrés. El cuál, por cierto, nos viene muy bien para exponer que el motivo de este libro no es descubrir la verdad ni la certeza de nada. Tampoco aportamos datos concluyentes aunque vamos marcando un camino y hacemos sonar una voz de alarma, tal y como haría el estrés en el cuerpo humano en su primera fase, eligiendo como respuesta del SAG la lucha reflexiva, no la huida corporativa: ese comodín de la llamada de "si lo demuestras vale y si no, es que el fútbol es así"; todo esto para decir alto y claro que hay un punto de partida que estamos perdiendo a la hora de analizar el juego en la más alta especificidad y que es lo más específico del mundo: la interpretación que el jugador-persona hace del mismo. Todo, absolutamente todo nace de ahí. Tenemos dos opciones al final de todo el proceso del SAG: o resistimos y nos deterioramos a causa del desgaste, que dicho sea de paso parece que por ahí andamos; o nos paramos, pensamos y actuamos.

No pretendemos hacer historia, ni entrar en la misma pero la historia de todos los días la hacemos los seres humanos y ésta ha llamado a nuestra puerta y ha caído en la bandeja de entrada de nuestra reflexión. No tenemos certezas, pero sí inquietudes porque sabemos lo que sentimos, porque sentimos lo que decimos. Hacia una nueva perspectiva que nace en el juego y muere en el juego.

Ahora que está tan de moda el entrenamiento en especificidad, la mayor especificidad es optimizar al jugador al máximo en función de unos valores conceptualizados que formarán nuestro modelo de juego y todo aquello que se salga de ese camino no es que no lo creamos, pero sí que lo dudamos. Dudamos de nosotros mismos, sólo sabemos que no sabemos nada, pero nada es mejor que mucho cuando ese mucho bombardea la reflexión y la interpretación como armas inertes que un ordenador no puede transcribir, cuando se olvida lo esencial. Como decimos, somos jóvenes y con la virtud de la humildad y ambición suficientes como para hacernos preguntas y no dejar de cabalgar a lomos de la inquietud. Somos conscientes de que no hay respuestas pero sí posibles caminos. Este libro puede ser una apología de la ciencia filosófica o una filosofía de la ciencia como diría Dancy[1], no lo sabemos, pero sí que podemos afirmar alto y claro que está basado en un pensamiento libre, una actitud escogida que subsiste con la reflexión; es una de tantas interpretaciones como personas que miran a través de un caleidoscopio virtual pero que se apoya en el trípode de la ciencia interpretativa. Eso hace grande la esencia. Eso hace complejo el arte de la puesta en práctica. Ir a lo importante, como decimos, es una actitud. Es la actitud del que intenta a cada paso de su vida adaptarse, crecer y saber valorar lo complejo de situarse entre lo que las cosas deben ser y lo que podrían ser. Nadie puede acabar con nuestra creatividad. Nadie puede encogernos. Crecemos y creamos desde el pensamiento. Éste deja margen a la activista libertad, y es tan grande como la actitud con la que nos situamos ante él.

Ese es nuestro objetivo y si ese es el suyo como lector, tome asiento, deje que su cerebro se encuentre cómodo en su medio natural y sea tan receptivo como dubitativo, como una partícula de Heisenberg en su más álgido proceso de incertidumbre dentro del espacio conformacional de la que no se sabe ni momento lineal ni posición espacial pero que hace ver cómo la física clásica abre un camino a la arbitrariedad, a la incertidumbre, a la complejidad, a la interpretación, *¿a la verdad?*

¿Quién es mejor jugador? El que interpreta el juego, incluso más allá de lo que éste significa.

"Hemos fichado a un jugador creativo y trabajador, capaz de sacrificarse para recuperar el balón, con fantasía cuando el balón llega a sus pies". Aparentes bonitas palabras por parte del periodista que firma una crónica, refiriéndose al fichaje de un futbolista.

Lamentables de otro lado, ya que dejan de manifiesto que si es el titular de una noticia, lo es porque se sale de lo habitual, por tanto, es noticiable. Lo normal no vende. Pero al parecer es lo que tenemos.

Por tanto, si seguimos el anterior razonamiento, lo normal es no tener jugadores que se sacrifiquen para recuperar un balón, lo normal es tener

---

[1] Dancy, J. *Introducción a la epistemología contemporánea.* Tecnos. (2007).

jugadores que no tengan fantasía, lo extraordinario, por tanto, es el juego creativo...... ¿De qué estamos hablando?

La genialidad es una cosa y la creatividad es otra. La creatividad se busca, se deja acariciar, se deja preparar......se entrena, se genera.....la genialidad no tanto, aunque sin duda se deben promover socioesferas útiles para que surja.

La creatividad es ese tesoro escondido, que no hace ruido, que de un lado brilla cual piedra preciosa cuando la persona domina el arte de la generación de contextos creativos y de otro tiembla ante el miedo de no saberse conocedor de la capacidad de manejar dicho arte.......intensa relación, vibrante binomio......placer que huele a césped, placer que hace sudar, placer que hace vibrar, placer al que miramos de reojo porque tememos fallar en su ejecución.....placer al fin y al cabo.....*¿acaso hay placer que no contenga un grado mayor o inferior de "binomio"?* Algunas personas lo rechazan de pleno, se empeñan en querer a toda costa sentir sólo el lado vibrantemente atractivo......lo que desconocen es que no hay binomios unidireccionales. En este caso, *la bifurcación de sentimientos encontrados es el combustible que nos permite progresar en la creatividad y tender la mejor alfombra a la genialidad*, por si nos visita.

Los juicios de valor anticipados, destructivos, que acaban de pleno con la generación de momentos que a la postre sean útiles, son tan antagónicos como incompatibles con la creatividad.....entonces.... *¿buscamos equipos buenos por tener genios o buscamos equipos geniales por tener jugadores creativos?*

¿Quién es mejor entrenador? El que optimiza al jugador e interpreta el juego más allá de lo que éste significa. Al fin y al cabo: el más valiente.

Si pensamos cuál es la *esencia del buen fútbol* para un técnico, muchos podrán pensar que ésta es la pregunta del millón.

Sobre el papel, los hay que piensan que el buen fútbol es el equivalente a tener una gran posesión del balón. Otros no tanto. En cualquier caso, humildemente pensamos que el buen fútbol que debe perseguir el técnico es el que permite la *optimización de los dominios de aprendizaje en el jugador*. El patadón lo sabe ordenar y ejecutar cualquiera. Es instinto en estado puro. Llamemos a las cosas por su nombre. Sin complejos. Asumamos realidades. Nunca es tarde.

Nosotros creemos, pensamos y argumentamos que cualquier técnico que se precie, independientemente de la categoría, el equipo y el lugar del planeta de procedencia, busca el mismo objetivo y es fagocitado a su vez por el mismo mal endémico: la alargada sombra del *falso control*.

Pongamos, pues, las luces largas, las cortas son insuficientes para vislumbrar tan preciado y preciso elemento: *el control.*

Descontrolar un falso control es lo que pensamos se hace con demasiada frecuencia. Controlar el comedido descontrol es la clave. En el primer caso, estamos hablando, en definitiva, de pretender controlar mediante el miedo y pensamos que desafortunadamente se hace con demasiada frecuencia.

Sin embargo, controlar desde la aceptación de la creatividad, de los valores, "la impoluta" preparación física, esa que sólo se muestra con el juego, y la concentración, pensamos no se explota cual fuente verdadera, en un mundo de no demasiadas verdades y alguna que otra falsedad. ¿Por qué sucede?

Quizás la respuesta la tenemos tan cerca, es tan evidente, que no la percibimos como relevante. En muchas ocasiones, los seres humanos tenemos las emociones más potentes, más intensas, más auténticas, nos pasan por delante todos los días y las dejamos escapar sin más, sin haberlas pasado por el filtro de nuestra *percepción completa: emoción y pensamiento*. Es un continuo tan indivisible como inconstruible. Sencillamente "es".

Así, sólo pensamos "a medias", porque sentimos "a medias". Si nos negamos a sentir porque antes que dejar vislumbrar opciones que aparentemente nos hagan sentir miedo, sesgamos de raíz esa opción con un rácano y tembloroso "control"….sabemos que inexorablemente el gran verbo pensar, ahí, pierde la estructura sintáctica, léxica y morfológica.

El cretinizado pensamiento[2] hace que el circuito se rompa, se pierde la esencia que *debería hacer rodar el balón: el cerebro*. Ambos con formas "esféricas", ambos con un interés común y ambos tan poco conectados en demasiadas ocasiones.

Nuestra respuesta a la pregunta del millón está en el aire. Una de tantas posibles respuestas, entre tantos pobres millones.

---

[2] término acuñado por Morín y citado por Gringber, 2010.

Capítulo 1

INTRODUCCIÓN: DETRÁS DE LO APARENTE ESTÁ LO ESENCIAL

"Siempre hay jugador y persona, y la persona va delante".
"El fútbol es más sentimiento, complicidad, que pizarra o estrategia."

Josep Guardiola

"Para una moderna y eficaz enseñanza del fútbol el formador reemplaza al instructor y considera a los jugadores como personas activas constructores de sus propios aprendizajes."

Horts Wein (entrenador y educador de fútbol autor del best seller "Fútbol a medida del niño")

"El entrenador puede ser el mejor del mundo, pero el gol sólo y siempre está en la punta de las botas de sus futbolistas."

J. Lorente (publicista, fundador del grupo MMLB)

"Es increíble lo mucho que llegas a desconocer acerca de un juego que has estado jugando toda tu vida."

Mickey Mantle (película "Moneyball")

Personas. Somos personas.

Sería sencillo, si todo empezara y acabara ahí. Lo complica el verbo. "*Ser*" implica ocupar un espacio, en el tiempo, en el paisaje. Implica movimiento. Implica vida. Implica aceptar lo arbitrario.

Tenemos una ecuación: *persona-ser-vida*.

Pero no tenemos tan claro cómo resolverla y lo mejor….cómo gestionamos el resultado. Cuando estudiamos matemáticas, por ejemplo, no siempre es fácil trasladar la grandeza del esfuerzo, en la obtención de la resolución, a la práctica.

¿No piensan que con las personas pasa algo parecido?

El origen etrusco de la palabra persona (phersu) nos delata: máscara del actor, personaje con caracteres propiamente humanos. ¿Estarían de acuerdo si afirmamos que la característica humana por excelencia, que nos hace diferentes, que nos ofrece la impronta esencial de nuestra especie, es el pensamiento? Nosotros sí lo estamos, en tanto en cuanto no se nos olviden las emociones, esas compañeras de viaje pseudoinvisibles, que no ocupan espacio, pesan mucho y se dejan ver, a veces de forma tímida, a veces con fuerza e intensidad.

Persona-emociones-pensamiento.

Esa es la ecuación que mueve montañas, agita todo lo movible y lo que no, también.

A lo largo y ancho de esta obra hablaremos extensamente acerca de esta ecuación, que da sentido a la vida en general, y por supuesto, al juego en particular. Pensemos en el resultado que se da sobre el rectángulo de juego y que a buen seguro es complejo, tanto como la suma de emociones y pensamientos a flor de piel, enervados por la intensidad del momento, azuzados por la mezcla de factores que alteran la ecuación pero con una esencia muy clara: *el juego como medio receptor, generador y canalizador de la interacción de los componentes de la ecuación; todo comportamientos, menos sistemas.* El juego como escenario para que los actores desplieguen su esencia: la capacidad de entender el guión e interpretar el personaje con una maestría ejemplar.

Para ello se ha de sentir, se ha de pensar y se ha de interpretar y en la rueda que se instaura, en la que se inaugura un ciclo de feed-back donde los factores cobran sentido en el impulso entre ellos, el refuerzo, el aprendizaje que se realiza en el propio rodaje, da al intérprete la seguridad de quien se hace sabedor de pisar fuerte sobre el escenario. Las musas de la creatividad y el talento van a revolotear alrededor del personaje acariciándole, meciéndole y recordándole la grandeza de la interpretación: *el jugador como intérprete del juego. Ya tenemos el resultado de la ecuación.*

Llegados a este punto, decir que detrás del jugador hay una persona puede parecer además de evidente, elemental.

En ocasiones, las obviedades son de tal calado que "anestesian" el pensamiento y damos por cerrados debates antes de ni tan siquiera hacernos un planteamiento. Es lo fácil. En este caso, menos no siempre es más.

Revisando un artículo sobre los últimos avances bio-tecnológicos puestos al servicio del desarrollo y perfeccionamiento de la ergonomía del calzado deportivo, y girando la página de la revista, nos encontramos con un anuncio visualmente potentísimo de un fabricante, que calza y viste a grandes deportistas y clubes del mundo (grandes comercialmente hablando, nos referimos) y "casualmente", a unos cuantos millones de personas en el planeta Tierra. Ante tal escena, no podemos por menos que preguntarnos qué hay en el interior de cada bota, de cada camiseta. Lo que hay detrás no es despreciable, ni mucho menos, pero no es el objeto de debate de este libro.

Es probable que exista un gran consenso si decimos que pocas cuestiones, de modo general, reúnen una fuerza tan potente en torno a un único objetivo: ganar. Máximo, teniendo en cuenta los perfiles tan diversos, con intereses tan diferentes, con estilos y funciones tan distintas (directivos, jugadores, técnicos, espectadores, representantes, sponsors, medios de comunicación, empresarios...) y aún así, todos a una con ese único objetivo común, ese bien tan preciado, perseguido y deseado: ganar. Y esto, paradojas de la vida, amigo lector, se convierte en un gran problema: *aunque juegues bien, debes ganar siempre.*

La próxima parada en nuestra escala de atención es la que se refiere a cómo encajar emocionalmente hablando y salir ileso (a ser posible), cómo convivir sin cicatrices infectadas día a día, cuando el deseo es tan claro, tantos lo persiguen, y sólo unos cuantos lo pueden hacer realidad.... una realidad, dicho sea de paso, muy especial y peculiar ya que está en constante movimiento, tanto como las ganas de ganar que, a veces, son menores que los deseos de no perder.

El pié y el torso que hay en la bota y en la camiseta van cobrando forma y conectan con un cerebro que les da órdenes, que les dicta de forma voluntaria y otras veces no tanto, cómo actuar y cómo interpretar el medio en el que se desenvuelven.....hemos llegado a la esencia: hay una persona, aunque muchas veces algunos agentes se empeñen en mostrarnos el pie, el torso, sin más, pero ese, como ya se ha referido, es otro debate.

Nosotros promulgamos que la persona que llega a un club a trabajar como futbolista lo hace con una mochila repleta de contenidos personales, emocionales, familiares, sociales, etc, que no podemos dejar al margen, ya que en definitiva constituyen la esencia de ese ser humano que se dispone a desempeñar una tarea, que a su vez va a estar íntimamente relacionada con la exposición de vivencias de un intenso y profundo, a veces, "sin vivir" que van a pivotar sobre el contenido de su mochila, van a verse modeladas y moduladas, amortiguadas, potenciadas, anuladas o reprimidas.....y el contenido de su mochila es un material único, irrepetible y no debería resultar despreciable en el desarrollo de su trabajo. Sería como negar la esencia general, mirar para otro lado y no contemplar todas las herramientas de las que dispone la persona para poner al servicio del jugador y del juego, para bien o para no tan bien. ¿Y saben lo que nos parece más curioso? Que se quiera o no, esto es algo a lo que por mucho que algunos parezcan negarse, está ahí.

El jugador lleva consigo una persona, que a modo de "filtro" interactúa de forma más o menos activa o pasiva en el juego, dependiendo de diversos factores.

Conocer la mochila de cada jugador es clave: saber de sus orígenes, conocer su entorno, su personalidad...nos puede ayudar a entender ciertas reacciones ante una amonestación, una decisión del técnico, una entrada, un error arbitral... Detrás de lo que se ve, a veces, hay más. Conocer y trabajar en beneficio del jugador estos aspectos es fundamental. Para ello, en primer lugar, debemos enseñar al futbolista la necesidad de plantearse que debe aliviar el peso de la mochila si fuera necesario y en segundo lugar, trabajar la mejora y la adquisición del control mediante un concepto que más adelante desarrollaremos, el de *"reciprocidad adquirida en el juego"*[3], ya que podemos dar y recibir del mismo de un modo "sano", de un modo constructivo. El terreno de juego es la plataforma sobre la que interactuamos, pero también es el espejo de nuestra alma, en el que se pueden apreciar muchas más cosas que las aparentemente tangibles.

Si el lector, llegado a este punto, se posiciona de un modo afirmativo en la línea de pensamiento que mostramos, le animamos a que interactúe y disfrute con la lectura, esperando pueda resultarle enriquecedora hacia un pensamiento crítico y evolutivo.

Si la respuesta del lector, por el contrario, es negativa, igualmente le animamos a encontrar en estas páginas argumentos que le hagan crecer en su pensamiento y quizás abrir debates internos y replanteamientos, que como poco, y no es nada despreciable, permítannos la apreciación, van a estimular sus circuitos neuronales, como veremos más adelante.

Sin pretender parecer superficiales por el comentario.....cuando un club ficha a un jugador, una de las primeras cosas que se hacen es pasar un

---

[3] Ver Glosario. Cervera Villena, Francisco J.; Coba Sánchez, Rosa Mª. *El jugador es lo importante*. (2.012).

exhaustivo reconocimiento médico, algo lógico, por supuesto, pero lanzamos una pregunta al aire: *¿los clubes tienen "detectores" de mochilas (o dicho de otro modo), de contenidos emocionales, personales?*

Nos consta que hay clubes que valoran y trabajan de forma incontestable a esta cuestión, pero otros (la proporción la vamos a pasar por alto, el lector experto puede hacer la suya propia), descuidan o no valoran o no conocen o no…..el caso es que a la mochila se le mira de reojo o directamente no se le mira. Ayudaría mucho a la futura reorganización de los componentes emocionales al servicio del juego, mostrar unas pautas de cómo hacer las cosas dentro del club, así, el juego está por encima de todo, el club lo canaliza y el jugador lo protagoniza con menos miedo a perder y con más seguridad ante su tarea diaria.

Y no nos valen las medias tintas. ¿Por qué?, pues porque es simplemente incoherente, en nuestra opinión, depositar desorbitantes expectativas económicas (y no nos referimos sólo a los "grandes" clubes), hacer rodar ríos y ríos de tinta, movilizar el capital humano que acompaña a cada jugador y a su mochila (familia, residencia, expectativas….), organización económica, la ilusión de una afición, etc…..cuando sabemos que, en demasiadas ocasiones, al apagar las luces, cuando la niebla que enmascara muchas veces el espectáculo se disipa…..con ella también se difuminan otras muchas cuestiones.

De la recuperación física se encargan determinados profesionales, del análisis táctico se encargan otros, pero de sus emociones y pensamientos, que hacen que lo demás tenga sentido…. ¿quién? Muchos pensarán: pues el psicólogo. Claro, en el caso de que esa figura esté presente, y no como un ente con poderes sobrenaturales, como algunos parecen pensar, a la vista de sus actuaciones, cuando recurren a la desesperada buscando "el milagro".

No nos referimos a eso. Nos referimos a formar de un modo específico en ese concepto a los diferentes estamentos técnicos y a considerar imprescindible por evidente y natural, darle el espacio, el tiempo y los recursos que precisa en la organización de cualquier equipo a estas cuestiones: *hacer del modelo de juego la herramienta psicológica más poderosa.*

Imaginen una persona que decide comprarse un coche. Se va al hipermercado de turno y compra unas alfombrillas vistosísimas, una fundas para los asientos, un producto de limpieza para el salpicadero y un ambientador la mar de "estético"; a continuación se va a un establecimiento especializado en neumáticos y compra los mejores del mercado, no sabe el modelo de coche y qué uso le va a dar, pero da igual, compra los más caros para su economía, los que al parecer son más seguros, y luego se va al desguace más cercano y compra el motor y la carrocería, que "aparentemente" están bien. Se va al garaje de su casa y lo monta todo. Ya tiene el coche. No podemos decir que no lo tiene. Pero.... *¿para qué lo va a usar? ¿Acaso este hombre trabaja como payaso en un circo y lo necesita para su número estelar? ¿Pretende participar en el Dakar? ¿Alguien cree que semejante chapuza es, de verdad, un coche?*

Definamos en orden, en base a una secuencia lógica, hagamos prevención de la incoherencia, evitaremos muchas frustraciones y hagamos del capital humano el verdadero punto de partida. Como diría el gran Freddy Mercury: *"the show must go on". ¿A cualquier precio?*

Si nos detenemos en otro punto de la misma orilla, observamos cómo llaman poderosamente nuestra atención las emociones y los pensamientos tan especiales, rotundos y poderosos que planean en torno a un partido de fútbol y que aparecen en innumerables ocasiones en los medios de comunicación y como una gotita incansable y casi invisible cae con más o menos prisa pero sin pausa: ... ganar-perder-deseo-fama-dinero-venganza-noticia-satisfacción-éxito-nervios-frustración – inteligencia – suerte – fracaso – juego – fuerza – agotamiento – felicidad - alegría-tristeza – titular – crítica – portada – premio – entrevista – justicia – injusticia – rabia – coraje - valor....

Del mismo modo, también, llama nuestra atención de forma muy positiva, titulares en prensa que hacen alusión a la *necesidad del fútbol inteligente*, a jugadores inteligentes, a *ganar desde la inteligencia*. Debemos confesarles que éstos nos alivian enormemente, ya que por fin se precisa con términos tan claros cómo efímeros que hay algo más que el famoso "Par", ganar o perder por culpa o gracias al famoso, mítico y tan traído y llevado "Par"...eso sí, como dirían los expertos en la materia, bien puestos. Desconocíamos la posibilidad de superar el binomio y además de poder ocupar una posición incorrecta.

Ahora es todo mucho más claro: la responsabilidad se sitúa en otra parte de la anatomía: en el cerebro. Ya tenemos nombre para la mochila.

Por tanto, no se puede aislar el binomio persona-jugador y luego introducirlo con calzador en un modelo de juego sin grado de interacción alguno y diseñado en una pizarra, máximo cuando sabemos que en el terreno de juego se van a dar unas circunstancias, condiciones, etc, que están entroncadas, son indivisibles y constituyen la esencia de la persona que desempeña una tarea, en este caso, jugar a fútbol.

Llegados a este punto, pensemos que el cuerpo técnico encargado de dirigir el trabajo de un equipo, debe, por tanto, gestionar tales circunstancias y ello consiste en conocer, en primer lugar, a dónde se quiere llegar, aunque eso no es suficiente. Sabemos que queremos ganar, eso está meridianamente claro, pero es igualmente importante vislumbrar con qué *estilo de trabajo y* con qué tipo de *personas.*

Como si de una empresa se tratara, que se trata, dicho sea de paso, las organizaciones líderes fichan empleados en base a un perfil de competencias. No sólo se valoran las cualidades teóricas curriculares, demostradas o no en otras empresas (experiencia); lo que verdaderamente se valora en la actualidad son las actitudes, la emocionalidad, la capacidad de entrega, de comunicación, el liderazgo y el entusiasmo.

¿Acaso un club de fútbol no es una empresa? ¿Acaso no tiene claro su objetivo final? Sin embargo…. ¿Tiene en cuenta qué tipo de club quiere ser con objetivos y valores bien definidos? (desde la realidad de cada circunstancia, claro está). En definitiva… ¿sabemos para qué vamos a necesitar el coche o lo compramos y luego decidimos?, ¿en base a qué "elegimos"?, ¿bajo qué criterios viajan nuestros directores deportivos y ojeadores cada fin de semana?

Uno de los estamentos fundamentales en esa elaboración de la plantilla sin duda es el cuerpo técnico…. *¿libretas y pizarras o motivación y creatividad?* Ese es el siguiente punto en el debate.

El lector puede pensar en este momento…..pues la mezcla justa de ambas cuestiones. Efectivamente, puede ser una respuesta no por previsible menos interesante, pero…. *¿cómo encontrar el equilibrio?* No pensamos sea tarea fácil en vista a lo que observamos en la actualidad.

¿En qué punto de dicho equilibrio se sitúa al jugador? Pensamos que ese, por tanto, no es el planteamiento pero sí lo es considerar el inicio del mismo teniendo como eje principal el jugador y no como elemento integrador per sé.

El punto de partida comienza por plantear un técnico comunicativo, que ponga al servicio del juego la *personalidad y las cualidades individuales de sus integrantes*, enseñándoles a gestionar adecuadamente su libertad, sus emociones y sus pensamientos, todo ello dentro de un marco muy claro de objetivos bien definidos, de la *constancia, del trabajo riguroso y la profesionalidad.* La comunicación es fundamental siempre, y en el caso de un deporte colectivo de un modo especial si cabe, ya que además de entender el juego y actuar en consecuencia, se ha de saber transmitir sobre el campo y eso eleva a categoría de espectáculo el propio juego, ya que adquiere una fuerza y una intensidad muy especial a nivel emocional.

Como venimos diciendo, cuando la persona-jugador sale a entrenarse y a competir lo hace llevando consigo, además de entrenamiento táctico-técnico-físico (a modo aclaratorio lo mencionamos así pero la disección, en sí misma, ya infecta el bisturí), una actitud, que en gran medida va a depender de su personalidad.

Hay muchas páginas escritas sobre la personalidad del jugador de fútbol. Quizás muchas de las personas que hablan en estos términos deben pensar que los futbolistas son una intra-especie dentro de la especie humana: inseguros, egocéntricos, inmaduros.... y una larga lista de adjetivos afines sobre ellos. No queremos estar de acuerdo, aunque algunas actitudes, a veces, nos hagan dudar muy seriamente.

A estas alturas de la exposición, nos podríamos hacer la siguiente reflexión: para llegar a ser jugador de fútbol, ¿hace falta tener una "madera" especial o la "madera" se torna especial una vez el jugador está dentro de ese mundo?

La opción segunda se aproxima más a nuestro pensamiento aunque con matices: una cosa son las "deformaciones" personales adquiridas como profesionales, que los futbolistas, como cualquier otro colectivo, puede tener y otra cosa bien distinta es el punto de calado más o menos especial que adquiere la madera de algunos. Pero sólo de algunos. ¿Demasiados? Lo desconocemos. Pensemos: jugadores (y técnicos) híper valorados, ultra agasajados que trasmiten una sencillez, una humildad ejemplar, una serenidad.... Y otros en la misma situación de mega-estrellas, todo lo contrario: altanería, prepotencia, grosería....profesionalidad versus inmunidad profesional. Eso sí, los defensores a ultranza de algunos jugadores acaban concluyendo: sí, bueno, pero es muy trabajador, es muy metódico, se cuida mucho, es incansable. Ante eso, no podemos por menos que pensar que nos hemos perdido algún capítulo en la historia, porque *¿desde cuándo ser metódico en el trabajo es una virtud?*, lo cuentan como si, por hacer su trabajo bien, le tuviéramos que condecorar con una medalla...... Eso sin contar que algún que otro "exceso" de gimnasio......a saber si obedece a una cuestión técnica o huele un poco a Adonis o lo peor, a la foto de la campaña publicitaria de turno, que aun existiendo photoshop, exige mantener el bíceps a un determinado diámetro (y que conste que nos parece fenomenal todo lo relacionado con la publicidad, ¡faltaría más!). Con lo que no estamos tan de acuerdo es con que nos quieran hacer comulgar con ruedas de molino. O quizás estamos hablando de mimar un ego necesitado de ese combustible efímero que les hace dependientes de los fuegos artificiales que en su honor lanzan unos u otros.

Nuestra conclusión es doble: de un lado las bases de personalidad y la educación recibida o no recibida es algo que sale, brota, se escapa.....para bien o para mal. Y de otro lado, el trabajo "sordo" que se hace con unos jugadores y con otros no, teniendo en cuenta su formación global desde la cantera, desde sus inicios como deportistas......también sale, brota.....el trabajo o la ausencia del mismo. Formación y valores son fundamentales ya que no se puede disgregar el continuo que conforma la esencia de un deportista.

El colmo de los colmos es cuando se unen en una misma persona carencias en ambos sentidos. Ahí tenemos un potencial "problema".

Esa carencia la ponemos en la licuadora, junto con el señor don poderoso, ya saben, don dinero, aderezamos con el egocentrismo mal entendido que suele acompañar a la carencia en su educación integral (que no confundir con entrenamiento integrado), le incorporamos miles de almas clamando su nombre, para bien o para mal, y aunque en la licuadora no queda mucho más espacio, así, como de medio lado, le añadimos un técnico que lo de formación integral es como que lo tiene que buscar en el diccionario, si le queda tiempo, claro, porque ya saben que hay algunos que van a hacer historia pero no "patria", y lo de la patria al final es aburrido y nos acompleja, no es moderno hablar de eso, tenemos que pedir perdón por hablar de identidad, de ideario, es carca y trasnochado y lo peor....a corto plazo es probable que no nos de la tan ansiada portada del periódico de turno.

Nos explican expertos en la materia que hay clubes que trabajan estos aspectos de la formación integral de forma magistral. Seguro que todos estamos pensando en alguno....pero tendríamos que pensar muy seriamente que ahí reside una de las piedras filosofales. Puede parecer evidente e ingenuo este comentario, pero piense el lector cómo culturalmente hablando de forma general, hasta hace muy poco, se nos mostraba a la sociedad profana en la materia este tema: el jugador resultaba ser fichado porque o era un genio talentoso que un ojeador hábil lo había rescatado de la miseria de un país en el que vemos las calles sin asfalto con niños descalzos jugando a fútbol y señoras, con mucho calor, bailando samba; o bien era un chico humilde, de los de toda la vida del club, que sueña con poder comprar a sus padres un chalet a las afueras.

Pueden tacharnos de reduccionistas....pero eso nos lo han contado. Y con eso se ha quedado mucha gente durante mucho tiempo.

Ahora es diferente, esos perfiles siguen existiendo, pero hay otros....o al menos nos los cuentan y a lo mejor antes también existían pero no nos los contaban. En cualquier caso, lo que no nos cuentan es el trabajo integral que hacen, no nos cuentan que trabajan con sus emociones, que les enseñan a vivir de forma estable siendo jugador de fútbol. Y ser jugador de fútbol implica convivir junto a muchas cosas, y no todas ellas fáciles. A lo mejor no nos lo explican porque, sólo unos cuantos lo hacen. Y a lo mejor esos cuantos son los que rebosan humildad, serenidad y sencillez y no necesitan contarlo, simplemente hacerlo y vivirlo.

Pensamos que estas personas tienen como profesión ser jugadores de fútbol, son profesionales. Y un profesional es ante todo una persona, que además tiene una profesión. Permítannos el juego de palabras. Otros se empeñan en parecer sólo futbolistas y en mostrarnos sólo a los futbolistas. Pues no, son personas, y como todas las personas, tienen una profesión. "Especial", de acuerdo. Pero *ser profesional requiere en primer lugar ser persona*, como venimos diciendo. Manejarse con el sabor de la fama, del éxito como objetivo y vivir el disparadero como norma, son cuestiones muy importantes que necesariamente la persona debe aprender a manejar y poner en el lugar correcto. De ahí que los valores son el termómetro que ayuda a manejarse en dichos derroteros de forma adecuada.

No queremos dejar pasar la oportunidad de acercarnos a un ejemplo de profesionalidad, al hilo de lo que venimos exponiendo, y lo hacemos de la mano de Manuel Jesús García Casas, Molo, actual jugador del Guijuelo (temporada 2011-2012). Tal y como se recoge en una entrevista (López, 28-09-2011) en Vavel.com, tras haber jugado en equipos como Almería, Villareal B, Figueres y Osasuna Promesas y haber sufrido una importante lesión que le ha tenido apartado de la competición casi tres años, Molo ha vuelto a tomarle el pulso a una parte fundamental de su vida, su profesión. La materia prima: optimismo, tesón y unas ganas indiscutibles de sentirse futbolista. El resultado: un excelente ejemplo de *reciprocidad adquirida en el juego*. Vivir las duras y crudas consecuencias de una lesión que te aleja temporalmente de tu meta, máximo cuando estás en un momento de despegue como fue el caso de nuestro protagonista, en la antesala del debut en primera división, te sitúa en la línea de partida de un reto muy complejo. Viendo un extracto de la referenciada entrevista y como respuesta a la pregunta de qué reflexión hace el protagonista del fútbol desde la situación que vivió por su lesión, Molo responde: "Mirando mi historia se puede ver como un resbalón puede hacerte pasar de todo a nada en el futbol. Cuando las cosas te van bien tienes demasiados amigos por todas partes, demasiadas llamadas que preguntan como estás, te salen representantes debajo de las piedras y todos los directivos del club te sonríen al verte pasar cerca suya. En cambio, cuando ya no estás por una lesión larga, todo eso pasa a un tercer plano. Te encuentras muy solo porque te das cuenta de que en este mundo solo vale el ahora, y nada mas, lo más importante es el partido del próximo domingo y el resto importa poco, entonces es cuando comprendes que esto es así y que no hay mas. Es entonces cuando verdaderamente sale la gente buena, que es la que se interesa por ti tanto como cuando estás bien, como cuando estás mal, pero tristemente son muy poquitos. Este verano, sin ir mas lejos, he encontrado unas dificultades enormes por encontrar equipo. Al final los jugadores somos pura mercancía, si vales te quieren y si no te tiran."

Emociones en estado puro rodando en el virtual deseo que nos conecta con la profesionalidad y la madurez. Todo un ejemplo. Toda una realidad; la de muchas personas que se dedican a este complejo mundo del fútbol profesional, conocedores del sabor y del aroma de la trastienda, del ensordecedor silencio cuando los focos se apagan, de la efímera distancia que hay entre todo y nada, entre las luces y las sombras.

Regresando a la generalidad y partiendo de la realidad que nosotros percibimos respecto a que no todos los clubes prestan la atención o disponen de los medios o de los conocimientos o de las sensibilidades necesarias para crear personas profesionales, en muchos de ellos aterrizan una mezcla de jugadores de fútbol y de futbolistas. Ahí, *el cuerpo técnico debería tener la necesidad y el reto de aunar todos los esfuerzos por trabajar con y desde la persona que todos llevan dentro como verdadero motor del ensamblaje del modelo de juego*. Pretender casar diván y campo es abrir la compuerta a la condena de un futuro divorcio porque el mejor diván está en el terreno de juego; la mejor pesa, el balón y la mejor marca del mismo, la neurona que lo mueve. *La personalidad, por tanto, va a establecer parte de los límites que el futbolista debe gestionar en el desempeño de su trabajo.*

Si postulamos la necesidad de que el perfil de competencias del jugador debe estar regido por cuestiones relacionadas con la confluencia de las emociones y el pensamiento, analicemos entonces qué factores fundamentalmente intervienen en el binomio referido.

Capítulo 2

EL FUTBOL ESTÁ ENFERMO: PARTIR DEL JUGADOR ES LA MEDICINA

"Trata a los demás como ellos quieren ser tratados, no como quieres que te traten a ti"
Xesco Espar (ex-jugador y ex-entrenador de Balonmano del F.C.Barcelona. Ganador de la Liga de Campeones 2004-2005)

"El mejor líder es el que se hace prescindible"
David Fernández (periodista)

"Cada línea de meta cruzada; cada objetivo cumplido; cada céntimo invertido en hacer realidad un sueño, te hace mejor persona"
Antonio Ríos (traumatólogo y maratoniano, haciendo alusión al texto de la camiseta conmemorativa de la Maratón de Londres 2011)

21:00 pm. Hora muy buena para acabar el día con una espléndida charla en la que el análisis y scouting por parte de un equipo de fútbol profesional, de esos que engrandecen la palabra historia, van a alimentar nuestra ansia de conocimiento. Este ámbito está en auge por ser una herramienta de mucha utilidad. Totalmente de acuerdo hasta aquí.

22.30 pm. Alucinamos: ¡qué gran cantidad de medios coadyuvantes al rendimiento! Sensaciones encontradas: tristeza, alegría... acabamos meditabundos, cabizbajos, reflexivos... no puede ser. Nos atrevemos, sí, (hablamos en primera persona del plural) ya que pertenecemos a este mundo tan bonito del deporte en general y del fútbol en particular, a decir tajantemente que *el análisis y comprensión del juego por parte de los técnicos es la clave del rendimiento*. Y nos quedamos tan satisfechos, fastos, joviales, venturosos con nuestra verdad, ésta que nos da la esencia de sentirnos protagonistas cuando, en realidad, somos partenaires.

En un foro en el que deberíamos salir con el aplauso por montera, al igual que en la mayoría de los mismos en los que damos asilo a nuestras ideas, por no decir en el 99,9% de ellas (y ya volveremos sobre la estadística), seguimos hablando de la importancia de entrenar en especificidad, de diferenciar el término del concepto de entrenamiento integrado, de desarrollar el modelo de juego como arma elemental…. Básicamente: *en el fútbol no está todo inventado.* Y estamos de acuerdo. Pero seguimos cegados por la certeza que un día inventamos......y no, señoras y señores, seamos claros, que *lo importante ¡es el jugador!*

Estas líneas dormirían con una nana si decimos que es cierto, que eso ya se sabe; a soñar y mañana será otro día: el jugador puede hacerlo todo solo... y desde luego, no defendemos eso. El fútbol se reinventa en cada niño, en cada jugador.

En cualquier caso, pensaremos que el coaching deportivo, a través de la *Inteligencia Emocional (I.E.)*, ya se encarga de este último apartado; pero el problema, y siguiendo a Marina[4] al hablar de I.E en referencia a la educación en general, el coaching lo hace desvinculando, divorciando, separando, como si fuera *"un reducto autónomo".* No es suficiente. Con todo nuestro respeto y admiración, la mejor tarea para confiar en los compañeros no es dejarse caer desde una altura con ojos cerrados hacia atrás, sino interiorizando que la mejor ayuda está en defender y atacar todos juntos, en superar alturas y hacer un campo grande en pensamiento y obra, no ocupar los mismos ejes para no solapar líneas de pase ni querer dar siempre la última asistencia de gol...

Cometemos la imprudencia, no dudamos que sin querer, de plantear tareas que nos encumbran a nosotros mismos, que hablan de fútbol pero aíslan futbolistas tras el velo de la "regla de la provocación". Hacemos entrenamientos geniales; enseñanzas anodinas, ¿y saben ustedes por qué? Nos dejamos remolcar por el egocentrismo del "entrenador demostrador"; en el ABC del fútbol es lo que muestra el buen hacer. *"Queremos ser entrenadores, y no entrenar",* parafraseando a Lillo[5]. Lo primero implica reconocimiento social, el equipo "soy yo" y mis recursos sutiles. Lo segundo es tan sencillo como complejo: *¿qué fue de la vieja gloria de la victoria cuando los focos se apagan y destapan emociones sinceras?...* entrenar, pensar, diseñar...todo para contribuir al rendimiento del equipo y hacer sentir al integrante de cada plantilla emocionalmente ligado a sus sueños más prematuros.

A nuestro parecer, consiste, y es tan sencillo, que no simple, en conectar al ser humano, al jugador, con los *"problemas prácticos"* de los que habla

---

[4] En su obra *La educación del talento*. Ariel. (2010).
[5] Entrenador profesional, pensador y escritor español de fútbol.

Marina [6] y al tratar de hacerlo "*entran en juego las dificultades de la situación concreta, los deseos enfrentados, los miedos, las expectativas, los intereses*".

En una entrevista publicada en Training Fútbol[7] a Cano,[8] al inferir planteamientos metodológicos empleados en fútbol y que, a priori, se han trabajado o se han desarrollado siempre de manera más analítica, como es el caso de una basculación, argumenta: "*una vez el balón entra en la conquista por un espacio, todo se desvirtúa y las capacidades del jugador son las que resuelven el entresijo.*"

¿Convertimos la dirección de equipo en actitudes medrosas, restricciones, normas...?, ¿confundimos el liderazgo dándole relevancia al músculo en detrimento del talento? Tal y como versa (Wolk, 2007)[9]: "nada ocurrirá sin transformación personal, hay que transformar el observador"

Vigilamos movimientos, no personas que se mueven; formulamos repliegues, acosos, pérdidas de balón sin observar la voluntad de hacerlos. Y como nada es más práctico que una consistente teoría, ésta tiene visos de aunar bastante fuerza. Tengamos presente que para Marina,[10] "la función principal de la inteligencia es dirigir bien el comportamiento, aprovechando para ello su capacidad de asimilar, elaborar y producir información."

Nos abruman datos, la estadística se alza como el detective de la interpretación, ¿cómo contabilizar que un jugador ha robado diez balones en un partido en el que, otro jugador de homónimo puesto específico, sea del mismo equipo o no, ha recuperado sólo cuatro? ¡Buenísimo el primero! ¿Cierto? El primero ha recuperado diez balones pero ha perdido la mitad. Y nos preguntamos: ¿quién es más bueno?, ¿el jugador que más roba o el que menos balones pierde? Özil no roba muchos balones, pero... ¿de qué sirven los recuperados por Pepe cuando Granero está sentado en el banquillo? En sincronía con la vida, ¿quién es más rico?: ¿el que más tiene o el que menos necesita? Esta comparación, odiosa como todas, la retoma-

---

[6] Ibídem 4.
[7] Training Fútbol. Revista técnica Profesional. Firmada por Jesús Cuadrado Pino sobre construcción del modelo de juego. Nº 178. (Diciembre 2010).
[8] Óscar Cano, entrenador de fútbol profesional.
[9] En su obra *El arte de soplar brasas*. Gran Aldea Editores (2007).
[10] En su obra *Teoría de la inteligencia creadora*. Anagrama. (1993).

remos en páginas venideras por ser el cisma del debate cuando expongamos el procesualismo y el postprocesualismo; dos vertientes que se acechan, se respetan, pero al tiempo se envilecen al mostrar cada una dos caras de una misma realidad.

Nos decantamos al enunciar que si abrimos de par en par los postigos que alumbran la interpretación, los problemas se tornan en un matrimonio que no acaba de casar: la ciencia neopositivista y su generalización numéricamente interpretativa (más cercana al procesualismo), y de otra parte el prisma de la *interpretación postprocesual, que admite ciencia, pero no la prioriza a la vida*. Con la primera parece que queremos "enseñar" al jugador a ser futbolista sin jugar al fútbol; con la segunda, el futbolista ofrece al juego un *"quid pro quo"*, lo que en realidad marca las relaciones sociales para que todo fluya: algo por algo.

En una conversación distendida, uno de los interlocutores preguntaba al otro sobre un puesto específico para fichar en su equipo, concretamente central. El preguntado responde: *"¿buscas un central rápido, fuerte, grande, que marque mejor, que haga…?" La pregunta, a la vez respuesta del otro fue: "quiero uno que sea bueno, ¿es bueno?". La respuesta del preguntado, además de quedarse perplejo, fue de lo más típica en fútbol: "bueno…, sí…, depende del sistema…"*.

No estamos acostumbrados, para nada, a evaluar así, estamos abducidos por una *recursividad egocentrista* que nos lleva a analizar el juego igual que al jugador: por partes. Se nos olvida que nuestra participación sobre el equipo es muy distinta a la que generalmente se cree: todo depende de poder optimizar sus recursos al máximo, y punto. No busquemos más, no nos engañemos más. ¿*Pizarras o jugadores?* Las dos, que sí; pero… háganse esta pregunta, por favor, y calibren las proporciones de un modo "real".

¿En fútbol está todo fraguado? Totalmente de acuerdo que no, *¿pero qué queda por inventar?*, o, mejor dicho, *¿qué queda por interpretar?* Muchas cosas en el primer caso. Todo, con nombre propio, en el segundo.

Cuando hablamos de porcentajes, de reglas para la dirección de equipo, de mil y una ideas de entrenamiento…el técnico acaba con una *"coacción y restricción intelectual hacia el jugador"*: *nos pasamos parte del entrenamiento, sobre todo en la base, restando capacidades al futbolista*, sin ser nuestra intención, sin darnos cuenta, claro está. Parafraseando a Marina, queremos recordar en este momento de la exposición algo que nos parece esencial: "*quiero hacerte ver lo inteligente que eres tú y no lo buen comunicador que soy yo*".[11]

Es triste; el árbol del protagonismo cuyas ramas, denostadas por el dinero y el reconocimiento, no permiten ver el bosque: **el jugador es lo importante** y lo disociamos de sí mismo privado de generar espacios de libertad, de la libertad que le devuelven dichos espacios.

Vamos a despojarnos de "*la bata y la probeta, único atuendo que nos falta para saltar al campo a entrenar*", como diría Cano, y vamos a pensar que no somos tan fundamentales, que no controlamos tanto como creemos pensar ni busquemos controlar demasiado dejando de lado lo primordial que, casualmente, está regido por la suerte, tal y como nos muestra la pelota de tenis en la película "Match Point" [12] cuando gira sin saber hacia qué lado de la red va a caer.

Dejemos de parcializar el juego y de linealizar la palabra "fútbol" periodizando y desnaturalizando de todas las formas habidas y por haber.

El sistema no juega. Podría ser el título de un dogma. Cruyff, pionero en dicho pensamiento, explica de forma directa el por qué de dicha cuestión, recogida por Perarnau[13]: "*todo el mundo habla de táctica utilizando números, que si 1-4-3-3, que si 1-4-2-4, que si…Para mí, la táctica consiste en saber cuál es tu calidad y cómo vas a sacarle el máximo rendimiento, cuál es el punto débil del rival y cómo aprovecharme de ello. La táctica es eso*".

Al hilo de este pensamiento, el propio Perarnau argumenta, desde los planteamientos de juego del F.C. Barcelona, que "hoy en día debemos dudar de la pizarra y los dibujos que nos cuentan. Cuando ves la escenografía coral que tiene que jugar sobre el césped, con un portero que juega de libre, los centrales sacando el balón, los delanteros defendiendo y toda esa gente bajita asociándose, buscándose, moviéndose en una baldosa, tocando y tocando, intercambiando posiciones, revoloteando, bailando, ¿de verdad estamos ante un 1-4-3-3?, ¿se puede encasillar en unas cifras esta coreografía inagotable?".

---

[11] Ibídem 10.
[12] Dirigida por Woody Allen (2005).
[13] En su obra *Senda de Campeones, de la Masia al Camp Nou*. Salsa Books. (2011).

Si la esencia reside en tener un margen de interacciones tan amplio como necesario, tan poco previsible como clave de la inteligencia de los que juegan, pensemos entonces en lo ineficaz de pretender encasillar unas cifras y medidas y el contrasentido que ello provocaría ya que generaría un *cortocircuito cognitivo-emocional*.

La mayor especificidad en el fútbol, como vamos perfilando, está en crear nuevos contextos no cretinizados[14], nuevas adaptaciones. Hacer partícipe al jugador de sus "affordance" (posibilidades de acción) y que éste las interiorice. Si no es así, no hay periodización que valga. *Entrenar en alta especificidad, en una "especificidad dinámica"*[15] *es ir más allá que entrenar en lo que entendemos por especificidad; es un escenario en el que el jugador brilla en un cosmos con luz propia llamado modelo de juego y donde la constelación medrosa hallada en la órbita del técnico y agitada por la directiva, no castigue el talento aún cuando ambos persiguen el mismo objetivo: ganar.*

Hay que jugar con el corazón, como diría Espar[16]. Hay que escindir el orden establecido, siguiendo las célebres palabras de Delgado,[17] *"hay que subirse a la chepa de los sabios"*.

2.1. PARADIGMA JUGADOR-MODELO DE JUEGO

"Cuando los entrenadores nos creemos que somos los artistas, estamos muertos. Los artistas son ellos, los jugadores".
Rodolf Borrell (ex-entrenador del fútbol base del F.C. Barcelona)

"Debemos plantearnos un nuevo paradigma que no se base en el conocimiento del deporte, si no en el conocimiento del deportista"
Francisco Seirul·lo (preparador físico del F.C.Barcelona)

"Los -por si acasos- ganan los partidos: hacer unos metros cuando preveo que algo va a pasar, correr unos metros muy rápido por si acaso mi compañero pierde el balón para estar cerca…vaguear en los por si acasos genera perder, fracasar, no tener éxito, no exponer bien los conceptos".
Imanol Idiákez (ex-jugador y actual entrenador de fútbol profesional)

---

[14] Entiéndase en este contexto *"cretinizar"* como condicionamiento, pre-establecimiento de una cognición o conducta que mediatiza la impronta que interfiere en el desarrollo de una interacción.
[15] Ver Glosario. Cervera Villena, Francisco J.; Coba Sánchez, Rosa Mª. *El jugador es lo importante*. (2.012).
[16] En su obra *Jugar con el Corazón. La excelencia no es suficiente*. Plataforma Editorial. (2010).
[17] M.A. Delgado. Profesor de Didáctica en la FCAFYD de Granada, *Apuntes de clase*. (2001).

Una realidad, pensamos que incontestable, se produce cuando arranca la pretemporada y el cuerpo técnico se dispone a iniciar su trabajo, ya que se encuentra, en la inmensa mayoría de los casos, con un conjunto humano, un grupo de personas que van a trabajar como una organización (*equipo*), en torno a una organización (*competición*), desde una organización (*club*) y para una organización (*sociedad*) con un desorganizado y efímero objetivo (*ganar*). Y, curiosamente, el objetivo se da por hecho, es el inicio y el fin de todo, o al menos es lo que parece.

A través de este libro, no vamos a cesar en el intento de transmitirles que el verbo ganar, sin restarle el menor ápice de importancia, que por supuesto tiene, debe ir acompañado y debe estar sostenido sobre una estructura al tiempo que debe cobrar sentido a través de la misma: *el jugador*.

Si nos detenemos y ponemos en nuestro lóbulo frontal esta palabra: "ganar", se genera un automatismo directo o indirecto en forma de pregunta: ¿qué?, ¿cuándo?, ¿quién? y ¿cómo? Las dos primeras tienen respuestas obvias. Las dos restantes aparentemente también, pero... ¿*seguro*?, ¿*es realmente evidente*? Quizás no tanto....al menos nosotros pensamos que no. Y la argumentación a este razonamiento es el sentido último de este libro, es el motor que guía nuestro pensamiento.

La unión de un grupo de personas en torno a un interés común no les eleva a la categoría de equipo, y no nos estamos refiriendo sólo a los jugadores, también estamos pensando, por supuesto, en el cuerpo técnico y en la directiva que avale las propuestas para que no se produzca una organización fagocitada por su propia incongruencia. Sin embargo, en vista a lo que observamos y percibimos, sí se cree así en la mayoría de casos.

No olvidemos que sólo en escasísimos clubes, en principio los que tienen mucha estabilidad a diferentes niveles, y por supuesto incluimos el económico, configuran la plantilla, el futuro equipo, de forma aparentemente organizada, en torno a lo que erróneamente se denomina "estilo". Aún así, muchos utilizan una caótica forma de "poder obnubilante" enmascarada en realidades demasiado vacías de contenidos consecuentes, eso sí, disfrazadas y camufladas en envoltorios tan deslumbrantes como atractivos.

La actitud ante la disponibilidad económica para los fichajes, la claridad o no de ideario, de estilo y la competencia de las personas encargadas de tomar decisiones, nos parecen factores esenciales que van, desde el minuto cero, a rodar sobre el terreno de juego y además no van a dejar de hacerlo; son ciclos perpetuos de rodaje, vinculantes e importantísimos.

Tenemos club, tenemos cuerpo técnico, tenemos jugadores, pero en nuestra opinión seguimos sin tener equipo.

Para poder transformar ese conjunto de sub-elementos en un equipo, una vez el cuerpo técnico tiene delante el conjunto de jugadores, lo primero que debe buscar es el *"estilo de equipo".* Para poder llegar ahí, debe hacerlo a través del jugador y éste *no es el fin de nada, es el origen de todo, es el motor,* **el jugador es lo importante.**

"El estilo de equipo" hace referencia al ideario, a los puntos cardinales cualitativos que definen la impronta de nuestro proyecto de equipo y para ello, el cuerpo técnico debe sacar el tiralíneas y empezar a trazar las mismas. Las líneas del futuro equipo van a configurar los límites.

El concepto "límite" en sí mismo, se nos antoja tosco, parece no encajar en un cerebro configurado en términos como interacción dinámica, plasticidad, creatividad…..todos ellos a modo de conceptos sinónimos de *"pensamiento en movimiento"*, sin embargo, defendemos la idea de *límites como guía*, como base no sólo necesaria en la seguridad que toda persona necesita sentir, sino también como guía sobre la que driblar y tener un punto de referencia en la interacción entre cogniciones y conductas.

Las posibilidades de acción como resultado de dicha interacción son tan ilimitadas, tan amplias y tan ricas como la propia naturaleza de la persona, lo que no significa que erijamos un estilo de actuación o de pensamiento anárquico. De la anarquía como justificación a un pensamiento desordenado, inseguro, aunque potencialmente hablando rico, hay un "pequeño" paso.

Es por ello que el estilo de equipo debe tener como principal objetivo ofrecer esa seguridad como base en las interacciones del jugador con el proyecto grupal, de modo que su entidad personal pueda ser percibida por el cuerpo técnico, auto-percibida por el jugador y percibida por el resto de los integrantes del futuro equipo como su principal baluarte.

Los técnicos han de mostrar a cada una de las personas-jugadores la necesidad de explorar en su autoconocimiento, en su auto-percepción. No nos estamos refiriendo a abrir la caja de pandora. Se trata de algo tan necesario como útil y esencial: *conocer a la persona-jugador*. Las características técnicas del mismo pensamos que no son suficientes ni definitivas para poder configurar un equipo, entre otras cosas porque la técnica está inseparablemente unida a la persona como ejecutora de una decisión meditada. ¿Imaginan?: ABS-control de estabilidad ESP- dirección ultra asistida- climatizador automático bizona- faros bixenon- limpiaparabrisas automático con sensor de lluvia........zurdo- buena salida con el balón- buena precisión y orientación en sus regates- excelente pateador desde diversas distancias y con diversidad de ángulos- destreza y habilidad con el dominio del balón- buen olfato- va bien de cabeza.....

Cuando nos compramos un coche, sus características técnicas junto con su precio son probablemente dos de los argumentos que más peso tengan a la hora de decidirnos por un modelo u otro. Cuando tenemos ante nosotros un jugador, sus cualidades técnicas son muy importantes pero no las únicas para darle sentido al juego, para configurar un equipo. Necesitamos conocer el catálogo de prestaciones a nivel de emociones y pensamientos; fundamentalmente porque la técnica no da sentido a la persona-jugador ya que anteponemos la misma al Ser, además, dicho sea de paso, de disociar un componente de una misma realidad: es como poner peaje en los circuitos neuronales, en la red de redes. Denostamos jugadores peor dotados técnicamente por entorpecer, a priori, nuestro modelo de juego y luego nos sorprenden porque lo entienden antes que el supuestamente "bueno"; además, cuando el balón comienza a rodar, sobre todo en los primeros partidos de liga, los galones los da la interpretación del juego. Volvemos a la pregunta del millón *¿cuál es más bueno?, ¿con cuál se quedaría usted?* Hablamos de los "gigantes" Xavi Hernández, Messi o Iniesta. *¿Alguien se atreve a poner en duda que su "grandeza" reside en su inteligencia?* Teniendo en cuenta estos argumentos, *¿quién cree usted que merecía el balón de oro 2010?*

Cuando valoremos y ponderemos estos y otros aspectos, entonces y sólo entonces, estaremos en disposición de tener ante nosotros como cuerpo técnico, ante nosotros como club, ante nosotros como sociedad, un integrante de un equipo de fútbol. *¿Qué piensa el jugador que puede aportar al juego?, ¿cuáles creen que son sus puntos débiles?, ¿y sus puntos fuertes?, ¿cómo anda su ego?, ¿y la capacidad cooperativa?, ¿en qué basa el jugador su autoestima?, ¿qué le pide al futuro equipo?, ¿qué está dispuesto a dar?,*

¿cómo es su capacidad delineadora a la hora de mover o establecer límites?, ¿cuáles son su miedos?...

Por tanto, definimos los conceptos de ideario y límites como guía, así como la adquisición de seguridad mediante unas señas de identidad que regulan y ayudan a que cogniciones y conductas actúen en armonía como el contenido esencial de un estilo de equipo. Con ello, generaremos en el futbolista la *necesidad de pensar*, de cuestionarse y cuestionar como forma de crecimiento y aumentará considerablemente el conocimiento intra e inter personal de los, ahora sí podemos decirlo con propiedad, *integrantes de un equipo*.

Definimos estilo de equipo en base a lo que promulgamos; no estamos ni más ni menos diciendo que resulta imprescindible si queremos configurarnos en un equipo, tener claro, hacia dónde no queremos ir. El equipo, para nacer, debe tener identidad, y como herramienta clave tenemos los límites. Economizaremos tiempo, desgastes, recursos y con ello favoreceremos la toma de conciencia de lo que no queremos hacer o ser, ganaremos seguridad. Mucha y necesaria. Seamos realistas. El *juego es un proceso multi y pluri relacional* en el que la propia naturaleza del mismo hace que constantemente el jugador deba plantearse infinidad de opciones, *constantemente debe decidir*. Nosotros no pretendemos acotar las opciones ante las que el jugador puede optar, en tanto en cuanto puedan estar fundamentadas y sean respuestas que, al margen de su efectividad en el resultado final de la parcialidad de cada momento del juego, sean tomadas desde el entendimiento y desde la interpretación del mismo, desde una lectura, la suya, puesta a disposición de un juego colectivo, puesta al servicio y desde la necesidad de un modelo generado desde él y para sí con los demás. Tal y como diría Lillo: *"el fútbol no es un juego de acciones, sino de interacciones"*.

Cuando un ser humano tiene claro hacia dónde no debe/quiere ir tiene menos complicada, que no fácil, la tarea de decidir. Además, al dirigir las opciones con una consigna positiva de búsqueda, la ejecución de dicha búsqueda en el campo se va a traducir en que el jugador confíe en sus posibilidades, progrese en vivir la seguridad y el peso de ciertos miedos para que no recaigan en sus botas. Para que éstas se muevan con fluidez, su capacidad de decidir basada en el autoconocimiento y en un estilo, van a conferirle un bienestar que le va a hacer sentir, cuanto menos, estabilidad y coherencia.

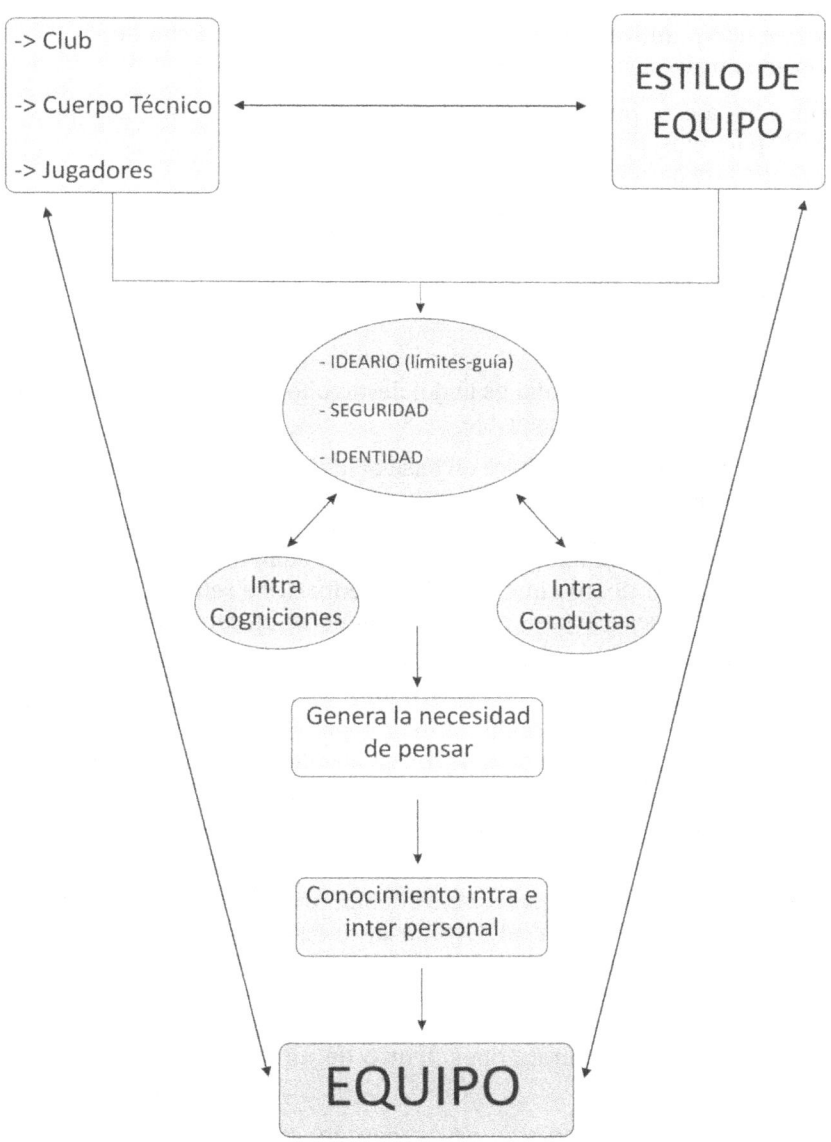

No podemos perder de vista que las personas necesitamos unas cotas de bienestar. No utilizamos el término mínimas ya que mucho nunca es demasiado en algunas cuestiones, y ésta es una de ellas.

Llegados a este punto, sabemos quienes no queremos ser, sabemos de dónde partimos, porque nos conocemos, por tanto, ya hemos dado un paso de gigante para saber quiénes somos.

La siguiente parada en el paradigma la denominamos "filosofía". Entendemos que todo equipo debe tener un trazado cognitivo que nazca del jugador, pase por adoptar un estilo y se base en los pensamientos y de ese modo pueda llegar a pre-configurar un modelo de juego que ofrezca y nutra de entidad al equipo.

La esencia de toda filosofía es la del desarrollo de una identidad propia, única, irrepetible e intransferible.

El cuerpo técnico desarrollará en base al jugador y al estilo de equipo un punto de partida, la filosofía, de la que partimos y a la que regresamos para obtener *equilibrio y refuerzo*. Es como la brújula que nos orienta. En ningún caso nos conduce, pero sí nos redirige cuando estamos perdidos o desorientados, al tiempo que nos da el feedback de refuerzo que en ocasiones es tan necesario para continuar o generar un cambio.

La filosofía de un equipo debe contener, por tanto, *el ideario*, las señas de identidad, un elemento de sustento y punto de partida para las diferentes posibilidades de acción. El lector, puede estar cuestionándose.... *¿una idea por cada infinita acción?* No, en absoluto. Se trata de desarrollar un conjunto de planteamientos a nivel cognitivo que puedan ser la guía sobre la que se miren al espejo las acciones y a su vez sean el reflejo de las mismas.

Cuando analizamos u observamos el comportamiento de los jugadores en los entrenamientos, en el terreno de juego, en una rueda de prensa.....podemos advertir acerca de la filosofía de equipo, de la presencia o no de la misma, de lo integrado o no con la misma. Ello ofrece un contexto de libertad, que no anárquico, desde el pensamiento activo fundamentado en las múltiples interacciones dentro de un marco, en definitiva, de unos valores.

Los *valores* son el *contenido de la filosofía*, el cuerpo del ideario que "mueve" el jugador y sobre el que se sustenta el juego, por tanto, el técnico, una vez más, para poder establecer una filosofía, debe hacerlo a través del jugador y éste *no es el fin de nada, es el origen de todo, es el motor,* **el jugador es lo importante.**

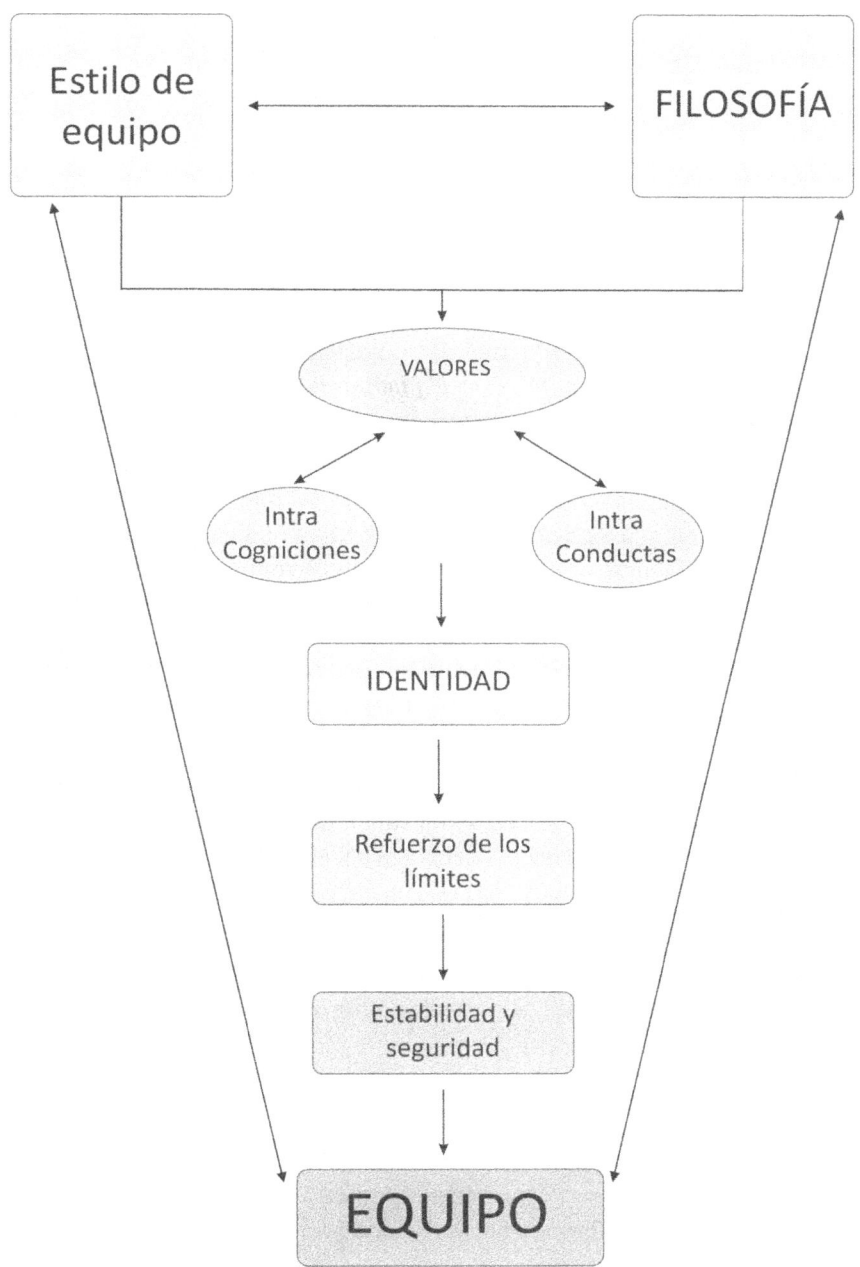

Los técnicos son el estandarte de los valores del equipo, el altavoz que transmita la filosofía creada entre todos y dirigida por algunos. Son los encargados de hacer un triaje, o lo que es lo mismo, dirigir y ordenar en base a unos valores a la vez que no pierde de vista las guías, los límites que han configurado el estilo del equipo para que el conglomerado no se pierda en la buena intención dentro del desorden natural que sobreviene a un sistema de relación de naturaleza heterogénea.

El jugador como marco de referencia en sus interacciones en torno a la filosofía de juego, parte de ella y regresa a la misma de forma paralela al desarrollo cognitivo-conductual de su posicionamiento ante el juego. *Los valores dan cuerpo a la filosofía y el jugador le da sentido a la misma a través del juego y los valores, al tiempo que la nutre y dinamiza.*

En definitiva, la filosofía cohesiona a través de los valores para dar sentido a las acciones en el desarrollo jugado y va más allá del rectángulo verde. Sus tentáculos son tan potentes y tienen tal alcance como necesaria es la coherencia que debe haber entre el comportamiento del balón cuando está en movimiento como cuando no lo está. No olvidemos que en el fútbol actual, la presencia mediática y otros elementos cotidianos en torno a éste es una realidad que no escapa de la rutina y de la necesidad de mostrarse consecuentes con una filosofía. Lo contrario puede resultar seriamente desestabilizador.

La evolución en la configuración del equipo se culmina con el desarrollo del "modelo de juego", que es la puesta en marcha, el rodaje del estilo de equipo y la filosofía al servicio del juego a través del mismo.

El eje sobre el que gira el juego es su modelo, dando como resultado una reciprocidad a la que es imposible obviar: no puede haber modelo sin juego y juego sin modelo. Imposible disociar e imposible eximir la responsabilidad compartida de todos los integrantes del equipo en el modelo.

En muchas ocasiones, cuando hablamos del modelo, lo hacemos acompañando gramaticalmente con un sustantivo o adjetivo (desarrollo, evolución....) que denota que no es una entidad estática, está o debe estar en continuo movimiento, no representando ello sinónimo de inestabilidad más que por la resultante y obvia reciprocidad al son de las sinuosidades azarosas.

El juego es la puesta de largo de las posibilidades de conexión, del desarrollo en la creación de contextos, pues bien, ahí, justo en ese momento en el que se levanta el telón y el jugador hace rodar el balón, el modelo de juego cobra sentido y cada pase, cada regate, cada remate, cada saque, cada despeje... hace crecer y mejorar a ambos. Por tanto, se gana estabilidad ya que la misma se la inyecta el futbolista en el entendimiento del juego, de la lectura que hace en cada momento del mismo y de las conductas que adopta como resultado. Se trata de *darle sentido completo al verbo jugar. ¿Podría el lector pensar que es una obviedad?* Debería serlo, pero desafortunadamente no pensamos que así sea.

¿Y qué decir del reparto de responsabilidades sobre el terreno de juego? Gracias al modelo, dicho reparto se efectúa de un modo sensato y hace que la línea que separa el banquillo del campo sea una línea física pero no psicológica ya que el cuerpo técnico ha de dirigir teniendo en cuenta cómo el jugador interactúa, lee, direcciona con su pensamiento y forma conceptos que llevará a darle estabilidad al modelo.

Con ello estamos indirectamente obteniendo un gran beneficio en el control del miedo, a todos los niveles, porque el equipo al completo ya comprende "el por qué". Un buen jugador debe interpretar, sentir y explicar cómo juega, qué hay detrás de cada movimiento y de cada decisión. Entender significa estar seguro y ello a su vez le rescata del exceso de presión y/o miedo. En cualquier ámbito de la vida, dejemos el fútbol a un lado, cuando hacemos algo y entendemos por qué lo hacemos, podemos defenderlo y vivirlo intensamente. Eso, nos parece que es un acto inteligente.

No se trata únicamente de "sal y juega como sabes" sino "sal y juega como debes". Eso es comprender el juego.[18]

En el desarrollo de nuestra exposición, podemos considerar que el modelo de juego lleva implícito una técnica psicológica, que pensamos puede resultar interesante y que denominamos *"desensibilización sistemática en el juego"*[19].

---

[18] Idea extraída de M.Perarnau. Ibídem 13
[19] Ver Glosario. Cervera Villena, Francisco J.; Coba Sánchez, Rosa Mª. *El jugador es lo importante*. (2.012).

La desensibilización sistemática, (Wolpe, 1958) es una técnica psicológica dirigida a reducir las respuestas de ansiedad/miedo y eliminar las respuestas motoras de evitación.

El *contra-condicionamiento* que el jugador puede necesitar reside en el modelo de juego y, por ende, en sí mismo, ya que éste le ofrece la posibilidad de buscar respuestas compatibles con la respuesta necesaria ante el estímulo que la provoca sin necesidad de pasar por una conducta de evitación. Estamos hablando de generalizar respuestas ante determinadas situaciones como elemento central en la base de determinados automatismos y en relación a la esencia de una parte de nuestro funcionamiento neuronal, por ejemplo, a través de nuestras neuronas espejo[20], en las que profundizaremos a lo largo de esta obra.

Pensemos que el *modelo de juego* es, en sí mismo, el generador de la *inhibición recíproca* y el *contra-condicionamiento* como estrategias para afrontar el miedo que puede aparecer en el terreno de juego como componente número doce del equipo, el que va con los platillos pero desestabilizando la orquesta. *Muchas veces el jugador duda de él, puede que porque no lo entienda, aún cuando está adaptado a sus posibilidades de acción. Las directivas han de ayudar a ese entendimiento con el respaldo al cuerpo técnico. Administrar los conceptos de manera desensibilizada nos ayudará a generar "un efecto placebo" en los jugadores más incrédulos y, por qué no, denostados en tópicos aunque reforzados por las quinielas. Este es un hecho a tener muy en cuenta para que el modelo no haga el efecto boomerang.*

Al mismo tiempo, el modelo actúa como un *refuerzo operante* ya que al ofrecer el primero, por su propia naturaleza, la exposición al juego sin evitaciones, aumenta el contacto con el estímulo (juego) y se reducen las respuestas de evitación (miedo).

A nivel cognitivo, el modelo también ofrece una serie de beneficios al jugador, que a su vez revierte en el juego, utilizando al propio modelo como vehículo que no podemos despreciar, como por ejemplo, la mejora del desarrollo y la calidad de la imaginación, el incremento de las expectati-

---

[20] Son un tipo de neuronas que se activan cuando se ejecuta una acción y dicha acción es observada al ser ejecutada por otro individuo, "reflejando" así la acción del primero. En el ser humano se encuentran en el área de Broca y en la corteza parietal. Desempeñan un importante rol dentro de las capacidades cognitivas ligadas a la vida social, tales como la empatía y la imitación.

vas de mejora en el juego, la facilitación de la reestructuración de cogniciones, el aumento de los niveles de sentimientos de auto-eficacia del jugador y la toma de conciencia del juego como estrategia de afrontamiento.

Dicha técnica constituye a nuestro parecer un eslabón clave en el engranaje neurocientífico de la persona ante el juego.

La triada *"siento-pienso-actúo"* (irreductible) requiere de la responsabilidad en el entrenamiento diario en torno al modelo como elemento cohesionador a través del juego, que es el medio, repetimos una vez más, sobre el que se debe aprender a pensar. Las pilas para funcionar las obtenemos a través del binomio: pensar para moverse.

El cuerpo técnico, como desarrollaremos específicamente en el próximo capítulo, tiene ante sí un reto maravilloso, a nuestro entender, que no pasa por enseñar a pensar, sino por *generar en el jugador la necesidad de hacerlo*: *dirigir para generar pensamientos cohesionados* pero respetando y fomentando la independencia. Desde el convencimiento de que así y sólo así el futbolista puede sentirse completo y dar lo mejor de sí mismo; el equipo gana estabilidad, transmite seguridad y fuerza. La satisfacción por el trabajo realizado, aunque los resultados no siempre acompañen, está asegurada. *Si hay entendimiento, hay posibilidad de mejora*, de búsqueda de otras opciones, de progreso. El esférico lo pone a rodar el movimiento que ejecuta el jugador pero…..lo hace con un rival, lo hace con un objetivo, lo hace con presión, lo hace con unas directrices…pero no nos olvidemos de ese aliado que siempre nos acompaña: el pensamiento. Él nos permite actuar, redirigir y tomar decisiones, él permite que todo tenga sentido. Sin duda, el técnico ha de tender la mano al jugador a interpretar y sentir lo que hace y la mejor herramienta que puede utilizar está en el *R.A.J (Diccionario de la "Real Academia del Juego")*: *entrenar jugando* mediante la transmisión de seguridad y cuya consecuencia es la activación de pensamientos.

¿Qué hay de la táctica y de la técnica? Para empezar la pregunta está mal formulada. Su desarrollo, si se hace de forma aislada, es decir, si se pretende trabajar y ejecutar parcialmente, estamos condenándonos al fracaso por no tratar la realidad tal y como es al considerar que los medios tácticos (englobando lo técnico, en caso de hablar de medios técnico-tácticos, los segundos anteceden a los primeros) son movidos por el esti-

lo, los valores, la filosofía, la identidad de equipo, por tanto, tenemos otro argumento más para dejar claro al lector que **el jugador es lo importante**.

Otro aspecto fundamental del que no nos olvidamos es del azar, del movimiento cinematográfico de la pelota de tenis sobre la red ya comentado, ese auto invitado que todos tememos que aparezca y que sabemos que va a hacer acto de presencia. Debemos plantear la incompatibilidad, la incoherencia, si dejamos entrar al mismo de antemano en nuestro planteamiento como si de una apisonadora se tratara. El jugador no es una hormiga y el azar un elefante; si lo sentimos así, nos aplasta, es el veneno de la plasticidad, siendo el antídoto la seguridad que a través del pensamiento como elemento de juego tenemos. *El azar planea sobre el césped y a veces aterriza, pero no sobre nuestras cogniciones*, ahí no debería haber espacio para construir un helipuerto. El técnico "mide" los espacios. Si percibe que hay inseguridad hasta el punto que el azar se "apodera" y se instala apoltronándose en el mejor asiento, tenemos el síntoma inequívoco de que sobra espacio y de que la mejor medicina es llenarlo: *hay que reevaluar al jugador, hay que contactar con la esencia. ¿Miedo?, ¿dónde estamos?, ¿hacia dónde vamos?, ¿disfrutas?, ¿qué sientes?, ¿qué te haría feliz sobre el terreno de juego?...*Son algunas de las cuestiones sobre las que habría que poner la lupa.

En la toma de decisiones, como se expondrá más adelante, encontramos acomodo al aterrizaje del azar, el libre albedrío y la conciencia como resultado de cogniciones y conductas al servicio del juego.

El modelo de juego, como se puede apreciar a esta altura de la exposición, es una excelente fuente a la que el jugador se acerca a beber cuando su sed se llama limitaciones, ya que los recursos que se generan a través del desarrollo del modelo son su oasis.

Tengamos en cuenta partir del jugador porque la esencia de la complejidad está en el sentir del individuo. Si no hay individuo no hay colectividad. Si no hay singular no podemos formar el plural. *Si no hay jugador no hay juego.*

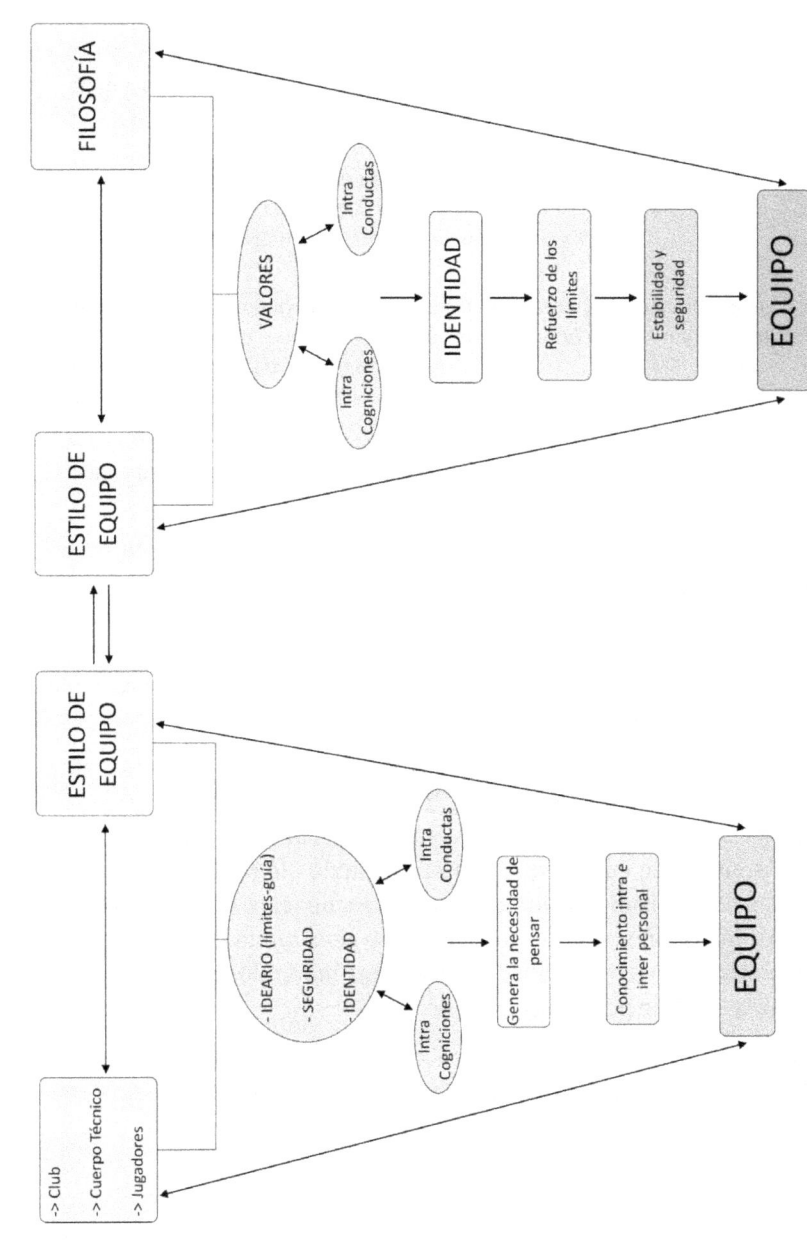

2.2. LA ADITIVIDAD COMO REGIDOR DE LA CONSISTENCIA DEL MODELO DE JUEGO

> *"¿Por qué existe la solidaridad con gente que "no es de mi sangre"?*
> *Porque, simplemente, es una buena idea."*
> Félix García (psicopedagogo, arqueólogo, profesor de primaria y de la Universidad Camilo José Cela)

> *"El liderazgo colectivo tenía que ver con dos cosas: la importancia de la sabiduría del grupo frente a la individual, y la ventaja del grupo en cualquier resultado conseguido por consenso. Eso es una doble victoria."*
> Richard Stengel (periodista norteamericano y biógrafo de Nelson Mandela)

> *"Los mejores jugadores son los que aprenden de situaciones diferentes soluciones dentro del juego, es decir, los que mejor se autoestructuran"*
> Seirul'lo.

Hablar de aditividad es hablar de sumar. La conclusión de ésta es un conjunto de conceptos y/o estructuras que llevan a dos operaciones básicas para analizar la realidad: sumar y restar. Quedarse como estamos en cualquier caso podría ser también sumar ya que sería una explicación de Wright[21] con su teoría "nonzero" de las conexiones que hacen posible la vida: unos ganan, otros pierden.

Cuando realizamos una conducta, obviamente, podemos encontrar una consecuencia positiva, negativa o nula. Ésta nos muestra que *"la apariencia constituye una verdadera realidad en la gestión de la impresión"* según Stengel.[22] Teniendo en cuenta que la apariencia no siempre es sincera, lo que hacemos es analizar relaciones y sus consecuencias. Esto es, a priori, en términos coloquiales, lo que toda persona encargada de un conjunto de personas ha de hacer para que los objetivos marcados a nivel general e individual, quizás, se puedan conseguir.

Teniendo presente la complejidad en el movimiento aditivo hacemos una analogía entre el pensamiento sistémico y la aditividad:

---

[21] Profesor visitante en la Universidad de Pennsylvania. Explica la "suma no nula", la red de destinos y cooperación entrecruzados que han guiado nuestra evolución hasta ahora y cómo la podemos usar hoy para salvar la humanidad.
[22] En su obra *El legado de Mandela. 15 enseñanzas sobre la vida, el amor y el valor*. Temas de hoy. (2011).

PRINCIPIOS DEL PENSAMIENTO SISTÉMICO (Ackoff, 2008) [23]
COSMOVISIÓN (nuestro punto de vista, nuestra visión): lo que cada ser humano aporta al vestuario.
VISIÓN ECONOMICISTA (el carácter creciente de un sistema vivo): lo que podemos aportar para sumar en la mejora del mismo.
VISIÓN DE SOSTENIBILIDAD (relacionado con la isostasia, en biología, que es igual a un principio de equilibrio).
ADITIVIDAD NULA = CUANDO UNO GANA = SUMA 0 porque siempre hay equilibrio en la "balanza".
ADITIVIDAD NO NULA = TODOS GANAN, esto no implica necesariamente que todos colaboren: - Aditividad no nula positiva: todos colaboran. Nadie pierde. Esto es utópico, pero sería maravilloso. - Aditividad no nula negativa: todos colaboran pero alguien no, surge el llamado "dilema del gorrón".

Vamos a hacer un ejercicio de reflexión y elección sobre qué tipo de aditividad queremos para nuestra dirección de equipo. El bien entendido desarrollo del juego de un equipo marcaría una aditividad nula ya que para cualquier situación de partido seamos o no poseedores de la pelota, siempre, incluso dentro de nuestro propio equipo, habrá quien "entienda que gane" en acciones menos desagradables y que quedan más al cobijo de un aplauso y habrá quien "entienda que pierde" desde el punto de vista de efectuar una acción menos llamativa pero no por ello menos importante: es el llamado "trabajo sucio". Cada momento pende de la balanza de un juez aditivo. Los que creemos en el esfuerzo como una forma de manifestación del talento valoramos más y mejor las situaciones de tipo dos ya que nos hemos configurado en el esfuerzo tanto dentro del campo como fuera; por el contrario, los que se han configurado en el mal entendido talento, no valoran de manera "aditiva nula" la voluntad de mejorar.

Si nos "alejamos" del juego y nos vamos a las relaciones sociales en un vestuario, toda situación o conflicto que se genere, siempre convendrá más a unos que a otros. Por tanto, que todos salgan beneficiados en la convivencia del día a día tanto dentro como fuera del campo es lo aparen-

---

[23] Pensamiento Sistémico. Ideas y reflexiones sistémicas para un mundo complejo. (2008). Enlace: http://jmonzo.blogspot.com/2008/01/art-of-problem-solving-de-russell.html. Última fecha de consulta (23-08-11).

temente ideal pero es bien sabido cómo se las gasta el porvenir y eso es casi imposible. Es más, es necesario que exista una aditividad nula en un vestuario porque así unos "sentirán que ganan" y otros "que salen perjudicados" pero siempre se mantendrá un equilibrio. ¿Cuándo? Ese es el problema, que hay que pasar un mal trago en competición para que se destapen los comportamientos aditivos que llevan a un desequilibrio. Saber gestionarse como técnico en estas situaciones es una gran virtud al servicio de la tranquilidad. Normalmente es necesario un cierto grado de conflicto en un vestuario; en el desarrollo del juego dicho conflicto lo trae consigo el rival y éste nos pone a prueba a todos los componentes del equipo; ya se sabe: *cuando todos están de acuerdo, todos están equivocados* (ejemplo de aditividad no nula positiva en la que todos ganan y nadie pierde o negativa, en la que aparece un gorrón).

Dentro de un vestuario la solidaridad es un valor inventado porque a todos nos conviene lo mejor para cada uno de nosotros, pero aún así, siempre hay algún problema, como decíamos, necesario por otra parte fuera del campo, pero no dentro. Por supuesto, esto tiene matices y muy importantes. Debemos saber dónde están los límites de la aditividad no nula. Puedo estar sin hablarme con el de al lado, pero en el campo debemos ser un equipo. No forzar la amistad. Vlade Divac dijo una vez sobre la selección de Yugoslavia la primera vez que empezaron a entrenar juntos él, Petrovic, Kukoc..."*Éramos un conjunto de muy buenos jugadores que no sabíamos si íbamos a ser capaces de rendir juntos como equipo.*"[24]

Ser solidario es un medio fundamental como conducta futbolística dentro del campo pero, *¿fuera también?* Hay jugadores que gozan de permisos especiales en períodos vacacionales más que el resto de compañeros. El entrenador, como máximo responsable decide eso. Los compañeros han de ser solidarios y aceptarlo. *¿Esto merma las relaciones dentro del campo que es dónde interesa?* El entrenador debe valorarlo puesto que si las relaciones dentro del campo no son o no están en un momento muy fluido, estos acontecimientos pueden generar problemas de aditividad no nula de un modo negativo, es decir: apostamos por la solidaridad como aditividad no nula con fines positivos pero las consecuencias de la misma pueden ser totalmente distintas ya que no necesariamente todos obtienen lo que quieren con la misma. Esto ocurre aún cuando queremos im-

---

[24] Documental NBA: "hermanos y enemigos". Fecha de emisión 28-02-2011. Canal Plus.

plantar el mismo valor en la plantilla. Cuando fichamos a un jugador que es una "estrella" en su equipo de procedencia, éste ha de tener claro el rol que tiene que asumir y aprender puesto que éste puede ser el estar al servicio de algún compañero en particular. Todos sabemos de jugadores que han entrenado "misteriosamente" mucho tiempo en el gimnasio y no con sus compañeros. Recordemos una defensa organizada del Real Madrid ante el F.C. Barcelona en el feudo blanco en la temporada 2010-2011, CR7 va a presionar sólo, reclama la ayuda de todos; todos tienen claras las ayudas y todos entienden el valor inculcado en el modelo por parte de su entrenador, pero en ese momento, se genera un conflicto en el que el astro portugués se siente perdedor de un mismo valor inculcado por el propio equipo. Tras el partido hubo declaraciones "fuertes" del delantero madridista. La interpretación de un valor dentro del campo no debe ser rota puesto que se transmite un problema de entidad mayor.

¿Podemos pensar que la dirección de equipo es un tipo de aditividad? Por supuesto que lo es. Obviamente siempre se querrá conseguir una consecuencia positiva, aunque para tal fin, los técnicos, en su papel de líderes, han de generar situaciones en la convivencia en las que pasen cosas, que éstos no sean tenidos en cuenta en la toma de decisión: generar responsabilidad para que el jugador equilibre la balanza. Nos da miedo que ocurran cosas, queremos atar la convivencia con trazos de viabilidad estándares para una sociedad, la de nuestro vestuario, y nos olvidamos que necesita del enfrentamiento para crecer. *"Hay que colocar a los jugadores más inteligentes al frente y nosotros situarnos detrás para observar"*. Delegar es primordial, Mandela lo sabía bien, y los grandes entrenadores también. Hacer de nuestra presencia un acto *invisiblemente inteligente*, al tiempo que imponer un espíritu solidario y de trabajo es un efecto de persuasión ponderada como gesto de lealtad hacia uno mismo.

Para llevar a cabo tareas, si queremos que las conductas sean repetibles, la presencia de los más inteligentes ha de ser manifiesta. Éstos son los que se auto-eco-organizan más rápidamente entre las voluptuosas y azarosas consistencias conductuales que se dan entre los miembros de un equipo; pero también necesitamos del "torpe en habilidades sociales". En los finales agónicos de un partido el mejor "sistema" es, por fin, un buen comportamiento adaptativo en el que todo el mundo destapa sus caretas.

Cuando queramos inculcar un tipo de salida de balón, por ejemplo, colocar a un jugador que genere una buena salida, aún cuando no esté en su puesto específico, ayuda a los demás a visionar lo que se debe hacer, permite fluidez en la toma de decisiones, nos permite aprender más rápido ya que hay que adaptarse al objetivo pretendido. Este futbolista con buena salida de balón, es medio centro, valga el caso, y un central es más torpe, nos interesa que éste aprenda del otro; por eso intercambiar posiciones, ponerlos a ambos de centrales...ya que vamos a conseguir: más velocidad en la circulación, más participación en los centrales reconvertidos a medios centros y viceversa; interacciones éstas que mejorarán comportamientos en y ante diferentes perfiles de orientación al recibir muchos más balones en variopintas condiciones...

En definitiva, activaremos circuitos neuronales en todos en general, además de activar el engranaje del sentimiento compartido del mal llamado puesto específico (éste genera "dictaduras" posicionales desde el técnico), todo ello mediante la balanza de la aditividad no nula en la que unos ganan en aplauso y momentos menos complicados y más vistosos, otros pierden en protagonismo y en momentos de más sufrimiento por los demás, pero el equipo mejora por el equilibrio.

Usted puede imaginar cualquier tipo de tarea en base a su modelo de juego en la que haga de transgresor conductual, rompiendo tópicos, acabando con los sistemas que dan títulos de graduación pero no títulos en el campo. Si el jugador interioriza esto, hay mucho ganado. Lo difícil es querer hacerlo fácil. En la primera forma de entrenar, está permitido soñar; con la segunda, "cara o cruz", alguien marcará.

Para buscar que la balanza sea neutral y cada uno la lleve a su terreno personal a modo de ganancia, ser flexible en nuestras convicciones es de vital importancia. Adaptarnos a las circunstancias no es perder rango, ni poder, ni credibilidad, todo lo contrario si somos honestos con nosotros mismos y con el equipo que dirigimos. El cuerpo técnico ha de ser dueño de la última palabra pero no tiene por qué decirla; ha de crearse una imagen de sí mismo para con el vestuario sin traicionar sus principios, como diría Stengel *"decidir quién quieres ser y generar dicha apariencia"*. Eso marca un sello en el equipo. Eso no es consecuencia de no delegar, en absoluto. No nos debería dar miedo hacerlo, pero el jugador ha de tener claro quién es el que marca las pautas. Decía Kant, citado por Marina en su obra sobre la Inteligencia Creadora que *"hasta un ladrillo aspira a ser mejor algún día"*.

Gestionar recursos humanos es saber que todos, absolutamente todos, quieren su protagonismo antes o después. Dejar hacer es permitir que el error aparezca, que la responsabilidad acierte o se equivoque y el sentimiento de pertenencia también. Cada uno es responsable de su balanza. Esto se transmite al campo: provocar para fijar, dividir un espacio, buscar al hombre libre. *El principio lo marca el jugador, todo lo demás, sin eso, no tiene ningún sentido*.

No confundir la dirección con la idea de basarlo todo en el vestuario ni tampoco todo en la tarea. Nos obsesionamos con los tiempos de trabajo, los de descanso, las reglas (palabra que evoca el deseo de saltárselas)… y aquí está el desarrollo, pero no la base. Las conductas generan las reglas y ayudan a fomentar un desarrollo no mecanicista de la toma de decisiones. En un artículo del diario El País (Solari, 05-09-2011), se refiere: *"Un futbolista inteligente no sólo toma decisiones que, generalmente, son apropiadas y acordes a los momentos del juego y a sus propias capacidades atléticas y técnicas, sino que además sabe el porqué de cada decisión."*

Tengamos en cuenta que para que las mismas sean acertadas han de pasar por el filtro de la aditividad: tiene que haber errores para que unos se sientan al amparo de la victoria y otros al destierro de la derrota. Idiákez diría a sus jugadores: *"al que tengo apretado, lo aprieto hasta el final, si tomo una decisión, voy con ella hasta sus últimas consecuencias y el compañero me ayuda, mejorar las condiciones del siguiente"*. Steve Jobs defiende las *conexiones anteriores* como la mejor manera de pensar en el futuro. Piensa cómo te vino el balón y cómo lo quieres dar; reflexiona cómo evitar perderlo y cómo recuperarlo. *¿Qué pasa si el compañero me ayuda en mi error?:* que nivela la balanza y condena al rival hacia la derrota.

Si queremos que el jugador persista en su potencial mejora, debemos hacerle ver que se debe "vestir" con el traje de lo que quiere ser. *Las neuronas espejo nos facilitan la tarea de visualizarnos en un claro ejemplo de virtud resiliente* (aspecto que desarrollaremos en el capítulo cinco), *fruto de nuestra plasticidad cerebral y consecuente ductilidad en el desarrollo del juego. La potencialidad de las mismas y el liderazgo facilitan el modelo de juego.*

Sobre cómo observar no hay una varita mágica que nos de una respuesta infalible, pero sí es nuestra obligación ser conscientes de no caer en la aditividad no nula por el miedo a que surjan conflictos en el vestuario. Sería tanto como concluir diciendo que todo lo analizamos siempre desde el mismo prisma. No esperemos a que el tiempo nos madure como técnicos, porque si no tratamos de provocar cosas nuevas, tendremos muchos años de servicio pero sólo unos pocos de experiencia, o lo que es igual, un modelo de juego no adaptado a nadie en concreto, caduco y efímero. En el mismo artículo mencionado anteriormente, Solari expone: *"Si bien a veces resulta más sencillo y rápido obligar al futbolista a memorizar y mecanizar situaciones del juego o de los distintos sistemas tácticos, de esta forma el jugador nunca alcanza a comprender completamente el sentido de sus acciones. Intentar, prever y automatizar todas las posibles acciones de un partido es una tarea a la que se abocan algunos entrenadores obstinados que, invariablemente, se muestran luego sorprendidos cuando el destino se muestra inaccesible."*

2.3. GESTIONAR EL PERFIL DE COMPETENCIAS DE LA PERSONA-JUGADOR

"Si quieres algo, ve por ello, y punto"
Película "En busca de la felicidad"

"Soy el dueño de mi destino, el capitán de mi alma"
Película "Invictus"

"Lo que puedas hacer, o sueñes que puedes hacer, comiénzalo. La osadía está llena de genialidad, poder y magia".
Goethe (poeta y dramaturgo del S. XIX)

"El verdadero éxito consiste en descubrir quién eres, en lugar de calcular qué serás".
Franz Kafka (escritor y filósofo checo del S. XX)

2.3.1. Persona-Jugador-Presión

Analicemos a través del fenómeno psicológico de la presión, a qué nos estamos refiriendo cuando hablamos del binomio persona/jugador.

Históricamente hablando, recordemos lo que representaba para los gladiadores la presión: ni más ni menos que su propia vida. No había término medio. La presión les obligaba a sobreponerse a su amigo íntimo: el miedo. Sí o sí se sobreponían, o...: *"Ave, Caesar, morituri te salutant"*.

Permítannos que no nos resistamos a la tentación de no recordar el coliseo romano....los gladiadores muchas veces eran esclavos, que podían comprar su libertad superando la presión que les llevaba a no perder su vida. Llegaron a ser tan importantes los combates, que se promulgaron leyes que los regulaban, la aclamación popular era tal que hacía que los más exitosos poetas los ensalzaran, sus retratos aparecían como iconos, las damas suspiraban por ellos, los combates eran anunciados y esperados con fervor... Quien realmente decidía sobre su vida cuando el gladiador sucumbía era el organizador del juego, con la aquiescencia del público, claro está, hasta el punto de que muchos promotores de juegos, ciegos de poder y de reconocimiento social llegaban incluso a arruinarse. No por recurrente y conocida deja de resultarnos poderosa la historia....

En el circo actual, si se nos permite la expresión, cómo un jugador se enfrenta a la presión no es el objeto de debate de este libro. La psicología del deporte responde eficazmente a esa cuestión y otras similares mediante diversos métodos y técnicas dirigidas a tal fin, pero *¿lo hace desde el análisis e interpretación del juego?*

Sin embargo, sí es objeto de este libro contemplar que *la personalidad de cada jugador se va a poner al servicio de las interacciones jugadas,* de forma favorable o no al desarrollo de los conceptos entrenados, *influencias* que vienen marcadas en ese código personal único e irrepetible.

El técnico, pensamos, debe contemplar este documento de identidad como un elemento de juego capital, a fin de potenciar, desarrollar o modelar, pero nunca de anular u obviar. Decimos "nunca" porque al igual que no se le pueden poner puertas al conocimiento, como reza en la expresión popular, no tiene sentido mirar para otro lado cuando tarde o temprano estas circunstancias van a aflorar. La toma de contacto con esta parte de la realidad del jugador y del juego puede representar una línea de pensamiento y ejecución dentro de la dirección de un equipo desde el jugador como esencia, como persona.

La presión se da en momentos en los que la situación exige una respuesta del jugador frente a las dificultades que se le presentan y el mismo debe superar. Es un momento de definición donde la realidad se va a modificar de un modo significativo y el jugador tiene una responsabilidad directa en el desenlace de la situación. El jugador de fútbol pasa noventa minutos sobre el terreno de juego constantemente eligiendo. Contemplemos que el ejercicio de toma de decisiones requiere por tanto un entrenamiento desde el juego, implícitamente y explícitamente se realiza un ejercicio cognitivo del que dependen el resto de movimientos, de acciones. Neurociencia en estado puro a pie de campo, el resto de actuaciones/intervenciones nos hacen dudar. Volveremos de forma más amplia sobre este concepto.

La presión siempre está ahí, hay que entrenarla desde el juego y el resultado final de cómo cada jugador la afronta y evolucione en este sentido le va a posicionar en el ranking ya que todo deportista tiene como misión superar dificultades. Adaptarnos a las mismas y superarlas no es ni más ni menos que sinónimo de inteligencia. El jugador *"tiene que querer pensar"*. En ocasiones, asociadas a otras dificultades de corte clínico, pueden aparecer problemas para afrontar la presión, por supuesto. Evaluación, técnicas y trabajos específicos al respecto ayudarán al futbolista a avanzar en la sana dirección, pero insistimos, naturalicemos la esencia de algunos fantasmas idealizados. En competición, la presión vive con nosotros, está en su naturaleza más intrínseca. Mirémosle de frente y buceemos en cada uno de nosotros para conocernos un poco más y nos sorprenderemos. Podemos llegar a ser nuestros mejores aliados. Lo contrario, lo sabemos sobradamente.

En los casos en los que la presión sobrepasa "el límite", las consecuencias inmediatas, entre otras, son la pérdida de la fluidez, de espontaneidad y naturalidad. *¿Podemos entender que el jugador desarrolle su trabajo desprovisto de nada más y nada menos que de estos tres factores?*

Ese "límite" va a depender, en primer lugar, de cómo la persona-jugador se posiciona ante él mismo, recuerden podemos ser nuestros mejores benefactores o nuestra peor pesadilla. Kasparov, dijo en una ocasión: *"cada vez que repaso las partidas de los grandes campeones de ajedrez descubro que, bajo presión eran más eficaces"*. Pero cuidado con este "mito", no siempre es así. Ponderemos.

Hay *presiones positivas* (de aliento, de estímulo) y otras *negativas,* para algunos, (abucheos o insultos) al tiempo que consideradas *exterio-*

res/interiores. Las primeras representan el poder del "otro" sobre el sujeto. Según la situación, dicha presión exterior puede resultar motivadora, por tanto positiva, o puede resultar asfixiante para el sujeto, por tanto negativa. Pensemos en situaciones tales como un ajedrecista en plena partida, teniendo el reloj en contra; o un técnico que depende de un resultado para mantener su puesto o en un jugador no aceptado por el público o que duda del modelo en el que habita. Cuando hablamos de presión interior nos estamos refiriendo al proceso por el que las emociones ejercen un poder sobre el sujeto, pudiendo ser de igual modo, positivas o negativas. Hablamos entonces de que la ansiedad, el nerviosismo, el miedo, el imperioso deseo de ganar, copan el protagonismo de las cogniciones y de la conducta de la persona a través del "exceso" del propio deseo.

En la presión, de una u otra forma, el deseo del otro está siempre involucrado. Cómo la persona-jugador se posiciona ante tal cuestión es un aspecto que en parte viene determinado por su personalidad, que el jugador lleva en su mochila. Pensamos que el técnico debe tener en cuenta este aspecto para ver primero a la persona que el jugador lleva consigo y facilitar que la persona y el jugador no entren en una competencia. El técnico ha de permitir que fluyan con naturalidad y empasten ambas cuestiones: *el jugador no puede chocar con la persona que lleva dentro.*

El deseo, en este contexto, nos parece un elemento interesantísimo. Sabemos que mueve montañas....y se convierte en esencia cuando hablamos de pasión. Desde la pasión, los seres humanos nos crecemos, nos fortalecemos, la pasión nos da seguridad y lejos de mitos, en ocasiones un tanto trasnochados, nos conecta de un modo muy intenso con la razón, aunque parezca todo lo contrario. Piense el lector qué ha pasado por y en su mente, cuando ha vivido de forma intensa, con pasión, un acontecimiento, del tipo que sea. La lectura de esa experiencia nos acerca a la objetividad, a la "*realidad de un sentimiento*" y queda arraigado, para bien o para mal, en nuestro cerebro con mucha fuerza. Veremos en sucesivos capítulos qué pasa con las emociones, cómo se pasean y se instalan junto a nosotros.

Sin embargo, cuando el deseo que percibimos de los demás es de relevancia, se puede dar el fenómeno que en psicología se denomina *alienación del deseo*. El técnico debe tener muy en cuenta cómo, involuntariamente con toda probabilidad, puede ejercer sobre el jugador dicho fenómeno y por supuesto, cómo se maneja y cómo tener en cuenta en el trabajo diario los límites que la persona-jugador dispone de forma natural así como la impronta que presenta el mismo en el global de su personalidad.

Un ejemplo "típico" en este sentido se da en los padres que desbordan un deseo desmesurado al respecto de que sus hijos lleguen a tal o cual puesto de éxito y dicha desmesura puede sencillamente asfixiar. En una medida "lógica" no tiene por qué ser algo negativo en sí mismo, sólo ponemos el acento en lo desproporcionado. Mesura y coherencia son sustantivos compatibles, encajan. Pensemos, por ejemplo qué ocurre en el fútbol base en demasiadas ocasiones.

Para empezar, por ejemplo, algunos padres parecen olvidar el sentido colectivo del juego, que jugar a fútbol "bien" implica, como ya hemos explicado, que el jugador deba aprender y manejar a la perfección la comunicación dentro del campo. Ese aprendizaje es complejo, y requiere de grandes dosis de humildad, compromiso y esfuerzo. *¿Piensan que se consigue de forma rápida?* La cultura del esfuerzo y el tesón deben estar en las bases de la educación que proporcionamos a nuestros menores desde la familia. Deberíamos ser conscientes y no dejar que una tarde de gloria, un golazo, un pase antológico o un paradón imposible ciegue el realismo. Desde casa, desde el club y si nos permiten, desde la vida misma que nos lo exige a todos, a diario, se debe educar teniendo en cuenta la coherencia del modelo que transmitimos. Ello no nos garantiza nada, pero es la base excelente, necesaria e imprescindible. Lo contrario es un proyecto finiquitado antes de haberlo comenzado. Vigilemos y revisemos esta cuestión porque en ocasiones se generan unas expectativas que pueden llegar a ser muy contraproducentes, máxime, si tenemos en cuenta que vivimos en la sociedad del beneficio inmediato. Todo lo que no se consigue rápido parece no existir. Cuidado. Ese no es el camino.

Sin abandonar todavía el vagón del deseo, recordemos que *el técnico ha de tomar conciencia expresa del lugar y el modo en el que maneja sus propios límites* al respecto. Cuestión capital. Lejos de cualquier otra intención, el técnico que maneja "incorrectamente" esta circunstancia está directamente "frenando" a la persona-jugador. Y hablamos en términos de frenada porque la aparición del "señor miedo", del que hablaremos a continuación, es el siguiente paso "natural" que entrará en el terreno de juego. Ese señor, al que además, tratamos de usted...., le respetamos mucho, huimos de él a la desesperada y claro...así nos va, nos domina cuando quiere y como quiere, pocas veces reparamos en observarle y ver que la fiera no es tan peligrosa como parece....

Cuando pretendemos que el jugador aprenda a probarse y a mediarse ante conductas que no ha trabajado nunca, inicialmente puede ser idílico, casi un romance, porque se pasa muy rápido de una incapacidad aprendida a una posibilidad descubierta en sí mismo. El problema viene cuando la presión del juego pone al límite el aprendizaje y a la expresión del mismo. En ese momento el técnico ha de controlarse y ser coherente para no dar señal de preocupación al jugador, ya que se puede desestabilizar de un plumazo el proceso adquirido hasta el momento. Este ejemplo es muy habitual en los porteros ya que el fútbol de hoy en día les exige jugar con los pies a la vez que desde el banquillo no fallar. Esta "imposición", a veces es transmitida mediante un lenguaje no verbal y disimulada durante una pretemporada; sin embargo, cuando llegamos a un partido de cierta trascendencia, digamos de liga, no debemos decir al jugador: "si no encuentras una buena opción, lanza arriba". Esto generará que intente ejecutar lo aprendido pero el umbral para desarrollarlo sea más bajo y, por tanto, esté más cercano a retroceder y agarrarse a sus costumbres que, aunque mal interpretadas, son las suyas, y ejecute desde el principio mal por la presión autoimpuesta por su miedo. Del mismo modo, cuando se decida a intentarlo planeará sobre su mente la sensación de incapacidad que le genera no haber podido tomar decisiones por sí mismo de manera proactiva. Por ende, cuando lance lejos sentirá una doble incapacidad.

Como incapacidad sentiría Mascherano en el Barça, pero la persuasión y el no miedo por parte de su técnico ha hecho lo demás como podemos leer en el artículo del diario El País (Besa, 28-08-2011): *"El capitán de Argentina se ha aplicado especialmente en la recuperación y en el tackle al tiempo que mejora en la distribución de la pelota, una de las exigencias del técnico con los centrales...La adaptación al juego es una de las consignas prioritarias del equipo técnico. Los retos futbolísticos se presentan como más importantes que los títulos. Ayer, por ejemplo, los jugadores y el entrenador preferían hablar del juego antes que de los récords alcanzados en las últimas cuatro temporadas con Guardiola."*

La tendencia, en parte entendible, de los seres humanos es de huir de cualquier estímulo que nos provoque incomodidad. Pero si trasladamos este principio al terreno de juego….hay algo que falla, que queda "incompleto" ya que el jugador, además de no poder eliminar objetivamente los estímulos "incómodos", y aún disponiendo de técnicas psicológicas eficaces para afrontar con éxito su tarea y manejar la presión adecuadamente, *necesita tener algo más en cuenta:* el técnico como facilitador de la exploración de registros que le hagan respirar seguridad ante la asfixia del juego. ¿Con presión? Pues sí, claro. Unas veces más y otras veces menos. Dependerá de muchas variables que no se puedan controlar a priori, pero el técnico pensamos que puede trasladar las pautas para trabajar desde la estabilidad que ofrece la seguridad y la entrega de lo que se está haciendo por creer en una idea.

El cuerpo técnico valora con cada jugador cómo se muestra ante las distintas circunstancias que concurren en el desarrollo de su trabajo, permitiéndole explorar diversas formas de encontrar su *ataraxia natural* y hacerlo en primer lugar observando, dejando explorar al jugador, dialogando al respecto y finalmente, ayudándole a encontrar diferentes registros que le hagan ganar seguridad y confianza.

¿Cómo llegar al equilibrio emocional? desde tiempos remotos ha sido objeto de estudio y debate. Ya nuestros antepasados griegos acuñaron este término en el que epicúreos, estoicos y escépticos desarrollaron una parte de sus filosofías en su estudio.

Para Epicuro, existen dos grandes clases de deseos: ambos naturales, pero unos necesarios (los relacionados con la supervivencia) y otros no tanto (relacionados con la cultura, vida social y política). En la satisfacción de los deseos, y por tanto la consecución del placer, objetivo principal de los epicuristas, hay placeres que son completamente vanos, producen intranquilidad y por tanto se alejan de la ataraxia.

Los estoicos que defienden la virtud como vía para llegar a la ataraxia, lo hacen a través de la adecuación de los deseos propios a la racionalidad de la naturaleza, diferenciando lo que depende del propio sujeto de lo que no, ya que para ellos no tendría ningún sentido preocuparse por lo que no dependa del mismo.

En el terreno de los escépticos, para los que no existe ninguna verdad absoluta, sino que todo depende del hombre y sus sentidos, para alcanzar la felicidad es necesario dudar de todo lo que se ha conocido hasta el momento, en tanto no existe conocimiento objetivo.

En la actualidad, la historia continúa, y cada técnico debe contemplar el punto de partida que cada futbolista pone sobre el campo para manejarse en su particular "ataraxia".

Como anécdota, *Galileo*, de tanto mirar al sol con su telescopio, acabó su vida al borde de la ceguera. Por ser pionero en la época que lo fue, no sabía que había que filtrar la luz. Si nos permiten el paralelismo, el técnico que no experimente con diversas lentes, como forma de crecimiento en el trabajo, obtendrá como resultado exactamente el de Galileo; por lo que el jugador que no disponga de la libertad para posicionarse ante la presión o cuestiones similares, hablamos desde el juego, también paga un alto coste, teniendo altas posibilidades de fracasar en los momentos claves, en definitiva, de cegarse.

¿Alguien puede pensar que Galileo, si hubiese sabido que filtrando la luz hubiese podido evitar una "ceguera", no habría puesto los medios a su alcance para ese fin?

2.3.2. Persona-Jugador-Miedo

"Mi vida, no hay derecho a salir con miedo a la calle"
Ismael Serrano (cantautor español)

"El miedo no debería tener cabida en este deporte"
Óscar Cano

"La felicidad no es ni más ni menos que la ausencia de miedo"
Eduard Punset

Una de las primeras reacciones con las que nos podemos encontrar en el contexto en el que nos movemos, es con que el jugador sienta *miedo a pensar*. Muchos jugadores, demasiados, crecen bajo la consigna de desarrollarse como deportistas desde la interacción, no desde el pensamiento; han de jugar aprendiendo de sí mismos.

Cuando un técnico traslada al jugador la toma de contacto con el juego y el desarrollo del mismo desde el pensamiento como filtro indiscutible para la acción, ahí, muchas veces el jugador siente miedo porque se siente inseguro, no le han mostrado el camino del pensamiento ni a tomar conciencia del poder del mismo cuando no se entrena; esto puede abrumar y cuando además se exigen respuestas rápidas y tomas de decisiones eficaces…..lo fácil es paralizarse y preferir un técnico que nos dirija de un modo restrictivo, que nos diga lo que tenemos que hacer y si nos lo dice gritando hasta podemos pensar que lo tiene más claro y nos "aparente" fuerza y seguridad. Pero eso sólo es aparente y como reza el refrán popular; "pan para hoy y hambre para mañana".

Cuando a una persona no le han enseñado a *dirigir los límites*, nos referimos a los propios, a experimentar en ese ejercicio, se puede asustar, y mucho, sintiendo miedo.

En ese justo momento el camino se divide en tres vías paralelas que tienen que funcionar, tienen que estar en sintonía: de un lado, el "poder" del técnico sobre el jugador como responsable de su crecimiento, entendiendo el mismo de forma global, descubriéndole la *capacidad de generar nuevas experiencias*, nuevos recursos…, por otro lado la *inteligencia del jugador*. Mención aparte la tercera vía, la que hemos denominado *reciprocidad adquirida en el juego:* la personalidad del jugador, tópicos al margen, como hemos expuesto en el primer capítulo, influye, como no podía ser de otro modo, en su comportamiento en el campo, en su actitud, en su lucha, en su entrega, en su forma de afrontar y enfrentar el miedo, en su comportamiento socioa-fectivo, etc……Aunque también se produce un fenómeno que no podemos dejar de reparar en él: la transformación que en ocasiones observamos en algunos jugadores sobre el césped. Como decían de Petrovic[25]: *"Es un ángel fuera del campo y un demonio dentro".*

Podríamos pensar que pudiera deberse a un plus de motivación por tratarse de un rival directo, podríamos pensar que acaban de proponerle como mejor jugador de la temporada en su categoría, podría ser que es conocedor de que un ojeador está en el campo para verle, podría ser que la persona a la que ama le ha dicho "si quiero", podría ser que ha adquirido el clima ideal dentro con los compañeros de vestuario, podrían ser tantas cosas…. pero…..hay más, no "sólo" puede ser eso, (y no es poco), por tanto, no podemos cerrar ahí el razonamiento.

---

[25] Jugador de baloncesto croata, conocido como el genio de Sibenik. (1964-1993).

¿Qué sucede con lo que el juego le da al jugador? Le da mucho más que una tarde de aplausos o abucheos, de dosis de ego ensalzado, de alegría o de frustración.

El juego, en su naturaleza más pura, entraña reciprocidad, entraña dar y recibir, de ahí el término con el que nos referimos a este fenómeno: reciprocidad adquirida.

Lo que el juego ofrece sin oposición ni resistencia al jugador puede ser contemplado por el técnico como ayudante en la traducción y guía de las contingencias entre el juego y el jugador, como una fuente que emana queramos o no. Tenemos una excelente oportunidad de valorar y ahogar nuestra sed de inconformismo y de conocimiento, de crecimiento, en definitiva de progreso como personas si, "simplemente", bebemos del agua que esa fuente nos ofrece. El término "ofrecer" pudiera parecer que entraña la posibilidad de aceptar o rechazar. Pero en nuestra particular acepción de este verbo, el imperativo irrevocable se muestra presente. Y no sólo por la acepción de presencia sino también como marco espacio-temporal ya que la fuente emana y emana sin parar. Su motor lo impulsa el rodaje del esférico. No podemos jugar sin que el esférico esté en movimiento del mismo modo que la fuente no deja de fluir mientras jugamos. Además, la fuente tiene una particularidad......a veces, cuando el motor se detiene....diminutas y torturadoras gotas caen golpeando una superficie que multiplica su eco y lo amplifica.....Como el lector puede intuir...hablamos de ese fenómeno tan humano como improductivo de los pensamientos circundantes tras un partido, sentimientos encontrados, culpas, autorreproches, remordimientos y ensalzamientos del miedo e inseguridades, al fin y al cabo.

Pues bien, no proponemos erradicar que las gotitas dejen de caer, no se pueden evitar, aunque sí amortiguar.....pero sí proponemos que no se pase sed si tenemos una fuente de la que poder beber.

El juego devuelve al jugador la posibilidad de mejorar su motivación intrapersonal, mejorar la relativización, aumentar el autoconocimiento y crecer en la asunción de responsabilidades de forma madura y coherente. Todo ello como personas que somos antes que jugadores.

De ese modo, se puede ejercer de forma responsable, se asumen riesgos, aumenta lo coherente, la capacidad de relativización ha de poner en la balanza constantemente sentimientos y emociones.... *¿Acaso esto no pasa* *de igual modo fuera del campo, en el resto de la vida?* Porque hay vida más allá del juego......seamos realistas y sensatos.

Un jugador que se encuentra un tanto desmotivado, por ejemplo, puede encontrar en el juego la mejor forma de avanzar en el encuentro con su motivación. ¿Aparente contradicción? Pues no nos lo parece. El juego le permite posicionarse, actuar, crecer, generar conductas y en definitiva, le permite sentir y elegir. El filtro que hace que esas emociones vayan a un lugar más positivo o a otro no tanto, no tiene que depender de su estado anímico exclusivamente; tiene que depender de que deje que su juego fluya en armonía y contagie sus emociones, beba de la fuente: el juego como medio para superar la desmotivación. Si el jugador "juega" y no sólo se limita a correr o a chutar o a... estará permitiendo que el juego le deje crecer y la desmotivación con la que saltó al césped se transforme en seguridad y estabilidad por la interacción que él ha manejado y que él ha provocado. *No nos engañemos: ser profesional, entre otras cosas implica eso: que el juego no pueda quitarle peso a la mochila.*

No confundamos esto con la necesidad de llamar la atención, con egos mal lavados y mal planchados, con necesidad de decir indirectamente lo que no decimos directamente.....el lenguaje subliminar de las emociones es, en muchas ocasiones, poderosísimo y se presta a confusiones.....y en el peor de los casos, es fácilmente manipulable según convenga.

¿Han pensado cómo manifiesta el jugador en un momento dado que siente miedo?, ¿se le facilita el que se comunique abiertamente?, ¿el técnico "prefiere" que se mire para otro lado para hacer como que eso no está pasando?, ¿se tiene miedo de hablar en el vestuario de ciertas cuestiones?

En ocasiones, puede que el jugador necesite llamar la atención de su/s técnico/s para decir indirectamente algo, como hemos dicho. El cuerpo técnico, muchas veces atiende con especial mimo a ese jugador, lo pone a incubar entre algodones emocionales y se supone que el futbolista poco a poco irá encontrando su lugar de nuevo. No negamos que en ocasiones esto sea correcto. Pero no siempre. Si se afronta de frente, es muy probable que se supere también poco a poco, pero la diferencia radica en que esta segunda forma de superarlo tiene más garantías, es más duradera ya que permite crecer, madurar. La primera lo único que hace es que el día a día nos distraiga y acabemos por relativizar o la casualidad haga que otras circunstancias agradables se crucen en nuestra vida y haya una falsa compensación.

Ni hay que psicologizar todo ni hay que mimar egos inmaduros: hay que afrontar con responsabilidad el ejercicio de una profesión.

Cuando se trabaja la motivación intrapersonal de fuera hacia dentro, el juego puede ser el medio para la modificación cognitiva porque reúne elementos muy potentes para ello: el juego como modificador intrapersonal.

Evaluar al jugador, los puntos débiles cognitivos y casar eso con las consistencias que el juego le ofrece para estimular en la línea deseada. Se pueden combinar tareas específicas, que gracias a los mapas mentales podemos tener catalogadas, como veremos, y aprovechar las que el juego en sí mismo nos ofrece. Por todo ello, *podríamos hablar metafóricamente de la personalidad del jugador, de la personalidad del juego y de la reciprocidad adquirida.*

Las dictaduras mentales generan a cortísimo plazo reacciones, a veces, incluso aparentemente positivas. Pero no nos llevemos a engaño, es una simple reacción, nada más; no es un cambio, no es algo que tenga garantías de perdurar porque *sin flexibilidad de pensamiento no se puede construir.* Y para cambiar hay que construir.

Nos gustaría trasladar al lector, inquieto, cuanto menos, si tiene este libro entre las manos, la reflexión sobre qué porcentaje de responsabilidad, al igual que el de cada uno de los espectadores, trabajadores, aficionados… cualquier persona que consume fútbol al nivel que sea, tiene y no debe eludir. Nos estamos refiriendo a que la *actitud crítica hacia el pensamiento único* debería ser algo que tomara mayor relevancia en la sociedad actual… se supone que estamos más preparados que nunca para ello y somos más pasivos que nunca. No pretendemos instigar a la revolución, pero sí a mirar más allá de lo aparente. Porque *el fútbol es mucho más que lo aparente.* Lo comercial, las cifras mareantes, lo atractivo, lo que se ve sin más…. no tiene por qué estar mal…. pero hay más.

Pensemos qué hay detrás de cada técnico. Pensemos en cada club. Pensemos qué es lo "fácil" y pensemos qué es lo "difícil". Pensemos qué hace grande a un jugador y a un técnico.

El jugador "estrella" que parece tener un "don" natural.....y pensamos que no se le "enseña", no se le expone a otros registros más que el que de forma "natural" ejecuta, con ello le estamos regalando un abono al fracaso y no sólo deportivo.....porque si el desarrollo de su potencial no lo ponemos al servicio de un pensamiento sistémico (del que hablaremos ampliamente), de un modelo grupal, si no le exponemos a la frustración que genera el reto de mejorar en otros registros en los que no muestra esa aparente habilidad natural jamás se va a exponer a la realidad cambiante del jugar y del vivir, porque la mejor técnica de visualización es vivenciarlo: el miedo en general y el de acumular conceptos de juego en particular. Entonces, aparecen los fracasos de proyectos y lo peor y más dramático, los fracasos personales: el ego hay que alimentarlo "como sea".....y si no es con goles, ya nada vale. De ahí a la autodestrucción hay un paso tan corto como lamentable y dramático.

Veamos esta perspectiva a través de un ejemplo a modo de comentario típico, ya casi tópico, de los sumarios deportivos: "un partido de poco fútbol". Añadiríamos: de mucho miedo. "Un campo de batalla", lo llaman unos; "un juego", lo llaman los más soñadores. Parafraseando a Serrano,[26] a la hora de dulcificar la dignidad humana en problemas sociales graves en los que canta, *"no se puede salir con miedo a la calle"*: *no salir con miedo a un terreno de juego.*

En el fútbol no nos jugamos ser o no ser. Si somos puristas con las expresiones: somos y seguiremos siendo. *¿Por qué entonces en esos instantes no mostramos lo mejor de nosotros mismos?* Quizás porque en el primer caso somos nosotros los jueces de nuestras propias decisiones y en el segundo dependemos de las de otro/s: *tengo miedo de tú miedo.* Durante la banda sonora del citado cantautor en el párrafo anterior se puede saborear un: "*...tratan de convencernos de que aquí no pasa nada...se empeñaron en matarnos...la ideología....". ¿Ocurre esto de verdad en nuestro deporte?* El *"no se puede"* está instaurado como dogma de miedo y conformismo. Citando a Idiákez, adoptando palabras de Lillo: *"no hay entrenadores buenos ni malos, sino valientes o cobardes"*.

En ese sentido no sabemos si es "buena" la filosofía del fútbol inglés pero lo que nos preocupa es que tienen la estabilidad de proyectos asegurada y juegan un fútbol en el que el músculo es el mejor don y el cerebro

---

[26] Tema, *Mi vida no hay derecho.* Álbum, *La memoria de los peces.* (1998).

quedó en el austero barrio de las nostalgias. *¿Cómo puede ser que el único club que va a contracorriente en estilo no esté en dicho país?* No comprendemos cómo, y sin enaltecer el estilo de nadie, sino como fruto de una reflexión, pudiendo tener la semilla necesaria para salir sin miedo a un terreno de juego, entendiendo éste como erigir el talento al servicio del talento tanto para defender como para atacar, no se nos propone "algo más" desde el país británico.

Lícito es que las capacidades se ven mermadas cuando hay intereses muy importantes de por medio, ilusiones, futuro personal y familiar...El nivel de "jugar bien" debería incrementarse conforme se sube de categoría ya que el jugador asimila mediante un buen aprendizaje, el valor intrínseco del juego; pero, *¿esto es perdonable en la base?, ¿fomentamos la ausencia de miedo en la persona-jugador?* No tratamos de ir con premeditación y alevosía contra las cualidades del jugador y se da por supuesto que pretendemos darle lo máximo de nuestra profesionalidad; ni mucho menos lo ponemos en duda. Estamos en la obligación de *generar posibilidades al futbolista, de incrementar sus constancias perceptivas* (proceso de percibir una realidad cambiante de una manera invariable); de partir de él y volver hasta él y, por descontado, arrancar el sobresalto que le acucia para poder expresarse libremente en el rectángulo de juego.

La voluntad, la constancia, la falta de miedo, son los privilegios que llevan al ser humano a la acción. Luego, al tiempo le pedimos tiempo; y el tiempo, tiempo nos dará para ponernos en nuestro sitio. ¡*Pasemos a la acción!* gritaría Marina. ¡Pasemos a la acción!, diríamos nosotros. Éste[27], citando y haciendo referencia a Gracián*: "de nada vale que el entendimiento se adelante, si el corazón se queda".*

¿Alguna vez ha vivido el lector la situación que pasamos a describir?: encuentro en el que un equipo se sitúa por debajo en el electrónico y a partir de ahí, curiosamente, se empieza a "jugar bien". *¿Podría ser el uno a seis del Real Madrid al Sevilla en plena feria de abril?*[28] No estaban por debajo en el electrónico, pero el talento y el no tener "nada que perder" en una Liga dictada para sentencia, estaban sobre el verde del Pizjuan.

Curiosa relación: *talento+corazón+ausencia de miedo=más cerca de la victoria.* La capacidad de iniciativa se incrementa en relación a las fases y

---

[27] *Anatomía del miedo.* Anagrama. (2007).
[28] La Liga. Temporada 2010- 2011.

subfases del juego y sus conceptos de relación. Nuestra manera de pensar ha de ser expuesta sólo cuando se conoce lo que se tiene y no al revés. Todo se hace más fluido, menos hermético y estanco, permeable al desfogue de miedos contenidos. *El "efecto zoom"* lo denominan los doctos: cautiva al jugador con su *efecto túnel y el rendimiento se torna en una espiral de libertad contenida;* se abrió la caja de los truenos, pero el sonido de los mismos se vio aplacado por la luminiscencia de los dones que un día decidieron dormitar en la celda del recelo infundado.

La pregunta es: *¿qué pasa?* Y la respuesta, que la educación de la valentía es parte del entrenamiento. Como diría Marina[29], *"el valiente siente miedo, pero actúa como cree que debería hacer".* Es por ello que una inquietud vestida de miedo racional es relativamente manejable aún cuando se incrusta en los diferentes niveles de nuestra existencia.

Adoptando como nuestras las palabras de este autor: si el miedo es un sentimiento, hagamos ver a los jugadores que son más que un sentimiento. *La persona-jugador tiene que hablar, dialogar con la incertidumbre aún pudiendo ser traicionado, comunicar, generar y provocar situaciones nuevas de aprendizaje y mejora.*

El técnico se tiene que mentalizar en confiar en sí mismo con *humildad, mesura, persuasión y prudencia*. Marina, sobre el miedo, hace un soliloquio con su cuerpo: *"¿Tiemblas cuerpo mío? Pues no sabes dónde te voy a meter".*

Vamos a ejecutar las acciones de forma completa, no dejemos tareas de manera incompleta sólo pensando en la ejecución reglada y no en la emocionalidad interpretativa. No consentir que el jugador se vea absorbido por el *"Efecto Zeigarnik"*: *la especial memoria que tenemos para las tareas incompletas.* Para ello, y sin disociar el juego, se ha de percibir en las tareas de entrenamiento que se es más proactivo que reactivo, como veremos en el último capítulo; que se quiere estar más cerca de la portería rival que de la propia y que lo difícil es hacer las cosas fáciles.

Cada jugador es más eficiente en un *estado óptimo de tensión*, ni mucho ni poco, como el punteo y posterior rasgueo sobre las cuerdas de una guitarra; educarse a sí mismo en estas artes que activan y amansan fieras es del todo necesario. La forma de afinar recalará en el posterior diálogo in-

---

[29] Ibídem 27.

terior de la persona que juega. Partidos once contra once en el que no está permitido robar la pelota para que se ejecuten armoniosamente los acordes dictados por los objetivos del entrenamiento; esto es como ir a un concierto e insonorizar las melodías que surjan del escenario. No llega al equipo. Si este tipo de tareas se realizan con esa intensidad, y muchas veces nos hallamos en los prolegómenos de un partido, siguiendo con el símil musical, sería como tener a un músico instantes antes de salir a tocar afinando cuerdas imaginarias, soplando velas afines a la posición de un clarinete anidado en su ansiedad "pre-competitiva". En el día pre-partido, ¿por qué hacemos "piques más salidas" si luego entrenamos diez minutos sin intensidad ni balón para luego hacer "automatismos"?, ¿por qué queremos reclutar fibras rápidas el día de antes descontextualizadas de la intensidad competitiva? Antes de trazar el mapa computacional de nuestro modelo de juego a través de los principios que lo van a sustentar, es más importante conocer el material humano del que disponemos y cómo se dispone ese material con los conceptos del juego. Moreno[30] dijo una vez que las prisas siempre ayudan al retraso.

Los jugadores, como seres humanos que son, disfrutan de un *pre- consciente que actúa como potenciador del desarrollo de la conducta venidera.* Dicho proceso, según Sapolsky,[31] puede desencadenar una respuesta de miedo sin que uno sea consciente de la misma. Unos más, otros menos, pero todos tenemos miedo.

La clave está en no transmitir ninguno a los futbolistas. Eso no significa ver que en la fuerza (entendida como estado mental) está la solución; sino en la capacidad de divulgar que la valentía a trazar esquemas que antes pensábamos vírgenes e inexpugnables se ha tornado en oración, es lo que perseguimos al ir tras el conocimiento, y sólo se van a alcanzar mediante el adoctrinamiento de nuestros límites. Fomentar el error, la equivocación, el fallo, la duda, el hábitat mediante momentos inconclusos al que las nuevas tecnologías nos resetean reprogramándonos en la filosofía del cambio controlado queriendo fintar una realidad esquiva y poco o nada cartesiana. Generar que la anticipación mental del jugador se retroalimente de imágenes vividas en el campo, no fuera del mismo. Con mesura. El verdadero enemigo que nos puede arrebatar los puntos en el

---

[30] Eloy Moreno, en su obra *El Bolígrafo de Gel Verde*. Espasa. (2011).
[31] Científico norteamericano. Profesor de Neuropsicología en Stanford, Estados Unidos. Proceso descrito en 1992.

K.O. futbolero es un estado de incapacidad aprendida. Los técnicos gestionan los fotogramas del jugador desde que es pequeño. No se pueden borrar de un plumazo, y menos de un "banquillazo". Para ello, partir de la emoción que genera el placer por jugar y como explica Johnson[32]: *"para decidir hay que juzgar; para juzgar hay que razonar; para razonar hay que decidir (sobre qué se razona)"*. Seamos buenos técnicos razonando desde la valentía. Defender es una base del juego, pero jugar a defender es una fase muy abrupta del miedo.

La emoción va antes que el raciocinio, unos instantes, como en fórmula uno, suficientes para decidir la altura del cajón.

Damasio puso en jaque a uno de los más grandes conocedores de las virtudes y miserias humanas en su libro "El error de Descartes"[33]: "ni el dualismo de sustancias ni el reduccionismo biológico; la actividad mental desde sus aspectos más simples y más sublimes requiere a la vez del cerebro y del cuerpo". A la vez, no lo olvidemos nunca, como nunca debemos olvidar que la respuesta más simple, la gran mayoría de las veces, es la más correcta. Por eso decimos que hemos perdido un poco el norte, que hay que empezar de nuevo a reestructurar conocimientos, puntos de vista, reflexiones, temarios formativos….

Estremecedor, revelador, sobrecogedor, sobrevivimos frente a una ciencia imperfecta cuya ausencia de respuestas nunca fue en el comunicado oficial del tratado de la misma, ésta que se aferra a una campana de Gauss para decir que tus días como deportista se agotan; el tiempo, diría Serrano, *"no obliga a capitular"*[34]. *"Se olvidan de que uno es el que decide su porvenir"*: son las palabras del hombre récord, Raúl González Blanco en el diario Marca (23-04-2011), en las que da la enhorabuena a "su Real Madrid" por la ruptura de una ausencia, de un laurel recuperado y llamado Copa del Rey, ganado por última vez cuando internet todavía no era una herramienta ni siquiera al servicio de unos pocos privilegiados, además de hablar de su experiencia en el equipo del norte de Alemania, el Shalke 04: "La edad no importa, lo importante es la cabeza. Considero que si uno se entrena y tiene ilusión puede seguir jugando pasados los treinta años, como es el caso de las personas que corren maratones y están en su me-

---

[32] Pianista y solista estadounidense de principios del S. XX.
[33] Alienta Edición (2011).
[34] Tema, *Volveremos*. Álbum, *Acuérdate de vivir*. (2010).

jor forma a los treinta y ocho o cuarenta años. La cuestión es la cabeza. Al final, eso es lo que importa...El entrenamiento puede ser duro...Tienes que estar mentalmente preparado para sufrir, puntualizó".

En la esfera de las *emociones*, planteamos un nuevo contexto de aprendizaje en consonancia con las mismas, en este caso el miedo y considerando que podemos agrupar las emociones en dos subtipos: las *primarias* y las *secundarias.* Las primarias son reacciones innatas ante un estímulo, su maquinaria neural ha de colocar a los técnicos una bala en la recámara para saber que las emociones primarias no describen toda la gama de comportamientos de tipo emocional. La naturaleza no ha seleccionado canales distintos ni mecanismos independientes para las emociones primarias y secundarias.

Este argumento se perfila diáfano a nuestro favor puesto que las emociones secundarias son aquellas consideradas conscientes, deliberadas, que conservamos de personas, lugares y/o situaciones; lo que nos lleva a concluir que la conducta medrosa es entrenable, pero.... ¿cómo? Ya lo dice Marina: *"pasando a la acción"*[35]. Nos llena de alegría y esperanza poder ayudar a que un jugador se convenza de que puede evolucionar por si mismo tenga la edad que tenga. Muchos de los miedos que los deportistas tienen son infundados por imágenes, por "*microtraumatismos adquiridos*", por malas experiencias que se tornan en imágenes y éstas fluyen por el torrente neuronal compartiendo el mismo brazal que el miedo en su estado más primario.

Damasio[36] defiende la capacidad contrastada del cerebro para crear mapas e imágenes: "la hilera de la mente no se forma según el principio de que el primero que llega es el primero en ser atendido, sino que lo hace con arreglo a selecciones que llevan un sello de valor y se insertan en un marco lógico a lo largo del tiempo".

Lo primero que debemos hacer es atender a esas emociones secundarias sobre las que el jugador nos va dando pistas. Muchas veces con una honesta conversación las podemos poner en situación de caza y captura. No se trata de hacer un psicoanálisis, sino de ser conscientes de que el primer rayo de luz que alumbre el campo de entrenamiento no debe ser artificial, sintético ni remilgado; empezar por la persona antes que por el

---

[35] Ibídem 27.
[36] En su obra *Y el cerebro creó al hombre. Destino. (2010).*

jugador, lo segundo es el disfraz, la careta más o menos ostentosa que maquilla personas y ensucia representaciones.

Ajram[37] explica cómo ha desafiado sus límites. Ex-broker de bolsa, es un "finisher" (nombre con el que graban la camiseta de los superhombres, esos que no son de tebeo, los que llevan el apelativo deportista al filo de lo imposible cuando cruzan la meta colindante con las puertas custodiadas por San Pedro: sobrevivir a un Ironman). Sabe que su trabajo en bolsa es especular con dinero. El day-trader es eso, un especulador. *"El day-trading consiste en buscar pérdidas limitadas y beneficios ilimitados".* Cada día elucubras con dinero para obtener las pérdidas menores...aunque...si no arriesgas, no ganas. Eso sí, hay que saber cuándo desconectarse, decir "stop". De ahí el término *"stop-loss"*. Éste lo gestiona el cuerpo técnico mientras el deportista va adquiriendo las pautas para calibrarse a sí mismo. Esto es saber competir, medir los momentos, porque, en definitiva, la competición es eso, *¿cómo vivir los momentos dentro de cada fase de juego?*

Tenemos la obligación de dar el cien por cien cada día. De cavilar en el proceso de entrenamiento al máximo para generar las situaciones más óptimas, con un ánimo de lucro cobrado mediante el cheque de nuestro aprendizaje e ingresado para un futuro banco de excelencia, sin olvidar que ésta se da día a día. Lo que Wolk[38] define como *"aprendizaje transformacional"*; generador de contextos no cretinizantes ni cretinizados y de debates. Nuestro training day ha de ser un day-trader: especular con la incertidumbre en cada reparto de petos, en cada regla puesta por el juego e interpretada por el hombre. En bolsa trabajan sobre un dinero que les sirve de colchón. El ser humano, con sus experiencias, miedos, ansiedades, emociones...Pongamos "somier" poco a poco y provoquemos la *"especulación creativa", que el jugador se caiga para aprender y sienta que se ha caído, que le duela tropezar, en el sentido de tomar conciencia real.*

En el encuentro de Copa del Rey entre el F.C. Barcelona y el Real Betis Balompié[39] los futbolistas andaluces acabaron con un espaldarazo anímico a pesar de perder por un rotundo cinco a cero. Su técnico les dijo claramente que si se encerraban a esperar tejiendo una tela de araña, o, ma-

---

[37] En su obra *¿Dónde está el límite?* Plataforma editorial. (2010).
[38] Ibídem 9.
[39] La Liga: Temporada 2010 – 2011.

raña táctica, posiblemente se irían del templo azulgrana con unos pocos goles en contra y mentalmente "ninguneados" por el planteamiento de un cerebro volátil que comulga en la pizarra y que ha creado una idea a su imagen y semejanza. Por el contrario, si le jugaban de tú a tú a todo el imperio de "Can Barça", posiblemente saldrían mentalmente fortalecidos. *¿Y por qué mentalmente fortalecidos?* Porque lo que reprimes y llevas en tu ser, si no lo sacas te consume, te carcome, te envenena, te corroe, te desgasta, te hace sentir impotente e impertinente con el esférico; cualquier jugador profesional tiene argumentos suficientes como para, con las debidas medidas preventivas y conociendo sus virtudes y limitaciones, desplegar un fútbol cuando menos de calidad y libre*: "inculcar no miedo a jugar sin miedo"*. La escultura del jugador ha de ser pulida por sí mismo y mostrada por el técnico en los lugares que le hagan enaltecer su figura; ambos saldrán ganando.

Crece y deja crecer. Por aquellos tiempos de efemérides ya existía un bucle retroactivo: lo que das, lo recibes. Las ondas de la locución en directo ayudan a imaginar paisajes pintados por el jugador.

Pocos días después de su partido ante el Betis, el Barça se enfrenta a un súper equipo, el Real Madrid, los himnos suenan anunciando la llegada de los batalladores y la postura fotográfica más famosa del mundo se hace patente; de ambos lados púgiles cuyas caras son difíciles de conseguir en las "mafias de cromos" dentro y fuera del patio de un colegio, allí donde el trueque todavía cohabita con valores cada vez menos solidarios. El visitante sale espoleado, pero el puñal que más dentro se clavó no fue el del resultado; sino el de la crítica feroz por la falta de "coraje", de no ir a por el partido por dar prioridad a defender lo indefendible: *el talento al servicio del rival*. Había montado el cuerpo técnico un entramado defensivo que a los diecisiete minutos de juego ya estaba desarticulado, roto, desunido, quizás por la falta de convencimiento del ego del jugador que se sabe mejor de lo que le piden exponer en el campo desde antes del pitido inicial: dos a cero por debajo en el marcador; cinco a cero al final de la contienda. En las diferentes emisoras comentaban las variantes tácticas causantes de la "zapatiesta" irrisoria a la que se había sometido uno de los combatientes como si de querer romper una piñata se tratase. Nadie hizo hincapié en la teoría más plausible: *planteamientos antes que jugadores*. Julio Salinas advirtió sobre los púgiles del lado Condal: *"es que son tan buenos"*...a lo que un locutor le preguntó: *"¿es que los del Madrid no?*

Tanto para Barça como para Real Madrid, *¿entonces tú crees que los entrenadores no sirven para nada o qué?"* El artillero torpedeó de nuevo como lo hacía en sus buenos tiempos como delantero centro: *"claro que son importantísimos, pero en la gran mayoría de las ocasiones restan más que suman".* Como dividido y fragmentado quedó el coliseo blanco en general y el vestuario madridista en particular tras el partido de ida de cuartos de final de la temporada 2011-12. Tras el uno a dos cosechado por el club de Concha Espina, hubo un punto de inflexión en la parroquia blanca. Nosotros no entramos a valorar más allá de lo meramente técnico, es por esto que la mejor manera de resumir nuestro pensar es referenciando un artículo publicado en el diario El País (Torres, 20-01-2012) y que nos servirá de metaanálisis (un análisis que está por encima de todos los análisis): *"...Cuando Mourinho fichó por el Madrid, hace un año y medio, su agente, Jorge Mendes, solía decir: -José nunca ha tenido una plantilla con tanta calidad como ésta-. Ahora, gran parte de los futbolistas que componen esa plantilla, hacen cuentas. Reflexionan que en el Oporto se encontró un equipo hecho de jugadores de brega y en el Chelsea, donde dispuso de todos los medios para contratar a los mejores talentos, se obstinó en fichar tanques con más cuerpo que calidad técnica: Drogba, Essien, Ferreira... Cuando Abramovich le llevó a Shevchenko no supo cómo sacarle rendimiento. -En su patrón de juego sólo entra una manera muy concreta de jugar-, opina un futbolista del Madrid. "No sabe utilizar equipos de calidad y acaba eligiendo a los jugadores de lucha antes que a los técnicos. Si entrenase al Valencia ganaría más títulos...."*. El partido frente al Villarreal del conjunto blanco en La Liga 2011-2012, concretamente del (26-10-2011) fue descrito en general, y en dicho diario en particular, por un rotundo "ahora sí que juegan la pelota" y lo cierto es que no les falta calidad para ello aunque jueguen, y con perdón, es sólo para hacernos más entendibles, los supuestos "tanques".

Durante el enfrentamiento Deportivo de la Coruña-F.C. Barcelona de la temporada 2010-2011, con el resultado de cero a dos, uno de los comentaristas de televisión explica que hoy en día todos los movimientos de un jugador están muy controlados en el campo gracias a las nuevas tecnologías, que todo está "bajo control". Poco después, el mismo dice que el fútbol es imprevisible. *¿En qué quedamos?* "Fifty-fifty", ¿verdad?, se preguntará el lector. Haciendo un inciso en este partido, se hablaba del posicionamiento "piramidal" del Depor, parecido al de Lippi en Italia. Hablan, literalmente, de la similitud con la "figura geométrica de un árbol de navidad" y de la falta de ocasiones que puede generar en contra este planteamiento. El resultado final es de cero a cuatro. Quedando poco tiempo entra Juan Carlos Valerón en el campo. Por cierto, un "detalle": había huecos en las gradas, muchos. La gente no se divierte así. En la eliminatoria de Champions que citaremos más adelante entre el A.C. Milán y el Barça en noviembre de 2011, el club catalán jugó con defensa de tres y su técnico, Guardiola, dijo: *"Lo importante es que la gente se lo ha pasado bien y de eso se trata"*...y para que esto suceda, como se diría en El Charco del diario El País (Solari, 23-01-12): "mecanización y entrenadores sobre previsión del aburrimiento....*algún día sabremos de antemano lo que va a pasar en un partido por el miedo de los técnicos a dejar rienda suelta a lo que sus jugadores pueden ofrecer". Es importante pensar en jugar más cerca de la portería contraria que de la propia, en nuestra humilde y modesta opinión.*

Para la vuelta de octavos de la competición del K.O en España, durante la temporada 2011-2012, el Sevilla en su enfrentamiento al Valencia, la afición sevillista almorzó con unas declaraciones de su técnico Marcelino en las que aseguraba que *"si sus jugadores dicen estar encorsetados, es que están buscando excusas;...no sé qué dicen los jugadores fuera de micrófono pero en el campo les doy libertad."* De ser así, no conocemos la metodología de trabajo del entrenador español, ese es el camino, dejar hacer ya que esto ayudará a llenar más los campos y a que la gente se divierta al ver cualquier partido de fútbol de cualquier categoría.

En una entrevista en el diario Marca (Ortego, 08-09-2011) a Luis García, entrenador del Getafe, preguntado por el planteamiento de partido frente al Real Madrid responde: "*Si te encierras te meten cinco, y si no, seis*".

Si antes de jugar frente al Barcelona intuimos una goleada, que no tiene que darse, *¿por qué posponer lo "inevitable"?* Aunque la solución, a priori, no fuese la que se tenía en mente desde el inicio, ir a por el partido no conlleva inevitablemente introducirlo en una bolsa de celofán con asas para "tirar" las capacidades del jugador. El Real Madrid en la edición de la Supercopa de España 2011 frente al Barça se lo puso muy complicado porque fue a por el partido, a presionar arriba, jugar de igual a igual, como debe de ser.

No resume éste partido, pero como si lo hiciera; en la columna semanal que publica el Periódico de Catalunya (Cruyff, 09-05-2011), se considera que el potencial de los futbolistas del Madrid exige que practiquen un fútbol de mayor entidad del que han realizado en la temporada 2010-11, un juego que sí se ha visto en determinados escenarios: *"Nadie se planta en San Mamés y gana con la gorra. Y el Madrid lo hizo cero a tres justo después de perder media Liga en casa frente al Sporting. Nadie se planta en Mestalla y gana con la gorra. Y El Madrid lo hizo tres a seis justo después de renunciar a otro pedacito de Liga al dar por bueno un empate ante el Barça en el Santiago Bernabéu, con un fútbol situado en las antípodas de lo que se espera de un grande con ese potencial. Es cierto que venían de levantar la Copa del Rey 2011, pero ganar como lo hicieron aquel día en Mestalla, con nulas aspiraciones en la Liga, y justo antes del gran duelo de Champions frente al Barça, no hace más que reforzar lo que es evidente: los blancos son un señor equipo. Y no puedes llegar a otra conclusión tras lo demostrado este sábado en Sevilla. Donde el Barça sufrió para ganar por la mínima, el Madrid se paseó dos a seis y sin la más mínima señal de dejadez o hundimiento tras el palo que supuso caer eliminado en Europa por el gran rival".*

Volviendo a Ajram, *las cosas no pasan porque sí*, a pesar de explicar cómo su vida se ha regido siempre por la casualidad. En nuestro país puede haber muy pocos "brokers"; la gran mayoría se quedan por el camino. El problema principal, según él, y cuya opinión compartimos, es que *para ser un buen analista debes tener una máxima: asumir cuándo te has equivocado.* Hay que modificar el prisma de lo eventual, el enmarañado táctico que aprueba exámenes pero no gana al aprendizaje para no arrinconar la realidad aún más frente a la puerta de chiqueros. Zé Roberto, entrevistado para As.com (09-05-2011) afirmaba algo con lo que estamos totalmente de acuerdo: *"Mou busca ganadores, no galácticos".*

De nuevo el valor psicocaracterial es la base sobre la que poner el resto de ingredientes. Sólo le reprochamos uno al técnico portugués del Real: ser ganador es la mecha que acaba de prender la búsqueda del talento; los canales por los que transitan las emociones primarias y secundarias con boleto de alta velocidad están a todo gas, ¡que no sean frenadas en seco ni descarriladas cuando el balón se ponga a acariciar el césped!

"El modelo es el jugador, los conceptos dependen de sus sinergias con los demás". Son palabras de Cano. En sus entrenamientos tiene una máxima al dirigirse a sus pupilos: "el ser humano tiene una atracción hacia el miedo por naturaleza, por eso, provocar cosas, generar nuevos contextos, hacer que se incremente la fe del rival". Visto desde un punto de vista pragmático, no deja de ser una manera de especular, de ser broker en el partido más complicado de todos: el que juegas contra ti mismo. Estas palabras nos inspiran a desempolvar de la memoria a Jhon F. Kennedy cuando en una de sus alocuciones exponía: "jamás negociemos con miedo, pero jamás temamos negociar"; jamás juguemos con miedo, pero jamás temamos jugar.

Lo que pensamos que más le preocupa a técnicos como Cano es la idea que llenaba a Shakespeare de desvelos en sus agradables sueños de una noche de verano: *"de lo que tengo miedo es de tu miedo".* En sus entrenamientos no explica si la línea está correctamente perfilada, si la cobertura es exacta o inexacta una vez peinada la pelota con el fervor del autoaplauso; pero sí dice en referencia a ésta*: "¿tu compañero necesita ayuda?, ¿sí?, pues se la das"...*

En la dinámica de dirigir a un equipo de fútbol, asumir quién es el protagonista, querer que haga cosas, que sea una fábrica de verdaderas incertezas. La capacidad pondrá al final a cada uno en su sitio pero la virtud del equipo es la interpretación. No transmitir un filtro restrictivo, un *"ojo censor"*, el que mantenía a Pablo Picasso entre la indignación y la supervivencia del arte. Cano *asume que toda forma de jugar es válida siempre que tenga peso lo que se propone. ¿Es lícito todo?* Sí; otra cosa es que guste al espectador más o menos; esto es harina de otro costal; tema de otro tema, reparto de millones de euros en derechos televisivos.

Borges *diría de la literatura que no es más que un sueño dirigido;* el fútbol no es más que un juego dirigido por las "provocaciones" de los que juegan. Este es un ejercicio de dirigir y elegir, el resto, sencillamente una *falacia directiva de no limitación.*

El problema es que desde pequeños, según nuestro punto de vista, no debe enseñarse como modelo meritorio y sello distintivo del fútbol de un equipo jugar a expensas del juego que propone el rival. *El mejor jugador es el que mejor interpreta el juego*, aquel que se adapta, como la inteligencia a las situaciones; pero si la inteligencia reactiva está mermada, no avanza porque vive el pensamiento de los demás. No todos los jugadores son Iniesta, Xavi, Özil, Canales, Cazorla, Rossi, Silva, Mata...pero no podemos estar de acuerdo con las palabras de Mourinho, *"el entrenador colo-*

sal", como lo define Relaño. En El País (Torres, 25-04-2011), publica las palabras del técnico portugués en el viaje de vuelta a Madrid tras la consecución del trofeo de su majestad: *"¡esto es fútbol, esto es fútbol!..."*. ¡Den un pelotazo! Tiene mucho peso lo que propone, y por eso lo respetamos, pero esa forma de jugar la han planteado muchos equipos ya frente al club catalán, lo que pasa es que, y con todos nuestros respetos, no es lo mismo disponer en defensa y centro del campo con: Casillas bajo palos, Sergio Ramos, Arbeloa, Carvalho, Pepe, Marcelo and company para tapar espacios de intervención.... *¡Esto es fútbol! ¿Si?, ¿la calidad de sus jugadores?* Un año después (Relaño, 26-01-2012), tras el partido de copa del Rey en el estadio blaugrana en el que el equipo blanco cae eliminado a pesar de empatar y jugar mejor que su eterno rival, publica en su editorial: *"con los buenos, el Madrid sí puede"*, evitando (Torres, 13-12-2011) *"embudos y encomendando funciones a jugadores para las que no están preparados pero que deben ser educados en las mismas, hablamos de Özil, al cual, en los clásicos se ha dirimido entre dos puestos: el del banquillo y el de realizar las funciones de Khedira"*, comparando el partido de Liga entre ambos conjuntos y la supercopa de España del verano anterior.

Estamos tan convencidos de que el jugador es lo importante que, incluso, cuando en nuestro desarrollo profesional, y en este libro en particular, veamos cómo mejorar mediante la edición neuropsicológica del visionado de video, tan sólo la colocación de un jugador o jugadores en el terreno de juego es suficiente para poder pulverizar todo cuanto hagamos de manera complementaria en el proceso de entrenamiento para ayudar a la mejora. Valga como ejemplo poner a uno de los mejores centrales del mundo, el discutido Pepe, en su sitio natural y colocar a Kaká, Özil y Xavi Alonso en la medular, así como permitir que Casillas se exprese con el pie evitando pelotazos de desesperación, porque estamos seguros de que es mejor de lo que parece, sin miedo a evitar la presión rival en el acoso en dicho partido citado por Relaño.

Siguiendo con el diario As, el 19-01-2012, tras el uno a dos del partido de ida de cuartos de final en el Bernabeu, Benzemá declaró que *"para los delanteros es muy difícil jugar con el planteamiento desde tan atrás"*. La pregunta que nos suscita a nosotros, tras las palabras en el programa La Liga a Debate de Canal plus posterior al partido citado es: *¿dónde está la falta de confianza?, ¿en el mensaje del entrenador o en mensaje que transmite éste a traves de su planteamiento?* El Real Madrid ha perdido hasta este partido seis de los ocho clásicos disputados, con el talento siempre en el banquillo, *¿cuál es el criterio fichador para un club de fútbol a la hora de contratar un entrenador?* Respondiendo a la pregunta qué es ser buen entrenador con la que comenzamos el presente manuscrito, Mou, considerado un entrenador monumental, pero si está enfrentado con el talento y la creatividad, quizás, habrá que revisar el criterio para nombrar a un míster como el mejor del mundo. El problema de esta reflexión es que si lo extrapolamos al fútbol modesto y, lo más grave, al de base, esto pasa de verdad; el talento muere en las faldas del miedo y es tachado por las "líneas tácticas" del rotulador de turno en un vestuario. No estamos de acuerdo con las palabras de Lotina en dicho programa de televisión sobre el planteamiento del Madrid defendiendo el repliegue y la renuncia al balón como una manera de sentirse más arropado y con menos responsabilidad. Como ya veremos en el último capítulo, la responsabilidad es otra cosa bien diferente porque se puede estar juntos y estar muy, pero que muy distantes y viceversa. *Quien ha de asumir la responsabilidad es el talento y tenemos la obligación, como técnicos, de que eso suceda sea la categoría que sea en la que dirijamos un equipo.*

La sección del diario El Mundo, *Dos minutos en el mundo* (Amón, 2011), publicado en la edición multimedia digital de dicho diario en la semana posterior a la eliminación copera del Madrid en la temporada 2011-12, atisbó con una metáfora muy sutil el castigo al talento por parte del entrenador portugués: "*Mou en Estocolmo: un Madrid en cautiverio...la mayoría de los hinchas parecen haber somatizado el síndrome de Estocolmo...les ha faltado celebrar en Cibeles la eliminación copera contra el Barça...fruto de la euforia ya que han hecho falta siete derrotas en diez partidos...algo impropio de un ganador como Mou...pero semejante historial es fruto de haber dado en la tecla ya que, curiosamente, sus jugadores, de gran calidad, se han sublevado al míster y se han puesto a jugar en el campo, se han alejado de la Caverna de Pepe, que es la Caverna de Mou...éste no hace jugar a Pepe, lo suelta en el campo".*

Por otra parte, sí que estamos de acuerdo con el del oeste de la Península Ibérica al hacer partícipes a sus equipos del entrenamiento en fatiga mental. Acusado de que su equipo estaba cansado por alinear a los "mejores" tras la ida de la eliminatoria de Copa del Rey frente al Atlético de Madrid, en la temporada 2010-2011, sentenció: *"prefiero que mi equipo esté con fatiga física día a día en los entrenamientos pero mentalmente vivos que no estar muy fuertes físicamente pero mentalmente muertos".*

Nuestra pregunta hacia él sería: ¿por qué no mantener mentalmente vivos a los creativos?, ¿por qué el más talentoso, Özil, ha sido el primer sustituido frente al Barça en los dos primeros partidos de la maratón de cuatro clásicos de la temporada 2010-2011?, ¿por qué Benzema apenas jugó cincuenta y seis minutos en los cuatro enfrentamientos cuando su presencia en el campo ayuda a encender el fósforo del juego de Cristiano? Como él se preguntaría: ¿Por qué?

En el día a día, nuestra principal obsesión ha de ser transmitir que en cada balón lo arriesguen todo por una oportunidad de crecer por sí mismos. Coelho[40] diría al respecto *"apártate de todo lo que te ofrezca un mundo (fútbol) de comodidad".* Y es que es mucho montante emocional salir de la *"zona de confort".*

Wolk establece *tres zonas* claras a modo de círculos que rodean unas a las otras: la de dentro y más protegida es la *"zona de confort"* ya mencionada. Ésta se confecciona de manera restrictiva ya que las malas experiencias nos van colocando los cartuchos de imágenes pre-conscientes para acabar no saliendo de dicha zona. En palabras de *Hoffer*[41], citado por Wolk: *"en esta zona tendremos respuestas para las inquietudes del ayer pero careceremos de preguntas para el futuro".* La segunda, que rodea a la primera, es una *"zona de expansión"* que nos va a dar la oportunidad de liberarnos, equivocarnos, pero estar cerca de "casa" si sucede un error. La tercera es la *"zona de pánico"* que envuelve a las otras dos. Es la que se topa con nuestro límite de incompetencia. En ella decidimos quién queremos ser. Sabemos que la zona de pánico es humana, de hecho, es la que ha generado en el mundo animal el crecimiento, y no metafórico, real.

---

[40] *Frases célebres.* http://www.literato.es/frases_de_paulo_coelho/. Última fecha de consulta (24-08-2011).
[41] Eric Hoffer, escritor y filósofo estadounidense, pionero en el reconocimiento de la importancia central de la autoestima para el bienestar psicológico.

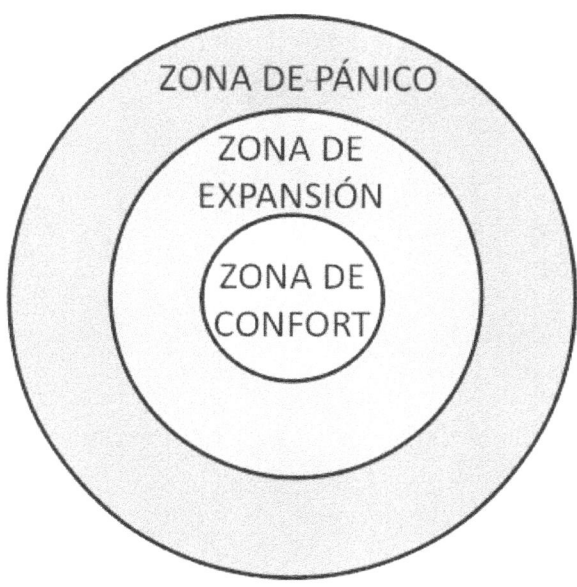

En la dirección de equipo, la optimización va acompañada de una educación de la vivacidad. El cardiólogo Fuster define la diferencia entre el pronóstico y el diagnóstico, a tomar nota por parte de los técnicos y readaptadores, dicho sea de paso, de tal diferenciación, la gran complejidad que entrañan ambas cosas y lo diferentes que son. Hay enfermedades o lesiones que muestran una sintomatología muy grave en las que el diagnóstico no falla pero el pronóstico depende mucho de la persona: "*no hay médico que lo domine*". Es muy complejo creer en las posibilidades de acción de cada uno, es muy complejo lo que cada ser humano quiere hacer con su vida. El objetivo del médico, al igual que el de los técnicos, es no encasillarnos en un pronóstico y ni mucho menos vaticinar teniendo como base nuestras emociones ya que este sesgo puede ser como un boomerang envenenado. Todo está relacionado con la cuarta función cerebral de la que habla el galeno: la artística, la espiritual… en definitiva, la vilipendiada por la sociedad.

Capítulo 3

NEUROPSICOLOGÍA AL SERVICIO DEL JUEGO

"Denken ist Danken"(pensar es agradecer).
Martin Heidegger (filósofo alemán del S. XX)

"El cerebro es tan complejo como anhelaba nuestra vanidad y se temía nuestro intelecto".
Joseph O´Connor e Ian McDermott (expertos en PNL y Coaching)

"Una de las mayores excelencias de la mente es ocurrírsele con rapidez lo que importa".
Baltasar Gracián (escritor y filósofo español del S. XVII)

La neuropsicología es la ciencia que estudia la relación entre la función cerebral y la conducta.

Integrar psicología y neurociencia es un campo apasionante, en el que se están dando grandiosos pasos, y en el que queda por delante un maravilloso trabajo de investigación, y sobre todo, de aplicación.

Hasta ahora, las "aplicaciones" están sobre todo enfocadas a la patología, y debemos progresar mucho en relación a la mejora y desarrollo de las potencialidades del ser humano no necesariamente "patologizadas".

Aplicar los conocimientos neuropsicológicos en el mundo del deporte y en nuestro caso, ponerlos al servicio del conjunto "persona-entrenador/persona-jugador/desarrollo del trabajo" significa, para empezar, conocer cada vez mejor a la persona en su conjunto valorando su entidad psíquica y considerando que al entrenar, (Tamorri, 2004)[42], *"lo hacemos sobre un conjunto de reacción muscular y biomecánica, que se hace posible y se desarrolla a través de un delicado, fino y complejo proceso de recogida de información, descodificación y programación que se encuentra en el cerebro, en sus neurotransmisores y finalmente, en sus procesos cognitivos, emocionales y culturales. Todo ello actuando como un continuo, como una estructura única y global".*

---

[42] Psiquiatra y médico deportivo, Istituto Scienza dello Sport del CONI; Presidente de la Associazione Italiana Psicologia dello Sport, Roma.

Pensamos que hoy en día, nadie puede plantearse cualquier disciplina deportiva sin contemplar los factores cognitivos que influyen en el desarrollo de la misma, del mismo modo que si entendemos que el cerebro es una pieza absolutamente clave, que ejerce de maestro de ceremonias, se hace imprescindible que se considere la figura del neuropsicólogo como gestor y administrador especialista de este compendio, acercando al cuerpo técnico y al jugador o al deportista en general, las herramientas necesarias para el desarrollo de su trabajo que desde esta disciplina se pueden aportar, que dicho sea de paso, no son pocas ni despreciables, aunque sí novedosas.

En cuanto a la neuropsicología del deporte, Jubert[43] ha construido una definición en la que afirma que "*la neuropsicología del deporte tiene por objeto el estudio del trabajo cerebral de un deportista en acción*". Además, agrega que, el objeto de la neuropsicología del deporte es "*identificar cada una de las estructuras funcionales cerebrales que aportan su trabajo concreto y que dan lugar a un exitoso movimiento coordinado, que culmina con la verificación de la finalidad intrínseca a cada modalidad o especialidad deportiva*". Nosotros nos atrevemos, desde la humildad, a añadir que no sólo se trata de identificar, sino de estimular y potenciar dichas estructuras que hoy en día sabemos que es posible trabajarlas de modo preciso.

Cuando hablamos del futbolista, de la persona futbolista, como sucede con cualquier deportista, no debemos olvidar que estamos refiriéndonos a una persona que requiere en su ejercicio profesional de una ponderación entre reacción muscular-biomecánica, sistema nervioso, cerebro, procesos cognitivos, emociones y cultura y todo ello, desde la perspectiva de un continuo irreductible.

En la actualidad existen muy pocos trabajos específicos en neurociencias del deporte; es un campo en el que se están dando los primeros pasos, estando plenamente convencidos y así lo argumentamos en esta obra, que en breve el trabajo en este campo va a ser un hecho incontestable al tiempo que una herramienta imprescindible. Un salto de calidad en el trabajo del cuerpo técnico-futbolista-entrenamiento-juego, podría venir de la mano del desarrollo e incursión de las neurociencia cognitiva, de

---

[43] Neurólogo. Definición datada del año 2003 y recogida en *viref.udea.edu.co/contenido/pdf/113-caracteristicas.pdf*, 2003. Última fecha de consulta (20-10-2011).

la neuropsicología en el entrenamiento, ya que como se apunta en este libro, el entrenamiento de un futbolista es una de las formas de aprendizaje más complejas, tanto por la dificultad que entraña el mismo como por la variabilidad de factores intrínsecos y extrínsecos intervinientes.

Se trata, pues, de dar un paso más: mejora de la actuación en base a la optimización de las capacidades mentales intrínsecas en un entorno específico, en una persona específica, en un medio colectivo. Por ello, debemos contemplar la actividad cerebral y el rendimiento deportivo como un binomio que no puede dejar de serlo.

Los avances en los estudios y la comprensión del compendio neuropsicológico del hombre nos sitúan históricamente en un momento en el que no concebimos el avance en el desarrollo de un modelo de juego, de una preparación deportiva en general sin contemplar de un lado las características y posibilidades intrínsecas del cerebro así como de las herramientas que podemos poner en marcha para potenciar dichas opciones, al tiempo que contemplamos la esencia de todo ello que es el entramado neurocognitivo que como producto tiene el comportamiento, la conducta y la gestión de las emociones y pensamientos de cualquier persona.

En la presente obra, desarrollamos correlatos científicos como la plasticidad neuronal, aprendizaje, neuronas espejo, formas de pensamiento, mapas mentales y un paso más allá de éstos como es la "*interpretación correlacional del modelo de juego*"[44], inteligencia múltiple, inteligencia emocional, valores, talento, liderazgo….. cuestiones que pensamos desde el más honesto convencimiento, son esenciales para la optimización del trabajo del jugador y del cuerpo técnico. Negar las posibilidades que tenemos en la actualidad, con el desarrollo de la ciencia, de poner al servicio del juego y de las personas que lo conforman en un club dichas cuestiones, se nos antoja paradójico y una forma totalmente incompleta de realizar un trabajo ya que es imposible completar un puzzle si una parte fundamental tanto cuantitativa como cualitativa de las piezas no se contempla.

Abogamos por la figura del neuropsicólogo en el deporte como especialista que planifique, organice, evalúe, plantee propuestas/trabajos y estimulaciones que en consonancia con el modelo de juego, la persona-

---

[44] Ver Glosario. Cervera Villena, Francisco J.; Coba Sánchez, Rosa Mª. *El jugador es lo importante*. (2.012).

jugador, la mochila de cada jugador, su personalidad, la gestión de sus emociones, la conexión de los valores como medio relacional, etc., el cuerpo técnico pueda contemplar como una herramienta más en su día a día. Partir, cómo decíamos de que el modelo lo conforma el jugador y el trabajo neuropsicológico, por tanto, ha de adaptarse al mismo para ayudarle a comprender mejor dicho modelo.

Hay numerosas variables neuropsicológicas que no se pueden dejar a un lado, tales como la velocidad de procesamiento, el control inhibitorio, la atención sostenida, la memoria visoespacial y otros, como puntos sobre los que pivota el funcionamiento cerebral del deportista en acción. *¿Negamos la evidencia?* Pensamos que en la actualidad se mira de lado.... o de reojo, o directamente no se mira. Nosotros queremos mirar a la neurociencia aplicada al deporte no sólo de frente, sino que queremos hacerle un guiño, directo y claro.

La repercusión de dicho trabajo neuropsicológico, como podrá advertirse a lo largo de esta obra puede ser importante, la búsqueda de la excelencia no puede realizarse sin contemplar todas las herramientas a nuestro alcance. Interpretar, entender, ganar seguridad y autoestima, "enseñar" y aprender optimizando los recursos, son algunos de las cuestiones que de forma más inmediata se pueden ver potenciadas contemplando la neuropsicología en la medida correcta.

Los deportistas y sus preparadores, pueden ser considerados como *sistemas de elaboración,* ya que toman información de su entorno y de acuerdo a esta información deben generar respuestas motoras adecuadas a un rendimiento, sin olvidar como sabemos, y no sólo sin olvidar, sino potenciando, una compleja síntesis cognitiva entre la información y la activación de los procesos mentales, como ya dijimos en capítulos anteriores, el jugador debe constantemente elegir, decidir.

En el momento de una competición, se necesita de un proceso cognitivo rápido, en el cual hay una verdadera batalla cognitiva entre la atención voluntaria y la involuntaria que es rápida, holística y puede trabajar en paralelo. Este compendio, de no ser bien entendido y manejado, puede llevar al jugador a patologizar sus respuestas o a no poder sacar el mejor rendimiento.

Uno de los aspectos fundamentales sobre el que nos centramos con mayúsculas en este libro es una filosofía que a su vez pretendemos sea una herramienta de trabajo; tan práctica como beneficiosa para todos los participantes en el juego, considerando que el cerebro humano ha evolucionado para educar y ser educado, y por ello, conocer y comprender los procesos cerebrales, o algunos de ellos, que están en la base del aprendizaje, de la memoria, de las emociones y los sentimientos puede ayudarnos a modificar diversas estrategias de aprendizaje.

En base a las características del deporte en sí mismo, la neuropsicología permite potenciar el rendimiento de la persona-jugador. El juego pone al servicio de la neuropsicología lo que la misma le devuelve al juego.

Actualmente es de todos conocido el gran interés que suscita a cualquier técnico deportivo mejorar el, a nuestro entender mal llamado, "triángulo técnico-táctico-físico", empleando para ello los avances relacionados con cuestiones de mejora del rendimiento muscular, metabólico, nutricional, etc, cuestiones muy importantes, por supuesto, pero que no deberían desligarse del "otro triángulo", el compuesto por las cuestiones didácticas-pedagógicas-metodológicas, que en definitiva abren paso ni más ni menos que al cerebro. *¿Qué didáctica debemos incorporar para generar diferentes patrones de aprendizaje?, ¿qué recursos metodológicos podemos emplear para que el jugador desarrolle sus habilidades?, ¿sobre qué aspectos las fundamentamos?*

Nos resulta, como poco, paradójico, advertir cómo los jugadores pasan minutos, horas, años…..inmiscuidos en entrenamientos que no contemplan la estimulación dirigida al cerebro como una parte que le da sentido a un todo. Sacar parcialmente rendimiento a un entrenamiento cuando tenemos herramientas para hacerlo de un modo, como poco, más "completo", estamos seguros tiene los días contados, entre otras cuestiones por el espectacular avance de investigaciones que ponen de manifiesto la posibilidad de que a través de la neuropsicología del deporte se abre un mundo de posibilidades cuantitativas y cualitativas que pueden ser empleadas en el entrenamiento del deportista en general, y por supuesto, del jugador de fútbol en particular, para la mejora del rendimiento.

Podemos considerar que el cerebro en acción de un futbolista constituye una "*función cerebral compleja*", ya que precisa la actividad de forma simultánea y continuada de numerosas estructuras.

En la actualidad, los estudios que se están iniciando en relación a la neuropsicología del deporte, que no tengan que ver con la rehabilitación de aspectos neuropsicológicos como consecuencia de lesiones o déficits, son fundamentalmente los referidos a los sustratos neurocientíficos del aprendizaje motor y su relación con habilidades físico-deportivas y los que estudian la relación entre funciones neuropsicológicas y habilidades deportivas.

Pese a lo reciente, temporalmente hablando, del inicio de los avances en este campo, diversos estudios (Gmecz, Colne, Redcolsi y Resinn, 2010)[45] ponen de relieve que la relación entre funciones neuropsicológicas y habilidades deportivas mejora en tanto en cuanto, por ejemplo, el tiempo de reacción disminuye en tareas coordinativas, hay mejoría también en la transferencia intrahemisférica, por lo que se amplía la alternancia motriz entre actividades que impliquen lateralidad, favorece las neuronas espejo ya que explican y subyacen a la eficacia del entrenamiento en visualización y aprendizaje, mejora la inteligencia viso-espacial al igual que la estabilidad postural. La atención y la concentración también resultan beneficiadas ya que si entrenamos desde el punto de vista neuropsicológico la atención dividida, estamos haciendo un trabajo que es fundamental para el jugador a la hora de ejercitarse sobre el terreno de juego mediante, por ejemplo, tareas que estimulen en el entrenamiento de distractores. Los mecanismos cerebrales de resonancia-afinación anticipatoria son fundamentales y también pueden mejorar al trabajar tareas que permitan la asociación entre córtex motor y córtex visual, al igual que se puede mejorar el tiempo de preparación para la acción motora, previniendo respuestas erróneas prematuras mediante tareas de inhibición córtico-espinal.

Como puede advertirse, la neuropsicología ofrece al desarrollo del juego, del jugador y del cuerpo técnico, la posibilidad de trabajar desde el juego para el juego, ya que desde que el esférico se pone en movimiento, el cerebro también lo hace, o si nos lo permiten, *el esférico se pone en movimiento porque primero, el cerebro lo hace* (entiéndase el juego de palabras). Podemos seguir ignorando este hecho y entrenar dando la espalda a esta realidad y sus posibilidades o podemos en nuestra alineación hacer que la neurociencia sea titular indiscutible. De momento sigue en el banquillo e incluso no convocada. Esperemos que por poco tiempo.

---

[45] Departamento de neuropsicología. Universidad de Cali (Colombia).

3.1. PLASTICIDAD CEREBRAL

"Nuestro cerebro, para mantenerse en forma necesita desafío, exigencia, cambio, movilidad".
Shlomo Breznitz (psicólogo hebreo)

"Jugar sin pensar es como rematar a portería sin apuntar".
Horts Wein

"Cada persona es el arquitecto de su propio cerebro".
Santiago Ramón y Cajal (médico español que obtuvo el Premio Nóbel en 1906, considerado propulsor de la "doctrina de la neurona")

"Ductilidad, y eso solo lo consigues con mucha autoestima y mucha generosidad".
Josep Guardiola refiriéndose a Thiago.

La posibilidad de incorporar aprendizajes a nuestro repertorio cognitivo-conductual se produce a lo largo de toda la vida, como se dice popularmente, "*nunca es tarde para aprender*". La explicación formal a esta expresión reside en la plasticidad cerebral: la *capacidad para adaptarse a circunstancias que cambian así como a la posibilidad de incorporar información nueva*. La plasticidad es una propiedad intrínseca del cerebro.

Evolutivamente hablando, es apasionante estudiar cómo el cerebro en formación de un feto hasta la vejez, extremos de un continuo, manifiestan la flexibilidad del mismo. Pensemos que hace tres décadas, ¡sólo tres décadas!, se creía que la plasticidad cerebral quedaba circunscrita al desarrollo de la infancia y una vez pasadas ciertas etapas de desarrollo que conllevaban una organización cerebral concreta, poco más se podía esperar. En un símil no cartesiano, estaba tan mal interpretado el cerebro como los regímenes de contracción muscular excéntricos.

Investigaciones al respecto han dejado de manifiesto que no es del todo válido ese planteamiento tan reduccionista de la organización cerebral. El cerebro adulto posee una gran capacidad para el cambio, en gran medida producida o no en función del uso. *El cerebro tiene la capacidad de adaptarse continuamente a su entorno.*

Neuroplasticidad y neurogénesis van de la mano y gracias a esta última, se potencian conexiones ya existentes o se crean otras nuevas, aumentando la densidad dendrítica. Esto sucede siempre que aprendemos algo nuevo, o dicho de otro modo, cada vez que nos exponemos a estímulos nuevos.

La neurogénesis nos lleva al correlato de cómo se debería actuar en el terreno de juego, ya que en ambos casos, aspiramos a tener mejores interacciones y para ello, nada mejor que realizar un esfuerzo útil. El cerebro lo hace a la perfección administrando el crecimiento y el espacio mediante el fenómeno de la migración de neuronas desde las zonas donde se encuentran las células madre hasta las zonas diana donde han de llegar. En esa migración se producen una serie de fenómenos a través de los cuales, unas neuronas sobreviven al viaje, otras no….. en definitiva, hay unas interacciones coherentes. Pensemos que en el juego podemos y debemos realizar un esfuerzo relacional como anteriormente hemos dicho, útil, por ejemplo, a través de un buen posicionamiento para coger un rechace.

La evidencia científica sobre la que se ha investigado y se investiga mayoritariamente, y resulta un campo de trabajo y desarrollo muy importante en el mundo de la neuropsicología, lo constituyen los estudios sobre recuperación de funciones en personas que han padecido o padecen alguna lesión cerebral o alguna enfermedad, degenerativa, por ejemplo, que compromete a determinadas estructuras cerebrales.

En general, debemos tener en cuenta que *la plasticidad cerebral tiene una conexión directa con el uso*: "*lo que no se usa se pierde*". No podemos aprender una destreza nueva y conservarla para siempre si no la ejercitamos.

Como veremos más adelante, si la práctica, el uso de una destreza o aprendizaje va ligado a aspectos de corte emocional, la huella, el aprendizaje es más duradero y más intenso, es decir…..la marca que deja en nuestro cerebro es "más profunda" y a la hora de recuperar esa información, al interconectarse diferentes aprendizajes, o simplemente cuando lo recordamos, aflora a nuestro consciente de un modo más eficaz.

Un ejemplo muy cercano y básico de esto último es el que se refiere al aprendizaje de montar en bicicleta. Imaginemos una persona que aprende a montar siendo niño, como ocurre en la mayoría de los casos. Por circunstancias, al pasar la infancia, esa persona no vuelve a pedalear en muchos años. Un día, se le plantea la posibilidad de hacerlo y…..en gran medida (y al margen de destrezas motrices más o menos desarrolladas) va a tener mucho que ver en lo eficaz o no de la práctica de dicha conducta el recuerdo que esa persona tenga de dicho aprendizaje, en definitiva, de las emociones ligadas al mismo. "*La emoción es el elemento contráctil en serie y en paralelo más potente que existe*". La cientificidad y el afán demostrador nos está provocando un mareo cada vez que hablamos de sentido común; quizás, hoy en día, el menos común de los sentidos.

Un ejemplo clásico en neuropsicología sobre la plasticidad cerebral es el que se refiere a los diversos fenómenos que se producen en el cerebro de los músicos y que innumerables autores han referenciado en sus publicaciones. Numerosas investigaciones, entre ellas destacar una de las más recientes, del profesor Pantev, de la Universidad de Münster (Alemania), y referenciado por las investigadoras Blakemore y Frith, del Instituto de Neurociencia Cognitiva del University College de Londres, ha puesto de manifiesto que la corteza auditiva, que es la parte del cerebro que procesa el sonido, en los músicos experimentados es un veinticinco por ciento más grande que en las personas que nunca han tocado un instrumento. La reorganización de la corteza cerebral, depende, por tanto, de su uso.

Siguiendo la exposición, lo extraordinario del cerebro del músico no queda sólo ahí, sino que los cambios que se producen en su cerebro también afectan a las partes del mismo ya que controlan el tacto y el movimiento. ¿Por qué? Imaginemos, un violinista. Usan los dedos de la mano izquierda para tocar las cuerdas, y sus dedos, reciben estímulos que a su vez trasladan al cerebro. Los estímulos en forma de movimientos o sensaciones que se producen en un lado de nuestro cuerpo, son procesados y controlados en el lado opuesto del mismo. Cada dedo de la mano izquierda, por tanto, está representado en una parte del hemisferio cerebral derecho.

¿Cómo se produce la organización? A través de redes formadas por neuronas que se especializan en diferentes tipos de procesamientos de la información. Cuando el dedo izquierdo toca una cuerda, siguiendo con nuestro ejemplo, este estímulo sensorial activa neuronas del área cerebral que controla dicho movimiento en el hemisferio derecho. A mayor ejercitación del violinista, mayor refuerzo de la conexiones neuronales, de modo que con el paso del tiempo y ese grado de ejercitación, habrá un grupo de neuronas especializado en el procesamiento del tacto de cada uno de los dedos ejercitados. En cambio, la representación de los dedos no es mayor en el hemisferio izquierdo de nuestro músico, ya que, como

pueden imaginar, la mano derecha mueve el arco y este movimiento estimula mucho menos sus dedos.

La plasticidad cerebral no acaba con esta demostración, sino que va más allá..... ya que si nuestro músico deja de tocar.... sus conexiones neuronales pierden su configuración y su cerebro pasa a ser el cerebro de un "no músico", capacitado potencialmente, eso sí, para volver a configurarse en el cerebro de un músico cuando vuelva a tocar y lo hará con mayor rapidez que una persona que no haya estudiado música.

Cambiemos de arte, vayamos al de jugar al fútbol. *¿Creen que es diferente?* Pensemos en el cerebro del jugador. El amplio repertorio de aprendizajes van a tener repercusión en su cerebro y *a mayor repertorio de opciones, mayor cantidad de interconexiones neuronales tendremos y mayor capacidad de adaptación y mayor eficacia, finalmente, a disposición del juego.*

Trasladuemos los fundamentos de la plasticidad cerebral y tratemos de entender cómo valiéndonos de plasticidad, aún siendo adultos, pueden disponer los técnicos de una herramienta eficaz y valiosísima en la dirección de equipo.

Si como venimos diciendo, la persona-jugador dispone de la posibilidad de "entrenar" y por tanto, experimentar diferentes imputs dentro de unas especificidades técnicas, si es preciso, el jugador va a tener un repertorio de respuestas ante diferentes situaciones, que a su vez van a estar unidas a respuestas emocionales que van a contribuir a que la búsqueda de opciones de respuesta en el terreno de juego sea algo no sólo habitual, que por sí lo es, sino que dicha búsqueda se realice desde la seguridad y destreza de quien se siente seguro ante una tarea.

La pizarra y las especificidades técnicas, quedan por tanto, ubicadas en el lugar que les correspondan en cada momento. Como recordará el lector, en el capítulo dos ya le propusimos que fueran pensando al respecto y que conste que ¡no queremos que los fabricantes de pizarras se enfaden con nosotros!, no se trata de desterrarlas, pero sí de que empecemos a cambiar el concepto de dirigir como soporte fundamental desde la misma por el de incorporar la creación de *mapas mentales e interpretaciones correlacionales del modelo*, de los que hablaremos más adelante. *No prioricemos sistemas, que no existen como tal, a jugadores.*

Además, no podemos pasar por alto un aspecto fundamental que favorece aún más si cabe la potenciación de la plasticidad cerebral y los mapas mentales e interpretaciones correlacionales, como es la estrecha *relación*, positiva por supuesto, *entre el ejercicio físico y el cerebro* ya que el primero potencia la función cerebral, puede mejorar el estado de ánimo, favorece el aprendizaje y la memoria al tiempo que constituye una barrera de protección para el cerebro, eso sí, si tomamos conciencia del partido que podemos sacar a dicha interconexión.

Pese a todo, sentimos decirles, permítannos el sarcasmo, que por ir al gimnasio o por poner a correr y dar vueltas al campo a sus jugadores no siempre van a ahorrarse el psicólogo o un mal ambiente en el vestuario y ni mucho menos van a mejorar en su juego, aunque quizás vayan con mejor humor….; en cualquier caso,….no dejen, por favor, de hacer ejercicio físico y de paso reflexionemos de la mano del gran Saramago, que dijo en una ocasión: *"Todo el mundo me dice que tengo que hacer ejercicio. Que es bueno para mi salud. Pero nunca he escuchado a nadie que le diga a un deportista; tienes que leer".*

En nuestro afán por mostrar al lector argumentos enriquecedores, vamos a dar un paso más allá y vamos a seguir buceando en el multiverso de las neurociencias ya que detrás de lo evidente que acabamos de mencionar, estudios recientes muy importantes e innovadores, como el que se está llevando a cabo por el investigador Costa, del departamento de Psicobiología del Instituto de Neurociencias de la Universidad Autónoma de Barcelona, *se nos muestra cómo la práctica de ejercicio continuado, sobre todo el ejercicio de corte aeróbico que implique coordinación, toma de decisiones rápida y un grado de concentración intenso, como sucede en el caso del fútbol, tiene una gran relevancia en la plasticidad cerebral.*

Esta práctica está directamente relacionada con el crecimiento de determinadas conexiones neuronales que a su vez potencian la transmisión neuronal (sinapsis) o lo que es lo mismo: potencian la capacidad plástica del cerebro. Los futbolistas, y otros deportistas, al ejercitarse, las contracciones y extensiones musculares que realizan producen la segregación, entre otras, de una proteína llamada IGF-1, que en el cerebro tiene la función de ser precursora de aumentar la segregación de BDNF (Brain Derived Neurotrophic Factor), una molécula relacionada con factores de crecimiento neuronal y con la neurotransmisión, es decir, con la comunicación entre neuronas, siendo esto lo que nos hace aprender a los seres humanos.

En experimentos llevados a cabo en este sentido con la molécula BDNF (Gómez-Pinilla, 2002)[46], se ha comprobado que si se bloquea la síntesis de dicha molécula, se bloquea el aprendizaje y la memoria.

Tenemos muy claro, pues, que los cambios en el cerebro del futbolista son fundamentales para que se produzca el aprendizaje. Cambios entendidos como experimentación, como exploración y exposición a aprendizajes nuevos, a registros diferentes y como observamos, nuestro cerebro está más que preparado, diseñado para favorecer dicha tarea. En otras palabras, las del psicobiólogo Costa, *"para aprender, nuestro cerebro debe someterse a cambios"*. Lo lamentable de todo esto, desde nuestro humilde punto de vista, es que hay que tener la valentía para que los cambios rompan tópicos en el fútbol. Si no, estimado lector, de poco sirven ciertos planteamientos, ya que hacer tareas estimulantes sobre las que podamos tener la "relativa certeza" que forman parte del concepto "entrenar bien", y después, a la hora de la verdad, y todos sabemos a qué nos referimos, cambiamos el discurso, alineamos en función de una "seguridad ficticia", y no estaremos entrenando en especificidad dinámica: la que nos permite ser consecuentes con lo que promulgamos, la que nos permite hablar a la cara a los jugadores en la charla post partido, llena ésta de típicos-tópicos, pero que forma parte de la metodología de trabajo, como veremos en unos párrafos en adelante al exponer que el cerebro se cambia a sí mismo mediante el pensamiento y la alocución verbal. Es más grave querer intentar entrenar en especificidad y no mantener un discurso tanto verbal como desde la interacción, que entrenar posesiones para luego jugar con balón al delantero, prolongación y rechaces. Básicamente, lo que se transmite, si no es adecuado, acaba con todo tipo de entrenamiento en especificidad, que no dinámica, ya que se supone que ésta respeta todo lo explicado y que aún queda por ver a lo largo de la presente obra.

Los técnicos tienen ante sí, *"potenciales y excelentes aprendedores"* ya que a mayor cantidad de BDNF, mayor capacidad para cambiar nuestro cerebro, y por tanto, mayor capacidad de aprender, de modelar. Les co-

---

[46] Neurocientífico de la Universidad de California.

rresponde la tarea de generar conexiones, interacciones, situaciones que permitan al jugador explorar diferentes registros.

Cerebros, músculos y emociones preparadas y alineadas al servicio del juego.... ¡Optimicemos el potencial que tenemos! Es mucho y muy interesante... ¿no les parece?

Las pizarras, (¡a las que no dejamos en paz!) son físicamente limitadas, sólo muestran, pero no demuestran las posibilidades de interacción y aprendizaje. Invitamos al técnico que esté estimulando sus neuronas a través de esta lectura a que revise "sus pizarras".... El empeño en la contradicción es el colmo de la antítesis de las capacidades del ser humano.

El neurocientífico Doidge[47], desarrolla el término de *"Paradoja Plástica"* que nos explica un hecho fundamental y muy importante a la hora de entender definitivamente la interacción entre cerebro y juego. Explica que la misma plasticidad que nos ofrece la posibilidad de cambiar nuestro cerebro, si no se realiza correctamente, puede también ser la base para nuestros comportamientos más rígidos. Es decir, no es tan "sencillo" como estimular y estimular, sin más. Hay que hacerlo partiendo de una base que no es la misma para todos, pese a que la tarea a la que nos enfrentemos sea común, y sobre todo, hay que tener en cuenta la estimulación para la alternancia e interacción de tareas. *"Todos nacemos con un gran potencial plástico, algunos mejoran la flexibilidad del mismo y otros dejan que la espontaneidad, la creatividad y la impredecibilidad dejen paso a una existencia rutinaria que nos lleva a una especie de caricatura de nosotros mismos"*, según palabras del propio Doidge. *¿Dónde está el equilibrio de cada uno?, ahí está el dilema. El equilibrio parte del jugador, como todo en el juego.*

Todo lo que implica repetición invariable sin más, puede conducir a la rigidez. Estimulación sí, por supuesto, pero siempre al servicio del cambio, al servicio de la interacción; y, por supuesto, un cambio que simule el juego real, no que lo parcialice y lo sesgue como se suele hacer cuando diseñamos tareas. Estimular sin cohesión, sin interacción, es ir por el camino contrario al objetivo perseguido.

Como se puede comprobar llegados a este punto, el fútbol parece estar hecho para ser potenciado neuropsicológicamente hablando, es como la

---

[47] En su obra *El cerebro que se cambia a sí mismo*. Aguilar. (2008).

mano al guante: pocas tareas contienen en sí mismas tantas cuestiones como imprevisibilidad, estímulos, circuitos cerebrales activos y emociones…. Todo ello rodando a la vez…

Si a estas alturas sigue habiendo algún lector escéptico, le vamos a ofrecer otro argumento potentemente novedoso y revelador: *mediante el pensamiento podemos cambiar el cerebro*. No lo decimos nosotros, lo avala el Premio Nóbel Eric Kandel, que recibió tan distinguido reconocimiento en el año 2000 por, nada más y nada menos que demostrar con sus investigaciones que el pensamiento transforma genes en el interior de las neuronas para formar nuevas conexiones entre las mismas: plasticidad cerebral en estado puro. La plasticidad implica la permanencia del cambio tras la interrupción inmediata de la causa (aunque dicha permanencia no es eterna, como hemos visto anteriormente si no se estimula). De ahí que la plasticidad cerebral implica la existencia de una causa (aprendizaje) que produce un cambio y el mismo tiende a perdurar en el tiempo (memoria). La neuroplasticidad también refuerza y explica que terapias psicológicas como la cognitiva, cambian la estructura del cerebro mediante el "uso" del pensamiento. El desafío, como explica Doidge, es poder "guiar" esos cambios.

Dada la alta especificidad de cambio que posee de forma intrínseca nuestro cerebro ante la adaptación a nuevas situaciones, llegamos a otra potente conclusión: *plasticidad e inteligencia van de la mano*. Recordemos que en el primer capítulo hacíamos alusión a cerca de lo que llamaba nuestra atención comentarios del tipo "el fútbol inteligente", "jugadores inteligentes"….pues bien, aquí tenemos la explicación sobre cómo colocar la palabra inteligencia en el contexto del juego: si la inteligencia es la capacidad de adaptarse al medio, expongamos al cerebro de los jugadores a la necesidad de generar cambios, a la necesidad de afrontar nuevos aprendizajes, variables contextuales y mediante diversos medios de expresión siempre desde el juego para el juego. Ganaremos calidad de vida en general y de juego en particular; así, "*hay que caerse para aprender a andar*" tal y como expresa Idiákez.

El cuerpo técnico consideramos que no debe dejar de tener presente un hecho que con alta probabilidad se va a dar si se adopta esta dinámica de aprendizaje y de entrenamiento….en realidad se da siempre, es algo que no es fácil disociar de la condición humana y animal en general. Nos referimos a la paradoja de que muchas veces lo que la persona percibe como "bueno" y lo que a uno le "apetece" hacer es ni más ni menos lo que hemos hecho siempre. Las costumbres nos dan, cuanto menos, una dudosa sensación de control y seguridad, pero tenemos un problema: las costumbres y las rutinas no nos hacen pensar….y para pensar hay que exponer al cerebro a estímulos nuevos y de ese modo provocamos la plasticidad, por tanto, hay que *provocar la exposición a nuevos contextos*. El jugador más inteligente será el que a través de un entrenamiento "inteligente", o sea, en el que se promuevan diferentes situaciones y estímulos que le "obliguen" a adoptar diferentes posturas, diferentes respuestas, diferentes modos de interacción con el juego, crezca en la habilidad del dominio pluri-contextual que le ofrece el jugar. Por ejemplo, a un/os jugador/es de la línea de atrás, bien portero y/o centrales, acostumbrados a mirar sólo de cerca para robar y lejos para lanzar, en el día a día, si queremos incrementar el registro de visualizar zonas más cercanas, a parte de realizar tareas que lo promuevan, aunque pierdan muchos balones, tampoco debemos quitarles la posibilidad de ver a lo lejos para que puedan compararse en situaciones análogas a la hora de decidir qué pase, qué carrera de aproximación es la más coherente para dividir al rival en el eje, intuir posibilidades de acción de orientaciones corporales del compañero… ya que para poder mejorar la velocidad en toma de decisión han de existir yuxtaposiciones ambientales que irán solapándose unas a otras a modo de fotogramas hasta que se proyecta la imagen nítida y pasa a ser inconsciente-automática. Esto debe ser tenido en cuenta a la hora de visionar con ellos imágenes sobre el rendimiento propio. La comparativa nunca es buena pero si hay situaciones similares y nacen todos de interacciones y sinergias parecidas, es cuestión de llevarlo a cabo. Ello va a tener como primera consecuencia la pertenencia del "*traductor de juego*", va a intentar leer lo que le rodea plantando una batalla neuronal cuando la peligrosa costumbre alentada por la rutina se transforme en la afortunada costumbre de no cerrarse a nada en concreto haciendo de la posibilidad de cambio, un análisis virtuoso del juego…..el "locus control" de su conducta que le ofrecen cual bálsamo sus cogniciones, dirigido por un cerebro en movimiento. Nos vamos a encontrar con una persona ni más ni menos que segura de sí misma sobre el campo.

Al hilo de la evolución en los conceptos relacionados con el conocimiento que tenemos sobre el cerebro, lo que hace no tantos años nos contaban relacionado con la estructura del mismo y su funcionamiento, comparándolo con una compleja máquina dividida en partes, cada una de ellas con una función claramente delimitada y especializada, como si de un gran ordenador se tratara, hoy en día sabemos que no es del todo así. El ordenador es una máquina "lógica". El cerebro es más que eso, es capaz de asimilar novedades, de aprender. *Estamos en disposición de pasar del dogma del cerebro inmutable, al dogma del cerebro mutable.*

Tal y como sabemos y hemos expuesto, siempre se aprende, nunca es tarde; gracias a las propiedades neuroplásticas del cerebro. El diario El País, recoge un artículo (Solari, 05-09-2011) en el que podemos leer:

"...Si bien a veces resulta más sencillo y rápido obligar al futbolista a memorizar y mecanizar situaciones del juego o de los distintos sistemas tácticos, de esta forma el jugador nunca alcanza a comprender completamente el sentido de sus acciones. *Intentar, prever y automatizar todas las posibles acciones de un partido es una tarea a la que se abocan algunos entrenadores obstinados* que, invariablemente, se muestran luego sorprendidos cuando el destino se demuestra inaccesible.

Otorgar herramientas para facilitar el razonamiento del futbolista y que este concluya por sí mismo cuáles son las posibles alternativas ante diferentes situaciones es una labor más ardua y compleja. *Un trabajo integral que incluye al futbolista* y le ayuda a entender mejor el juego en general y cada sistema en particular. Un ejercicio de ida y vuelta en el que ambas partes, jugador y entrenador, pueden resultar enriquecidos.

Esta labor formativa es a veces olvidada en los equipos profesionales por dos razones opuestas. Una es dar equivocadamente por sentado que el futbolista que llega a la Primera División ha desarrollado al máximo todas sus capacidades cognitivas. La otra es subestimarlas".

Pues bien, traslademos este planteamiento al hecho de que en cualquier categoría de un club, con independencia de la edad del jugador, se puede trabajar en consecuencia con lo argumentado, pero tal y como el lector hábil estará deduciendo, *¿imaginan la trascendencia sobre el fútbol base?* Tenemos claros ejemplos de jugadores archiconocidos que desde pequeños han sido instruidos en el arte del flirteo motor, del juego como esencia del mismo, de la elaboración, de quedarse quieto como medio socializador para facilitar una acción al compañero....miremos dónde están y cómo lo hacen. Pensemos qué adjetivos le colgamos junto a su dorsal. El

País, recoge (Martín22-08-2011) sobre el trofeo Joan Gamper disputado el día anterior frente al Nápoles:

"...Fàbregas siempre juega fácil, porque intuye sin aparente esfuerzo lo que en cada momento le reclama el partido. Sabe cuando toca presionar y cuando debe replegar velas; sabe cuándo debe caer a zonas interiores, cuando debe buscar por las bandas u ocuparlas él, y sobre todo, tiene claro que el fin último, jugando como ayer tan cerca de la portería, pasa por llegar al área en busca del remate, una de las suertes que más y mejor usó en el norte de Londres. En su segundo partido en el Camp Nou se estrenó a lo grande contra el Madrid, abrió el marcador aprovechando una jugada profunda de Adriano, culminada con un pase de la muerte que remató a puerta vacía. Jugó cincuenta y cinco minutos y ninguno fue intrascendente..."

Ahora pensemos en otros jugadores, pensemos en dónde están y cómo se han formado. A este segundo grupo de jugadores generalmente les llamamos resolutivos, pero no solemos abusar del término "inteligente". Resuelven con calidad, muchas veces con genialidad, una jugada. Algunos de ellos hasta son pichichis, pero inteligente, lo que se dice inteligente, no consideramos que sea su modo de relación con el juego.

En este punto, alguien puede pensar, "de acuerdo, pero resuelve". Ante eso, decimos... ¿hasta cuándo?, *¿se han planteado la vulnerabilidad de la genialidad si no va unida a la inteligencia?* Estos jugadores y sus equipos, están supeditados al destello de habilidades puntuales que aparecen sin previsión ni control, por tanto, no aportan seguridad. *Ser inteligente en el juego es promover comportamientos en sus compañeros y en sus rivales.*

Queremos ganar, está claro, clarísimo. Debemos, por supuesto. Y no menos claro está que podemos hacerlo con un fundamento de grupo, de equipo, en el que todos dependen de todo y de todos, que si leemos el juego con un traductor personal pero común todos ganamos y disfrutamos. Eso es un juego inteligente.

Podemos elegir otros modos de juego. Por supuesto. El lector decide, pero decida lo que decida, pensamos que **el jugador es lo importante**.

3.2. AFFORDANCE: UNA INVITACIÓN A LA INTERACCIÓN

> *"Se imagina lo que se desea. Se quiere lo que se imagina. Al final, se crea lo que se quiere."*
> George Bernard Shaw (escritor y Premio Nóbel de Literatura en 1925 y Óscar en 1913 por el mejor guión adaptado de la película Pigmalión).

> *"Algo más que razonamientos, dirigir la motivación, construir la propia libertad, llevar hábilmente la negociación con nuestras limitaciones, todo esto es inteligencia humana."*
> José Antonio Marina

> *"Todo impulso que reprimimos nos envenena"*
> Óscar Wilde (The picture of Dorian Gray)

Cuando se idearon las líneas maestras de la perspectiva ecológica (Gibson, 1979), descritas por Torrents [48] como la *"información que da el medio como causante de las actividades del organismo, entendiendo éste como un todo"*, se centró principalmente en estudios sobre la percepción y el proceso en sí; éstos, sobre la visión, generaron el concepto de *"Affordance"* (afford=facilitar), proveniente del término *"aufforderungscharacter"* de Lewin[49] en el que trata de explicar lo que ofrece el medio al animal.

Una de las traducciones de este término fue *"invitation character"* así como *"balance"* refiriéndose a las *posibilidades de actuación de las que un organismo dispone para con el entorno*, sean visibles o no, variantes o invariantes, conocidas o no, tengan el efecto esperado o no.

De las *"affordance"* se cuestiona si pueden ser percibidas. Se piensa que así debe ser ya que condicionan la vida o muerte del organismo. Como diría Torrents: *"Las posibilidades del medio y la forma de vida van unidas inseparablemente, el medio condiciona lo que hace el organismo"*.

Por eso, consideramos *"affordance"*, sinónimo de buscar y encontrar por sí mismo en el terreno de juego la libertad de hacer y de intuir por qué.

Ante la propiedad que nos ofrece un objeto y lo que podemos hacer con él, el término de carácter, de seducción e invitación del medio a hacer algo estaría íntimamente ligado a lo que debemos proponer al jugador. Que

---
[48] Tesis Doctoral. Universidad de Lérida. (2005).
[49] Psicólogo polaco nacionalizado estadounidense. Especializado en la investigación de la psicología de los grupos y las relaciones interpersonales.

aprenda a percibir lo que le brinda la sociosfera que le rodea. Si desde el principio generamos esta capacidad, evitaremos la tan archiconocida *"parálisis por análisis"*, seguro que el jugador conseguirá registros en su rendimiento mucho mayores; aunque el peaje para conseguir esto será precisamente ese, hacer inconsciente algo que desde un principio limitará la supuesta velocidad de ejecución. Diría épicamente Husserl[50] *"ir a por las cosas mismas"*. Para ello no hay que dar por supuesto nada en el protagonista del juego y ni mucho menos dar por finalizadas sus posibilidades de mejora tanto en competencias psicomotoras como en competencias emotivo-volitivas.

Se cuece una asignatura que no se da en ningún curso de entrenador y que no se imparte a técnicos de cualquier disciplina: *aprender a observar lo que el jugador puede ofrecer*; pero sin disociar el objeto de observación ya que si no, estamos bombardeando, disparando contra la esencia de la persona-jugador, cretinizando el sistema vivo que, al final, se autorregula a sí mismo como un todo. Estaremos intentando conectarlo con cables y remaches, origen de una visión totalmente parcializada. *Es imprescindible "escuchar a nuestra vista y ver a través de nuestros oídos"*. Los sentidos nos dan la visión del mundo. Una forma, ésta, de decir humildemente que nuestra influencia en la sesión de entrenamiento es, quizás, menos de la que pensamos ya que no agudizamos nuestra capacidad perceptiva y la ya consabida predisposición acabará absorbida por una limitación sutil y silenciosa. En el caso de conseguir ser buenos observadores, nuestra influencia en el entrenamiento será más válida y, quizás más influyente, pero sólo eso, quizás.

El paisaje de atractores, según la Teoría de Sistemas Dinámicos (TSD) (a lo que posteriormente entraremos en profundad) genera, para descubrir y educar, la interpretación, el paso del mito al logos, de la teoría a la práctica.

Según explica Torrents, citando al matemático Haken y sus estudios de 1994, para explicar lo que es un atractor afirma: "imaginemos una bola colocada en un bol en posición de equilibrio estable. Si se mueve, vuelve de inmediato a la posición de equilibrio. En plano, en cambio, si se mueve se queda en equilibrio en la nueva posición. En el cuenco invertido, el equilibrio es inestable puesto que al moverla, la bola cae por la pared del

---

[50] Filósofo alemán de fines del XIX y principios del XX fundador del movimiento fenomenológico o fenomenología.

cuenco. Los atractores son aquellos a los que todas las trayectorias cercanas convergen en los sistemas disipativos (Ecuaciones de Lorenz)".

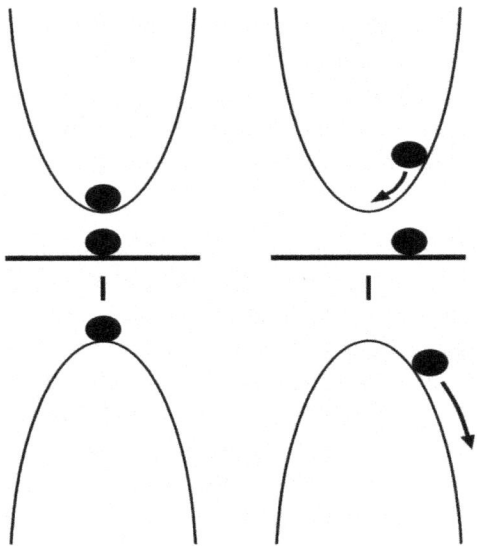

(Torrents. C. 2005; citando a Haken, 1994)

Cuando se generan muchos "cuencos" juntos se le denomina paisaje de atractores. Hay muchos tipos de éstos. No vamos a profundizar sobre ello, no es nuestro objetivo en este libro. Aún así, invitamos al lector a que lo haga si quiere adentrarse en la no-linealidad.

Continuando con el razonamiento, nos viene a decir que cuánto más pronunciada es la transición de fase entre cada "cuenco", es decir, la meseta es menor y el "cuenco más profundo", hablamos de mayores posibilidades de búsqueda de equilibrio, o, lo que es lo mismo: cuanto más experto se es en una materia más pronunciados son los picos y más profundo dicho "cuenco". *La "bola", la de los atractores, y el "balón", se educan desde la inestabilidad.* Un jugador será mejor, en todos los sentidos, cuando todas las multiestructuras sistémicas evolucionen en pro de la necesidad: Özil, *"el futbolista de la calle, donde desarrolló su talento"*. Es como vulgarmente se le conoce al futbolista alemán de origen turco. A día de hoy, con todo nuestro respeto, en la calle es donde el juego es esencialmente Él mismo; el claro ejemplo del lugar dónde e*l paisaje de atractores* *hace referencia a aspectos más relacionados con las capacidades coordinativas y cognitivas, pero.... ¿acaso no tomamos mejores decisiones cuantas más experiencias de vida tenemos? Este paisaje es, quizás, también emotivo-volitivo, social y afectivo y, por supuesto, es la base de la creatividad. Para crear hay que intentar, y para intentar hay que dejarse llevar y dejar hacer.*

Cuando la solicitud de intensidad se adueña de nuestra garganta en los entrenamientos es cierto que, como seres humanos, puede que la atención haya decaído; pero también hay otras muchas en las que las características de la tarea no ofrecen lo que pedimos, *¿nos lo hemos planteado desde ese prisma?* El día pre-partido el protagonista se llama estrategia, se suelen entrenar reanudaciones de juego, persiguiendo la realidad frente a un rival llamado cero. También aparecen en el menú de ese día los "automatismos" y/o disposiciones hipotéticamente de partida, también llamadas evoluciones, sometidas al análisis tanto nuestro como del rival. Para que esta *"estrategia operativa"*[51] salga bien se solicita mucha intensidad; virtud esta que se esfuma como el humo cuando apagas la llama de la competitividad y te alejas de la realidad porque, norma muy utilizada, no está permitido robar el balón: le pedimos al jugador que siga a su par cuando no se lo puede robar, le solicitamos una presencia intensiva que se divorciará de la concentración a los pocos minutos de rodar el esférico. El enfado del cuerpo técnico se palpa en el ambiente, se adolece de vehemencia. La guillotina no debe caer sobre el jugador en este caso. Justo después, y esto ocurre muy a menudo, se entrenan las faltas, corners...sin oposición, para que los movimientos, supuestamente, queden claros. Se pierde entusiasmo, nos olvidó el vigor, la pasión...se quedaron en la tesitura de salir a entrenar al igual que la capacidad de la persona-jugador, resultado azaroso: un cerebro replegado.

Al hilo de lo anterior, citaremos un ejemplo en el capítulo de *"el entrenamiento, una realidad incoherente"* sobre el trabajo de "poca intensidad física", la relación entre la adquisición de un concepto nuevo dentro de una tarea que genera fatiga mental pero un registro "no adecuado" a nivel físico (según la teoría del entrenamiento), pulsómetro en mano.

---

[51] Antón, J. Profesor de la FCCAFYD de Granada. Término que define el momento en la preparación de un partido en el que tenemos en cuenta las características de un rival.

En la base, y no tan en la misma, hemos de reconocerlo, si en los entrenamientos siempre suben a rematar los mismos, siempre sacan los mismos, siempre las mismas neuronas... siempre idénticas disposiciones, habrá un momento en el que las funciones darán como resultado "siempre" una acomodación neuronal. *¿Qué pasará cuándo ese jugador/es tenga/n que subir a rematar, o lo contrario, en el devenir de un partido?* Desde que se es pequeño, para cualquier proceso de aprendizaje, no hacer esto, es una falta de respeto a la inteligencia motora y a otras. Se comenta a veces: "hay un jugador como portero, con siete años, pero no tiene las características para serlo..." *¿cómo sabemos eso?* Se ve, pensarán algunos. *¿Y por qué el delantero no puede ser portero?*: es que marca goles. *¿Al final quién?, ¿cuál es el rasero?* Hiper-especializamos las funciones del jugador incluso en el fútbol profesional cuando éstas son mejorables y optimizables, repetimos, desde la inestabilidad que ofrecen posiciones diferentes a las predeterminadas. Da la casualidad, y no creemos mucho en la misma, que se consiguen muchos goles en los últimos minutos, los bautizados como "de la épica", como mandan los cánones, los que marcaría un portero que a la postre significa un título; "la copa al final vino por fortuna", pero si lo hace otro futbolista, la medalla recae en el trabajo. *¿Por qué tal contradicción?, ¿por qué al talento le llamamos suerte cuando se muestra en un "puesto específico" no habitual con la consecución de ciertos objetivos?*

¿Se pueden conjugar en el entrenamiento la libertad de búsqueda con la orientación guiada sin cretinizar?, ¿es posible entrenar desde una metodología que no parta de los medios tácticos sino que lo haga a través de la inestabilidad para aterrizar en ellos? "Enseñamos" a bascular, nos reiteramos mucho en este medio colectivo pero es que aún cuando nos hacemos cargo de un equipo profesional con jugadores de mucha experiencia, los ponemos a ello. Bascular bien es lo importante, así reducimos la posibilidad de que nos metan goles. Continuamos, que divagamos, situaciones de ataque contra defensa, ¿no es mejor partir de la premisa de ocupar los espacios responsablemente en una fase de juego en la que los comportamientos de los jugadores no estén predeterminados por el "puesto específico" sino por su capacidad de provocar en los demás y en ellos mismos las sinergias necesarias para evitar y conseguir gol y así facilitar un tipo de juego u otro? El medio táctico resultante será ya, en sí mismo, un medio entendido y, lo más trascendente: un medio interiorizado desde el prisma de los valores. "¿Valor roto?"[52] Cuando se prioriza el "sistema" antes que los comportamientos y valores y/o también se ejecutan conceptos y medios que nutren al "sistema" sin partir de dichos comportamientos, se genera un valor roto, un medio táctico desmembrado, un sistema desarticulado desde antes de intentar ser articulado.

Que un jugador se convenza de las posibilidades que tiene para con el medio no significa convencerlo de que sabemos mucho; sino de que se convenza a sí mismo de lo que puede llegar a mejorar.

Se torna elemental que un futbolista poco o nada proactivo a la hora de defender pero sí a la hora de atacar, adopte el compromiso en las dos subfases del juego: *¿dejamos, por tanto, que se expresen los jugadores o los sesgamos directamente en función de sus cualidades?: "tu preocúpate de atacar y tú de defender". ¿Es que un jugador, digamos, perteneciente al fútbol profesional, no tiene las cualidades necesarias para una buena salida de balón? Es cierto que muchos no las tienen, pero ¿por qué?, por qué no abrir el abanico de comportamientos de un futbolista desde que es pequeño y hacerle ver cuando ya ha crecido que posee unas conductas buenas para "su puesto", mejorables por el modelo planteado? Es que no queremos liarlo....dirían algunos......, bueno, pues dejemos que "la líe" el día que tenga que jugar en otra posición en un momento o momentos del devenir de un partido. ¿Hemos probado a que su sistema límbico sienta la posibilidad, adecuación, potencialidad, intuición y permisividad de intentarlo?* Repetimos, no abogamos por el libertinaje, pero sí a que consiga un "*impulso nervioso cosmopoiético*"[53] abanderado por la libertad; ésta como una contracción del movimiento muscular inconscientemente interpretado, no de la parálisis que conduce al final de una etapa de *"incapacidad manifiestamente aprendida".* Tal y como suscribe Idiákez: "*tiene que haber normas para que haya libertad pero ambas dependen de la responsabilidad"*.

La libertad no tiene moneda de cambio en términos intelectuales, se adquiere, se gana desde la base y se perfecciona desde la élite; aunque hay veces que también se adquiere en la alta competición, o debería tener derecho a conseguirse aquí también. Las nuevas teorías de la plasticidad de la mente, apoyadas entre otros por el gran Doidge[54] y Bruner en su libro

---

[52] Ver Glosario. Cervera Villena, Francisco J.; Coba Sánchez, Rosa Mª. *El jugador es lo importante*. (2.012).
[53] Grinberg, M. *Edgar Morín y el pensamiento complejo*. Alfaomega. (2002).
[54] Ibídem 47.

"En busca de la mente"[55], *establecen la influencia manifiesta de la cultura en la mente; cultura táctica y mente: bonito binomio; duplicidad incontestable frente a la insolente e incipiente inseguridad.*

Según Marina, en estudios recientes se demuestra que de los trece a los dieciocho años se producen grandes mejoras en el aprendizaje, pero no acaban ahí. Con la especialización temprana no vale decir: es que el jugador ya está hecho. *¿Es que un futbolista no puede mejorar estando en la alta competición?* Habrá que pelear contra el tiempo, pero no contra lo que dice la realidad, esa que sirve pleitesía a la ciencia y se agarra con fe al tópico del día a día; ésa, querido lector, *cretinizada y subestimada* como si de un espejismo se tratase.

Si las *"affordance"* actúan creando imágenes que la mente puede reconocer, si no ayudamos a que un jugador pueda educar su talento y su creatividad es como si le pusiéramos los mismos fotogramas una y otra vez. *En términos cerebrales, es como si se generara una agnosia: proceso por el cual el ojo sigue viendo pero el individuo no entiende lo que ve, aunque previamente fuera así; existe una incapacidad para acceder a la estructuración perceptiva de las sensaciones, en este caso visuales.* En términos de realidades, se produce lo que Morín define como *"inteligencia ciega"*, aquella ceguera en la organización de nuestro saber.

Este razonamiento, nos viene a la mente por la obra *"Ensayo sobre la ceguera"*,[56] de Saramago que nos hace preguntarnos: si el ojo ve y va aprendiendo a ver gracias a la interpretación que genera su cerebro, éste podría ir incrementando la percepción del contexto a interpretar, incluso cuando haya una serie de imágenes ya preconcebidas, por tanto, es cuestión de entrenamiento mental. No se trata de negar la parte automática y/o inconsciente. Pero sí dirigir y estimular en lo posible. Un buen jugador, quizás, sea el que menos agnosticado está.

El pistoletazo de salida es la interpretación del juego, la cual llegará a la meta únicamente a lomos de la voluntad por mejorar en nuestro talento pero para ello hay que mostrar avituallamiento en el camino: todo nuestro trabajo al servicio de su capacidad, o dicho de otro modo, ¿podemos "agnosticar" a un jugador?, ¿y a nosotros mismos?, ¿cómo saber que no es-

---

[55] Alianza. (1985).
[56] En su obra *Ensaio sobre a Cegueira*. Caminho, S.A. (1995).

tamos agnosticados como técnicos? Escuchando, sabiéndonos prescindibles, volátiles, abiertos a los vientos de cambio, con los cinco sentidos puestos en aprender de cada una de las personas que tengamos a nuestro alrededor, sin reparos en admitir opiniones y errores; ello nos ayudará a evaluar el conocimiento declarativo del jugador (lo que al jugador le llega de lo que le explicamos). Tal y como versa en la anterior obra citada de Saramago: *"La fuerza es confianza por naturaleza. No existe un signo más patente de debilidad que desconfiar instintivamente de todos y de todos".*

Cuando un jugador entiende que el entorno disfrazado de juego le brinda oportunidades que él tiene que devolver con interacciones, obtenemos más habilidades al servicio del banquete del talento: jugador poseedor que asoma al borde del área, balón en disposición de ser enviado cuán misil tierra-aire a portería con pierna no dominante; miedo, "caracoleo" para ser más exactos de derecha a izquierda o al revés en cuanto la pierna dominante ve la sombra de una pantalla protectora. Alguna vez, esa jugada, a priori, con opciones de celebración se convierte en un contragolpe rival. Ante la pregunta que se para en cada sinapsis por agotamiento, de tantas veces formulada en nuestro cerebro: *¿por qué no tiras con la no dominante?* La gran mayoría de veces el futbolista no dispara no sólo por falta de confianza, sino porque en su GPS conductual no entra la imagen "disparo". Recordemos que las posibilidades de acción son eso, posibilidades, y se trata de sentir que están ahí latentes cuando el balón se encuentra en los límites de la sordera de la pierna menos hábil. Las posibilidades de acción están agnosticadas y vetadas por nuestra propia percepción que no tiene sintonizadas determinadas imágenes, mapas mentales y ni una adecuada *interpretación correlacional del modelo*, caminos de indeterminación al servicio del empobrecimiento.

Para intentarlo, es necesario ponerle nombre a las cosas. *Conseguir que el futbolista juegue con la emoción y no al revés*; lo que ayuda a reducir el nivel de ansiedad, entre otras cosas.

Esto es, en líneas generales, lo que Goleman[57] bautizó como *"inteligencia emocional"*: la capacidad para controlar y regular emociones; buscar, como diría Festinger una *"disonancia cognitiva"*;[58] como si de un video juego se tratase; no dejar nunca de poner la atención en mejorar con el desarro-

---

[57] En su obra *Inteligencia Emocional.* Kairós. (1995).
[58] En su obra *A theory of cognitive dissonance.* Stanford, CA: Stanford University Press. (1957).

llo de cada "pantalla-instante". Así se puede llegar a ser mejor jugador, sin duda, sin tener en cuenta la edad, ya que ésta no jubila el saber, a éste lo jubilamos nosotros el día en que creímos que todo estaba inventado.

Según los expertos de Makememinimal, en la gestión de la polidimensionalidad está el rey midas de la complejidad; *"situaciones universales de variabilidad que la inteligencia humana aborda con vocación integradora"*, según Morín.

Tenemos que resumir *las necesidades del individuo ante la interacción en dos conceptos*: *visibilidad* (el balón dispuesto a ser golpeado) y *comprensión intuitiva (*sentir que puede ser golpeado*)*, tratando de hacerles comprender lo evidente del desarrollo de la interacción: solicitamos movilidad a los jugadores de arriba cuando el balón lo tiene un central y éstos no ofrecen soluciones al poseedor factibles de ser ejecutadas, la solución puede ser moverse o quedarse quieto, estar bien orientado y, mediante un esfuerzo útil, facilitar las condiciones del siguiente compañero son "quitarse el balón de encima" siendo éste tercer hombre u hombre libre. Un jugador intuitivo en un equipo sin criterio de modelo de juego claro, ayuda más que daño hace, ya que puede generar espacios de incertidumbre desestabilizando al rival y eso aumenta los recursos intuitivos de sus compañeros. Les obliga a pensar en sí mismos. *Esta es la gran suerte del técnico en este deporte: que las inteligencias, aunque mal empastadas, se auto-eco-organizan cuando la dificultad agudiza el ingenio nutrido de necesidad.* Hay jugadores que sacarían el balón jugado con la simple presencia de un compañero cercano guardando la posición; otros con una voz de ánimo en ese preciso instante como un ¡provoca!...Cuando disponemos de un modelo de juego claro es cuando los conceptos ejecutados de manera consciente se irán desarrollando paulatinamente de forma menos consciente hasta "mecanizar" la convivencia con la incertidumbre; por ello, la *comprensión intuitivamente sentida* es la base de todo concepto.

El futbolista, como decíamos, debe entrenarse en fatiga mental y partiendo de sus debilidades emocionales de modo que su *"paisaje de atractores se tenga que adaptar continuamente"*. Nuestro modelo de juego será, utilizando palabras de Morín, *"el bucle recursivo"* entre la moral del jugador y la ética del modelo. Olvidémonos de la *"verticalidad unidireccional hacia la ausencia del error" y construyamos un equipo desde sí mismo y sus integrantes; no desde atrás, desde la defensa, desde la cobertura, desde la basculación que tiene tantas flechas trazadas en el dibujo como caminos incumplidos en el campo,... desde la incertidumbre natural del juego, porque resuelve quien juega, y más concretamente, un último fichaje que funciona por comportamientos en todos los puestos llamado plasticidad cerebral, el mítico diez de un equipo, el que moldea el paisaje de atractores en el alumbramiento de experiencias conformadoras para conductas futuras,* "*una metodología alegórica*"*, alea* (Morín)[59]*, para ser más sincréticos: "gama de eventos o elementos aleatorios".* De ahí la expresión "*alea jacta est*": la suerte está echada/el dado está echado, una actitud real pero dentro del aprendizaje, cobarde, *claro ejemplo del fracaso de la potencialidad atractora al servicio de la polidimensionalidad y la moral del modelo; una honestidad no nemesiana*[60] *que ni acaricia límites ni persigue transgresores: ya no hay Dionisos del balón.* Tenemos un equipo que defiende bien, que es solidario en defensa. Ésta es su moral, que no es poca pero...llega el próximo entrenamiento y buscamos posesiones cuando queremos atacar con referencia y segunda jugada... *¿es aumentar el paisaje de atractores?* La sola presencia de un futbolista en el terreno de juego, valga este ejemplo como otros más, es óbice para distorsionar la creación de un modelo de juego introducido con calzador. Vamos al ejemplo contrario: usted dirige al Barça y en sus filas tiene a Eto´o, Ibrahimovic y Villa: el primero presiona ante la pérdida, todos sabemos de la virtud del equipo Condal cuando pierde el balón; el segundo es un gran rematador pero no presiona ante tal pérdida; el tercero presiona pero su convivencia con el fuera de juego es bastante clara con lo que, como veremos en el último capítulo, más de una circulación de balón de su equipo queda rota con tal movimiento: *¿Qué haría usted como técnico en ambos ejemplos?, ¿destronaría al delantero referencia por jugar a provocar que el equipo salga con balón en largo porque prefiere jugar con el esférico acariciando el césped?, ¿acosar, rematar, fuera de juego...?, ¿qué pasaría si el equipo se adaptara según qué delantero ocupe el puesto en ambos ejemplos? Quizás la clave esté en poner a los buenos y éstos, conceptos en mano, "harán el resto".*

---

[59] Edgar Morín conversa con Djénane Karen Tager. *Mi Camino. La vida y obra del pensamiento complejo*. Gedisa. Autobiografía. (2010).
[60] José Luis Sampedro nos acerca a los antiguos griegos y a sus guerras dialécticas en las ágoras sobre El Némesis: diosa de los límites; la implacable enemiga de los transgresores. *Queremos asegurar nuestra inseguridad y eso limita nuestras posibilidades de acción.* Dionisos: Dios de los transgresores.

3.3. AMPLIANDO EL MARGEN DE COMPETENCIAS. CEREBRO DEL QUE APRENDE Y CEREBRO DEL QUE "ENSEÑA"

"El cambio es una puerta que sólo puede abrirse desde dentro"
Terry Nelly

"El aprendizaje de habilidades no es un estado de posesión, sino un estado de capacitación para hacer ciertas cosas con ese conocimiento"
Perkins (músico estadounidense pionero del rockabilly)

"Sigue Hambriento. Sigue alocado"
Steward (The Whole Herat Catalog)

"Disfrutad equivocándoos"
Imanol Idiákez

Partimos de una base que hoy en día es un hecho probado, y es que para aprender utilizamos diferentes sistemas cerebrales, en función de la propia naturaleza del aprendizaje.

Recordar quién soy no es lo mismo que recordar a dónde voy, y nuestro cerebro también procesa en forma y tiempos diferentes en función del tipo de memoria con la que trabajemos, ya que el procesamiento se hace por separado, pudiendo dividir la misma en tres grandes grupos: episódica (sucesos), semántica (datos) y procedimental (destrezas).

El aprendizaje también tiene un carácter implícito o explícito según sea la naturaleza y esto hace que el mismo sea más o menos inconsciente o consciente.

Un ejemplo clásico del aprendizaje implícito es el que desarrolló y fundamentó el fisiólogo ruso Paulov, Premio Nóbel de Medicina y Fisiología en 1904, que introdujo a través de su Teoría Psicológica de la Respuesta Condicionada un paradigma de aprendizaje fundamental, en la que se postula que la unión de un estímulo incondicionado unido a uno condicionado, nos da una respuesta condicionada. En relación a ello, aparece el *aprendizaje condicionado*, que tiene lugar cuando aprendemos una acción a fin de producir una respuesta. No pasemos por alto un dato fundamental sobre el que regresaremos: la parte inconsciente o sobre la que ejercemos poco control de este tipo de aprendizaje.

Trasladamos todo este paradigma a la realidad de muchos entrenamientos en el mundo del deporte en general y del fútbol en particular. Cuando un técnico instruye de forma "cerrada" a un jugador, de alguna forma está generando en el futbolista una respuesta condicionada a la presencia de un determinado estímulo/s. En ningún caso se pretende debatir que en ocasiones pueda ser del todo necesario utilizar esta técnica de aprendizaje para trabajar sobre determinados aspectos, pero queremos abrir una ventana al pensamiento divergente (en el que más tarde profundizaremos), que a todo homo sapiens la naturaleza nos regala y a veces tan poco y tan mal aprovechamos demasiadas veces.

Se trata de ser conscientes de lo negativo que puede resultar condicionar sin más en muchos casos al jugador. Sabemos que nuestro cerebro funciona así, sabemos que disponemos de una habilidad plástica, sabemos que las emociones positivas ligadas al aprendizaje son un valor seguro en el desarrollo y puesta en práctica de las mismas... ¡no condicionemos el aprendizaje!, como diríamos coloquialmente: ¡no cortemos las alas a nuestros jugadores!... ¡no permitamos que ellos solos se las corten! (entendiendo alas por "*circuitos neuronales*").

Otro tipo de aprendizaje muy común es el *procedimental*, a través de la memoria procedimental e implícita, dependiente de una estructura cerebral denominada ganglios basales[61]. Sirva para ilustrar de forma práctica que el cerebro de un bebé está perfectamente preparado para "utilizar" esta memoria a los tres meses y le permite aprender que coger un objeto de una determinada forma les lleva a poder manipularlo. Los seres humanos, pues, podemos aprender explícitamente pero no podemos despreciar el apasionante mundo del aprendizaje implícito. Para poder entrenar sobre conceptos y conformar un modelo de juego es necesaria la inestabilidad del que aprende. Poco a poco, durante el proceso de entrenamiento, las tareas deben provocar situaciones novedosas en los puestos específicos pero sin romper el valor; de hecho, para que esto no ocurra es necesario dicha inestabilidad.

Una vez hemos visto ejemplos de cómo se comporta el cerebro de "quien aprende", veamos qué pasa en el cerebro de los que "enseñan".

Invitamos al lector a reparar sobre las connotaciones evolutivas del verbo enseñar....y tal y como argumentan las profesoras Blakemore y Frith,

---

[61] Son acumulaciones de cuerpos de células nerviosas que se hallan cerca de la base del cerebro, dentro del telencéfalo. Este tejido nervioso gris está interconectado con la corteza cerebral, el tálamo y el tallo cerebral. Desempeñan un papel importante en el control de la postura y el movimiento voluntario.

es una de las capacidades más específicas de los humanos, aunque en otras especies, obviamente, existen otras formas de enseñanza implícita, como diría un especialista en psicología evolutiva, más elementales. Dicha elementalidad, está enmarcada en dos parámetros: la capacidad de los seres humanos de ser seres verbales y el mayor rango de complejidad cerebral global.

Como poco, las autoras anteriormente mencionadas, entienden que enseñar significa *"procurar a las personas las oportunidades adecuadas y animar a aquéllas a aprovecharlas".* No podemos estar más de acuerdo.

La teoría de la mente o *mentalización* es una de las capacidades cognitivas del ser humano imprescindible cuando la "enseñanza" tiene un propósito. Cuando se "enseña", como poco, se debe contextualizar el punto de partida del que aprende para incrementar su nivel de aprendizaje, tener presente el grado de interés por la tarea y su receptividad. Por tanto, para que se dé una "enseñanza" satisfactoria, el que "enseña" debe abrir su capacidad de transmitir desde la capacidad de desarrollar del que recibe, no tanto desde la capacidad de recibir, que como vemos, es tarea importante, pero esencialmente básica. De ahí que, como venimos explicando a lo largo de la obra, es fundamental que el cuerpo técnico trabaje en la línea de despertar en el jugador la necesidad de hacerse preguntas.

Si la teoría que alentamos en este libro ha podido hasta el momento herir alguna sensibilidad, de antemano pedimos disculpas, no es nuestra intención y como a veces no es suficiente con esto, pensemos, no como argumento justificatorio, pero sí como lectura racional del desarrollo cerebral, que *la capacidad para aprender es más antigua y automática que la capacidad para "enseñar".* Siguiendo este razonamiento, *la metodología de "enseñanza" es un concepto erróneo y contradictorio: deberíamos hablar de metodología del aprendizaje y/o didáctica del aprendizaje.* Como dicen Blakemore y Frith, *"todos los animales aprenden....y muy pocos enseñan".*

Históricamente, definir la inteligencia y sobre todo "medirla" y observarla, ha sido una cuestión mayor en el campo de las ciencias aplicadas a la conducta humana y al aprendizaje. Los primeros estudios al respecto, haciendo una síntesis de los mismos, enfocaban la inteligencia con una visión unidimensional y lamentamos decir que hasta muy, muy poco tiempo, esta cuestión seguía teniendo este mismo enfoque.

3.4. INTELIGENCIAS MÚLTIPLES

> *"El objeto ha tomado forma en mi mente antes de empezar a pintar"*
> Vicent van Gogh (pintor neerlandés postimpresionista del S. XIX)

> *"Más instructivos son los errores de las grandes inteligencias que las verdades de los genios mediocres"*
> Arturo Graf (poeta italiano del S. XIX)

> *"Tantas veces nos pasa que vivimos la vida encadenados y ni siquiera nos enteramos de que tenemos la llave del candado"*
> The Eagles (banda estadounidense de rock)

Gardner ha sido el padre de una visión completamente diferente sobre la inteligencia, de corte pluralista, ya que, en sus propias palabras, "*reconoce muchas facetas distintas de la cognición, tiene en cuenta diferentes potenciales cognitivos y contrasta diversos estilos cognitivos, basado todo ello en una combinación entre ciencia cognitiva y neurociencia*" a la que ha pasado a llamar: *teoría de las inteligencias múltiples*.

Nos parece esencial mencionar en este momento dicha teoría, ya que además de la grandeza y la portentosa repercusión que sobre el estudio del comportamiento humano conlleva, puede acercar al lector al entendimiento de determinados planteamientos que en la presente obra formulamos.

Sin desprecio pero con coherencia y firmeza, se propone (Gardner, 2011) dejar un tanto de lado los test y las correlaciones entre los mismos y centrar los esfuerzos a la hora de observar la inteligencia en las fuentes de información más naturales, sirva de ejemplo, cómo las personas desarrollan las capacidades para adaptarse, capacidades importantes para su modo de vida, en definitiva: "*la capacidad para resolver problemas y elaborar productos*".

Tras numerosos estudios, correlaciones entre ellos, observaciones múltiples, etc, Gardner ha encontrado *siete inteligencias* que pasamos a mencionar brevemente y que vienen a hacer patente la pluralidad del intelecto: inteligencia lingüística, inteligencia lógico-matemática, inteligencia espacial, inteligencia musical, inteligencia corporal y cinética, inteligencia interpersonal e inteligencia intrapersonal.

Especialmente interesante nos resulta detenernos en las dos últimas, por novedosas en su consideración.

La inteligencia interpersonal se construye a partir de una capacidad nuclear ante los estados de ánimo, temperamentos, motivaciones e intenciones, es decir, su expresión más elaborada reside en leer las intenciones y deseos de los demás, aunque no se evidencien de forma clara al tiempo que nos permite comprender a éstos. Ponemos en alerta al lector, ya que dicha descripción le va a resultar familiar más adelante, cuando hablemos detenidamente de las neuronas espejo. Permite, por tanto, comprenderse y trabajar con uno mismo, es un símbolo que representa todos los tipos de información a cerca de una persona. La necesidad de cohesión en el grupo, de liderazgo, de organización y de solidaridad surge de forma natural desde aquí y por tanto, nos permite comprender y trabajar con los demás.

La inteligencia intrapersonal, por su parte, permite formarse un modelo ajustado de uno mismo y nos facilita poder desenvolvernos eficazmente. Nos permite el acceso a la propia vida emocional, a la capacidad para discriminar emociones, ubicarlas correctamente y todo ello nos va a servir para interpretar y orientar la propia conducta. Nos permite comprender y trabajar con uno mismo.

Aprendizaje e inteligencia es un binomio irreductible entendiendo que el objetivo de cualquier sistema de aprendizaje debería ser el de poner a disposición de la persona los medios coherentes con el tipo de inteligencia más en relación con sus intereses, más en consonancia con su vida, trabajo, etc.... Se trataría de que aprendizaje e inteligencia fuesen un binomio lo más práctico y realista posible, ajustado a lo representativo de cada persona.

En el campo que nos ocupa y en relación a la presente obra, tengamos en cuenta qué intereses, capacidades y formas de aprender configuran un eje sobre el que el cuerpo técnico debe construir y desarrollar su trabajo día a día.

Aprender a leer el juego, como venimos exponiendo y expondremos a lo largo y ancho de estas páginas, es una de las bases esenciales e imprescindibles para el futbolista, para que la persona-jugador pueda realizar su trabajo y dicha realización entraña para nosotros el compromiso por aprender, el compromiso por interiorizar y crecer en torno a un modelo, a unas interacciones, y en ese proceso se hace imprescindible que el cuerpo técnico y el jugador entiendan de qué estamentos cognitivo-neuronales se parte, al tiempo que se trabajan y se ponen a disposición del aprendizaje los medios oportunos para ello. Sería tanto como ayudar a que los jugadores hablen cuanto antes el mismo idioma. Para ello se necesita una buena dosis de paciencia, ya que cada jugador trae unas experiencias diferentes, es distinto, pero según de qué y quién se rodee podrá conseguir metas antes no planteadas. Este razonamiento queda muy claro en la teoría de cualquier cuerpo técnico que se precie, pero en la práctica no es del todo así. El motivo de que no lo sea estriba en que al plantear un "modelo de juego", éste, la gran mayoría de veces se basa en conceptos mecanizados con una ejecución no pensada; pero lo más grave es que ocurre aún cuando fichamos futbolistas en función de una idea. Lo que sucede al cabo de unos meses es que los medios a desarrollar generan una sensación de control y dominio fugaz al principio, por ejemplo, en pretemporada y los dos o tres primeros meses de competición, algo más quizás, pero poco a poco se produce el estancamiento, sencillamente porque los conceptos no permiten evolucionar a los jugadores que los albergan porque no permiten ser interpretados. Hablaríamos de "*conceptos futbolísticos convergentes*" (ver capitulo 3.7 sobre el pensamiento convergente y divergente). Parece que por arriesgar menos a la hora de jugar se aprende más por la efímera sensación de control. Esto es un avance caduco hacia un aprendizaje limitado.

Por el contrario, cuando el jugador alberga el concepto y lo interpreta, el estancamiento es menor y la evolución es mayor, aunque la sensación de descontrol puede parecer desconcertante y hablaríamos, pues, de *"conceptos futbolísticos divergentes"*. Los conceptos y los medios que los pueden formar contienen una dualidad según la manera de afrontarlos, no son inertes, el mismo balón no se comporta igual en un campo de hierba natural que en uno artificial. Cuando se expliquen medios (pared, permutaciones, desdoblamientos... o como quieran llamarlos) se deben explicar como herramientas al servicio del jugador, y no al revés, porque no es obligatorio hacer un desdoblamiento para conseguir centrar, de hecho, no es dirección prohibida comenzar la circulación de nuevo al llegar a banda. Entrenamos para poner en práctica conceptos pero éstos, a veces, los queremos adecuar, como si de piezas de puzzle se tratasen, a zonas concretas del campo.

Al contrario del entrenamiento convergente que pretende construir tareas mediante automatismos deslavazados e ideados sin tener presente las interacciones de los jugadores como verdadero ente diseñador, el objetivo divergente no es buscar un único automatismo, ni dos, ni tres...... consiste en la forma de exponer los planteamientos, la que lo cambia todo, ya que las tareas estarán enfocadas a la auténtica idiosincrasia del juego, sea cual sea el planteamiento que queramos llevar a cabo y dicha cronología comienza por un todo jugado consistente en superar líneas para introducir el balón dentro de un espacio delimitado reglamentariamente y cuyo significado es gol. En definitiva, jugar con las coordenadas espacio temporales intentando fintar al azar.

Tradicionalmente, el constructo de inteligencia se ha formulado en el binomio lingüístico y lógico-matemático. Sin restarle un ápice de importancia a ello, tengamos presente que hay más y en el entorno del deporte y del fútbol, además de esas inteligencias, hay otros aspectos de las mismas que resultan esenciales, que en este libro quedan reflejados, ya que los ejemplos y los sistemas de aprendizaje que formulamos van encaminados precisamente a potenciar y estimular las mismas.

Promovemos la potenciación de la inteligencia entendida como capacidad de adaptación y creación en función del contexto en el que nos desarrollamos desde la estimulación neuropsicológica de habilidades y correlatos que el jugador puede potenciar para mejorar.

No olvidemos que los estudios de Gardner explicitan claramente que se puede entrenar una inteligencia específica si se identifican los factores relevantes para el desarrollo de dicha habilidad y se estimulan correctamente.

Otra circunstancia importantísima que queda portentosamente clara en la teoría de las inteligencias múltiples, no puede, por menos, que llenarnos de complacencia y deseo de trabajar en este sentido ya que se ha demostrado que las habilidades de un individuo no siempre están circunscritas a la mente del mismo, y clara muestra de ello se refleja en estudios novedosos de dicho autor, en los que refleja que en muchos casos es erróneo concluir que *el conocimiento requerido para ejecutar una tarea determinada requiere completamente de la mente de un solo individuo*. Dicho conocimiento puede estar "distribuido", es decir, los buenos resultados de la ejecución de una tarea pueden depender de un equipo de individuos; quizá ninguno de ellos posea toda la experiencia necesaria, pero todos, trabajando juntos, serán capaces de llevar a cabo la tarea de forma segura. En relación a esto es demasiado simple afirmar que un individuo determinado "posee" o "no posee" el conocimiento requerido; dicho conocimiento puede mostrarse en presencia de los "detonadores" humanos y físicos adecuados. La competencia cognitiva humana es una capacidad emergente, susceptible de manifestarse en la intersección de tres factores diferentes: el "individuo", con sus habilidades, su conocimiento y sus objetivos; la estructura de un "área de conocimiento" o "especialidad", dentro de la cual pueden estimularse dichas habilidades; y un conjunto de instituciones y funciones considerado como un "ámbito" que rodea dichas especialidades, que juzga cuándo un determinado resultado es aceptable y cuándo no reúne las condiciones necesarias. A nosotros, este planteamiento nos recuerda a Messi: "*es que está rodeado de los mejores centrocampistas del mundo en el Barça*" pensaríamos todos; pero es que en la selección de Argentina, con todo nuestro respeto a los muy buenos del club blaugrana, no se llevan nada mal con la pelota. Volvemos a lo mismo: en su club saben a lo que juegan y Messi juega más adelantado y con más libertad de movimientos. Este razonamiento tiene dos respuestas, a nuestro parecer, claras. Primera: se puede hablar el mismo "idioma" futbolístico, luego hay mejora posible, no sólo el nivel de excelencia mostrada por el club Condal, y segunda: además de que al fin y al cabo hablamos de jugadores buenos en ambos equipos que pueden dar rienda suelta a su inteligencia interpersonal. El problema es *¿dónde quedó la virtud de interpretar para unos y para otros?*

3.5. ASOCIACIONES Y CAPACIDAD DE EJECUCIÓN DESDE LA INTERACCIÓN

"El cambio es la única cosa inmutable".
Arthur Schopenhauer (filósofo alemán del S. XVIII)

"Nadie puede ser esclavo de su identidad: cuando surge una posibilidad de cambio, hay que cambiar".
Elliot Gould (actor estadounidense nominado al Óscar por "Bob & Carol & Ted & Alice")

Las imágenes, palabras y emociones asociadas a un determinado contexto de aprendizaje no hacen más que consolidar la huella en nuestra memoria de lo que queremos ya no sólo no olvidar, sino evocar, recordar.

Aplicar este paradigma al mundo de la dirección de un equipo de fútbol pasa por entender, en primer lugar, cómo se consolidan algunos aprendizajes en nuestro cerebro y cómo asociándolos a determinados estímulos vamos a trabajar sobre la posibilidad de que ese repertorio de aprendizajes esté presente de un modo óptimo cuando el jugador precise rescatarlos para su puesta en práctica.

Un modo muy conocido de emplear esta técnica, experimentada por algunos técnicos deportivos, es la de *asociar estímulos visuales (imágenes) y auditivos (música) a diversas imágenes relacionadas con el juego*. Es un "clásico" modo de motivar a los jugadores, despertando emociones "potentes". Utilizando correctamente esta técnica se consigue en unos instantes hacer pasar al cerebro del jugador por diferentes niveles de intensidad tanto de impacto como de descarga como de relajación psicofísica. Como ejemplo, ver el mapa mental o interpretación correlacional puesto en práctica con el portero en dirección a sus compañeros cuando el balón pasa del eje del centro del campo a una banda desde una distancia lejana a una posible intervención inminente. Ponemos una palabra utilizada a modo de símbolo para el jugador, en este caso el portero, para que una vez oída, la ponga en práctica. Dicha palabra está asociada a unas bases tácticas de intervención que le permiten intuir que va a producirse un punto de inflexión en la jugada, va a pasar de ser lenta a rápida, por ejemplo. Del mismo modo, jugando con las emociones en el mensaje emitido por el portero, en este caso con su defensa, cuando la jugada está alejada utiliza términos de significado "menos peligroso" para nuestros intereses más el nombre/s del compañero/s. En cuanto la jugada se acelera, la orden dada es utilizada con una palabra de más "potencia de significado": "nombre+atento+a tu espalda"; "nombre+cuidado+a tu espalda". En el trabajo de la salida de balón, es muy habitual que los porteros, sobre todo los que han padecido el yugo del despeje y achicar bajo palos, tengan problemas y, lo más preocupante, en cuanto se les pida un poco de paciencia y calma con la pelota se obcequen en una realidad llamada incapacidad aprendida adornada por una supuesta eficacia si hay un saque largo de volea preciso. Esto último es muy importante, pero no más que jugar desde abajo bien en corto, a media distancia o en largo. No podemos demostrar nada pero nuestra experiencia nos dice que en el trabajo con porteros, partir de una premisa que es "no estás obligado a dar el balón al pie sin que el receptor se mueva; pero sí a que haya una *zona de rectificación* basada en la orientación corporal del compañero y teniendo en cuenta si éste es hombre libre o es tercer hombre". Dicha zona genera como un puente que permite cierto margen de error pero no por ello genera un fallo. Dar un balón al pie cuando el compañero está de espaldas a la portería rival en un pase a media distancia no es más correcto que hacerlo al espacio y permitiendo una ulterior relación.

Pero vayamos más allá de la aparente evidencia. Cuando ponemos al servicio del juego la "libertad" del jugador como forma de interacción y aprendizaje, como forma de comunicación propuesta y que él decide finalmente, se van a dar ocasiones en las que el aprendizaje vaya generalizándose en tanto en cuanto el futbolista experimente y descubra registros que ejecutándolos den lugar a lo que denominamos como *"intrageneralizaciones"*[62]. Las mismas van a conformar estilos de respuestas que van a tender a repetirse o a extinguirse en base al uso que hagamos de las mismas. Como hemos visto anteriormente, lo que no se usa, el cerebro lo envía a la papelera de reciclaje, virtualmente, desaparece.

¿Qué tal si damos un paso más allá? Podemos dirigir parte de ese aprendizaje a que el jugador aprenda a observar, a asociar conductas convirtiéndolas en jugadas, movimientos, salidas de balón, tipos de carrera en función de comportamientos intuitivos...como estímulo al subconjunto compañeros-medios-valores que dará como resultado un concepto de juego cohesionado, no disociado ni desmembrado, como por ejemplo una imagen mental, todo desde la interacción, desde el conocimiento de las posibilidades no limitadas de los compañeros; un estímulo praxémico que transmite un compañero en función de sus cualidades para poder asociarse mejor. Siempre lo podrán llevar consigo y, por tanto, evocar. Puede ser una herramienta muy útil. Es un trabajo que a la inversa, se ejecuta en diversos tratamientos psicológicos cuando queremos eliminar un condicionamiento en el repertorio conductual de un individuo. *¿Por qué no?* La evidencia científica lo avala. Pongamos al servicio del fútbol la persona y sus posibilidades. Como paso adelante, nosotros proponemos la *interpretación correlacional del modelo* para tal fin expuesto, ya que el mapa mental, como veremos, soluciona un problema, lo que proponemos, además de generar más opciones de interpretación.

---

[62] Ver Glosario. Cervera Villena, Francisco J.; Coba Sánchez, Rosa Mª. *El jugador es lo importante*. (2.012).

Aprender mediante la repetición, ya sea mediante la memorización o mediante la práctica instrumental son métodos no despreciables, en ocasiones muy necesarios.

Sobre el aprendizaje con imágenes, evocadas en nuestro cerebro, Kosslyn, neurocientífico de Harvard, ha podido demostrar a través de estudios sobre neuroimágenes, que están activadas al menos dos terceras partes de las mismas áreas cerebrales cuando imaginamos algo y cuando lo vemos realmente. De ahí se deduce que las imágenes mentales requieran de un procesamiento muy similar del que se produce durante la correspondiente experiencia de visionar.

También se ha podido demostrar que es mucho más fácil recordar una imagen asociada a lo concreto que a lo abstracto. Y esto, inquieto lector, es estar más cerca de un entrenamiento en especificidad dinámica. Se sabe que hay diferentes sistemas neurales que subyacen al recuerdo, sean de una naturaleza u otra: hay mayor implicación de las áreas visuales en el aprendizaje basado en imágenes concretas que abstractas.

La circunvolución parahipocampal[63] se activa de forma predominante cuando la formación y el almacenamiento de recuerdos configura palabras concretas imaginables. La corteza parietal[64], otra área diferente de nuestro cerebro, es la que se activa cuando recuperamos de nuestra memoria palabras no-imaginables, abstractas y en la que se encuentran las neuronas espejo.

Para finalizar el planteamiento, introduzcamos un tercer elemento a considerar: cuando asociamos emociones a una imagen o una palabra, las áreas prefrontales[65] de la corteza cerebral tienen mayor actividad. Esta misma área desempeña un importante papel en la toma de decisiones y en la inventiva. Por tanto, la manera de dirigirnos al jugador es más que fundamental y mucho más si pensamos que cada uno tiene una personalidad, unas cualidades y todo ello debemos optimizarlo en general y para con el modelo de juego en particular.

---

[63] Se encuentra sobre la superficie inferior de cada *hemisferio cerebral*, situada entre el *surco colateral* y el *surco del hipocampo*. Su extremo, en forma de gancho, recibe el nombre de circunvolución uncinada.
[64] Dividida en varias zonas, todas ellas dedicadas a recibir información sensitiva.
[65] Forman parte del sustrato anatómico para las funciones ejecutivas, que son las que nos permiten dirigir nuestra conducta hacia un fin y comprenden la atención, planificación, secuenciación y reorientación sobre nuestros actos.

Sin pretender formular postulados científicos incontestables, (nada más lejos de la realidad, ya que esta obra pretende mostrar un espíritu crítico y positivo, abriendo preguntas o planteando conceptos), si fomentamos en el jugador la creatividad, el dinamismo, el juego desde el juego, vamos incorporando experiencias en el repertorio cerebral del mismo y ayudamos al jugador a asociar un aprendizaje a una imagen/palabra y además a una emoción, formando una cadena que nos va a llevar de forma automática a desarrollar la capacidad de tomar decisiones de un modo más efectivo, entendiendo por efectivo, ágil y práctico, así como el de retroalimentar, potenciar y darle sentido real a algo que ya venimos promulgando.

No podemos dejar de pensar que si estimulamos estos mecanismos neuronales, el jugador, además, va a encontrar aliados en su propio cerebro para hacer frente a otros procesos neuropsicológicos/ emocionales y siguiendo la metáfora de la mochila, que mencionábamos en el primer capítulo, va a encontrar mecanismos para compensar cierto peso en la misma, la que traía puesta desde casa cuando llegó al club y del peso que, por qué no, a veces va a caer en el transcurso del desarrollo de su trabajo como un plomo, por liviana que ésta pudiera ser. Nos estamos refiriendo ni más ni menos que al miedo que provoca en el jugador no jugar dentro de una zona de confort, guiada, a veces, por el propio impulso socio-afectivo para con alguno de los componentes de su equipo, es decir, pasar el balón a un compañero en peores condiciones de juego pero con el que tiene más vínculo emocional, incluso sin ser consciente de tal conducta y, quizás, en la búsqueda de una seguridad personal, encuentre antes a éste que a otro mejor posicionado. Las interacciones se han de observar e interpretar, pero muchas de ellas, en ocasiones, hay que erradicarlas cuando se han detectado y cuando los "mapas" de juego se van incorporando a los jugadores a través de los conceptos trabajados.

3.6. NECESITAMOS APRENDER A PENSAR. ¿CÓMO LO HACEMOS?

"Aprender sin pensar es inútil. Pensar sin aprender, peligroso".
Confucio (maestro Kong. 551 a.C.-479 a.C)

"Con demasiada frecuencia damos a los niños soluciones que recordar, en vez de problemas a resolver"
R. Lewin (antropólogo y escritor británico)

En primer lugar, entendamos las bases esenciales del funcionamiento y la disposición sobre la que vamos a basar el aprendizaje, ya que la mente humana tiene *capacidades metacognitivas,* o lo que es lo mismo, *de reflexión*: conocimiento y control de la cognición. Por ello, conocer los procesos cognitivos, motivacionales, emocionales, sobre las propias capacidades y limitaciones, sobre los comportamientos y los resultados de los mismos, es esencial en todo aprendizaje.

Cuando hablamos de *metacognición*, tal y como expone el profesor García del departamento de procesos cognitivos de la Universidad Complutense de Madrid, debemos distinguir entre dimensión del conocimiento y control.

Al referenciar la *dimensión del conocimiento* debemos entender que si una persona conoce sus capacidades y lo que se necesita para efectuar una ejecución resolutiva en una determinada situación, podrá dar los pasos para ejecutar de forma satisfactoria las exigencias planteadas. Por el contrario, si la persona no es consciente de sus propias limitaciones, o de la complejidad de la tarea, o de las características y exigencias del contexto particular, difícilmente adoptará acciones preventivas a la hora de anticipar problemas o resolverlos correctamente.

En la *dimensión de control* intervienen los procesos de autorregulación que una persona puede poner en práctica en situaciones de aprendizaje y resolución de problemas. También, por supuesto, se refiere a la capacidad para establecer metas y medios razonables y determinar si se está logrando un avance satisfactorio en relación a los objetivos, así como de modificar la propia acción cuando el progreso no es adecuado. Un grupo de jugadores que no se conozcan de nada, tras un tiempo entrenando van a conseguir auto-eco-organizarse más y mejor que un grupo de jugadores trabajados con conceptos no adaptados a sus cualidades ni a las potencialidades a desarrollar en ellos (recordar el ejemplo citado en el capítulo anterior sobre la pretemporada). Es fundamental, al principio de un proceso de aprendizaje, aún sabiendo de sus características generales como jugadores, dejar que se expresen ante diferentes situaciones cuyas únicas reglas sean las del juego: que cada jugador pase por las mismas situaciones que los demás y con diferentes compañeros para dejar fluir la aparición de los fantasmas de la discusión, el acaloramiento, la insolidaridad, ver el status que cada uno piensa que tiene a la hora de realizar o no el "trabajo sucio", el mayor de los problemas, aunque para nosotros es más triste que renuncien a sus posibilidades de relación con el talento. En ocasiones, sólo en situaciones comprometidas, sacamos lo peor de nosotros mismos. También hay que buscarlas, es fundamental que aparezcan en un entrenamiento y en el vestuario, cuanto antes, mejor. No tendría sentido, aún sabiendo cómo es cada jugador en general y futbolísticamente en particular, establecer linealmente conceptos de aprendizaje para llegar a un modelo de juego que se ha de sustentar en unas interacciones que desconocemos y en unos valores que aún todavía no nos han mostrado en sus consistencias conductuales. *Por algo hay que empezar cuando nos hacemos cargo del equipo, es cierto: por procurar que no aparezca el valor roto.* Y aquí, en estas situaciones de conflicto es donde aparece el ir más allá del coaching ontológico: un jugador puede confiar en el compañero al cien por cien pero a veces, en el campo, los intereses comunes traen problemas en la asunción de los roles de cada uno; no debemos olvidar que recuperar el balón es un interés común como fin, pero no como proceso. Una relación muy buena entre jugadores fuera del campo puede ser perjudicial dentro del mismo en tanto en cuanto, como decíamos antes, genera conductas deslavazadas de un posible fin común. Es aquí, como veíamos en el capítulo dedicado a la aditividad, donde se generaría una aditividad no nula (ambos sienten que ganan) y no precisamente con una consecuencia positiva. Este concepto estaría asociado al ejemplo matemático del "*dilema del gorrón*"; éste puede generar más conflicto en un vestuario que una simple salida de tono en caliente. Y para muestra, y no de dicho dilema, pero sí del mecanismo que genera similar resultado, la relación publicada en prensa de jugadores del Atlético de Madrid en la temporada 2010-2011 ante el hecho de que no se pasaban el balón entre algunos de ellos; su propio técnico dijo que quizás no entendían los movimientos de Forlán y por eso no le pasaban en determinados desmarques; o los debates en prensa en la misma temporada acerca de las malas relaciones de Messi con sus compañeros si no le hacen llegar el balón.

Los diferentes registros entrenados y la interiorización de conceptos contribuirán a favorecer la toma de decisiones, agilizar el pensamiento, ayudarán al jugador a socializarse en el grupo aumentando su empatía, no perdiendo de vista que su cerebro está receptivo y preparado para tal desempeño no restrictivo.

Al mismo tiempo, tenemos que considerar que en el terreno de juego, cada integrante del equipo ocupa una demarcación concreta con más o menos flexibilidad, con más o menos márgenes, pero su área de interacción tiene ciertos límites, llamémosles "geográficos", en el desarrollo del mismo y, aunque el jugador sea un excelente "explorador", también debe tener claros, al igual que su entrenador, sus puntos fuertes entendidos como límites, pero límites positivos, no como tope, a los que les vamos a denominar *"límites de control"*[66].

Todo ello conforma el proceso de *"especialización dinámica"*[67], en el que el jugador conoce sus cualidades, las potencia, las explota y aprende a observarlas en sí mismo y en los demás. Para ello lo trabaja compactando este desarrollo bajo dos parámetros: el dinámico y el integrador. El primero establece que estamos ante un proceso en movimiento, se puede modificar por tanto; y el segundo, el integrador, nos abre la puerta a la interacción, a poner el proceso al servicio de cada segundo jugador.

Entendemos que desde esta perspectiva de la especialización dinámica, el técnico puede encontrar una guía, una base de desarrollo para el modelo de juego en la que se contemplen las bases de un aprendizaje armonioso, creativo y enriquecedor en todos los sentidos.

El lector puede, a estas alturas de la exposición, cuestionarse una de las piedras filosofales que subyacen a cualquier aprendizaje, por supuesto también al que nos referimos tanto en el campo como en el día a día del trabajo del club: el *factor tiempo*.

En una cultura futbolística en la que la inmediatez de los resultados sea, como en la mayoría de casos es, el auténtico motor que mueve, o mejor dicho, remueve los banquillos de muchos, demasiados, clubes y equipos, la contradicción está servida en bandeja de oro, ¿por qué? Porque pensamos que aprender requiere en primer lugar de un planteamiento claro por parte del club y del cuerpo técnico. Desde el ejercicio de fichar hasta el de destituir a un entrenador, a sus colaboradores, pasando por los entrenamientos diarios y los partidos semanales teniendo claro qué tenemos entre las manos, o mejor dicho, entre los oídos.

---

[66] Ver Glosario. Cervera Villena, Francisco J.; Coba Sánchez, Rosa Mª. *El jugador es lo importante*. (2.012).
[67] Ver Glosario. Cervera Villena, Francisco J.; Coba Sánchez, Rosa Mª. *El jugador es lo importante*. (2.012).

¿Queremos aprender?, ¿queremos no aprender? Absurdas las preguntas, puede pensar el lector. A nosotros no nos lo parecen y se lo vamos a argumentar.

Probablemente muchos lectores ante la cuestión sobre *¿qué queremos?*, nos respondan: ganar. Está de moda la mentalidad ganadora, ¿acaso alguien quiere perder? Perfecto, en eso estamos todos de acuerdo, pero....alguien perdió la barita mágica y....resulta que para ganar hay que jugar y para jugar hay que tener claro cómo hacerlo, lo podemos hacer aprendiendo o lo podemos hacer no aprendiendo. Es más, pensamos que cuando hay una idea sobre el tapete, el técnico, aún cuando vea dudas en sus pupilos y vea que los resultados no acompañan ha de intensificar la creencia en su modelo planteado sí o sí, lo cual no está reñido con ser flexible cuando sea necesario.

Pensamos que el verbo jugar debería tener dos acepciones y dos formas ortográficas: JUGAR o jugar. Cuando se *"JUEGA"*, lo hacemos desde la base del aprendizaje, con un sentido, con una filosofía en movimiento, en armonía con una serie de factores: *recursos, jugadores, disponibilidad de los mismos, rivales, azar, creatividad, generación de diferentes contextos, valores...*. Ello requiere de una metodología y de una preparación global, acorde con el modelo. Requiere, en definitiva, de un estilo de trabajo, una filosofía y eso sólo entendemos que se puede hacer desde un modelo de *aprendizaje horizontal*, se requiere de una planificación (que parta del jugador ya que si no es así sería una periodización lineal -ver en capítulo seis la realidad incoherente del entrenamiento-), de unos objetivos y de una puesta en práctica que precisan un rodaje, no tanto de un cierto tiempo sino de hacerlo a lo largo del tiempo.

Sin embargo, "jugar", se hace, a nuestro entender, desde la verticalidad del aprendizaje, desde la improvisación y desde la ausencia de un modelo que genere cohesión y contextos. La consecuencia natural de jugar, entre otras, es la aparición de la "seguridad fantasma" que se genera, es decir, ante la carencia de aprendizaje no hay modelo, o se piensa que lo hay, y no hay recursos creativos, los miedos empiezan a multiplicarse por mil, la inseguridad se hace la más fiel compañera y ante ello, supuestas soluciones parapetadas en posiciones estáticas, férreas, sólo movibles para sacudirse responsabilidades sobre el terreno de juego o para dejar paso a justificaciones tan poco creativas como improductivas; presenciamos un partido de "futbolín" gigante. El jugador, que no JUGADOR, pasa a ser un conjunto de músculos, articulaciones, órganos vitales que le permiten moverse pero no dirigir sus movimientos inteligentemente ya que no tienen la coordinación del maestro de ceremonias, el cerebro, dispuesto y preparado siempre con sus mejores galas a ser invitado al partido, aunque en ocasiones, como esta, se tenga que quedar en el banquillo. Sin maestro de ceremonias no hay música armoniosa, y si no hay música armoniosa no hay melodía. O sea, sin cerebro no hay emociones correctamente gestionadas, no hay rendimiento, y sin todo ello, no hay JUEGO.

Por supuesto, cuando no hay aprendizaje como tal, no hay que considerar el tiempo como un factor fundamental.

Invitamos a usted a que reflexione acerca de qué nos muestra el sin sentido y la contradicción superlativa que se desprende de no contemplar el factor tiempo en cualquier aprendizaje, y en los casos que se contempla, *¿se hace todo lo bien que se quisiera?*

3.7. PENSAMIENTO CONVERGENTE Y PENSAMIENTO DIVERGENTE COMO BASE DE CONCEPTOS Y COMO MEDIO HACIA EL MODELO

"Crecimiento y Desarrollo son cosas diferentes. Crecimiento es un aumento en el tamaño, en números. Desarrollo es un aumento de nuestro potencial para el futuro. Nuestro potencial para el futuro mejora con la educación. El liderazgo no se puede mejorar mediante la capacitación sino mediante la educación. Una forma de desarrollar a la gente es estimularlos a pensar creativamente sin limitaciones, a hacer preguntas, y dar ideas."

Russell L. Ackoff

La capacidad de pensar multiplica las posibilidades de ejecución y la eficacia de este ejercicio determina en gran medida cuán de inteligente es nuestra conducta. Podemos hacerlo de dos modos, fundamentalmente. A través del pensamiento convergente o el divergente.

En el primero, la persona toma como base una información previamente dada para producir una información determinada por completo por la primera información. Se siguen los trazos y se avanza en el sentido que indican las premisas y se llegan a deducciones en función de la información recibida. Generalmente son únicas o muy limitadas.

En el pensamiento divergente, la persona parte de una información determinada en la que hay variedad y cantidad de información de la misma fuente. Se buscan alternativas y tiene como fin último buscar respuestas nuevas en base de una búsqueda de alternativas lógicas. Se trata, por tanto, de buscar algo nuevo partiendo de contenidos anteriores, por tanto, debemos contemplar múltiples soluciones. En definitiva, se trata de construir.

Es muy habitual en un central que sus comportamientos sean de atrás hacia delante y viceversa; si sale al cruce puede que los tenga de dentro hacia fuera pero de una manera muy clara, concreta y casi siempre reactiva. *Entrenar la polivalencia* en diferentes puestos implica trabajarla con diferentes conductas. La cuestión es que no sólo basta con entrenarlo, sino recibir un estímulo emocionalmente competente en lo que genera vivir ese puesto. Si queremos que un central adquiera otro tipo de comportamientos en su juego, ponerlo en banda le ayudara a tener que decidir de dentro hacia fuera y de fuera hacia dentro de una manera activa para evitar "montarse" demasiado en banda cerca del interior, para realizar diagonales hacia dentro, para recibir balones en cambio de orientación…en definitiva, para saber utilizar sus recursos de velocidad de decisión. Claro está que debe de ir acompañado de una alocución verbal por parte del técnico en la que la información que reciba sean pautas generales y los ajustes los vaya realizando el jugador por sí solo mediante la puesta en marcha de sus neuronas espejo, todo ellos sin miedo a nada más que a aprender. A partir de ahí, si vemos conveniente, se puede concretar más en determinados comportamientos que implica ese puesto. De hecho, dichos comportamientos serán unos u otros en función de quien juegue a su lado, a sus costados, delante y detrás de él. En las tareas de entrenamiento ir incrementando el nivel de complejidad desde comportamientos "conocidos" de otros puestos hasta los menos conocidos y, a priori, más complicados de adquirir y "jugando" con el trueque de los jugadores en sus interacciones. Insistimos, manteniendo las reglas de juego, lo importante es el jugador en las situaciones que planteemos en el día a día, *¿cómo hacer que un jugador vaya adquiriendo conductas en diagonal de fuera hacia dentro cuando está acostumbrado a "vivir" el juego en un solo eje?* Colocándolo en dicho lugar y poniendo con él de compañeros a quien le facilite esos movimientos bien porque le permita tener más la posesión, bien porque no le ahogue el espacio de intervención, bien porque el rival sea más débil y le permita ejecutar con más facilidad...todo esto irá incrementándose. *¿Se imagina el lector la gran cantidad de posibilidades para un modelo que nos generaría entrenar en función de lo que tenemos y no sólo de lo que queremos inculcar?*

Pensamos que el técnico debe tener como función principal "generar en los demás la necesidad de pensar", como contraposición a la acción de "pensar por los demás", como diría Idiákez cuando pone en marcha comportamientos divergentes en la tarea de entrenamiento: "que más quisiera yo que os entrenaseis vosotros sin necesidad de mi ayuda. Autónomos. Más libres aún si cabe." Para conseguirlo, es imprescindible hacer del arte de preguntar una rutina, procurando minimizar cuanto sea posible dar instrucciones. Así, se fomenta y se establece la lógica que debería imperar sobre el terreno de juego.....disponer de personas activas a todos los niveles, entendiendo actividad como concepto global y no parcializado.

Preguntas abiertas que empiezan con *"qué, cuándo, quién, cuánto y cómo"* requieren respuestas descriptivas y hacen al jugador consciente de muchos detalles que intervienen en la solución del problema y la interiorización del concepto. Al contrario, preguntas cerradas cuyas respuestas son simplemente un *"no"* o un *"si"* son ya en sí mismas excluyentes, cierran la puerta al descubrimiento y la exploración de los detalles, lo que deberíamos evitar, como venimos diciendo.

En el proceso de entrenamiento, sobre todo en la base, abusamos mucho del pensamiento convergente como medio de automatizar conceptos y eso es muy perjudicial para el discente en general y para el jugador en particular porque no damos muestras de distinción en el desarrollo del juego ya que mecanizamos sin explorar, al final, el futbolista se torna reactivo y nada activo en sus comportamientos. Falta que se hagan, y se les formulen, preguntas del estilo: *¿qué tipo de carrera es más conveniente realizar al lanzar un desmarcarse para recibir balón por delante de la línea defensiva cuando ésta está cerca y estática?, ¿has probado a ver qué ocurriría si conduces y orientas una recepción hacia el lado contrario al que vas a jugar para provocar una superioridad posicional?, ¿podrías jugar con los ejes (espacio), momentos del partido (tiempo) y posibilidades de hacer para facilitar a los demás (valores)?, ¿cómo te gustaría recibir la pelota por parte de tus compañeros?*...Todo este tipo de cuestiones formarían un aprendizaje transformacional y, para ello, ha de ser divergente.

3.8. PENSAMIENTO IRRADIANTE Y MAPAS MENTALES

"El máximo poder de los mapas mentales es que entrena al cerebro a ver todo el cuadro y los detalles…., a integrar la lógica y la imaginación".
Michael Gelb (escritor y entrenador en habilidades personales y psicofísicas)

"El entendimiento es una tabla lisa en la cual nada hay escrito".
Aristóteles (filósofo, 382 a.C)

Sperry, Premio Nóbel de Medicina en 1982, tras una interesantísima investigación, puso de manifiesto la función de lateralización del cerebro, y por tanto la lateralización de las funciones cognitivas, lo que dio paso a conocer mejor las capacidades más desarrolladas en cada hemisferio cerebral. Promulgó que aunque la mayoría de personas tengamos más desarrolladas cualidades en uno u otro hemisferio, los máximos logros de nuestra capacidad intelectual se dan cuando los dos actúan de forma "conjunta y armoniosa", permitiendo que cada uno de ellos aporte la visión articular sobre las cosas que se derivan de sus habilidades específicas.

Además, sabemos que cuanto mayor sea la frecuencia con que se produce un pensamiento, aumenta la probabilidad de que se vuelva a repetir, y ello conlleva que las personas con el paso de los años vayan adquiriendo modelos estáticos, formas de ver la realidad que se van estereotipando. La rutina del pensamiento produce comportamientos y respuestas automáticas que nos alejan del pensamiento divergente. La lectura positiva de esto último, lejos de aparentes contradicciones, nos lleva a la conclusión de que la estimulación divergente del pensamiento, no sólo amplia el margen de competencias y de actuación, sino que como vemos, es lo "natural", lo que nuestro cerebro necesita, ya que su configuración está diseñada para tal fin divergente: cuantas más sendas y pistas se creen y se usen, más claro, rápido y eficiente será el pensamiento. El jugador necesita de la estimulación de dicho pensamiento divergente para poder interactuar convenientemente; para poder no sólo leer e interpretar el juego sino leer-interpretar-tomar decisiones-ejecutar, todo ello, no olvidemos, como un todo irreductible. Pensamos que una excelente forma, entre otras, es la de la elaboración, trabajo y manejo de mapas mentales e interpretaciones correlacionales de los conceptos como base del modelo.

Aclaremos que no pretendemos que los jugadores se conviertan en autómatas, en robots, sino en personas inteligentes que por encima de todo entiendan los "porqués" que le rodean.

La gramática del fútbol está compuesta por dos verbos matrices: elegir y decidir, dos adjetivos: rápido y eficaz y un sustantivo: inteligencia.

Partiendo de estas conclusiones y de los procesos neurofisiológicos que se producen cuando nuestro cerebro "trabaja", Buzan en 2002 desarrolló el concepto de *pensamiento irradiante, cuya aplicación práctica dio lugar a los mapas mentales.*

El pensamiento irradiante es un pensamiento asociativo que se genera de una idea central o se conecta con ella. Cada "bit" de información que accede al cerebro (sensación, recuerdo o pensamiento) se puede representar como una esfera central de donde irradian innumerables enlaces de información, por medio de eslabones que representan una asociación determinada, y cada una de ellas posee su propia e infinita red de vínculos y conexiones. En este sentido, se considera que la pauta de pensamiento del cerebro humano es como una "gigantesca máquina de asociaciones ramificadas", un super-bio-ordenador con líneas de pensamiento que irradian a partir de un número virtualmente infinito de datos, las cuales reflejan estructuras de redes neuronales que constituyen la arquitectura física del cerebro humano y en este sentido, cuanto más se aprenda/reúnan nuevos datos de una manera integrada, irradiante y organizada, más fácil se hará el seguir aprendiendo.

Los mapas mentales son muy efectivos porque siguen los patrones de funcionamiento de nuestro cerebro, en concreto de las neuronas, que de una, parten numerosas ramificaciones (dendritas), se comunican a su vez con otras a través de neurotransmisores (sinapsis). Este "circuito" es activado por cada uno de los numerosísimos procesos tales como la memorización, las emociones, el envío de órdenes a nuestro sistema motor, etc.

Tengamos en consideración que el cerebro trabaja de forma asociativa y poco lineal, comparando, integrando y sintetizando a medida que funciona, a diferencia de un ordenador, permítannos el paralelismo, que lo hace de forma lineal. La asociación es esencial en el funcionamiento del cerebro, ya que en sí misma constituye una forma de aprendizaje que tiene una importancia capital en muchas funciones mentales, ya que se basa en relacionar conexiones, ideas, conceptos. El mapa mental está basado en esencia en ese sistema asociativo de índole cerebral.

Al mismo tiempo, el mapa mental aprovecha y potencia el cerebro ya que combina las habilidades de ambos hemisferios cerebrales: el derecho que genera ideas y el izquierdo que las ordena.

En palabras de Buzan, "un mapa mental es la forma más sencilla de gestionar el flujo de información entre el cerebro y el exterior, porque es el instrumento más eficaz y creativo para tomar notas y planificar los pensamientos".

Son muy útiles para la generación de ideas por asociación y permite a una persona organizar y representar información compleja de forma gráfica, organiza y estimula ideas y se puede usar cuando es importante desarrollar la destreza para resolver problemas o bien, estimular el enfoque de ideas para encontrar una posible/s respuesta/s.

Cuando se trata de realizar un trabajo de equipo, mejorar la comunicación en el mismo cuando de búsqueda de alternativas, soluciones, planificación o toma de decisiones se trata, el mapa mental puede resultar de gran ayuda.

Uno de los beneficios posteriores a su realización que podemos obtener a corto plazo es la mejora de la capacidad de concentración. En el mundo que nos ocupa en la presente obra, el psicólogo del deporte tiene entre otras funciones la de trabajar dicho aspecto. La neuropsicología, como vemos y hemos señalado anteriormente, tiene mucho que decir al respecto, ampliando el rango de actuación y posibilidades de progreso a la hora de potenciar y estimular partiendo del cerebro para una posterior interacción.

Es importante considerar que estimula un acercamiento reflexivo para cualquier tarea de organización de datos, eliminando el marco conceptual intrínseco y nos abre una ventana a la forma de posicionarnos sobre la capacidad para desarrollar y evolucionar nuestros procesos de pensamiento.

Si jugar implica, entre otras muchas cosas, generar asociaciones, implica cambios constantes, implica potenciar una herramienta como es el pensamiento divergente...el mapa mental viene a reforzar una realidad con la que el jugador se encuentra día a día en su trabajo.

Curioso, como afirma De Bono, resulta revisar "*la forma*" de las anotaciones, en torno a sus "creaciones", hicieron personajes como Leonardo da Vinci o Einstein, pasando por Picasso. Los genios son especiales.....y no sólo por lo que piensan y hacen, sino por cómo llegan hasta ello.

Es importante, *señalar la diferencia que existe con otro tipo de mapa, el conceptual,* que se centra en conceptos, se estructura con conectores específicos (proposiciones). El mental se construye de manera personal o grupal, sistematizada utilizando palabras clave, colores, lógica, ritmo visual, números e imágenes y debe contener los puntos importantes de un tema e indica de forma sencilla la manera en que estos se relacionan entre sí sin necesidad de una estructura o un orden preestablecido.

Para muchas personas las dos técnicas pueden parecer similares, pero gran parte de su diferencia estriba en la capacidad visual del mapa mental. Siempre que sea posible debe contener iconos en su construcción, ya sea en su contenido como en su estructura, de modo que dicha estructura visual facilite y genere nuevas conexiones interconectando estructuras cerebrales afines a dichas competencias.

Los mapas mentales se parecen estructuralmente a la memoria y pueden ser muy creativos, tendiendo a provocar el nacimiento de nuevas ideas y asociaciones en las que no se había pensado antes, hasta obtener un gran número de soluciones.

La mayoría de sistemas no lineales de organizar la información o buscar soluciones han evolucionado hasta el punto de liberar la mente para que produzca ideas antes de organizarlas, pero el mapa mental va más lejos porque aporta un medio sistemático para registrar y estimular el flujo natural del proceso del pensamiento al cerrar el circuito cerrado de reaprovechamiento positivo entre el cerebro y las anotaciones.

Como herramienta, el mapa mental sirve de estímulo para visualizar escenarios complejos, organizar y priorizar un plan de trabajo, ideas complejas que precisen de entendimiento pero no de una redacción, concentrarnos en la resolución de un problema, y en general, innovar, modificar nuestra forma de ver las cosas y de pensar en ellas.

Para realizar un mapa mental se coloca la idea principal o palabra clave en el centro (problema o situación). A continuación se añaden todas las ideas que relacionen a esa palabra o idea por medio de ramificaciones o líneas de forma que permitan estructurar las ideas que viene a continuación trabajando de dentro hacia fuera en todas las direcciones y se va generando una estructura creciente y organizada compuesta de palabras, frases breves o imágenes claves.

Se puede decir que cada elemento de un mapa es el centro de otro mapa. Se trata de partir de un problema en el centro y generar asociaciones e ideas partiendo de él hasta obtener posibles soluciones. No hay un número límite de conceptos o soluciones, el mapa tiene cabida a tantos conceptos como surjan, si bien es cierto que no se aconsejan sobrepasar la decena, fundamentalmente porque podemos caer en la trampa de mezclar soluciones generales a problemas particulares (la línea que los separa en ocasiones es compleja de determinar en el ámbito en el que nos movemos ya que es muy difícil delimitar de un continuo, como es el juego, los elementos que lo integran o tienen especial repercusión), además de tener en cuenta que si nos extendemos "de más", se dispersa enormemente la capacidad atencional y de concentración.

Una posible solución a tal situación, de producirse, es la de hacer nuevos mapas mentales, independientes, pero que siempre vamos a tener la oportunidad de correlacionar, agrupar y ampliar en función de las necesidades.

Es importante destacar el carácter "personal" de los mapas mentales: es conveniente que en su realización estén presentes) y activos/as en cuanto a colaboración, las personas que tienen un papel protagonista en la tarea a observar, en la conducta-problema planteado, lo que no significa que el cuerpo técnico no "guíe" dicha tarea, pero no tiene el menor sentido realmente estimulador, divergentemente hablando, si no participan activamente los protagonistas, en este caso del juego: los jugadores.

Puede realizarse de forma individual o en grupo, por categorías, por "puestos", por partidos, por partes concretas de partidos, por modelo de juego del rival, por resultados, en definitiva, por comportamientos; las combinaciones son infinitas, tantas como las necesidades o propuestas surjan o se estimen convenientes.

Elaborar mapas mentales implica colocar situaciones en perspectiva, analizar relaciones y priorizar.... *¿no les parece que es exactamente lo que necesita el jugador para desempeñar sus funciones?* Cuanto más se estimula este aspecto, gracias a nuestra portentosa habilidad del pensamiento irradiante, más va a ir aumentando la repercusión y el beneficio de las redes asociativas, con lo que las once mentes divergentes e irradiantes que saltan al terreno de juego, lo pueden hacer en condiciones más favorables para poder interactuar con el juego de un modo más productivo, en el amplio sentido de la expresión.

Los mapas mentales pueden ayudar en una organización, en un pensamiento colectivo, como el que se da en un vestuario. Entiéndase éste como el conjunto de personas con pensamientos individuales puestos al servicio de un grupo. En ese caso, cuando el colectivo crea y/o interpreta un mapa mental, cada individuo hace suyas cada una de las ideas y sus relaciones, de modo que pueden los demás miembros, a la vez que aportan, integrar un entendimiento colectivo en pro de un mejor rendimiento personal y grupal: se crece desde las aportaciones individuales puestas al servicio del grupo: crece el colectivo y la cohesión.

Puesto que nuestro cerebro posee un potencial ilimitado para la generación de ideas, la elaboración de mapas mentales permiten que las ideas fluyan antes de organizarlas, representan un circuito cerrado de generación de ideas positivo entre el cerebro y las anotaciones que se hacen integrando lógica e imaginación. Si estuviéramos ante un cuadro, se trataría de ver el cuadro a través de los detalles del mismo.

Al elaborar un mapa mental, tendremos en cuenta nuestro modelo de juego, las circunstancias particulares del momento y siempre debe estar ajustado a la realidad que se esté dando en ese instante y la que muestre cada jugador. Adaptar un mapa mental a conceptos sin tener en cuenta el jugador que los va a ejecutar es una distorsión de la realidad a interpretar. Para ello hay que tener presente que nuestra mente se organiza de manera cartesiana, es decir, para saber el itinerario de un lugar en un mapa, debemos tener la referencia de las calles adyacentes, *¿cómo construyes un mapa mental si sólo puedes hacerlo desde lo que ves y tu visión sólo ve hasta "el final de la calle"?, el resto, ¿habría que imaginarlo? De ahí la interpretación correlacional del modelo, la intuición como modo de ejecución.*

La utilidad de los mismos y repercusión, además de la explicada hasta el momento, alcanza a poder realizar un *trabajo correlacional* de gran utilidad para el cuerpo técnico, ajustado a una realidad cambiante, creciente y estimulante, a la par de cohesión grupal y van a dar mayor seguridad al jugador ya que puede crecer con las aportaciones del equipo y porque le permite desarrollar el pensamiento irradiante que se requiere para el desarrollo de su tarea; jugar teniendo al alcance un repertorio amplio de opciones a la vez que la facultad de elegir la más idónea en cada momento. Se trata de hacer mapas mentales "a pie de campo" para entrenar el pensamiento irradiante y disponer de él "en el campo".

A modo de conclusión, recordamos que el uso de mapas mentales o, yendo un poco más allá, el uso de una interpretación correlacional del modelo de juego es muy positivo ya que se "utilizan" ambos hemisferios del cerebro, estimulando el desarrollo equilibrado del mismo; estimula al cerebro en todos sus ámbitos, motivado a que participa activamente con todas sus herramientas captando información, asociando ideas, imágenes, frases, recuerdos, etc, estimula la creatividad incluso para realizar un mapa mental nuevo sobre la marcha (con mucha práctica, la ayuda del técnico y las propuestas que hace el propio jugador una vez que lo entiende sobre todo a nivel de buscar asociaciones a conceptos que él mismo quiere personalizar), *es una herramienta efectiva y dinámica en el proceso de entrenamiento y de adquisición de información y rompe con paradigmas respecto a los métodos estructurados y lineales de aprendizaje.*

Veamos algunos ejemplos:

EJEMPLO 1

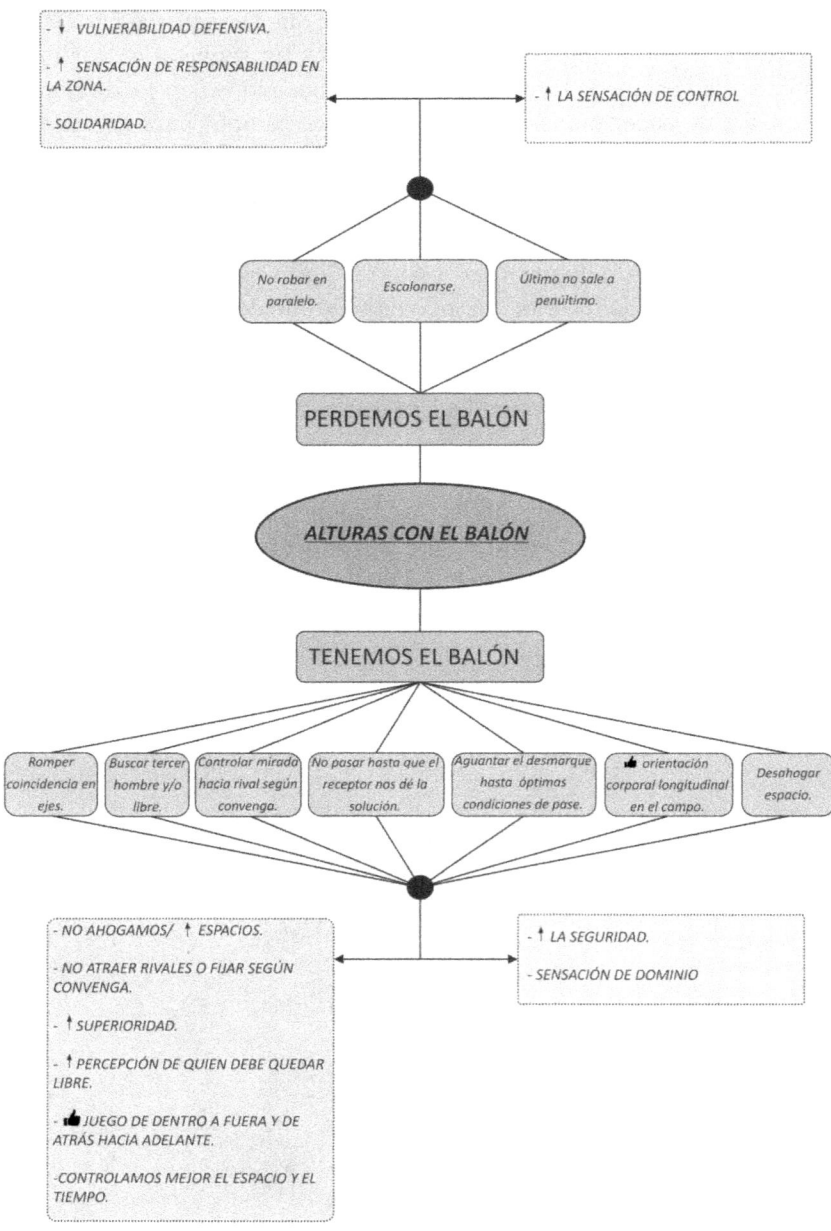

EJEMPLO 2

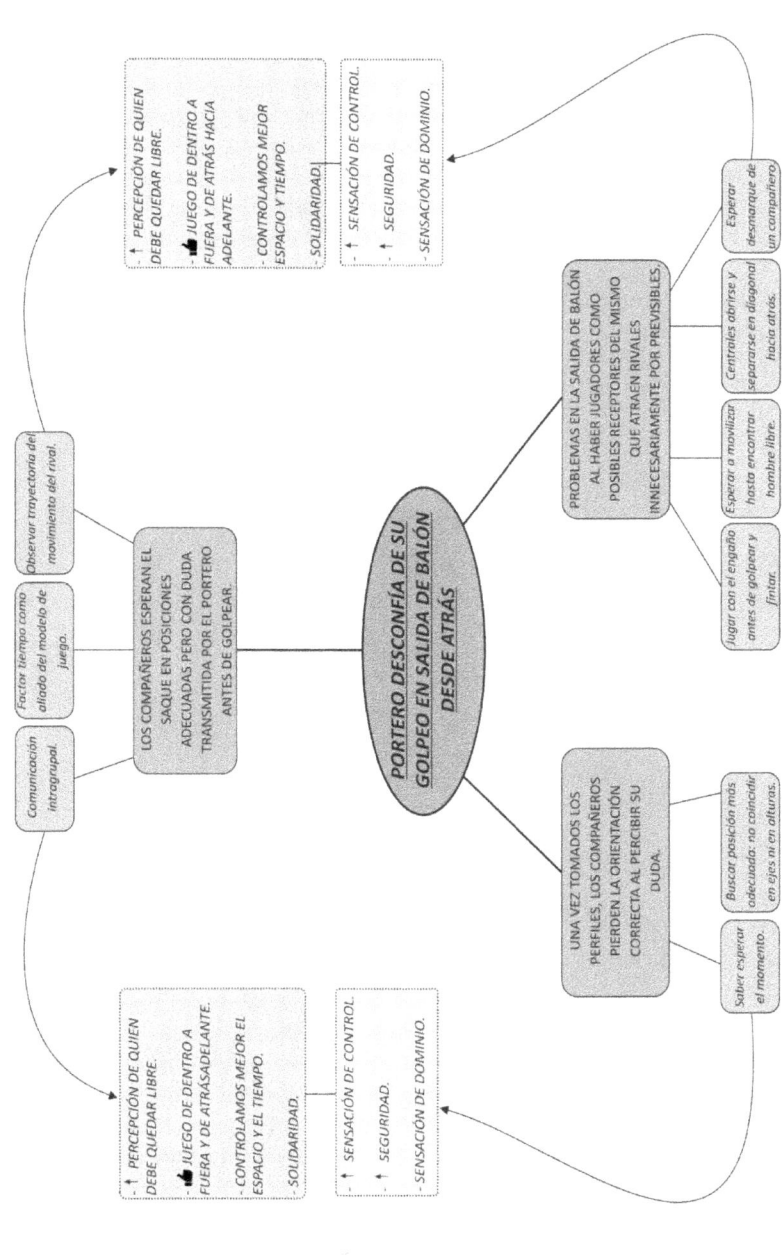

EJEMPLO 3

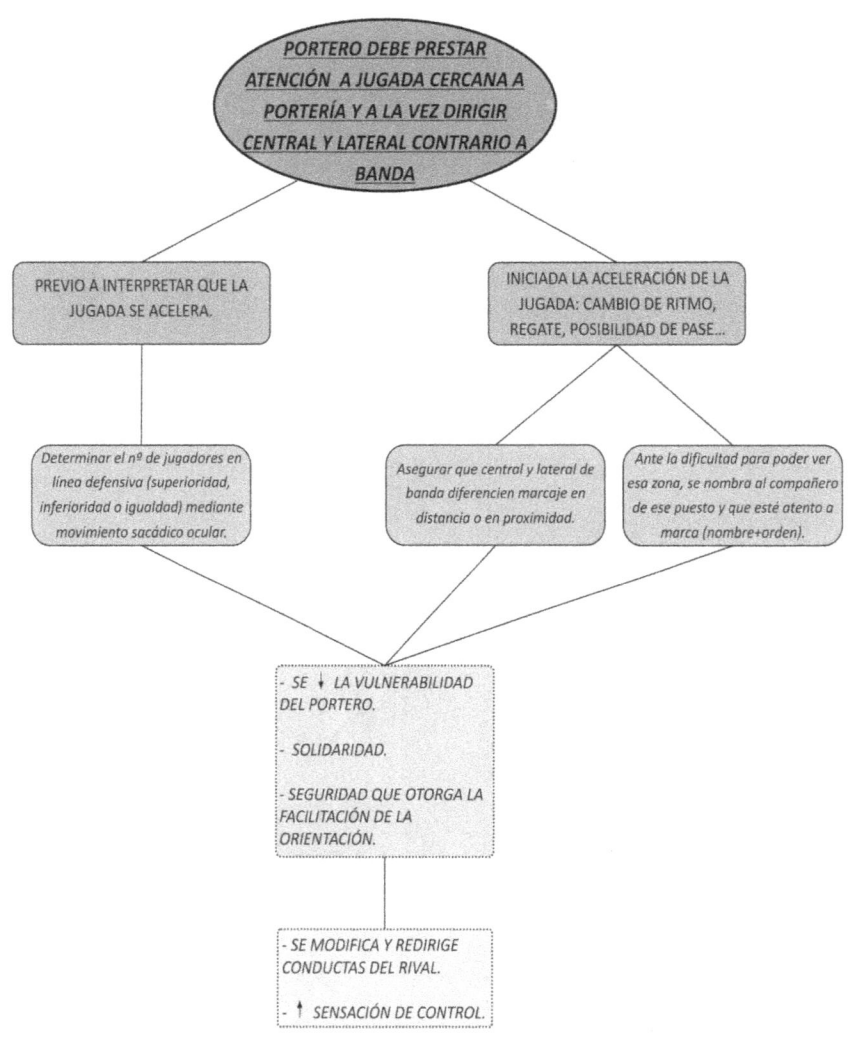

EJEMPLO 4

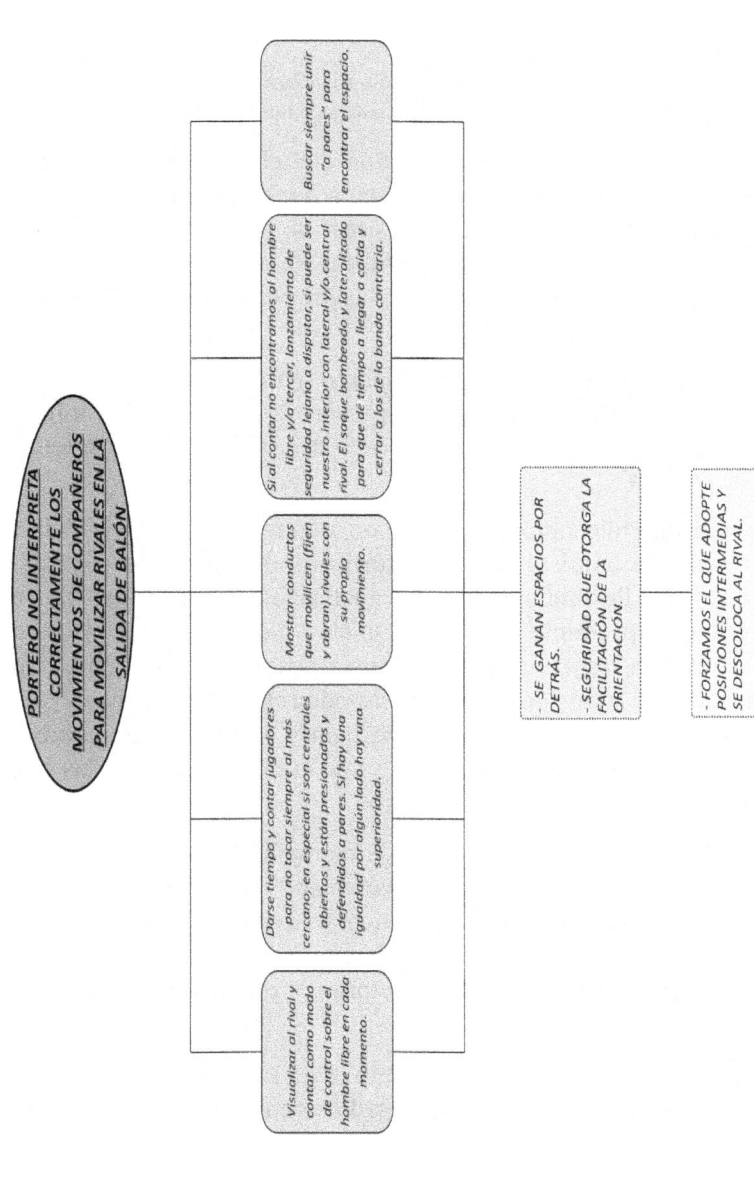

3.9. CALIDAD EN EL APRENDIZAJE. EL PENSAMIENTO CRÍTICO

"Trata de poner en la obediencia tanta dignidad como en el mandar"
Chauvilliers (filósofo, periodista y escritor francés del S. XX)

"Si no actúas como piensas, vas a terminar pensando como actúas"
Blaise Pascal (matemático, físico, filósofo y escritor francés del S. XVII)

A estas alturas de la exposición, en la que el cambio en el sistema de aprendizaje, los motivos que nos llevan a pensar en ello y las evidencias científicas puestas al servicio de la práctica, pensamos que es un buen momento para detenernos y profundizar en algunas cuestiones que le van a dar calidad al aprendizaje a todas las personas que intervienen en dicho proceso y a todos los niveles.

Una de esas cuestiones es el *pensamiento crítico*. Es un pensamiento que nos aporta empatía, imparcialidad, perseverancia, humildad e independencia y exige para poder llevarlo a cabo decisión, perspicacia, tenacidad y perseverancia.

La American Philosophical Association, define al pensador crítico como: "habitualmente inquisitivo, bien informado, de raciocinio confiable, de mente abierta, flexible, justo en sus evaluaciones, honesto en reconocer sus prejuicios, prudente para emitir juicios, dispuesto a reconsiderar las cosas, claro con respecto a los problemas, ordenado en materias complejas, diligente en la búsqueda de información relevante, razonable en la selección de criterios, enfocado en investigar y persistente en la búsqueda de resultados que sean tan precisos como el tema/materia y las circunstancias de la investigación lo permitan".

Entre otros movimientos, el que más fuerza ha emergido al respecto es el conocido como "*critical thinking movement*". El pensador crítico no tiene nada que ver con el individuo crítico, ya que el crítico busca por encima de todo los fallos, reprocha, se muestra insatisfecho, muestra actitudes negativas, es rígido, distribuye culpas por doquier y admite sin elaborar todo lo que avala sus juicios.

Hacer crecer este tipo de pensamiento es un buen hacer por parte de los técnicos, en primer lugar, y en sus jugadores en particular. Cuando damos por buenas las ideas de los demás sin pasarlas por el filtro del pensamiento crítico, estamos renunciando a la esencia del ser humano, además de caer en la inmensa trampa de los falsos aprendizajes.

El juego necesita calidad en el pensamiento del ejecutor y este necesita calidad en el pensamiento del que entrena ejecutores. *El que entrena ejecutores, por tanto entrena pensamientos críticos.*

Que cada cual recoja la pelota de su tejado, nosotros ya la hemos tirado.

3.10. PENSAMENTO SISTÉMICO. LA VELOCIDAD EN EL JUEGO NO ES CUESTIÓN DE MÚSCULO

"Al mirar con más atención, la complejidad es, efectivamente, el tejido de eventos, acciones, interacciones, retroacciones, determinaciones, azares, que constituyen nuestro mundo fenoménico."
Edgar Morín

"Ningún hombre es lo bastante bueno para gobernara otros sin su consentimiento"
Abraham Lincoln (ex-presidente de EEUU a finales del S. XIX)

"No podemos ver el mundo real, sólo lo podemos interpretar"
Russell Akoff

Invitamos al lector a la reflexión de la siguiente exposición, "*Autobiografía en cinco capítulos breves*"[68] como partida en este punto en el que pretendemos incorporar al repertorio de estrategias para el cuerpo técnico el Pensamiento Sistémico como una herramienta útil en su labor diaria.

Capitulo Uno

> Voy andando por la calle
> Hay un agujero profundo en la acera.
> Me caigo.
> Estoy perdido….no sé qué hacer.
> No es culpa mía.
> Tardo siglos en salir.

Capítulo Dos.

> Voy por la misma calle.
> Hay un agujero profundo en la acera.
> Me vuelvo a caer
> No puedo creer que me haya caído en el mismo sitio
> Pero no es culpa mía.

---

[68] Nelson, P. *There's a Hole in My Sidewalk.* Beyond Words Publishing. (1993)

Tardo bastante tiempo en salir.

Capítulo Tres

Voy por la misma calle.
Hay un agujero profundo en la acera.
Veo que está ahí.
Me caigo….es una rutina, pero tengo los ojos bien abiertos.
Sé dónde estoy.
Es culpa mía.
Salgo rápidamente.

Capítulo Cuatro

Voy por la misma calle.
Hay un agujero profundo en la acera.
Lo esquivo.

Capítulo Cinco

Voy por otra calle

Veamos un ejemplo aplicado al fútbol:

Capítulo Uno.

Recibo el balón
Hay un rival cerca
Nadie apoya.
Estoy perdido….no sé qué hacer.
No es mi responsabilidad.
Le pego al balón hacia arriba, espero unos instantes a ver qué hacen mis compañeros o haré algo a la desesperada.

Capítulo Dos.

Recibo el balón en el mismo sitio.
Hay un rival cerca
Nadie me reitera su apoyo.
No puedo creer que me haya atascado en la misma situación.
Pero no es culpa mía.
Tarde o temprano le pegaré al balón hacia arriba, recibiré alguna ayuda o haré algo a la desesperada.

Capítulo Tres

> Recibo el balón en el mismo sitio.
> Hay un rival cerca.
> Veo que está ahí.
> Me caigo....es una rutina, pero tengo los ojos bien abiertos.
> Sé dónde estoy.
> Es mi responsabilidad.
> Busco una solución que estimo buena.

Capítulo Cuatro

> Recibo el balón en el mismo sitio.
> Mi orientación corporal es correcta.
> Hay un rival cerca.
> Lo esquivo, lo divido, lo fijo...provoco cosas.

Capítulo Cinco

> Me muestro con otro comportamiento a la hora de estar en disposición de recibir el balón
> No pido lo pido o lo pido en otra zona.

Ésta, de forma muy aplicada y básica, es la esencia del pensamiento sistémico. Como exponen dos de los grandes autores estudiosos de este pensamiento (O´Connor y McDermott, 1998): *"en el pensamiento sistémico se contempla el todo y las partes, así como las conexiones entre las partes y estudia el todo para comprender las partes. Es lo opuesto al reduccionismo en el que se formula que una cuestión es la suma de sus partes"*.

Un sistema (término éste acuñado por la complejidad, por tanto, entienda el lector que no nos referimos al concepto futbolístico el cual no compartimos, dicho sea de paso, pero respetamos a quién lo haga), en primer lugar funciona como un todo, luego tiene las propiedades distintas de las partes que lo componen y son conocidas como propiedades emergentes. Estamos tan acostumbrados los seres humanos a convivir con ellas que no somos conscientes de las mismas y sólo podemos saber las que son relativas a un sistema cuando el sistema actúa y está en funcionamiento. La presión, los recuerdos, las emociones, el espíritu de equipo...son ejemplos de propiedades emergentes presentes en el terreno de juego.

Es importante conocer también, que una característica importante de los sistemas es que las propiedades del mismo surgen del conjunto del sistema, y no de sus partes: si lo descomponemos perdemos sus propiedades.

Al tiempo, cualquier modificación que se realice, afectará a otras partes, y a su vez, a otras partes distantes del cambio original.

Otra característica del pensamiento sistémico es que es un pensamiento en círculos más que un pensamiento en líneas rectas. O´Connor y McDermott afirman que nuestra experiencia está conformada por bucles de realimentación, pese a que tendemos a pensar que la influencia tiene una sola dirección.

Dichos autores postulan que hay dos tipos de realimentación: la de *refuerzo* (también llamada positiva) o la de *compensación*. En la primera, el cambio recorre todo el sistema produciendo más cambios en la misma dirección y puede favorecer su crecimiento o su declive, según el estado de partida. La recompensa, en este caso podría ser una sonrisa, el dinero, aliento o la atención, por ejemplo. La acción, la recompensa y la repetición forman en sí el bucle de realimentación de refuerzo. Ejemplos de estos refuerzos son el espíritu de equipo, el aprendizaje, el poder y la confianza en uno mismo.

El de compensación, sin embargo, se da cuando los cambios registrados en todo el sistema se oponen al cambio original para amortiguar el efecto y frena el crecimiento. Se produce, por tanto, cuando los cambios en una parte del sistema generan cambios en el resto del mismo que reducen, limitan o contrarrestan el cambio inicial. Sin ellos, la retroalimentación de refuerzo acabaría por romperlo ya que son los bucles que presentan resistencia al cambio y mantienen estables el sistema. En sí misma no es buena ni mala, indica que el sistema se resiste al cambio y dependiendo de lo que queramos hacer puede ser interpretado como una ventaja o una desventaja.

Es muy habitual en un equipo que se den situaciones, dentro de la inestabilidad obvia del sistema de relaciones, en las que sólo se espera a que algo vaya mal para cambiarlo. Este pensamiento es peligroso. No estamos de acuerdo con el dicho popular de *"si algo no va mal, o va bien, no tocarlo"*. Tenemos que instruirnos en el arte de la incertidumbre y valorar cómo las consistencias conductuales se pueden ver reflejadas ante la supuesta estabilidad percibida. Es muy difícil cambiar una dinámica pero aún cuando se dan las positivas se deben de tener los ojos bien abiertos, recordemos que no debemos esperar a que la cresta caiga o el sistema se rompa o debilite por un sitio para introducir algo nuevo. No se trata de controlar la inestabilidad, la incerteza, pero sí de sentarla a nuestro lado y vigilarla ya que si no, al final, nos estamos dejando llevar por la mera superstición. Con ello, abrimos de par en par, si es que ya de por sí no están abiertas, la puertas a la vulnerabilidad.

Cuando se planifica una plantilla, incluso con el objetivo cumplido, imaginemos la permanencia, mantener un bloque amplio de jugadores para no trastocar mucho el equipo puede ser un gran error ya que la base de la "sociedad" que mantenemos, teniendo en cuenta multitud de variables, obviamente, puede ser, entre otras, la del derrotismo aprendido que genera una alegría desmesurada si se tiene una buena racha de partidos ganados. No tenemos la solución universal, habría que ir a cada caso concreto pero... *¿Qué opina el lector? ¿Usted mantendría el bloque o lo cambiaría?*

La *proalimentación* es otro concepto ligado a los sistemas vivos y se da cuando el efecto anticipado de prever el futuro, por tanto, aún no ha tenido lugar, provoca la causa del presente que si fuera así, no se hubiera producido. Nuestros miedos, ilusiones, convicciones, respecto al futuro nos sirven para crear el devenir que anticipamos.

Un ejemplo en este sentido es el de pensar que el equipo rival nos va a ganar por ser superior, o que ganar fuera de casa es complicado... esperar por tanto lo peor y hacer premoniciones al respecto. Ante esas expectativas, como ya "sabemos" que va a ser desesperante, estaremos descentrados, nerviosos, y con muchas ganas de que acabe todo. Si le añadimos pensar lo que hubiera pasado si en vez de jugarnos "una mala pasada la suerte" con este enfrentamiento nos hubiera tocado tal otro, o si tal jugador no hubiese estado lesionado o si.... es altamente probable que se cumplan nuestros peores vaticinios.

Un pensamiento contrario, positivo, no nos va a garantizar nada, pero justo eso, nada, tampoco algo negativo. ¿Positivo?, no entendiendo por positivo la victoria, pero desde luego no nos elimina la posibilidad de conseguirla.

La proalimentación, como se deduce, podría darse asociada a la realimentación de refuerzo o a la de compensación. En el primer caso, se le conoce como proalimentación de refuerzo y representa el que una anticipación a un cambio aparta al sistema de las expectativas. En el segundo caso pasa a llamarse proalimentación de compensación y se produce cuando la anticipación de un hecho conduce el sistema hacia las expectativas, o sea, cuando las expectativas se cumplen.

En la metodología de aprendizaje del fútbol base es muy habitual encontrarse con situaciones de proalimentación de refuerzo ya que lo que se imagina, a veces, las que más, no se cumple, en gran parte, por la falta de desarrollo de algunas respuestas motoras. El educador / entrenador en esta edad tiene como deber el jugar con la proalimentación de compensación y con la de refuerzo teniendo en cuenta dos cosas: una, basada en el propio desarrollo del juego, es decir, provocando que el jugador se equivoque, de este modo, el pequeño futbolista jugaría con el balón y con las imágenes que sus neuronas espejo capten por parte de los comportamientos de cada integrante del equipo, destaquen o no en puestos para nada concretos.

Los rasgos de personalidad atisban un aprendizaje transformacional muy alentador ante las ya arraigadas conductas de evasión. Éstas, que al ser habituales, se sienten como normales, luego cualquier avance es ya visto como un logro. Esto se modifica convenciendo, persuadiendo al jugador no de lo que le decimos; sino de que él tiene unas cualidades por mejorar a pesar de ir contra el todopoderoso tiempo y aparentemente contra los tópicos, que no contra natura ya que ésta nos demuestra que se puede aprender, entre otras cosas, gracias a la plasticidad cerebral.

Un concepto importante a destacar es el hecho de que no siempre aprendemos por la relación causa-efecto inmediata entre dos variables, ya que el factor tiempo, sólo entendible en el fútbol profesional, es una variable fundamental a tener en cuenta ya que hay efectos que se producen un tiempo después de haberse producido la causa. Hay aprendizajes, relaciones entre variables que lo condicionan, que requieren de un tiempo de exposición, de experiencia. En ocasiones A no es igual directamente a B, sino que A puede ser igual a B cuando se dan unas premisas y unas condiciones que así lo provoquen o lo provoquemos. Por ejemplo; hay cuestiones que sólo se consolidan en un aprendizaje cuando el tiempo deja que la confianza tome partido y nos refuerce. En este caso, estamos pensando en la confianza del jugador hacia el técnico.

En relación a lo expuesto enlazándolo con la Teoría de Sistemas, nos encontramos que cuanto mayor es la complejidad dinámica de un sistema, más tiempo tardará la realimentación en recorrer la red entera de conexiones. La velocidad de un sistema se determina por su punto más lento. Y esto, pensamos que no siempre es tenido en cuenta en una organización. Por eso es fundamental la interpretación, la ayuda desde un punto de vista, como más adelante veremos, postprocesual. "Curiosamente", cuando hay un desfase entre causa y efecto y pensamos que no ha habido ningún efecto, nos encontramos con que "de repente" y de forma "sorpresiva" aparece el efecto y el mismo durará tanto como la causa que le dio origen, es, (Bateson, 1991) *"la pauta <patterns> que conecta"*.

Detengámonos, de forma más específica en los conceptos que proponemos a continuación, como aspectos esenciales del pensamiento sistémico.

a) MODELOS MENTALES

Son las ideas y creencias que guían nuestros actos, nos sirven para explicar las cadenas de causa-efecto y dan significado a nuestra experiencia. El modelo mental individual constituye un sistema y a través del mismo damos sentido a los demás.

Los modelos mentales se pueden crear y mantener mediante la *eliminación* (seleccionando y filtrando las experiencias vividas bloqueando algunas partes), *construcción* (creando algo que no existe), *distorsión* (deformando las experiencias vividas, dándoles diferentes interpretaciones) y *generalización* (representando toda una clase de experiencias mediante una sola).

La regresión es un fenómeno que produce una retroalimentación errónea, ya que implica que los acontecimientos extremos no son representativos como base a una predicción. En el mismo sentido, se encuentran los enfoques temporales ya que los efectos sin enfoque temporal pueden darse en cualquier momento posterior a su supuesta causa y los de enfoque temporal se limitan a un enfoque de tiempo determinado y no son consideradas pruebas fiables. También producen retroalimentación errónea las experiencias unilaterales, valga como ejemplo hacer tareas sin oposición o demasiado auto-dirigidas por el técnico, y bilaterales. En las primeras sólo se recuerda uno de los resultados y se ignoran el resto. En las segundas, se recuerda cualquier resultado y la aportación a los modelos mentales es mayor y mejor.

Al describir los modelos mentales, no podemos pasar por alto el fenómeno causa-efecto ya que es muy significativo. En un sistema complejo, las causas son las relaciones entre los diferentes factores determinantes en lugar de ser acontecimientos aislados.

Por todo ello, el pensamiento sistémico defiende que la causa y el efecto están separados y el efecto se produce después de la causa y le sigue en el espacio y en el tiempo siendo el mismo proporcional a la primera. Para manejar sistemas complejos se deben, por tanto, definir los límites del sistema y localizar los estados estables hacia los que tienden.

Para producir un cambio hay que desestabilizar el estado atractor previo, del que ya hablábamos en capítulos anteriores, y debe crearse un nuevo estado atractor. Por todo lo expuesto hasta el momento, *podemos deducir que la lógica, por sí sola, no es adecuada para manejar sistemas complejos ni "sistemas de juego".*

Para poder cambiar modelos mentales limitadores debemos:

- Enumerar las dificultades de una situación y hacernos una pregunta clave *¿de dónde parte la dificultad, del exterior o de nuestro pensamiento?* Esto es esencial para plantear una tarea de entrenamiento tanto en la base como en profesionales.

- Comparar lo que pensamos ante una situación conflictiva y lo que decimos en realidad. Este tipo de honestidad la subestimamos cuando estamos entrenando y hacemos del jugador un ser del que pensamos no percibe tanto como nosotros le mostramos. Cuando un jugador no hace bien una tarea, pensamos muchas veces que no la entiende, ¿la hemos planteado bien? Si estuviese bien planteada, ¿lo hemos ubicado en o frente al equipo que más significatividad le va a reportar? Es que no entiende los comportamientos que dan vida a los conceptos del modelo de juego, ¿hemos puesto la simiente necesaria para que eso ocurra?

b) APRENDIZAJE

En la Teoría de Sistemas, utilizando la realimentación de nuestros actos, se dice que aprendemos, y dicho aprendizaje, es por tanto, un bucle de realimentación de compensación al que creemos, debemos añadirle un toque de interpretación más allá de la propia explicación formal.

En nuestra mente siempre tenemos una finalidad y al actuar, y teniendo en cuenta los resultados de nuestros actos, tomamos decisiones basadas en los resultados y eso nos impulsa a realizar otros actos.

En un aprendizaje simple (un solo bucle) tenemos un sistema que nos permite cambiar nuestra reacción en función a la realimentación que obtenemos al acercarnos a nuestro objetivo. En un aprendizaje generativo (doble bucle), incorporamos nuestros modelos mentales al bucle de realimentación y nos pueden llevar a reforzar o cuestionarnos nuestros modelos mentales. Este último es la base del entrenamiento. *Las reglas de una tarea conforman el resultado de la misma mucho antes de haberse ejecutado; visto lo visto es más importante desde nuestro humilde pensamiento crítico, ser un buen alineador tanto en los entrenos como en los partidos.*

Sabemos en qué se puede basar nuestro aprendizaje, pero también es fundamental conocer qué aspectos nos pueden estar frenando el mismo. Los principales factores que nos pueden *impedir aprender* consideramos que son: eliminar parte de la realimentación, la complejidad dinámica, los modelos limitadores, las dificultades de medir la realimentación, establecer umbrales demasiado elevados o demasiado bajos para la misma, no prestar atención a la que procede de nuestros sentidos o no formularnos ni formular correctamente las preguntas. *¿Cómo saber que éstas son correctas?* Es difícil de responder pero si no nos las hacemos ni las realizamos nunca lo sabremos.

Tengamos presente en nuestro trabajo dichos factores y contemplamos la postura que adoptamos sobre ello.

c) PERSPECTIVAS

Entendemos como perspectiva un punto de vista. En el pensamiento sistémico, es fundamental poder tener diversas expectativas sobre una misma cuestión para poder tener una visión lo más completa posible y ampliar así nuestro modelo mental.

Objetividad y subjetividad son dos perspectivas básicas ya que una nos permite ver el sistema desde fuera y la otra desde dentro, teniendo en cuenta que la objetividad absoluta no existe ya que no es posible salirse por completo del sistema del que inexorablemente el ser humano forma parte. Es importante señalar que la perspectiva subjetiva incluye nuestra propia perspectiva de dentro hacia fuera y también la perspectiva de otro desde fuera. En este último caso, los límites que podamos marcar son esenciales para que esa perspectiva no se convierta en un lastre con la que tengamos que convivir, ya que puede llegar a ser tan pesada, que directamente rompa el equilibrio del sistema.

¿Qué hacer con los límites? Responder a esta pregunta es complicadísimo, porque es necesario contemplar pormenorizadamente la naturaleza del objetivo y de ese modo establecer los precisos: utilicemos los límites cuando estamos hablando de conseguir éxito. En ese caso tenemos que atender a tres consideraciones:

- *Buscar los límites con antelación.* Nada puede crecer sin fin, por tanto hay que contemplar la preparación de éstos mientras se crece y para ello tenemos que pensar en qué limitaciones pueden surgir y qué puedo hacer mientras estoy creciendo de modo que me permitan aumentar al tiempo mi capacidad para manejar mis límites cuando lleguen.

- *Buscar lo que nos está frenando.* En la respuesta nos tendremos que basar en un bucle de compensación y de ese modo, eliminar o levantar el freno pero lo que no debemos hacer es empujar con más fuerza sobre el bucle de refuerzo.

- *Valorar el modelo mental* que está detrás de un determinado acto y formularse las preguntas que sean precisas para tomar conciencia del punto en el que se está. En ocasiones, nos "cegamos" pensando, por ejemplo, que seguir creciendo es algo positivo en una organización y eso nos puede llevar a un crecimiento insostenible. En ocasiones, no "interesa" seguir creciendo por una u otra cuestión. Saber frenar, constituye el éxito. Recordemos el término ya mencionado en el argot de la bolsa "*stop-loss*".

En nuestro marco referencial, cuando se consigue que el jugador amplíe perspectivas, experimente, gane seguridad, lo normal es que dentro de la libertad se sienta más seguro y más cómodo en unas "posiciones" que en otras, con mayor posibilidad de desarrollar su potencial o no.....siempre desde la perspectiva sistémica, pero al tiempo, debe tener claro que ante determinadas tareas, un futbolista que apoya a un compañero en una demarcación en la que no "es la suya", ahí los límites no deben ser contemplados como que el jugador va a fallar seguro, sino como que experimente sobre ello en lo que debe mejorar y entrenar, pero sin olvidar ciertas cuestiones básicas....Si se nos permite el ejemplo, Xavi, el jugador del Barça, "no está para hacer goles", lo que no significa que cuando "pasa por allí" ejecute correctamente la jugada.

d) RESOLUCIÓN DE PROBLEMAS CON PATRONES SISTÉMICOS

O´Connor y McDermott nos proponen varios, que resumimos a modo de conclusión:

Rendimiento satisfactorio	*Bucle de refuerzo*
El crecimiento se frena, se obtienen cada vez menos resultados con el mismo esfuerzo	Límites del éxito: el bucle de refuerzo se encuentra con un bucle de compensación
El esfuerzo es continuo, pero hay muy pocas mejoras desde el principio	Los objetivos van en ascenso o se fijan demasiado altos
El rendimiento no deja de disminuir	Objetivos en descenso
Nos vemos obligados a estar en conflicto con otros para nuestro perjuicio	Enfrentamiento mantenido

El pensamiento sistémico es en tanto más útil cuanto más inabordable es en apariencia un problema. Siempre debemos considerarnos una parte responsable, pero no confundamos esto con culpa. No tiene nada que ver. Al hablar de responsabilidad hablamos de la capacidad que tenemos de gestionar nuestra libertad y, que debemos poner en práctica para responder a una determinada situación. Pensar que cuantas más opciones tengamos, mejor será nuestra capacidad de respuesta.

Tomemos el siguiente esquema de actuación a modo de ejemplo:

1. Establecer conexiones: pensemos en círculos y no en líneas rectas. Pongamos al servicio de esta tarea en este punto la información que nos ofrecen los sentidos.
2. ¿Qué quiero?
3. ¿Qué tengo?
4. ¿Qué impide que este problema se solucione?
5. ¿De qué forma se mantiene el problema?
6. ¿Qué estoy haciendo para mantener el problema?
7. ¿Qué resultados he obtenido hasta ahora?
8. ¿Qué he aprendido de ellos?
9. ¿Cuáles son mis presuposiciones respecto al problema? (*reza el argot popular que la suposición es la madre de todos los errores*).
10. ¿Cuáles son mis presuposiciones respecto a las personas que participan en él?
11. Buscar el vínculo más débil y empezar por cambiar esta parte: lugar por donde se puede romper el sistema al estar bajo presión.
12. Lo suficientemente bueno para cada parte suele ser lo emjor para el conjunto del sistema.

A modo de resumen, exponemos algunas premisas que nos ayudarán a entender mejor las diferencias entre modelos mentales limitadores y sistémicos.

MODELOS MENTALES LIMITADORES	MODELOS MENTALES SISTÉMICOS
*Nuestras ideas son lo que realmente son *Limitación del número de intereses que nos llevan a limitar experiencias *Incapacidad de tolerar ambigüedad y queriendo llegar cuanto antes a conclusiones *Recurrir a explicaciones improvisadas y justificatorias cuando algo/alguien se comporta de forma diferente a lo que esperamos *Uso excesivo de imperativos morales: no deber, deber, no poder, tener que... *Uso excesivo de universales sin excepciones: todos, nadie, nunca.... *Generalizar a partir de un ejemplo *Utilizar experiencias unilaterales sin enfoque temporal como prueba de nuestras ideas *Buscar culpables siempre en los demás *Pensar en línea de causa y efecto *No mostrando curiosidad *No actualizar creencias en base a la experiencia	*Nuestros modelos mentales son "asesores" de nuestro presente y los podemos siempre mejorar *Amplio repertorio de intereses *Estando cómodos con la ambigüedad *Mostrando interés por nuevas experiencias que parecen contradecir nuestros modelos mentales *Prever un amplio horizonte temporal para encontrar retroalimentación *Ante un problema, tener al mismo tiempo nuestras presuposiciones respecto a la situación y la situación en sí misma *Contemplando el sentido propio de las relaciones y los acontecimientos *Buscando bucles de causa y efecto, en los que un efecto puede ser la causa de otro efecto (*la pauta que conecta*)

En el recopilatorio de artículos "El Pensador Sistémico", (Monzó, 2006),[69] el autor relata:

"Basta escuchar algún comentario futbolístico entre aficionados o en los medios para darse cuenta de lo difícil que es sustraerse a la fascinación del <síndrome del goleador>, síndrome que entronca con la cultura del

---

[69] Recopilatorio publicado en 2.006. http://www.bubok.es/libros/15235/El-Pensador-Sistémico-Volumen-I/. Última fecha de consulta (08-06-2011).

héroe individualista y con el repetido argumento de las películas: chico-bueno-mata-a-los-malos, salva-el-mundo y se-queda-con-la-chica. Al fin y al cabo, la concepción mayoritaria en el fútbol (y no sólo en el fútbol) dice que cuando las cosas no funcionan hay que primero: buscar un <chivo expiatorio> al que acusar de todos nuestros males y segundo: <fichar> a alguien que <solucione> el problema, sea un entrenador que <discipline y haga sudar a esos vagos>, sea un goleador <que devuelva la ilusión a la afición>. Pero esa forma de <solución>, lejos de ser inocente, ejerce un profundo efecto sobre nuestro pensamiento ya de por sí hiperanalítico y escasamente sistémico".

La concepción del fútbol que tienen la mayoría de aficionados tiene mucho que ver con cierta concepción lineal y asistémica de la realidad, enfoque que es retroalimentado por la escalada de fichajes, a cual más elevado. Y nadie, salvo la probable bancarrota de algún club de fútbol, parece dispuesto a detener esta tendencia que personalmente consideramos equivocada a largo plazo.

Hablamos, pues, de pensamiento de sistemas y redes aplicado al fútbol. Básicamente un sistema complejo, como venimos explicando, es un todo cuyas propiedades esenciales no se encuentran en ninguna de sus partes consideradas aisladamente.

Y en el fútbol ningún jugador puede por sí solo "ganar" un partido o "marcar" un gol, aunque la cultura imperante induce a pensar que gracias a tal persona, se ganó el partido. Sobre la "foto fija" es verdad que esa persona marcó, pero sobre la "película" del partido no es toda la verdad, porque sin los pases, las colocaciones y las asistencias, esa persona, jamás hubiera marcado gol. Así, las propiedades de un sistema "emergen" de la interacción dinámica de sus partes (la "película"), no de sus acciones tomadas independientemente (la "foto fija"). Según Idiákez: "*lo que hace grande al Barça son jugadores como Keita*".

Si nos fijamos solamente en la "foto", si tomamos esa parte por el todo, nuestra visión será fragmentaria, reduccionista y falseadora de la realidad… pero así funcionan las cosas: nuestra cultura premia a los jugadores que marcan el gol, no a los que lo facilitan.

Se desprende, entonces, que todo sistema complejo al ser desarticulado, pierde sus propiedades esenciales. Aunque podemos analizar partes individuales, la naturaleza de la totalidad es diferente y mayor que la suma de sus partes. Además, al desarmar el sistema, también las partes pierden sus propiedades esenciales. En el fútbol, un jugador puede ser goleador en un equipo, pero al ser "exportado" a otro equipo resultar una nulidad.

En el pensamiento sistémico, aún siendo importante la capacidad personal, se intenta ir más allá de lo individual poniendo el acento en la compleja interacción de las partes en el conjunto. Por ejemplo, es fácil "fichar" a un jugador-figura. Pero no es nada fácil "fichar" la dinámica sutil de interacciones que hicieron del jugador un goleador. Y de nada sirve que el jugador intente compensar los déficits sistémicos con una mayor entrega personal: a medio plazo acusará el esfuerzo. Al fin y al cabo si finalmente pierde el equipo, ya no importará que individualmente tal o cual persona hayan hecho un buen trabajo o se hayan esforzado al límite: la razón de ser de cada jugador es contribuir desde su individualidad al éxito del conjunto, todo lo demás es secundario.

El comportamiento de un sistema depende más de cómo interactúan sus partes (precisión, sincronización, velocidad, etc.) que de cómo actúa cada parte independientemente (la caprichosa "genialidad" de un jugador).

Eso se supone que lo saben los entrenadores inteligentes, pero "juegan" a no saberlo: dejar en el banquillo a un jugador que cuesta cientos de millones puede costarles el puesto; y el chaval que no mete goles en el fútbol base les cuesta la imagen de técnicos poco capacitados. Desde un enfoque de sistemas se puede decir que una solución parcial para el sistema en su conjunto es mejor que una buena solución para una de sus partes tomada individualmente. Aplicado al fútbol podríamos decir que es mejor un equipo de jugadores "no estrellas" pero bien articulado, que un equipo plagado de "figuras" pero sin concepción de conjunto. Si nos permite el lector, recordemos la diferencia entre vivir con estrella y estrellarse....

La gestión de sistemas complejos, de organizaciones en conjunto, de empresas o de clubes de fútbol, exige pensamiento sistémico, no analítico. Pero al observar la forma en que se organiza y dirige la mayoría de los equipos de fútbol parece como si el rendimiento de un equipo pudiera mejorarse si se mejora el rendimiento de alguno de sus jugadores por separado. La mayoría de directivos de fútbol parecen defender la idea de que la eficacia de sus respectivos equipos es directamente proporcional a la cantidad y calidad de "figuras". En realidad, son víctimas del pensamiento analítico: creen que si mejora el funcionamiento o la eficiencia de una parte por separado mejorará el funcionamiento del sistema en su conjunto. Desde el pensamiento de sistemas esto es un error y, si ya tenemos preconcebido y "analizado" un sistema, futbolísticamente hablando, doble error. Habría que recordarles la metáfora de la cadena. De nada vale poner algunos eslabones fuertes en una cadena: siempre se romperá por el más débil. *Desafortunadamente, cómo mejorar por separado el rendimiento de una parte no necesariamente hace que el sistema en su conjunto rinda tan mal como es posible, la "ilusión" de solución, como en el "efecto placebo", se perpetúa.*

Imaginemos que tener a un futbolista jugando "a su aire" no significa que el equipo lo hará peor que si decidimos que no juegue (la complejidad no admite simplicidades lineales). Debido a esta dificultad se mantiene la "solución" de que contratar goleadores siempre será "más eficaz" que mejorar la articulación del equipo. Y los entrenadores tendrán la excusa perfecta ante su incapacidad para "hacer equipo": exigirán más "figuras". Y las "figuras", elevadas a la categoría de "salvadoras", exigirán su trato de favor. Y así se cierra el "círculo". ¿Vicioso?, ¿virtuoso? Elija usted el adjetivo.

Invitamos en este punto al lector a releer el inicio de este capítulo, la Autobiografía en cinco capítulos breves.

Se cierra el círculo. El esférico se pone en movimiento.

Capítulo 4

UN PASO MÁS ALLÁ DE LA TEORÍA DE SISTEMAS

> *"¡Qué grandeza! ...*
> *La vida no espera, no avisa, ni se hace tu amiga,*
> *La vida es un juego con una partida,*
> *Nos trata de tú, nos grita y nos mima,*
> *Nos reta, nos pone un examen al día,*
> *La vida es lo único que manda en la vida,*
> *La vida no es tuya, ni tuya ni mía,*
> *La vida es la vida, nos pone y nos quita..."*
> Dani Martín (cantante y actor español)

4.1. EL FÚTBOL NO ES TUYO, NI TUYO NI MÍO

Con estos retos convertidos en palabras o palabras convertidas en retos, finaliza la canción Dani Martin *"El cielo de los perros"*[70] al tiempo que nos acerca a la esencia de la vida y nos recuerda, entre las caricias de sus acordes, *algunas reglas del juego más supremo e intenso que existe: vivir*.

Cuando se dispone del título de entrenador, preparador físico, preparador de porteros, readaptador físico...cometemos el craso error de centramos mucho en nosotros mismos a la hora de enfrentarnos al entrenamiento diario; somos presa de un razonamiento inconsciente, en parte comprensible, pero que el lector puede percibir como el demonio bueno que anida en el hueco de sus pensamientos: *"en nosotros está la clave de la mejora del jugador"*. Ya dijimos en su momento, y nos reiteramos, que dicha conclusión nos parece tan cierta como limitada y limitante. Recordemos que *no podemos dirigir a un equipo sin pensar en las vidas de cada uno de los que juegan y trabajan con nosotros: la quinta esencia al gestionar las competencias del jugador*.

Haciendo un viaje al cielo de los recuerdos por aquellos maravillosos años de BUP, bachillerato actual, la lógica de aquellas tediosas, pero maravillosas clases de filosofía sobre el modus ponens (concepto lógico de

---

[70] Álbum *Pequeño. (2010).*

filosofía) nos conducirían hoy en día a: "el fútbol necesita de técnicos, el técnico es parte del fútbol, luego el fútbol son los técnicos". Por la misma razón, el jugador puede pensar lo mismo, la diferencia es que aquí, dejando egos a un lado, se encuentra la clave: *el fútbol, es el jugador.*

Desde el primer momento en que nos enamoramos de nosotros como técnicos, ese instante en que nuestros neuroreceptores son demasiado sensibles a nuestra volatilidad, caemos en un valle peligroso y percibido por el jugador en la dirección del plantel: "mi" equipo, "mis" jugadores, desde que "yo me" hice cargo del equipo... ¿les suena? Seguro que lo han pensado alguna vez; nosotros alguna vez dejamos de pensarlo como algo funesto. Ese día, los pronombres personales nos hicieron sacar matrícula de honor en lengua, pero suspendimos la asignatura para la que nos estábamos formando: el fútbol.

¿Cuántas veces un fracaso nos pone en nuestro sitio? Nos hace ver que no somos tan importantes en nuestro equipo, que éramos un elemento capaz de generar nuevos estímulos de aprendizaje y de adaptación pero también podíamos ser presa de ellos mismos. Ser lo suficientemente humildes como para ser capaces de entender, que no es poco, y aplicar lo que Morín calificaría de *transdisciplinariedad para definir la no fragmentación de las ciencias*, entendiendo ésta como una cosmovisión integradora, *posiblemente nos diéramos cuenta de que el catalejo está mal enfocado, hay que darle la vuelta, virarlo en el sentido opuesto, hacia la dirección acertada: el jugador y las sinergias que se generan en torno a los mismos; en torno a sí mismos. El resto ¿es influenciable?, ¿hasta qué punto somos artífices de la victoria o de la derrota de nuestro equipo?* Siguiendo este razonamiento nos viene a la mente un claro ejemplo de hoy en día, de un entrenador al que Modeo[71] califica en la portada de su libro como "alienígena": Mourinho, el mejor entrenador del mundo en 2010, según la IFFHS (Federación Internacional de Historia y Estadística de Fútbol), *¿el Real Madrid ha cambiado desde que está él?* Sí, es cierto. *¿Y la relación del talento de sus jugadores con las posibilidades de juego que ofrecen?* Creemos que posiblemente sea el artífice de sacar el máximo de sus jugadores pero, *¿cuánta intervención tuvo en el gol de Di María frente a la Real Sociedad in extremis?, ¿y en el gol de Higuaín frente al Sporting de Gijón casi en el descuento?* (Ambos encuentros de la liga 2010-2011): ni siquiera fue

---

[71] En su obra *El entrenador alienígena*. Planeta. (2010).

tan determinante en el cinco a cero tan rotundo encajado por su equipo frente a su eterno rival en la misma temporada.

Aunque sí hay ciertas contradicciones en la siguiente exposición en rueda de prensa, al término del partido de liga de la segunda vuelta de la temporada recientemente mencionada, también frente al club sportinguista que rompió sus más de nueve años imbatido en casa en el torneo de la regularidad, respecto a la ausencia de Pepe en el once inicial: *"No jugó de inicio porque el rival no atacaba. La cuestión hoy no era defender más, sino hacer un gol. Si este partido lo quiero empatar cero a cero, lo hago. Pero era un mal resultado. Contra el Tottenham (inminente rival en Champions esa semana), en cambio, es un buen resultado o, al menos, no es un drama".* También explicó por qué sustituyó a Granero: *"Le quité porque quería dos atacantes fijos. Y es que nos faltaban los jugadores más creativos, excepto Özil. No estaban Cristiano, Marcelo, Xabi o Benzema. Había que intentarlo de otro modo, presionando arriba, jugando más directo. El fútbol es imprevisible. Tuvimos muchísimas ocasiones de gol a dos, tres y cuatro metros de la portería. Granero tenía menos minutos en las piernas y menos ritmo de juego".* ¿Por qué no juega Pepe de inicio cuando él técnico ha dicho que con éste en el campo el equipo traza mejor sus ataques y su modo de defender?, ¿por qué sustituir a Granero si faltan los "jugones"? Aún estando cansado, si "el equipo rival no va a atacar", *¿para qué tener en el campo jugadores de corte más defensivo y poco creativos?"* Se supone que Granero, reiteramos, ante un equipo que "no va a atacar", aportará más la creatividad, entendida también como calidad, para poner los balones en largo de los que habla el técnico portugués.

Mimar y cuidar al jugador tiene mucho que ver con estar ciento cincuenta partidos invicto como local y de esto sabe mucho Mourinho puesto que dicho récord es suyo personal e intransferible. Declaraciones en el diario As (Khedira, 05-01-2011) nos ayudan a entender los motivos:

"¿Qué es lo que tiene Mourinho de especial? Su liderazgo. No solo le interesa el fútbol, también la gente. Ganamos mucho dinero, pero no somos máquinas. La gente siempre necesita conversación y afecto. Y él está ahí para cada jugador... Es honesto, justo y no hace ascos a echar unas buenas risas. Nunca vi un entrenador que preparase con tanto detalle los partidos. Cada rival es analizado al milímetro.

¿Habla con sus jugadores durante las vacaciones? Sí. Cuando estuve sancionado y fui a Múnich para un tratamiento, me llamó. Si tenemos tres o cuatro días libres siempre nos manda un mensaje..."

Finalizada la edición de la Champions 2009-2010, José Mourinho expuso que uno de los goles, el segundo, era fruto de uno de los movimientos que habían ideado en la preparación del encuentro frente al Bayern de Múnich. Como diría Khedira, "*todo al milímetro*".

Siguiendo con esta final de Champions, se supone que dichos automatismos los genera el cuerpo técnico y los ejecuta optimizando las mejores condiciones de sus jugadores. Si es así, como parece que es, obviamente lo que se ha pensado está bien, aunque el resultado no sea el deseado, que en este caso lo fue. Perfecto. Si el cuerpo técnico ha hecho brotar lo que Morín llama una sociosfera cuyas relaciones incrementen el rendimiento, vamos entendiendo hacia dónde nos dirigimos.

En el diario As con fecha 11-12-2010, Diarrá expone textualmente: *Mourinho ha traído una mentalidad ganadora*; afirma que éste le va a hacer corregir los pequeños errores del pasado que les hicieron no ser campeones de liga en la pasada edición 2009-2010.

A este respecto, y volviendo al núcleo central de ser el manager, en un artículo publicado en el diario El País (Torres, 01-02-2011), se refiere a una anécdota curiosa de un encuentro "cumbre" celebrado en Valdebebas entre Mourinho y Maradona el pasado (19-11-10). La conversación, según versa el artículo es la siguiente:

"-Si yo marco, gano, le dijo Mourinho, sonriendo.

-¡Claro!, asintió Maradona, lisonjero.

-Y otra cosa... ¡Tú marcas y no sabes si me ganas!

Maradona no quiso ser menos, ante una bravata tan maradoniana, y le dio coba con acento portugués:

-¡Y seguro que no te empatan!"

En dicho entrenamiento, "Mourinho le manifestó su convicción total en el ingenio táctico que le proporcionó dos Champions. No se trataba tanto de un estilo de juego como de un don para la gestión que se traduce en el control del partido."

Diez días más tarde de este encuentro al Real Madrid le encajaron un contundente cinco a cero en el Camp Nou. El técnico madridista dijo a sus colaboradores que se había equivocado, que había traicionado su instinto que le había llevado a conquistar dos Champions al no alinear un centro del campo con más músculo. A partir de ahí empezó a hacer de nuevo caso a su instinto y no a complacer las necesidades del club que lo contrató. Una vez hecha dicha reflexión, y citamos textualmente: *"En los ocho partidos que siguieron al del Camp Nou, el técnico portugués resolvió ser fiel a sí mismo, a su trayectoria, y dejarse de experimentos para adaptarse a los gustos locales. La paradoja es que, mientras Mourinho buscó el amparo de sus ideas más probadas, el Madrid no sólo no volvió a jugar bien, sino que perdió cinco puntos que le dejan virtualmente fuera del título."*

Al final, todo se volvieron cambios apresurados, el último en Pamplona ante Osasuna en la temporada 2010-2011 donde hizo tres sustituciones de una vez, siguiendo con el mismo artículo: *"Mourinho ya no tiene la fe que tenía el día que habló con Maradona. No sabe si marcará primero. Y no sabe si, en caso de recibir un gol, será capaz de lograr un empate. Él sentenció: yo soy el equipo. Y sus jugadores le siguen como si fuesen él. Esperando una orden. Dubitativos y resignados."*

Entendiendo este concepto como la capacidad del técnico de saber conjugar las interacciones de cada jugador para con sus compañeros, el club de Chamartín se dio cuatro banquetes servidos por el aroma del talento y rociados con el vino de la calidad liberada desde la emoción de sentirse libres, porque no es lo mismo ser libre que sentirlo: el partido frente al Racing de Santander perteneciente a la temporada 2010-2011 "validó" esta teoría ya que al jugar Granero y Alonso en el centro del campo y, con la ausencia de CR7, las relaciones socio-afectivas dentro del terreno de juego provocaban un juego más fluido, creativo y vistoso; recordemos las palabras de Cruyff en capítulos anteriores sobre el set endosado al Valencia en Mestalla; el otro set en tierras hispalenses y el endosado al Villarreal. El primero, fue el partido, según los medios de comunicación, que mejor había jugado el Real Madrid en la temporada citada; el segundo, en el que posiblemente mejor trato de balón tuviera; el tercero un festín de la calidad sacada a pasear por el ferial, y, en el cuarto: *"El Madrid se olvida de Mou y se da otro festín en Villarreal"* según se publicó en el Periódico de Catalunya (Merino, 16-05-2011), exponiendo cuál es la cuarta consecuencia de olvidarse de ataduras tácticas.

¿Cree el lector que si no hubiese sido por las bajas el técnico se habría planteado esa posibilidad?, ¿anteponemos nuestras ideas a la realidad que puede emanar de ellas?, ¿está nuestra pizarra coaccionada por la tinta medrosa que implica ganar como sea?

Hay que poner horizontes de posibilidad, no límites de incapacidad; no se trata de cuestionar la valía del mejor entrenador del mundo por la FIFA en 2010, primer galardón que se da a un entrenador en la historia de tal organismo, ante todo lo conseguido en el AC Internazionale de Milán; se trata de hacernos conscientes de una realidad intransferible que acaba disociando dos caras de una misma moneda durante el mismo campeonato. Resumiendo, el propio Guardiola en declaraciones al periódico La Vanguardia (26-5-2009) explica, ante sus éxitos deportivos: *"Tengo unos jugadores muy buenos, no busquen más"* y afirma en el en el Diario As (25-5-2009): *"Yo no tengo método, tengo buenos jugadores".*

Tras el partido frente al Atlético de Madrid el pasado (05-02-2011) en la ciudad condal, el club blaugrana batió el récord del Madrid de Di Stéfano con dieciséis victorias consecutivas en liga. El técnico de Santpedor dijo que sin un Messi o un Di Stéfano tantas victorias consecutivas serían inviables. En este encuentro, "La Pulga" estuvo colosal, firmó un hat-trick, pero lo que más llamó la atención y levantó al público de su asiento fue la solidaridad que mostró en una jugada en la que bajó a defender y robar al Kun Agüero un balón con una galopada meteórica de unos cuarenta metros.

Un periodista en rueda de prensa le preguntó a Guardiola acerca de la jugada y de la forma de entrenar eso y el técnico respondió: *"eso no se entrena, sería muy aburrido entrenar corriendo para atrás tantos metros con el único objetivo de llegar antes que la realidad que propone el juego".*

Perarnau[72] recoge cómo uno de los "padres" del barcelonismo, Laureano Ruiz, en su época de entrenador en los años setenta, ya tuvo que luchar con grandes estereotipos y tópicos establecidos: *"a los pocos días de llegar a Can Barça, los entrenadores jefes y técnicos vienen y me dicen, ¿tus jugadores nunca corren?, ¿qué hacen? ¡Han de correr para coger resistencia y fuerza!...si nos dedicamos a correr ¿cuándo aprenderán a jugar?...mientras juegan partidos están mejorando la condición física, mejo-*

---

[72] Ibídem 13.

ran el manejo del balón y los gestos técnicos y la cuestión táctica". "…..la carrera continua es el antifútbol, un futbolista nunca corre en carrera continua durante un partido, sino al contrario: un sprint corto por aquí, un frenazo, un cambio de dirección, un sprint largo, una pausa…..".

Destaquemos que la nobleza está en la compresión de las situaciones sin desmembrar la partitura del juego. El cambio de rol, de ataque a defensa, por ejemplo, se manifiesta como un bucle generador de conductas no sólo reactivas, sino pre-activas, que emanan del compromiso del jugador sin ataduras tácticas de mentes efímeras. En ese momento, entran a participar del juego las neuronas espejo, aquellas cuya intención queda vinculada a acciones específicas y que constituyen los cimientos de la empatía. Les aconsejamos que vayan almacenando este término en su memoria. Pronto lo rescataremos.

"Esperamos en 3/4": podría ser el título de una obra sobre el planteamiento de un partido, pero aseveramos que no lo es, más bien se trata de la consigna del míster a jugadores muy experimentados en una categoría profesional, con calidad, dicho sea de paso. Abrimos las páginas de ese relato cuyo título ya conocemos y atisbamos: un equipo que, frente a un filial (ya se sabe, futbolistas jóvenes, que proponen, pero medrosos si los momentos del partido se complican…de corte "tiki-taka", para entendernos), se va adentrando poco a poco en su caverna (de la que hablamos en el editorial multimedia del diario El Mundo) de tres cuartos de campo para atrás. *El miedo genera miedo y debilita neuronas.* Cada vez más, la portería rival amenaza insolente con su desaparición; otea en el horizonte el nacimiento de la incapacidad, metros y más yardas; al final, impotencia es el nombre deportivo de los jugadores; esos mismos que se han sentido cansados desde los primeros compases del encuentro porque es muy cansado esperar un milagro cuando se renuncia a la fe en el balón. Así no se adaptarán jamás a un modelo, y si lo hacen, será desde la duda. Maniatados hasta el descanso. Segunda parte, marcador adverso. El entrenador decide arreglar el desaguisado: "dejar hacer", resulta la consigna más o menos implícita o explícita, y a partir de ahí: suerte. El azar se muestra menos esquivo, menos prepotente, más cercano: se acerca una posible igualada, ¿casualidad? La interpretación está clara y la pregunta algo más que retórica: ¿cree el lector en este caso que el técnico restó más de lo que aportó o al revés?

No sabemos si habrá pensado ya en la respuesta, aunque ésta camina cercana a la teoría del *"ejecutivo transformacional": aquel que cambia sin hacer ruido*. Este término es acuñado en un artículo del diario El País (Fernández, 04-02-2011), en referencia al ya desaparecido Steve Jobs, el consejero delegado más influyente de las últimas décadas de Apple, el cual, tras el anuncio de su retirada de la primera línea dejó un vacío cuya empresa notó en bolsa. Está por ver el futuro a corto, medio y largo plazo que su fallecimiento supondrá. Cuando se es más protagonista de lo que se debe, incluso a veces sin quererlo (de ahí que todo detalle importe en la dirección de equipo o en la empresa), éste/a lo paga; gana el ego, pierde el equipo, el proyecto; el carisma es necesario pero tan transitorio y volátil como un boomerang.

Seguramente, el escepticismo sea una de las emociones que comienzan a anidar en la mente de alguno de ustedes; si pensamos que la solución sólo está en el tablero nacen vacilaciones: los norteamericanos, para evaluar las posibles aptitudes de las personas afrontando funciones profesional acorde a sus características, "demuestran" que el noventa por ciento de la persona es emotividad y tan sólo el diez por ciento tecnificación. Si somos los mejores técnicos del mundo, que no es poco, y, además, disponemos de los recursos materiales y tecnológicos adecuados, aproximadamente estamos hablando de que, como máximo, aspiramos a un diez por ciento del rendimiento de nuestro equipo.

Al hilo de las declaraciones que acabamos de mencionar de Guardiola sobre sus jugadores, hacemos una analogía con la obra de Grinberg[73] sobre Morín y el pensamiento complejo. El primero, teniendo como referencia al segundo, propone *tres saberes emancipadores* como aspectos básicos para entender, comprender y llevar a cabo la complejidad y cuyas referencias explicitamos en cursiva y entrecomilladas:

- Las conductas: *"Sabemos, porque lo constatamos que los seres humanos no nos comportamos siempre como predicen los teóricos de la elección racional y los de la teoría de juegos postulada por Jhon Von Neumann"*. Debemos convivir con la idea de que la complejidad va más allá de dicha teoría postulada a principios del siglo XX y basada en probabilidades matemáticas que tratan de analizar los posibles sucesos que

---

[73] En su obra *Edgar Morín y el pensamiento complejo*. Alfaomega. (2002).

pudieran ocurrir: todo escondido tras parámetros de probabilidades muy complejas. Cuando alineamos, pensamos que el equipo inicial es el más adecuado, esto no escapa a nadie; pero es cuanto menos curioso, fíjese el lector, cómo, al ver que el partido no va como esperamos, realizamos cambios, a veces apresurados, desprovistos del filtro táctico y vestidos con el disfraz de la suerte. En ese momento, las posibilidades de cambiar el rumbo del encuentro, aquellas que no habíamos planeado, vemos que nacen de la valentía y se reproducen en la autonomía. El ser o no ser de la cuestión: *¿por qué pensamos tanto en el planteamiento inicial si al final las decisiones las marca la interpretación que el jugador hace de la complejidad?* Dicho de otro modo, *¿por qué para salir a jugar pensamos en el recurso útil tácticamente hablando y cuando la cosa no va como deseamos priorizamos el movimiento de fichas desde las capacidades del jugador?*

Hoy día, los países económicamente pudientes organizan sus mecanismos de defensa militar desde los postulados matemáticos que recogen, como citábamos en el capítulo en el que hablamos de la aditividad, la obra del libro Nonzero ("*Nadie Pierde*") en el que Wright, su autor, pone de manifiesto la aplicación a los seres humanos y la lógica del destino de los mismos.

El Jugador se hace grande cuando interioriza el modelo de juego no impuesto, sino propuesto. Los pequeños detalles hacen grandes factores. *¿Alguna vez hemos diseñado una tarea de entrenamiento en la que la regla básica no sea restrictiva o proactivamente limitante?* No poner radar a la capacidad del jugador para conseguir transitar hacia el camino de los objetivos marcados: defender en inferioridad para atender a más estímulos y tener que sentir momentos de unión distribuyendo responsabilidades; poner inferioridades numéricas manifiestas a los supuestos "menos solidarios" para así poder ver cómo se comportan con y sin balón; facilitar un ataque mediante comodines para observar; superar líneas mediante el sentimiento de conceptos, no movimientos herméticamente aprendidos; *¿Qué pretendemos, entrenar en igualdad numérica como base de la idiosincrasia del juego?* Perfecto, pues habrá que provocar el desequilibrio por algún sitio. Tal es el caso de poner jugadores de un mismo perfil juntos para que se percaten de que si no se ayudan habrá un "*valor roto*", un concepto mal interiorizado, un modelo de juego no ejecutado. Basta sólo con colocar a un jugador de características parecidas a otro, ambos presuponemos que poco solidarios en la fase defensiva, en equipos elaborados, de tal manera que uno de ellos esté "peor escoltado" en dichas labores pero que ofrezca mucha más predisposición. Es una manera de llamar a las puertas de la atención de uno mismo en el trabajo del otro…pero no limitar toques en zonas delimitadas de banda o "bandas balizadas", como diría aquel, para provocar ataques por este carril, zona en la que sí se puede entrar a hacer ayuda al lateral, pero sólo un jugador para estar dos contra dos a lo sumo y pretender mejorar la manera de defender dicha zona ya que el mensaje que capta el que está en el medio es que los de las zonas laterales resolverán. Queremos mecanizar ayudas por banda y lo que hacemos es lo contrario, posiblemente, sea lo contrario para los jugadores de otros puestos más cercanos al eje longitudinal. También, otro tipo de tarea basada en dos toques en el centro del campo para favorecer la velocidad de contragolpe; podemos intentar con esto que el jugador sienta que esa zona es de rápido paso, pero esa norma no va a permitir que dichos contragolpes sean mejores….complicado, ¿verdad? *La regla desvirtúa los valores que hacen grandes los conceptos* y éstos se aprecian de modo estelar en el llamado "*segundo de oro*" (Vales, 2006), (en el momento de la pérdida o de la recuperación de la posesión: la transición) sobre todo cuando entra el cansancio a formar parte de los once que juegan, cuando la *"melancolía muscular" provoca en la mente una desunión entre decisiones y momentos*. No se aprende a mantener una posesión sólo haciendo posesiones desvirtuadas de conceptos y sentido de ataque.

Para poder establecer un modelo de juego, los primeros que deben sustentarlo son los aspectos emocionales básicos de la conducta: el rendimiento de un jugador depende en gran parte de sentirse importante. Éste, desde el primer día de entrenamiento da mucha más libertad a su técnico en la gestión de comportamientos para consigo mismo que la que le ofrece el propio técnico a él. Difícilmente esto va a ser posible si no nos concienciamos de llevar la gestión de las conductas a sus extremos porque, hasta lo que hoy sabemos, éstas son modificables. Deberíamos pensar más en las posibles alteraciones cognitivo-conductuales cuyas consecuencias van a devenir en una cascada interactiva que acabará por encajar las piezas de un puzzle inconexo pero que no nos descambian en el quiosco y cuyo precio en el juego es el aprendizaje.

¿La obligación resta la interpretación?, ¿acaso no es esto un razonamiento "post hoc ergo propter hoc" (correlación coincidente o causalidad falsa)?

Es, cuanto menos curioso y nos lleva a reflexionar en referencia a los valores socio-afectivos del juego, sobre quién produce el movimiento, como si de un vórtice se tratara. No son, ni más ni menos, las conductas que nos mueven y que resultan tan variables e imprevisibles como lo es intentar organizar lo desorganizado, comprender lo incomprensible, intentar dar sentido a lo que, en palabras de Descartes *"es y no puede dejar de ser, porque entonces dejaría de serlo".*

Sin una buena gestión de las mismas no hay modelo de juego, y sin éste cada jugador asume el repertorio que lleva en su "mochila". *¿Nos hemos preguntado que quizás esto último es lo que caracteriza el fútbol de hoy en día o el de siempre?, ¿aportamos un saber lleno de tópicos?*

- La necesidad: *"es un método que nos sirve para aprender pero que al mismo tiempo aprende"… "El método, o el pleno empleo de las cualidades del sujeto es la parte ineluctable de arte y de estrategia en toda paradigmatología, en toda teoría de la complejidad".* Es necesario tener presente que desde que parcializamos el conocimiento estamos rompiendo *"el elemento simple". ¿Cuántas veces nuestros dibujos nos embelesan con la fragancia del convencimiento ganador?* Es que el fútbol es así cuando se tuerce el devenir dibujado. Sí. El ser humano es cobarde; también. Un tópico del fútbol anclado en la más absoluta dejadez a merced del destino. El Know How (saber hacer) inglés es el mejor aliado, la mejor carta de presentación de un técnico; pero no el saber hacer suyo únicamente; sino el ofrecido al descubrimiento de sus pupilos. Si el jugador siente que sabe lo ha de hacer, desde sus cualidades, se optimizará dicho rendimiento.

Es para nosotros un convencimiento tal que el día es día y la noche, noche: *que todo jugador es capaz de alcanzar registros que ni siquie-*

ra piensa que tiene en el horizonte. La necesidad agudiza el ingenio; se muestra sumiso y dócil cuando entiende que crecer es motivo de supervivencia.

Sabemos de estilos de aprendizaje, caminos, posibles atajos, y todos dan trabajo, pero, *¿sabemos de las personas que los van a vivenciar?* Cada equipo es totalmente diferente. Eso es obvio. Cuando el Real Madrid de Mou realiza un contragolpe ocupan rápido las tres zonas del campo ("pasillos" laterales y centrales). Buscan siempre el jugador "bisagra" que permita optimizar el mismo: es el caso de Özil o Xavi Alonso. Pocas veces en un despeje, aún sabiendo que hay alguien en la zona, lanzan el balón al espacio "de cualquier manera".

Imaginamos que las reglas de provocación de la tarea deben ser "en cuanto haya recuperación, búsqueda y ofrecimiento del jugador encargado, que asume la responsabilidad de lanzar la contra". Otra opción, que a nosotros nos gusta más, que completaría la anterior, sería la de realizar la situación de entrenamiento con la combinación de jugadores necesarios para generar espacios frente a los jugadores que mejor los cierran. De esta forma, el sistema de balanzas se nivela, se interiorizan necesidades, se agudiza la conquista de espacios. Ahora bien, el lector se preguntará: *¿se está cretinizando al que mejor cierra los espacios a que nunca genere uno?* Si sólo nos centramos en la organización que mostramos en este ejemplo, pensaríamos que sí; por el contrario, si dentro de la tarea y de la *"planificación táctica conductual"* [74](al servicio de lo ofrecido por los jugadores, no al revés) tenemos en cuenta que antes va la obtención de conceptos para evitar "valores rotos" y ceños fruncidos a la hora de cambiar el rol, estaremos "coacheando" el ojo avizor de la observación.

¿Se pueden planificar las consistencias conductuales que sustentan las interacciones del modelo? Pensamos que no, porque no sabemos cómo nos vamos a sentir dentro de cinco minutos, ni cómo van a interaccionar determinados jugadores entre sí aún conociendo perfiles, pero sí podemos "planificar" la necesidad de generarlas mediante la *interpretación correlacional del modelo de juego.* Es necesario

---

[74] Ver Glosario. Cervera Villena, Francisco J.; Coba Sánchez, Rosa Mª. *El jugador es lo importante.* (2.012).

que se dependa de la necesidad cognitiva de provocar. *¿Es complicado?* Mucho. *¿Se puede?* Sí. *¿Quién dijo que fuera fácil? La no linealidad nos aguarda cobijada bajo el amparo de la incertidumbre.*

- La reciprocidad: "el paradigma occidental mundializado y movilizado por un absolutismo de la eficacia basada en la ciencia, la técnica, la industria y el capitalismo, ha producido una amenaza global aparentemente genocida (suicida). Y es justamente la inteligencia humana compleja, con sus dones de emancipación, la que se encuentra hoy embarcada en una aventura fundacional: la transformación del imperio del desorden en un apogeo de una libertad real. Compleja, irreductible, irreversible".

Es muy habitual cerrar caminos al verdadero aprendizaje, quitar estacas en el sendero y poner balizas que dan rodeos cuando en la desorientación está demostrado que el ser humano por sí sólo caminaría en círculo. Conectar a los jugadores con una buena interpretación del juego es, como versa *"el nacer de una esperanza; o la esperanza de nacer"* (Moreno, 2010), para que esa persona evolucione en un fútbol tan complejo como la superficie de contacto que lo ejecuta.

Suponiendo que cada uno de estos dos jugadores tiene unas cualidades, que es obvio, como todos, nadie es igual a nadie, *¿por qué a Víctor Valdés no le cuesta jugar con el pie jugadas de pase corto y a Íker Casillas, aparentemente, sí?* Quizás es que las soluciones que le ofrecen unos y otros compañeros son diferentes; razonamiento locuaz pero pusilánime. Si el modelo de juego es ése, mutis por el foro; pero en la selección española nos suena que es otro, y entonces, si las ayudas están, *¿qué ocurre?* Desde pequeño, quizás, y decimos quizás por la filosofía de juego bien marcada de ambos clubes, y sin comparar una con otra; a uno lo educaron a que desarrollara su potencial con el pie y al otro posiblemente no tanto. Casillas demuestra tener gran calidad en los envíos en largo, sobre todo cuando saca rápido, momento éste que requiere de mucho virtuosismo y de muy poco miedo: ergo post facto, *¿por qué en el desarrollo normal del juego da otra sensación?* Es nuestra responsabilidad, ya no sólo legal y moral, de promover aprendizaje y educar en el juego, y éste, lo es todo, en corto y en largo. Toda situación que se pueda generar para no restar, frenar o sencillamente no ofrecer los estímulos necesarios al deportista es como un mar sin olas; olas que no aprenderán nunca a horadar la roca sino van y vuelven una y otra vez a golpear la misma, la que nunca aprendió a defenderse, porque nadie la dotó de vida. *¿Queremos rocas u olas?, ¿músculo o cerebro?*

Unas veces lo hacemos por desconocimiento, otras por testarudez, otras por obsesionarnos en un modelo concreto, o bien por transmitir mediante nuestros planteamientos el yugo del temor; sesgar el saber hacer.

Parafraseando la teoría Gaia,[75] "es el juego el que genera las condiciones aptas para su propia existencia". Acabamos como empezamos, (Cano, 2010): *"el técnico ha de saber, ante todo, alinear".*

4.2. PROCESUALISMO FRENTE A POSTPROCESUALISMO. "LA HISTORIA LA HACE EL QUE GANA"

"No existe la verdad, existe sólo la interpretación".
Fiedrich Nietzsche (filósofo, poeta, músico y filólogo. Pensador muy influyente del S. IXI)

"¿Es la historia la que hace al hombre o el hombre el que hace la historia?"
Nelson Mandela (ex-presidente sudafricano)

"Ocurrió que inevitablemente los nuevos arqueólogos se hicieron viejos"
Matthew Jonson (arqueólogo)

¿Hasta qué punto tiene valor o sentido una investigación neopositivista (científica) cuándo se estudia un constructo social? El procesualismo investiga datos, analiza y explica. Se sirve, por tanto, del neopositivismo y de su método hipotético deductivo para investigar y esto da, entre otras cosas, prestigio científico. La antropología social por su parte, utiliza el método inductivo (de lo concreto a lo general).

Lo que más nos interesa del procesualismo es que nos lleva a la especialización, al ultra conocimiento de las partes. Sin embargo, deja a la incomprensión puntos inconexos que permiten conocer el todo. Cuando sacamos muchas conclusiones a una investigación, el problema aparece

---

[75] La hipótesis de Gaia, basada en la teoría de J. Lovelock (1985) al hablar de la biosfera de la tierra como un conglomerado de modelos científicos que fomentan vida y mantienes las condiciones óptimas para sí mismos, afectando todo ello a su entorno cambiante.

cuando nos disponemos a unir las partes porque no es fácil. Aún así, hay que intentarlo.

Por el contrario, el postprocesualismo parte de la interpretación como objeto de crítica, pierde un poco de rigor científico, *¿pero hasta qué punto rigor humano?* La parte más radical de esta rama de la investigación social establece que al haber una ley general válida, la analizarán. Sin embargo, no la hay en lo referente al comportamiento humano. La máxima de esta vertiente postula *"que el pasado está muerto y enterrado, y que es imposible de recuperar".*

¿Qué es lo que no sabemos? Prigogine[76] establece esta pregunta como base para defender la teoría del caos y los demás sistemas de estudio no lineales, así como las ciencias experimentales. Todavía están muy lejos de analizar situaciones sencillas, situaciones como las de seres vivos que se auto-eco-organizan.

En un reciente informe de Biebricher, Nicolás y Schuste,[77] se pone de manifiesto: "el mantenimiento de la organización de la naturaleza no se consigue, ni se puede conseguir con una dirección central; el orden sólo se puede mantener con la auto-organización. Los sistemas auto-organizativos permiten adaptarse a las condiciones externas. Hay que destacar la superioridad de los sistemas auto-organizativos sobre la tecnología humana convencional. Un ejemplo que ilustra esta superioridad son los sistemas biológicos en los que se pueden formar productos complejos con el máximo de precisión, eficacia y rapidez.... En particular, es necesario superar el actual desfase en nuestra comprensión entre las estructuras físico-químicas complejas y los organismos vivos por simples que estos son".

No podemos decir que estamos totalmente seguros de algo, quién lo esté, créannos, nos encantaría escucharle, somos todo oídos; pero, por ejemplo, si dejásemos que el jugador, dentro de unas pautas, organizase y fuese partícipe de su propia reanudación de juego (balón parado), de hecho en parte, ante faltas cercanas en contra el portero casi lo hace así, ganaríamos en auto-organización. Ganaríamos en interpretación. *¿Cuán-*

---

[76] Premio Nobel en 1977. Especialista en termodinámica, realizó investigaciones teóricas sobre la expansión de la termodinámica clásica en el estudio de los procesos irreversibles con la teoría de las estructuras disipativas. Se le considera el precursor de la teoría del caos. Definición de diccionario enciclopédico Wikipedia. Última fecha de consulta (28-08-11).
[77] En un estudio de W. Ebeling y F. Schwitzer *Self-Organization. Active Brownian Dynamics, and Biological Aplications*. Nova Acta Leopoldina. Volume 88, Issue: 332, Pag. 22. (2002).

tas veces se lanza una falta lejana buscando como dirección la portería para esperar el más mínimo acierto, error, fallo? "Esas que van a puerta son las más peligrosas", se dice. Al final, se decide dar una orientación sobre quién golpea mejor o peor, quién ocupa el "palo corto", pero al fin y al cabo, aunque muchas salen, *¿por qué lo hacen?, ¿acaso no dependen de un buen lanzador o un buen rematador?, ¿no hay mayor responsabilidad que la de evitar o hacer gol?, ¿acaso no es la más sublime de las formas de trabajar un valor tan importante como ese? Para entrenar las reanudaciones de juego sería muy interesante marcar sólo pautas. Los ajustes ya se harán, si es necesario.*

Postulamos que la mejor forma de distribuir responsabilidades está bajo la interpretación de las conductas propias y ajenas. Aquí no tiene cabida ninguna hipótesis ni método hipotético deductivo: el fútbol analizado desde quien lo ejecuta.

El postprocesualismo puede ayudar a interpretar desde la "sencillez", a lo que en matemáticas se llama *"sensibilidad a las condiciones iniciales"*. Esto último asume que en unas condiciones iniciales de conocimiento, el caos determinista adopta dos trayectorias que se van alejando entre ellas de manera exponencial. Ciencia y vida están "condenadas" a entenderse. El problema está en la inseguridad del ser humano vendida hace muchos años a la certeza científica, lo que genera una involución emocional. Por más que ésta intenta conocer la realidad, más se da de bruces con el silencio, consecuencia del ruido que tanta especificidad genera. *La objetividad está sobrevalorada, el caos como medio de dirección es mejor que el control, genera mejores ideas.*

En la investigación antropológica social la crítica de los postprocesualistas (método inductivo) al procesualismo (método hipotético deductivo) y a la teoría de sistemas en general es que los acusan de incurrir en "parches" como los de la *"Caja Negra"*, (Clarke 1968-1984) (estímulo-respuesta y análisis del número de variables intervinientes en la consistencia de las respuestas) por la excesiva abstracción y por el desprecio a la individualidad. Como veremos más adelante, *la periodización táctica podría esconder un punto procesual de linealidad encubierta si los conceptos no están adaptados a las sinergias que se generan.*

El determinismo procesual resta mucha capacidad a las personas y a las sociedades en referencia a la creatividad, emancipación y a la puesta en marcha de los valores necesarios. Los postprocesualistas defienden el *"relativismo interpretativo"* a través del cual postulan el atropello al conocimiento que ha provocado que éste pueda ser maniatado y manipulado de manera estratégica para conocer las causas de alguna cuestión. Es tanto como afirmar que lo moral debe anteponerse a lo científico.

La teoría de sistemas estudia desde la complejidad, desde el ser humano, ¿cuál sería la diferencia con el postprocesualismo? La primera se basa en la búsqueda de reglas o propiedades comunes a sistemas y la segunda lo hace desde la interpretación de las reglas. En nuestro ámbito se trata de que la interpretación recaiga sobre términos de conductas-personas-relaciones.

Obviamente, en torno a estas cuestiones aparecen pros y contras ya que a los postprocesualistas se les atribuye que han caído en muchas ocasiones en el *"pesimismo científico"*, básicamente, que *"todo vale"*. *¿Pero el pesimista no es el que piensa en mejorar?*, como diría Saramago. *¿En el fútbol "todo vale" o "todo aporta"? Hay una dualidad que se antoja complicada de afrontar pero serena de reflexionar: ¿Cientificidad frente a interpretación?* Calibrar la respuesta está en las manos de cada técnico.

Llegados a este punto, para poder hablar de Messi en la selección albiceleste y en el Barça obtenemos tres formas compatibles de analizarlo: el aprendizaje recíproco del que ya hemos hablado, el análisis desde el individuo postprocesualista y las neuronas espejo.

Ante la cuestión de si el jugador es mejor con un equipo u otro, los postprocesualistas se preguntarían, partiendo de la máxima de la no comparación, *¿qué aporta al modelo de juego?*

El País (Solari, 03-04-2011), publicó un artículo titulado *"Argentina y la identidad perdida"*. Para él, la clave de un futuro más esperanzador está en la interpretación que el seleccionador argentino (de ese momento) hace del futuro juego de la selección. Es un claro ejemplo del paso del procesualismo a una esperanzadora postprocesualidad:

"Desde aquella lejana Copa América ganada en Ecuador con Basile, la selección ha incursionado en buena parte del espectro conceptual que permite la permeable cultura futbolística Argentina. *La etapa de Passarella, del 94 al 98, fue un periodo europeizante*...la Italia física, en un quinquenio dominado por el Milan y la Juventus.

Entre el 99 y el 2004, *Bielsa intentó un equipo ofensivo desde la presión sobre el despliegue inicial de los rivales*...Un fútbol de conceptos directos y revolucionado en la cancha que nos abrió camino fácilmente en Sudamérica pero se agrietó en el Mundial de 2002, cuando el sorteo nos enfrentó a los equipos que históricamente practicaron esa misma estrategia que nosotros adaptamos. El ciclo terminó con la coronación en los juegos Olímpicos de 2004.

Entre 2004 y 2006 *Pékerman...después de ser campeón repetidas veces con la sub 20...*un periodo de recambio generacional en el que se intentó trasladar a los mayores el enfoque pedagógico que obtuvo excelentes resultados con los juveniles.

...Maradona, entre 2008 y 2010, signada más por el discurso de la pasión popular que por el discurso futbolístico. Una época emocional....

El Checho Batista...: "queremos jugar como el Barcelona". Fuera de contexto la frase puede resultar pretenciosa...prometedora declaración de intenciones.

De los dos partidos amistosos que jugó Argentina, el buen primer tiempo contra los Estados Unidos iluminó algunas pautas...*Messi, flanqueado por Lavezzi y Di Maria, como eje gravitatorio de una línea ofensiva sin centrodelantero clásico.* Otro guiño al fútbol de España y del Barça. Un mediocampo maduro y con calidad para la distribución: Cambiasso, Mascherano, Banega. Y una defensa sólida con buena salida: Rojo, Burdisso, Milito, Zanetti...desde el comienzo cuidar la pelota e hilar para avanzar.

Argentina cuenta hoy con futbolistas sobresalientes de donde elegir para emular una línea de tres atacantes como la de los catalanes: Messi, Agüero, Tévez, Higuaín, Di María, Pastore, Lavezzi, Milito. Sin embargo a la hora de mirar hacia atrás parece improbable encontrar, en algún lugar del mundo, mediocampistas con la versatilidad de Iniesta, Xavi o Busquets -el único mediocentro argentino que tiene llegada regular al gol entre los utilizados en estos amistosos fue Cambiasso- o laterales como Alves y Maxwell o Adriano...

...Interiorizar y plasmar los conceptos que marcan la diferencia entre una exposición retórica y un discurso articulado es la parte más difícil de este deporte...

...la selección del 86. Un equipo equilibrado en despliegue, creación y variantes. Con referentes...como Ruggeri, Giusti, Valdano, Burruchaga y el mismo Batista, practicó un fútbol integral al que se le añadía la varita mágica de Maradona...*Messi es su Maradona.* Quizá pueda juntar el resto de las piezas para encontrarse en el reflejo del Barcelona o, mejor aún, reencontrar una identidad propia."

Antes de proseguir, obviamente, no estamos de acuerdo con Solari cuando dice que faltan mediocampistas como Xavi, Iniesta y Busquets ya que al fin y al cabo, tiene jugadores, permitannos la expresión, buenos, es decir, con la capacidad de interpretar el juego a pesar de su edad, tal es el caso de Zanetti.

Según el blog "La pelota no dobla" (16-07-11): "Argentina quedó eliminada de la Copa América 2011 en casa y con el mejor del mundo, acompañado de Tévez, Macherano, Higuaín...sin alma ni concepto... " Como apunte y para una mejor comprensión de que no sabemos si hay culpables o no, sólo que quedaron eliminados, emplazamos al lector al capítulo de neurociencia en el que abordamos un conocimiento neurocientífico con una interpretación postprocesual relacionado con nuestro desacuerdo con Solari expresado en el párrafo anterior.

Por todo esto se dice que *la historia la hace el que gana* porque éste elige las conclusiones que interesan reproducir, porque marca el estilo sobre el que se impone una metodología u otra. Nuestro objetivo es ser sensatos con nosotros mismos. No por hacer que "todo valga" podemos dar asilo a que la ignorancia crítica tome fuerza. Tenemos la obligación de ser cautos. Por ejemplo, imagine el lector que tenemos dos museos: uno es convencional, nos ofrecen una visita guiada. Vamos leyendo lo que representa cada fotografía, video, pintura, mural... En el otro museo, de corte postprocesual, bajo cada fotografía, video...hay un "link" para poder ofrecer a cada visitante su interpretación de lo que ve, vio y/o lee, leyó en aquel momento. Surge el dilema, a priori fácil de resolver: si en el segundo lo interpreta el visitante y no tiene "ni idea de arte", se supone que interpretará mal. En el primero, por su parte, la interpretación la hizo una persona que elaboró la exposición, hizo la foto, pintó el cuadro... ¿Es más válida la interpretación del primero? El autor de la foto, cuadro...tenía la habilidad de plasmar lo que veía y sentía, que un experto nos diga los aspectos técnicos está muy bien, pero no dejan de ser sólo eso, aspectos técnicos.

Todo esto lo podemos extrapolar a nuestras hojas de entrenamiento. Obviamente, caca técnico tenemos una visión, le damos nuestro toque personal, pero si no nos paramos *a reflexionar, ¿cómo va a interpretar la tarea el que verdaderamente traza el lienzo?, ¿cómo explicamos esto?*: tenemos un problema de diálogo y comunicación no verbal entre nuestro trabajo y el que debe ejecutar el jugador. Es más, ocurre entre jugadores.

4.3. ENTRENAMIENTO SISTÉMICO

> *"La realidad es un proceso de co-construcción de entre el observador y el objeto observado".*
> Russell Akoff

> *"Nunca he podido eliminar la contradicción interior. Siempre he sentido que las verdades profundas, antagonistas unas de las otras, eran para mí complementarias sin dejar de ser antagonistas"*
> Edgar Morín

El técnico como gestor de pensamiento colectivo debe tener como objetivo mostrar al jugador la capacidad y necesidad de retroalimentarse del ambiente con el fin de dirigir desde la voluntad y la reacción cognición-conducta su actividad dentro del terreno de juego.

Una actividad que, como se ha expuesto a lo largo de esta obra, es un continuo indivisible e inseparable de respuestas. El cuerpo técnico direcciona y focaliza su paradigma, encontrando el mismo partiendo de la premisa de que el jugador aprenda de sí mismo dirigiendo sus emociones, su pensamiento y sus conductas, como un todo único, entiéndase, desde el juego y hacia el juego.

Se hace inviable y del todo improductivo en el desarrollo de este trabajo, pensar en "integrar" o pensar en "separar". Nada hay que unir, nada hay que desunir.

Hay, que SER: *sentir, pensar y actuar*. Entonces y sólo entonces podremos darle sentido al verbo jugar.

Si el césped se llamase "juego"; crear, expresar, compromiso, practicar, colectividad, serían en el símil los córners, las porterías, el balón y las líneas divisorias del campo; sin olvidar que todos estos elementos ruedan al compás de la dinámica que marca el cerebro del verdadero protagonista en contacto con el medio.

¿No les parece tan hermosa como compleja la tarea de tener como materia prima de su trabajo la gestión de las cogniciones y las conductas de sus jugadores? Esa es la mejor asignatura a aprender en las escuelas de entrenadores.

Cuando el futbolista interactúa con el técnico a través de la mirada, buscando respuestas o buscando la seguridad del que no se reconoce en la que debiera ser la esencia de su tarea, el arte de controlar y gestionar su SER y espera que en la mirada del técnico esté el manual de instrucciones o la "instrucción mágica", se encuentra ante la misma angustia del marinero ante el mapa que le va a conducir al éxito en la búsqueda del tesoro....Pero no nos engañemos, esa no es la forma de encontrar el tesoro, fundamentalmente, porque el marinero no sabe interpretar la leyenda del mapa más que "a su manera", *¿la correcta?, ¿el problema está en el choque de "leyendas"?* Tan grande como inoportuna se torna la duda que planea, entre otras cosas porque su capitán puede que le esté enseñado un idioma diferente al del mapa. *¿Buscamos tesoros a través de mapas que no sabemos interpretar?* No todos los mapas conducen al tesoro aunque se siga el rastro de monedas. Y lo peor.... *¿pretendemos encontrarlos?* En ese caso, quizás lo mejor sea correr ya que el pirata de turno nos va a arrebatar a lo mejor el tesoro y a lo peor, la vida. Pero si conseguimos salvarla y zarpar de la isla antes de que nos alcance el corsario, es posible que con la alegría de haber ganado el cofre más valioso: la salvación, tengamos suficiente y no nos empleemos a fondo en aprender cartografía....pero....cuidado....en el horizonte, al alcance, aunque lejano de nuestra vista hay otra isla.... ¿habrá tesoro? Por si acaso, saquemos la enciclopedia cartográfica, el viento sopla a favor y llegaremos a la isla en breve.

En el mapa del terreno de juego, *¿cómo interpretaría el lector esa mirada, ese gesto, esa huída?* En ese gesto pensamos que no puede estar la esencia que impulsa el juego y lo mantiene vivo y eso no es SER, es ESTAR. Después de compartirla con el lector, ¡cómo nos gustaría compartir esta reflexión con Descartes!

Como marco teórico a esta esencia, postulamos un paradigma, lo que denominamos paradigma de la *"no respuesta como instrucción"*: no R como I[78]. No se trata de dar instrucciones a través de respuestas, sino de perseguir la esencia provocando que el jugador se haga preguntas y necesite en la respuesta la generación de experiencias.

Dicho paradigma nos lleva a la esencia del mismo, la inteligencia sistémica, o dicho de otro modo, llegamos a *"no R como I"* gracias a ésta.

La antítesis a lo expuesto se produce cuando el jugador busca al entrenador y viceversa, pero no para hacer "apoyo en la interpretación" sino que busca la instrucción clara sobre qué hacer, como si de encontrar recetas infalibles se tratara la búsqueda y el tiempo y el juego se pudieran parar. Tampoco es una forma de eludir responsabilidades. Eso es, justamente, lo contrario a *"no R como I"*, ya que aniquila cualquier opción de crecimiento sistémico. Pensamos que en el día a día se debe "entrenar" tal cuestión, pero para eso, *la primera premisa pasa por hablar claro, muy claro* con los futbolistas y pensamos que esto no siempre es así.

Para ello, el entrenador debería preguntarse el por qué de esa mediatización extrema….y en la conclusión de la respuesta, debería tener en cuenta la planificación de tareas de entrenamiento que vayan encaminadas a mejorar ese aspecto.

De otro lado, al jugador se le podría proponer esa misma reflexión, el por qué de la necesidad de buscar en el técnico esa "llave mágica", y tras el análisis por separado, una puesta en común entre ambos sería un excelente refuerzo sistémico.

En muchos casos, se puede llevar el análisis y las conclusiones al colectivo y plantearlo como una tarea a trabajar, desde el juego, por supuesto. Ello podría conformar los denominados *objetivos intragrupales,* que entrarían o saldrían de la sesión de entrenamiento según fuese necesario. Del mismo modo, dichos aspectos podrían ser guiados, objetivados y reevaluados según las necesidades al tiempo que supondrían un elemento cohesionador a nivel psicológico fundamental. En definitiva, *no transmitir instrucciones cerradas sino entrenar dando alternativas a que aprendan a pensar es justo entrenar "no R como I". La interpretación correlacional del modelo puede ser un excelente medio de trabajo en ese plano.*

---

[78] Ver Glosario. Cervera Villena, Francisco J.; Coba Sánchez, Rosa Mª. *El jugador es lo importante.* (2.012).

4.4. ¿QUÉ ENTENDEMOS POR SER BUEN JUGADOR? UNA RESPUESTA DESDE LA AUTOPOIÉSIS Y LAS MULTIESTRUCTURAS SISTÉMICAS

> *"Lo mejor que puedes hacer por los demás no es enseñarles tus riquezas, sino hacerles ver la suya propia"*
> Goethe (poeta, dramaturgo, novelista y científico alemán del S.XVIII)

> *"La humanidad se reinventa en cada niño"*
> José Antonio Marina

Acotar, sin disociar, o dar respuesta a algo tan pretencioso como qué es ser buen jugador ya de por sí es una empresa magnánima que flirtea con lo imposible. Nuestra opinión, discutible, por supuesto, estipula que *en fútbol hay dos tipos de jugadores: los buenos y los menos buenos.*

Todo entrenador que llevamos dentro sabría discernir entre quién es mejor y quién es peor. Para nosotros, hay un primer mandamiento, al igual difiere del resto, pero la evidencia y la práctica nos acaba por dar la razón, y es el que haría de rey de las definiciones: *el buen jugador es el que interpreta el juego.* Un camaleón cognitivo.

Nos hemos dado un paseo por el despacho virtual de un grande que ha definido al jugador tomando como partitura las *multiestructuras sistémicas*. Hablamos, como no podía ser de otro modo de Seirul'lo. Si a esta teoría le añadimos los procesos vitales que definen una vida, una polémica con el medio, un afán por la subsistencia: una *atuopoiésis* (Maturana y Varela, 1971), tendríamos como resultado *una visión autopoiésica del futbolista*:

- *A nivel cognitivo-mental*, ser bueno, es entender y conectarse con el juego en cada situación problema que éste le plantee. Es comprender el dilema de que no existe tal dilema, ya que éste surge cuando hay que escoger entre A y B, pero en el juego no hay A y B, hay además C y D y así hasta un infinito autopoiesico que nos da como pista que el buen jugador es aquel capaz de entender el caos como un medio activo que hay que atacar, no esperar, aquello que realiza tanto en defensa como en ataque por iniciativa propia en concordancia con lo que solicita el equipo. *Aquel capaz de anticiparse a la "no respuesta como instrucción"* para no dar una solución coaccionada por el virus de la certidumbre. Entiéndase por virus, bacilo, microbio o germen, aquel supuesto ser pluricelular que carece de autopoiesis. El buen jugador "traduce" el aparente y aplastante infinito en un finito abordable y resolutivo y por eso pensamos que es mejor jugador el que muestra mejor capacidad de aprendizaje: *"nuestra capacidad de aprendizaje puede ser nuestra única ventaja competitiva" (Arie de Geus)*[79]. Es versatilidad, mostrar indicadores cualitativos de que estas cualidades se pueden adaptar a los mecimientos que el devenir hace del modelo de juego en cada traslación de balón por el espacio reglamentariamente permitido, a pesar de que la canción de cuna tocada por el pase pueda frenar sus potencialidades debido al contexto que se genera de manera intrínseca en el mismo.

El virus de la indefectibilidad es aquel que pone a prueba las características definitorias de todo organismo vivo y que, como decíamos, frenan su evolución por la ausencia de un metabolismo celular capaz de autogestionarse para crecer.

Para Maturana y Valera, *"un sistema se define como autopoiésico cuando las moléculas producidas generan la misma red que las produjo y especifican su extensión. Los seres vivos son sistemas que viven mientras conserven su organización. Todos sus cambios estructurales se producen para adaptarse al medio en el cual ellos existen."* Un jugador, a nuestro entender, definido con el santo grial de "bueno", es aquel que se adapta a las necesidades de la complejidad del medio que lo alberga. Por ejemplo, un terreno de juego en mal estado perjudica al "menos bueno" debido a que tiene menos capacidad de adaptación. Esta idea es discutible, quizás sea loable quien defienda lo contrario pero el que es bueno, si de verdad lo es cognitivamente hablando, acabará buscando la manera de acomodarse a dicho medio. De hecho, su paisaje de atractores le va a permitir ser un "todo terreno".

Si el lector, en este punto, se está preguntando a cerca de cómo observar esta cuestión, le remitimos al hecho de considerar la autoorganización, las interacciones más que *"el conglomerado de funciones"*, tal y como dirían Maturana y Varela al referirse a los sistemas vivientes y sus funciones vitales.

---

[79] En su obra *La Empresa Viviente: Habitos Para Sobrevivir en un Ambiente de Negocios Turbulento.* Granica. (1998).

Básicamente, cuando vemos dentro del desarrollo de un planteamiento predefinido quién nos parece mejor jugador, a la postre no es el que más rigor táctico tiene, aunque dicho sea de paso es una manera de saber interpretar lo que se le pide, síntoma inequívoco de posible buen ejecutor, que no sabemos si jugador; sino aquel que ante un observador externo se muestra de manera "*auto-referida*", es decir, aquel que demuestra que pesa más su exégesis sobre el desarrollo del juego que lo que son las funciones únicamente que le han sido encomendadas de antemano en el vestuario. Los organismos pluricelulares necesitan de la autopoiesis de cada una de sus células para poder evolucionar. *Esto nos viene a decir que un equipo no depende tanto de los estímulos organizativos externos como de los que nacen en el jugador y perecen en él.*

Cuando comenzamos a trazar las líneas maestras en la organización de un club, un equipo...al poco tiempo podemos percibir las interacciones que funcionan y las que no. *¿Esto por qué ocurre?* Cada célula (jugador) interacciona con las demás de la mejor manera posible. Como dechado muy extremo pero quizás muy válido: nos da la sensación de que en los minutos finales, y más si el tiempo nos castiga con su yugo, parece que somos más eficaces; así como en los partidos de pretemporada en los que todavía los jugadores no se conocen entre sí.

Otro muy válido, de similares características a las del arquetipo anterior en cuanto a premura de tiempo se refiere, afirma que: *el jugador juega mejor cuanto más "libre se siente" y este sentimiento no está reñido con ciertos parámetros de orden.* No hacemos campaña de una apología a la no organización pero sí que hacemos una reflexión al lector ávido de conocimiento*:* "(Cano, 2010) *"es más económico partir del jugador hacia el modelo de juego que del modelo de juego al jugador.* Y ¡ojo!, eso cuando tenemos un modelo íntegro, retroactivo y no fragmentado.

- Es tener la *capacidad emotivo-volitiva* de poder mantener un nivel óptimo de concentración día a día, siendo éste adaptable a otras circunstancias de mayor presión. El problema es que muchas veces nos damos cuenta de forma retrospectiva, hasta que no lo vemos en competición y situaciones de presión más asfixiantes no sabemos cómo va a reaccionar. Reconocemos que es una causa complicada de advertir y más cuando el cambio de "status" del jugador en su nueva plantilla pesa tanto o más que sus propiedades ecológicas (sujeto, edad, sexo, aspecto físico, personalidad...). Referimos en este momento, y nos llama la atención un jugador como Canales. Entendemos que no es igual su club de procedencia, el Racing de Santander, a la idiosincrasia del que le albergó en 2010-2011, el Real Madrid, pero sí es cierto que al entrar en el campo no se siente tan protagonista como en su ex equipo. Su rendimiento es más de libreto mental por la sociosfera que le rodea dentro del campo ya que ésta debería facilitar sus potencialidades. *¿No creen?*

> Es una capacidad compleja, hilvana comenzar cada semana cero a cero, ser conscientes de un futuro imperfecto marcado por querer dar el máximo cada día aún cuando las cosas no salen bien. *Quizás sea esta la clave de la dirección de equipo: saber dar abrigo al miedo que enfría a un jugador*; se puede ser buen jugador con cierto hastío, de hecho esto es intrínseco a cualquier ser humano. Un jugador competitivo es aquel que sabe hacer balance entre las ambiciones y los miedos. El jugador se deja dirigir por el cuerpo técnico pero la manera que tiene de evaluar al mismo quizás no está tan relacionada con la consecución de resultados tanto como pensamos.

> En la campaña 2010-2011 se ha cuestionado la capacidad de un gran central como es Piqué, se dudó de él por temas extradeportivos. Lo que más nos inquieta es qué hace entrever que mientras no está Puyol (por lesión), su rendimiento es inferior. Seguro que en una encuesta virtual e hipotética sobre quién es mejor de ambos jugadores muchos votantes se inclinarían por el que a priori "parece más bueno técnicamente". Con esto no estamos evaluando la capacidad volitiva de ninguno de los dos, pero sí que queremos decir alto y claro que *la emotividad marca la diferencia*, hasta el punto de desestabilizar en el juego la siguiente multiestructura que vamos a tratar.

- *Socio-afectiva: Messi Evoluciona a cada partido porque tiene más claridad cuando va a otros espacios. En los momentos en que no tiene la pelota, no interrumpe sino que participa.*[80]

> Esta declaración es un ejemplo vivo de lo que ha de ser la multiestructura socio-afectiva. En la sección de deportes del canal de televisión Cuatro se argumentó *(Larrañaga, 05-11-2011)*: "*a mí me da igual que los jugadores de la selección española se lleven mejor o peor* (haciendo referencia a las rencillas tras los cuatro clásicos de la Liga 2010-2011); *son profesionales y lo que me importa es que rindan*" Para Raigada y García-Lomas[81] *el proceso de autopoiesis está íntimamente ligado al de la comunicación.* Ambos proponen aportaciones (Leydesdorff, 1987) sobre la relación entre La Teoría de la Comunicación, la Teoría Biológica del Conocimiento y la Teoría de los Sistemas Sociales. Estos tres principios se concretan en una *Teoría de Mediación Dialéctica de la Comunicación Social (modelo de la MDCS)*.

> Este modelo establece *tres tipos de mediación dialéctica intersistémica*: *sistemas de comunicación, sistemas sociales y sistemas ecológico-adaptativos*. La psicología cognitiva no se queda fuera de esta interpretación ya que puede aportar al fenómeno meaning (entender), el proceso de comunicación entre cada uno de los sistemas establecidos, a través de *"teorías de la mente en general y esquemas y meta-representaciones en particular"*.

> Para el buen análisis de las relaciones es imperioso tener presente el componente cognitivo del que sabe en qué momento y de qué manera ponerlas en práctica. Sabemos antes cómo es un jugador cuando celebra un gol anotado por él, que cuando él da la asistencia, falla un pase o lo fallan; realizar un desmarque nada apropiado pero animar al compañero que se lo ha dado a pesar de que haya habido pérdida. En las celebraciones de cumpleaños, como convención social no optativa, no es suficiente y quizás no sea del todo válido evaluar esta capacidad en un jugador al contratarlo sólo porque crea "buen vestuario". En este caso preferimos que cree circunstancias

---

[80] Menotti sobre Messi, 2010.
[81] En su obra *Autopoiesis y Comunicación*. Enlace: http://web.jet.es/pinuel.raigada/A%20y%20Com.pdf. Última fecha de consulta (28-08-11).

de juego favorables para el siguiente; analizar los rasgos psicocaracteriales en función de las posibilidades a mostrar en competición.

Nos resulta válido el que sirve pleitesía a sus compañeros de forma emotivo-conceptual, al balón y a las relaciones que emanan de ahí: conceptos y ulterior modelo de juego. *Arranquemos para ir más allá de la teoría de sistemas: conceptualmente el jugador bueno puede adaptarse mejor al cambio; el postprocesualismo nos diría que el juego lo hace el que juega, que la interpretación eferente del medio marca el devenir de la aferente.* La primera nos diría que hemos mostrado bien el camino del gol cuando nuestro equipo lleva noventa tantos en una temporada; la segunda, que tenemos muy buenos jugadores y hemos ayudado como técnicos a conseguir dicha proeza.

En estas lindes es donde nuestro "ojo clínico" debe saber que ese jugador tiene las potencialidades necesarias como para nutrir momentos y suplir carencias.

Cano nos proponía una pregunta: *¿creen que Xavi es egoísta o altruista futbolísticamente hablando? Partiendo de las palabras de Saramago a cerca de que el egoísmo es la segunda piel de las personas y la que con más facilidad sangra*, todos pensaríamos que es altruista cien por cien; lo cierto es que sus conductas en el campo son promovidas por un egoísmo que se presume tan lejos en distancia como tan cerca en confianza: al servicio del bienestar de sus compañeros. Ser egoístamente inteligente. En la generosidad ha encontrado la más sublime forma de egoísmo jamás prestada, de una forma tan exquisita que pone sus habilidades sociales al servicio de lo que requiere el equipo.

La MDCS necesita un postulado elemental para atisbar que nace una gentil, amable y recíproca comunicación: cómo se desarrollan los sistemas abiertos (el social, el ecológico y el adaptativo) ante los cambios históricos. La comunicación en el fútbol de los años treinta no era la misma que en los sesenta y ni mucho menos va a ser igual que las fechas que aún aguardan su momento en el calendario. Para saber si un jugador se relaciona bien con los demás hay que entender su manera de jugar. No creemos que Özil, en su primera temporada en el Real Madrid (2010-2011), tenga mucha influencia en el desarrollo social del club porque, entre otras cosas, no hablaba castellano. *Aporta lo mismo a una conversación en español que al juego de su equipo cuando renuncia a la pelota,* salvo que nuestro objetivo metodológico sea que los "creativos" aprendan a defender y tomen ejemplo de él...pero cuando la pelota va al banquete de sus botas, demuestra con el pase el entendimiento con los demás y en las asistencias de gol el mejor "sms"...

Cuando exponemos conceptos hay que tener cuidado de que éstos no sean taladrados por el ego que define los rasgos psicocaracteriales de un jugador. Hacerle ver a través de los medios que juega por y para los demás.

Raigada y García-Lomas entretejen una hipótesis que, para no desvirtuarla, la exponemos textualmente:

"Hay hipótesis que deben ser puestas a prueba en el marco de una investigación empírico-experimental. Supongamos el multiverso autopoiético de Maturana, y que ese multiverso fuese, para cada dominio de existencia, como un híper juego (un juego de juegos) en el que un mismo tablero y unas mismas fichas sirven para jugar varios juegos diferentes a la vez. De esta manera los movimientos de ficha registrados en uno de los juegos (el sistema de comunicación, por ejemplo) sólo pueden llegar a evaluarse, explicarse y comprenderse, si se considera que las nuevas posiciones obtenidas sobre ese tablero condicionan a su vez el desarrollo de otros juegos simultáneos (el juego de las relaciones económico-sociales, por ejemplo; o el juego de los hábitos de conducta y de los conocimientos, etc.), y viceversa: esos cambios que la práctica de la comunicación produce en el tablero al modificar las relaciones sociales y eco-adaptativas, condicionarán a su vez los siguientes movimientos de ficha en el propio juego de la comunicación. Para ilustrar esta metáfora y su rendimiento epistemológico en el estudio de los cambios históricos de los sistemas, utilizaremos una interesante metáfora, la metáfora del zapping. Obsérvese cómo cuando un sujeto determinado realiza una selección en el mando a distancia de su televisor se están activando simultáneamente tres "juegos" o "sistemas" diferentes: el que nos presenta al sujeto como un organismo vivo que busca mediante esta acción un determinado acoplamiento psicológico que pone en juego un tiempo disponible de ocio y un recurso de entretenimiento que ofrece su entorno (sistema eco-

adaptativo); el que nos presenta al sujeto como un agente consumidor que elige una opción dentro de la oferta del mercado televisivo (sistema económico-social) y el que nos presenta al sujeto como actor receptor de un determinado proceso comunicacional que le permite interpretar cierta información audiovisual y procesar ciertos mensajes o discursos con un contenido o significado concreto (sistema de comunicación)."

La metáfora del zapping la podemos aplicar perfectamente a la evaluación del jugador bueno. En el campo se están activando tres "juegos" o "sistemas" simultáneamente: el que pone en jaque la optimización de sus recursos; el que elige la mejor opción para el rendimiento de su equipo y el que espera una repuesta por parte de sus compañeros cuando se es o no poseedor de la pelota.

Las meta-representaciones son esquemas que nos hacemos de los demás en cualquier interlocución social. Raigada y García-Lomas rigen sus explicaciones por *"los esquemas activados y las meta-representaciones referidas a las intenciones, creencias y estados mentales de nuestro interlocutor (teorías de la mente); juegan un papel fundamental en la regulación de nuestra propia conducta, pues anticipan una expectativa acerca de los límites específicos de esa interacción, o para decirlo con otros términos: colaboran en la formación del sentido mismo de la interacción."* Un buen jugador socio-afectivo sabe leer todo tipo de informaciones que le llegan de manera aferente para poder devolverlas de una manera eferente no prejuzgada en cuanto a lo psicocaracterial de su compañero y sí en lo que éste pueda aportar al juego de equipo. Ahora bien, cuando un futbolista no se relaciona bien en el campo y, además eso provoca algún tipo de discusión, puede ser porque el caso contrario de las meta-representaciones no lo domine llegando a confundir y utilizar el esquema social inadecuado aplicado al fútbol.

- *Condicional*: Raigada y García-Lomas en su modelo MDCS abren la llave de la despensa en un diálogo que, según ellos, "no es banal": *"Desde una perspectiva psicologista, por el contrario, el tipo no es más que el registro analítico de las propiedades comunes y diferenciales de los esquemas individuales, los cuales se formarían con independencia de los tipos de esquema previos. Es decir, serían los esquemas individuales los que anteceden y dan forma al tipo, pero no al contrario. En cualquier caso, los tipos de esquemas imperantes en un grupo social se referirían a un modelo social de "esquema" objetivable al que responden, como ejemplares de ese socio-concepto, cada uno de los esquemas individuales, ya sea porque el modelo forma los ejemplares en el plano socio genético o sea porque los ejemplares dan forma al modelo y se generan con independencia de él." ¿Esto nos viene a decir que los esquemas individuales son objetivables y anteceden al tipo?, ¿las características personales son objetivables para el posterior desarrollo de ese socioconcepto?* Para nosotros el análisis del buen jugador lo marcan las posibilidades del tipo y no las posibilidades individuales. Hipotecar las futuras posibilidades de un futbolista a sus condiciones antropométricas es como querer adivinar el futuro con una bola de cristal. Observemos a Iniesta, Cazorla, Xavi, Mata, Silva, Canales… cuya fuerza es aplicada a las acciones más finas, de alta costura, de contracciones musculares teledirigidas al servicio de un juego iterativo que dan pinceladas a su arte, a su *"saber hacer".* Hay jugadores de parecidas características y no son tan determinantes en el juego de su equipo, *¿son menos buenos?* Quizás no, pero no por otra cuestión más que por entender y comprender que el cuerpo no está disociado de una buena orientación en el espacio. Todos hemos visto jugadores muy pequeños llevarse balones en una disputa cuerpo a cuerpo, aguantarla de espaldas e incluso girarse en dirección opuesta sin perder la posesión. Las condiciones intrínsecas son determinantes pero como ya se sabe, la potencia sin control… De hecho, *el cuerpo interpreta con metarepresentaciones y se relaciona con el control y adaptabilidad suficientes que su capacidad motora le permite.*

> En la célula, la transmisión neuromuscular es inherente al devenir jugado ya que fisiológicamente se organiza para todos por igual, pero si creemos en el fenómeno del ser vivo y de la autopoiesis, las sustancias generadas en el organismo serán entendidas (meaning) por el músculo a través del ambiente en el que hayan sido empleadas. *Ser buen jugador es correr más y mejor.* Lo mismo, dicho sea de paso, defender con faltas no es defender mejor.

- *Coordinativa*: el arquetipo del bueno, el técnico, el sublime, el que marca la diferencia, el que hace al nervio óptico vibrar cuando los destellos de un dribling aparecen como una estrella fugaz...Ohhh!!!...suspira nuestro cerebro...Ohhh!!!...tiemblan nuestras pupilas, un regate imposible. Es la más controvertida para describir; la más clara para todos, la que los afortunados a disponer de ella no ven a veces porque nubla su mente. Está asociada, mal asociada en nuestra opinión, al concepto conocido como técnica. Es mucho más que eso. Repetimos las palabras de Guardiola: "*sin un Messi o un Di Stéfano es imposible conseguir estos récords*". En gran parte estamos de acuerdo, no vamos a descubrir oro; aunque oro no es todo lo que reluce. *No caer en un reduccionismo conceptual forma parte del buen analista de fútbol.*

La capacidad coordinativa de la "Saeta Rubia" y de "La Pulga" son sublimes en el dominio del balón; pero la capacidad de acoplamiento y adaptación a los espacios de los jugadores menos portentosos en dicho dominio del esférico hacen que hayan sacado a relucir su máximo potencial; *¿o es que no fue bueno Julio Salinas?*, hasta donde nosotros sabemos, no con un depurado dominio del balón; pero gran dominio del espacio vital de un delantero centro: el área.

Preferimos establecer una manera de interpretar esta multiestructura de un modo altamente específico, tal es el caso que hay jugadores que por mucho trabajo coordinativo que realicen, su orientación corporal hacia el juego no se va a modificar positivamente hasta que no entiendan el mismo; de hecho, suelen entorpecer las relaciones entre los demás y condicionar el devenir de la circulación de la pelota ya que no caen correctamente al costado de un medio centro de una manera orientada a su pierna buena, o corren antes de pasar, o únicamente entienden el juego orientados de atrás adelante...pero también se da el caso opuesto, quien motrizmente es "muy inteligente" pero no entiende lo que hace aún haciéndolo todo bien. La solución a esto es, además de no desistir en la interiorización por parte del jugador, porque siempre hay mejora, en provocar mediante sus comportamientos en el terreno de juego lo que mejor le vienen a las interacciones más apropiadas para todos. Quizás este razonamiento sea más de la estructura cognitiva pero si queremos comprender el todo, hay que intervenir correctamente en las partes.

Los estudiosos de la motricidad nos han dejado multitud de campos abiertos para el estudio de las capacidades coordinativas. Todas ellas tienen, en referencia a la autopoiesis, una ontogenia celular o dicho de otro modo: están supeditadas, como ser vivo *"al cambio estructural de una unidad sin que ésta pierda su organización. Este continuo cambio estructural se da en la unidad, en cada momento, o como un cambio desencadenado por interacciones provenientes del medio donde se encuentre o como resultado de su dinámica interna".*

Veamos las estructuras de las capacidades coordinativas (Meinel y Schnabel, 1987), citado por Lago Peñas y López Graña[82], definidas en el cuadro de la página siguiente.

No pensamos que el quid resida en puntualizar y evaluar cada una de ellas para atisbar si un jugador es mejor o no. Lo más importante del esquema es la capacidad. Al igual que en la estructura cognitiva, hablamos de la idoneidad interpretativa. Cuando analicemos a un jugador desde el punto de vista coordinativo es un acierto hacernos la siguiente pregunta: *¿sería capaz de…?, ¿podría…?,* lo que nos ayudaría a ver más allá de la percepción que tenemos sobre lo analizado siempre que el prisma sea pensando en el modelo. Posiblemente en un juego de rondos y habilidades varias, los jugadores blaugranas no elijan a Mascherano como compañero de fatigas; pero cuando de interpretar situaciones que albergan esperanzas se trata y jugar se torna en lo importante, la elección cambia por completo; la "técnica" queda supeditada al entendimiento, nos va a permitir no poner límites al análisis. Una vez que vemos de lo que es capaz un jugador en función del despliegue del juego, lo más importante es *no redundar en el proceso de entrenamiento con aquello que es capaz de dominar, no tiene mayor sentido, pero si visualizar lo positivo de dicha tarea para extrapolar la inestabilidad como herramienta que nos aporta una serie de conexiones neuroconductuales necesarias para el proceso.*

---

[82] *Las capacidades coordinativas en los juegos deportivos colectivos. El balonmano.* Enlace: http://www.efdeportes.com. Revista Digital- Buenos Aires – Año 6 – Nº30 – Febrero de 2001. Última fecha de consulta (28-08-11).

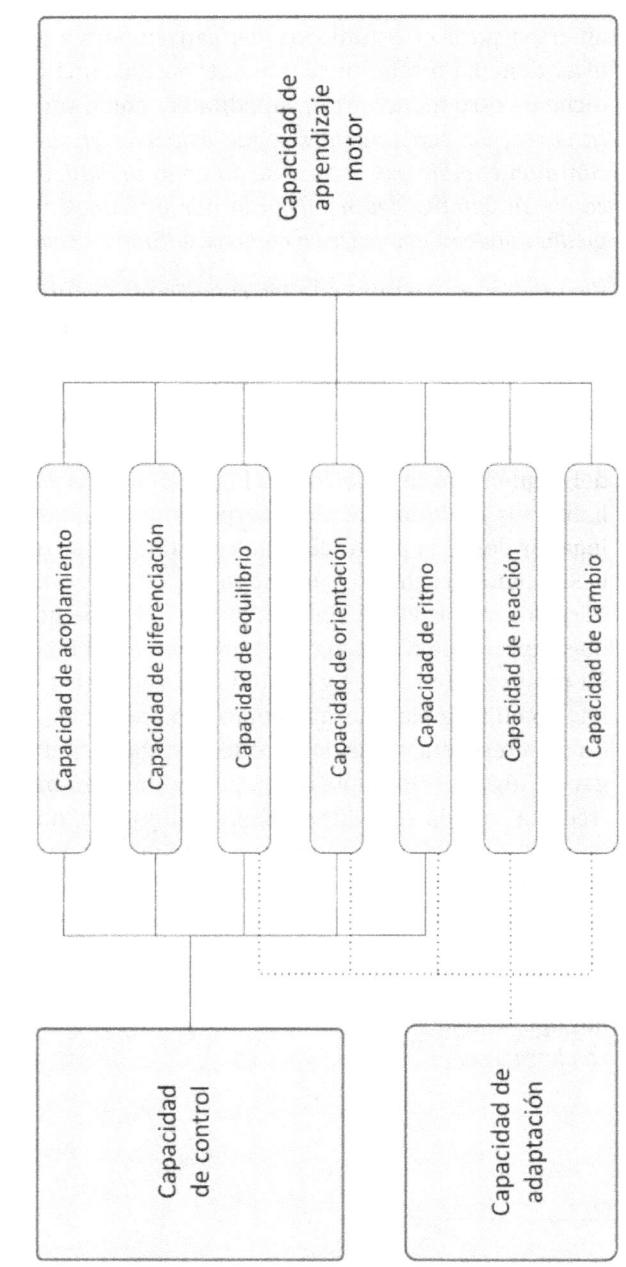

La neurociencia, entre otros muchos senderos recorridos, cultiva y se alimenta para poder mejorar las capacidades coordinativas del sujeto tales como el dominio del balón. Según Portolés[83], mediante la aplicación de la misma, ha habido una mejora significativa en el tratamiento del balón con la pierna no dominante. Todo este tipo de aportaciones llenan de orgullo la palabra ciencia, aunque la forma de mejora está muy descontextualizada. *Para que el supuesto mal llamado gesto técnico evolucione, dentro del juego ha de existir una relación pasional con las posibilidades de acción (affordance) percibidas por el jugador.* No es lo mismo mejorar con la pierna dominante o no dominante en habilidad; por ejemplo, con un jugador durante uno o varios entrenamientos mecanizando movimientos que simulan un viaje a ninguna parte que con tareas dedicadas a lanzar un órdago a la incertidumbre, así como driblar problemas en competición; entró el miedo. Las posibilidades de acción actúan como antídoto al movimiento armonioso, a la serenidad. *¿Un para-balones o un portero?, ¿un buen portero sólo hace buenas paradas?* Si pretendemos incrementar el nivel de control y afinamiento debemos empezar por erradicar la diferencia entre técnica y táctica: dos plazas de aparcamiento para una única realidad; una única realidad que ocupa un doble estacionamiento. Asumir que la primera no tiene sentido sin la segunda; la segunda fue antes que la primera y como tal hay que entrenarla.

- *Expresiva-creativa*: el aumento de *la creatividad* es una necesidad primaria, como hemos analizado ya. Normalmente *la tratamos,* no sólo en nuestro ámbito, *como la cúspide de la pirámide.* Las necesidades básicas son: despejar, quitar el peligro de encima, tirar a puerta siempre que se pueda, no regatear en zonas peligrosas, llegar antes a la consecución del premio del gol, la gran mayoría de veces a través del golpeo en largo...y...como si del título de una canción se tratase, *¿quién me ha robado la creatividad?*

    Ésta se refiere al proceso complejo, dinámico e integrador que involucra a la vez procesos cognoscitivos y perceptuales hacia la crea-

---

[83] *Módulo "metodología para el desarrollo de la velocidad". Máster Preparación Física en Fútbol por la UCLM.* Las Rozas, Madrid. (2005-2007).

ción de algo nuevo constituyendo la actividad humana más elaborada.

Si relacionamos emociones y creatividad, debemos referirnos a los estudios en 1976 del psicólogo Flanders, de la Universidad McGill de Montreal, los cuales dudan de que ésta sea la expresión de la emoción, sino la exploración de lo desconocido y la expresión de un orden nuevo. *¿Qué poder hacer para favorecer ésta?:* fomentar momentos generadores de oportunidades, de multiproyecciones, de apertura. Muchas personas hablan de jugadas creativas cuando en realidad lo que acaban de presenciar es la habilidad de un jugador en un momento dado del juego. Pero eso, a nuestro modesto entender, no es la creatividad a la que aspiramos, aunque tampoco la desechamos. *Es mejor jugador el que intenta desarrollar talento que el que lo tiene a raudales y "no es capaz" de ponerlo al servicio del momento útil.* De talentosos están llenos los campos de fútbol modesto.

La novedad en todo ello es el elemento diferenciador de la creatividad, éste no necesita producirse por medio del azar, de hecho, con alta frecuencia deviene de la combinación del conocimiento preexistente propulsado por la probabilidad de variación y de nuevas asociaciones.

La expresión creativa nace, se construye, se gesta metro a metro sobre la libertad de movimientos, jugando como sinónimo del verbo construir. Además, vislumbra un cierto efecto sumatorio en tanto en cuanto, la creatividad está íntimamente ligada a emociones positivas, con lo que vamos a estar más receptivos, y vamos a relacionar y asociar elementos diferentes estando en mayor disposición también de incrementar nuestro potencial heurístico (la heurística es la capacidad de un sistema para, de forma inmediata, realizar innovaciones positivas para su fin y en este proceso, interviene la pauta creativa y el pensamiento lateral como canalizadores).

La empatía, por su parte, también favorece la creatividad ya que, en todo proceso creador, el sujeto, además de estar en contacto con sus emociones, lo ha de estar con las ajenas.

Defendemos la expresividad como una multiestructura sistémica que va unida a todas las anteriores, al servicio del juego y por el buen hacer del mismo, no lo olvidemos. No podemos dejar de preguntarnos, *¿por qué queremos desarrollar la creatividad dentro de tareas al servicio del gesto técnico?, ¿qué se consigue?, ¿acaso no es más creativa la actitud por entender lo que pasa a nuestro alrededor?* La muestra de una intención creativa nos ratifica con certificado de calidad la complejidad del ser vivo; en términos autopoiésicos, tal y como exponen Maturana y Valera, una *"variabilidad con la cual se modifican los posibles fenotipos expresados por un mismo genotipo, dependiendo de circunstancias ambientales o de interacción con otros genotipos no alélicos (proporción que se observa respecto al conjunto génico en el cambio evolutivo)"*.

Esta estructura, según Seirul'lo, va acompañada de todo un mundo expresivo. *¿Será porque la creatividad es sinónimo de libertad y ésta el reflejo de una personalidad?* No hay dualidad que valga. Toda multiestructura necesita de la expresión neurofisiológica, y al decir neuro, la expresividad es un ingrediente sin el cual lo neuronal, simplemente, es inteligencia artificial donde la contracción muscular busca un por qué. No hay porqués selectivos en los cuadros dibujados sobre el lienzo de la expresión. Somos conscientes de que el propio Seirul'lo abre de par en par las puertas a la posibilidad y existencia de más multiestructuras.

Nosotros, modestamente, abrimos las compuertas a la posibilidad de redefinirlas o introducir cambios desde las nuevas corrientes de la neurociencia, medios no disponibles cuando hace dos décadas, momento en que la teoría fue gestada, la plasticidad cerebral, las neuronas espejo y otros constructos neuropsicológicos no pudieron ser tenidos en cuenta.

4.5. ¿UN ADIÓS AL ACTO TÁCTICO?

"Si de algo soy rico es de perplejidades y no de certezas"
Jose Luis Borges (escritor argentino de gran relevancia en la literatura del S. XX)

"El fútbol empieza con la cabeza y termina con los pies"
Horts Wein

Segmentar percepción, pensamiento y acción se aleja del funcionamiento natural y real de nuestro cerebro, lo que nos lleva a cuestionarnos y replantearnos ciertas formas de analizar el comportamiento del jugador sobre el terreno de juego.

Que la percepción, el pensamiento y la ejecución tienen lugar es algo que por supuesto no negamos, pero sí pensamos que hay que analizar desde una perspectiva diferente.

Del mismo modo que no concebimos hablar de entrenamiento "integral" en tanto en cuanto no se trata de unir o desunir subcomponentes de un "todo" irreductible desde su propia esencia, tampoco podemos disgregar otra esencia que pensamos es igualmente irreductible y sobre la que no atribuimos el carácter sumatorio o concadenante con el que se nos presenta la mayoría de veces.

En nuestro intento por avanzar en ese sentido, nos formulamos, entre otras cuestiones, ¿qué hay del "Acto Táctico"? (Malho, 1969). En su teoría, el autor "fragmenta" la percepción y análisis de la situación, la decisión y la ejecución, de forma clara, definiendo la acción de juego como una *"combinación significativa más o menos complicada de los diversos procesos motores y psíquicos indispensables para la solución de un problema nacido de la situación del juego"*. Estas fases, para el autor, son interdependientes y tienen una influencia mutua; pueden darse simultánea y alternativamente de forma que garanticen una buena acción constituyendo un conjunto de acciones no fortuitas unidas entre sí, por una idea, objetivo o motivación.

En contraposición, un estudio expone (Pimand, 1993) que las fases de la acción de juego se dan de forma secuencial con un orden determinado, haciendo que el jugador tenga que tener una conciencia visual. El entrenamiento y la experiencia hacen automatizar ciertos gestos y el futbolista experto es capaz de realizar más de una acción a la vez, por lo que se solapan temporalmente varias acciones. La acción de juego no es algo físico que se produzca al azar, existen procedimientos físicos pero a la vez cognitivos que permiten entender qué está pasando y solucionar problemas que sean del mismo juego.

Llegados a este punto, queremos plantear que, neuropsicológicamente hablando, podemos considerar la percepción como un proceso a través del cual se elabora e interpreta la información en forma de estímulos para organizarla y darle sentido de forma consciente. En este proceso, por tanto, hay un "reconocimiento" de la información básica a través de los sentidos.

Estudiar la percepción implica también considerar el concepto "sensación". Los límites entre percepción y sensación en ocasiones pueden parecer un tanto difusos aunque nosotros pensamos que el término "sensación" alude a experiencias resultantes de estímulos simples y aislados. La "percepción", por su parte, requiere interpretar las sensaciones a las que ha dado significación a partir de la experiencia.

Si nos acercamos a lo que dos grandes estudiosos de este fenómeno concluyen, nos encontramos con que Luria[84] sostiene que las percepciones, a diferencia de las sensaciones, son fruto de una compleja labor de análisis y síntesis, a la vez que destaca su carácter activo y mediatizado por los conocimientos y las experiencias del sujeto. Bunge[85] propone que las sensaciones son actividades del sistema sensorial localizado en el sistema cortical primario, mientras que la percepción es la continuación de la actividad pero en áreas corticales superiores asociadas al sistema neuronal plástico (áreas de asociación).

Los estudios de estos autores nos aproximan a la fundamentación de nuestra perspectiva, alejada, obviamente por lo que promulgan las teorías del procesamiento de la información que interpretan la sensopercepción como un proceso continuo con varias etapas: entrada, transducción, actividad intercurrente y salida.

Hagamos una pequeña parada en el camino y dejemos paso y espacio para que nos acompañe en nuestro paseo otro autor como es Piaget[86], padre de entre otras, Teoría del Desarrollo Cognitivo. El mismo considera que se deben superar tres fases o mecanismos para que se produzca un aprendizaje significativo. La primera fase denominada *"asimilación"* consiste en adecuar una nueva experiencia en una estructura mental existente. La segunda, llamada *"acomodación"* requiere revisar el esquema mental preexistente a causa de la nueva experiencia. Por último, el llamado *"equilibrio"*, consiste en buscar la estabilidad cognoscitiva a través de la asimilación y la acomodación.

---

[84] Neuropsicólogo y médico ruso considerado uno de los fundadores de la neurociencia cognitiva.
[85] Físico, filósofo de la ciencia y humanista argentino; defensor del realismo científico y de la filosofía exacta.
[86] Fue epistemólogo, psicólogo y biólogo suizo, creador de la epistemología genética y famoso por sus aportes en el campo de la psicología genética, por sus estudios sobre la infancia y por su teoría del desarrollo cognitivo.

No piense el lector que no le invitamos a nuestro paseo, es el primero de la lista y desde la página primera de este libro. Pero ahora es el momento de sentarnos todos juntos y reflexionar.

Partiendo de las premisas expuestas, y tras plantearnos la percepción como fenómeno neuropsicológico, debemos plantear qué ocurre con la toma de decisiones. El futbolista constantemente está expuesto a ello.... Desgraciadamente a nuestro entender, hay técnicos que cretinizan al jugador de un modo tan extremo que podríamos hablar de "*cretinización neuropsicológica*"[87] ya que si el fútbol arranca en la mente y utiliza como traductor al pie.....*¿qué pasa con el jugador que toma decisiones completamente mediatizado por miedos infundidos por el técnico?*

¿Qué ocurre con el término "libertad" a la hora de tomar decisiones? Utilizamos el entrecomillado porque la neurociencia nos explica, entre otras cosas gracias al desarrollo de las técnicas en neuroimagen, que antes de entrar en la conciencia (de que el jugador es consciente), tal y como expone el neurocientífico Haynes,[88] muchas decisiones ya están tomadas por complejas redes neuronales. *¿La toma de decisiones es, por tanto, un acto inconsciente?* Hemos expuesto anteriormente este concepto, pero profundicemos tomando la neurociencia como eje entre el libre albedrío y el azar.

¿No piensan que el azar está muy presente en el desarrollo de cualquier partido de fútbol? Pero queremos ir más allá: al azar lo aceptamos como invitado contra el que no podemos luchar... ¿o a lo mejor sí?, ¿qué hay del libre albedrío?

El azar es una causalidad presente en diversos fenómenos que se caracterizan por causas complejas y no lineales. El libre albedrío o libre elección es la creencia de que los humanos tienen el poder de elegir y tomar sus propias decisiones. El concepto es comúnmente usado y tiene connotaciones objetivas al indicar la realización de una acción por un agente no-condicionado íntegramente ligado por factores precedentes y subjetivos donde la percepción de la acción del agente fue inducida por su propia voluntad.

---

[87] Ver Glosario. Cervera Villena, Francisco J.; Coba Sánchez, Rosa Mª. *El jugador es lo importante*. (2.012).
[88] Bernstein Center for Computational Neurosciencie. Berlín.

Cuando el futbolista toma una decisión, concurren cuatro procesos esenciales: hay un proceso cerebral, lo que ocurre en el cerebro (la percepción), la conciencia de que sabes lo que quieres hacer (el pensamiento) y la acción. Pero hay más. Como habrá advertido el lector, falta un proceso; el que tiene la llave maestra, el que a nuestro entender no se tiene en cuenta y hoy en día la neurociencia nos muestra y tiene que ver con que "algo" ocurre en el cerebro que prepara e influye en la toma de contacto consciente. Tradicionalmente se ha sobrevalorado el papel de la conciencia, el análisis racional de todas las decisiones que tomamos y pensamos, humildemente, que no es del todo así: hay un gran procesamiento en segundo plano y un tiempo en la toma de decisiones que se "escapa" de la conciencia. Llamémosle a este proceso *"pre-conciencia".*

Cuando un jugador en pleno desarrollo del partido ha de tomar decisiones, que como venimos exponiendo, deben ser eficaces y rápidas "siempre", la conciencia debe rechazar parte de la información que percibe para poder tener una imagen simplificada y más útil del entorno que le rodea. El cerebro del jugador, en ese momento, contiene multitud de mapas mentales que se corresponden de forma más o menos ordenada con el mundo exterior y superpone unos y otros para crear una realidad. Por tanto, la percepción depende de cómo cada individuo procesa la información que le rodea, de ahí que cada persona sea diferente a otra: cada persona interactúa con el entorno de un modo único e intransferible, o lo que es lo mismo, la percepción es diferente en cada uno de nosotros, aunque el estímulo a percibir sea el mismo. Las emociones es el último mapa en esa superposición que necesitamos para entender lo que nos rodea.

El profesor Haynes afirma que cada pensamiento que tenemos sobre algo está codificado en un patrón específico de actividad cerebral. Ello nos conecta con las posibilidades de aprendizaje automático y con el aprendizaje gracias a las neuronas espejo. Se nos ocurre en este momento, que equipos como el F. C. Barcelona, del que entre otras cosas se alaba el que *"interpretan el juego y juegan de memoria"*....podríamos encontrar en esta exposición, el sustrato neurocientífico a dicho estilo, a dicha filosofía de juego.

¿Cuántos lectores, honestamente, han pensado que estos conceptos de interpretar y jugar de memoria pudieran parecer, a priori, incompatibles o contradictorios? Interpretar implica apertura, imprevisibilidad, necesitar el desarrollo del juego para leerlo, no hay partitura previa cerrada....y sin embargo.....jugar de memoria parece que evoca significados contrarios......Lejos de la contradicción y del libre albedrío, la neurociencia nos muestra que necesitamos el sistema completo y funcionando a la vez....no nos vale parcializar. Una cosa no nos lleva a la otra. Todo funciona a la vez y a través de un único canal.

Los componentes que conforman la "*pre-conciencia*" tienen que ver fundamentalmente con la "*cognición heurística*". En el proceso de toma de decisiones, la intuición y el inconsciente configuran lo que nos atrevemos a definir como "*razones irracionales*". Cuando de decidir rápido y bien se trata, debemos tener en cuenta que no siempre se puede decidir en base a la racionalidad. El principio de que cuanta más información tengamos mejor vamos a decidir, no funciona siempre en este contexto ya que en el juego intervienen multitud de procesos ajenos a la lógica, por tanto debemos promover "atajos" al cerebro para que éste sea eficaz. En ese caso, dos o como máximo tres opciones son más productivas que dispersarnos en un gran número. En ese caso, "ignorar" información es un acto positivo. Este planteamiento nos conecta con la heurística del reconocimiento: *escoge lo que conozcas.*

Aplicándolo al juego, el entrenamiento debe proporcionar, como venimos argumentando, el máximo de interacciones posibles de modo que sean reconocidas por el jugador, le sean familiares, se automaticen determinados movimientos, se *"vivan los momentum"* como dijo Steve Jobs[89] y se promuevan acciones con diversos planteamientos de respuesta y, en el momento del juego, el jugador lea éste y ejecute pudiendo tener *acotadas en el infinito mar de respuestas y se encuentren dispersas en lo concreto de cada interacción* sus movimientos en el campo. Este concepto lo llamamos *"amplitud de juego concreto"*[90]. Se trata de elegir, de reconocer lo que realmente necesitas en cada momento. De ahí que como hemos expuesto y expondremos a lo largo de esta obra, sin pretender promulgar dogma de fe alguno, sí defendemos que hay una ecuación muy importante a considerar a la hora de que el técnico prepare su trabajo, y es plantear tareas de entrenamiento de juego real, en las que las neuronas espe-

---

[89] Elliot, J. *El camino de Steve Jobs. Liderazgo para las nuevas generaciones.* Aguilar. (2011).
[90] Ver Glosario. Cervera Villena, Francisco J.; Coba Sánchez, Rosa Mª. *El jugador es lo importante.* (2.012).

jo, los mapas mentales y las interpretaciones correlacionales del modelo, entre otras herramientas, resulten el vehículo para que en el juego, el verdadero protagonista, ya saben: el jugador, pueda elegir, pueda JUGAR.

A modo de ejemplo, vamos a plantear al lector una posible tarea de entrenamiento basada en la amplitud de juego concreto:

PREMISA	
Tras un adecuado análisis observacional, el cuerpo técnico valora la necesidad de trabajar estimulando el rendimiento en el centro del campo porque "diagnostican" que hay una gran pérdida de balón en esa zona	
TAREA	
SUBTAREA 1: EXPERIMENTAMOS	Rotamos la plantilla para que todos los jugadores pasen por el centro del campo creando juego real 11 x 11 o ajustar la plantilla disponible de forma equilibrada/compensada, lo más parecida al juego real.
SUBTAREA 2: VISUALIZAMOS	Visionado de vídeo que ejemplifique el juego constructivo en el centro del campo (imágenes positivas).
SUBTAREA 3: ANALIZAMOS	Utilizamos la interpretación correlacional del modelo de juego en base a los problemas observados en la creación del mismo en la que todos los jugadores participan, los que ocupan habitualmente esa demarcación y el resto. Dicho de otro modo: tomamos conciencia, por tanto, entendemos.
SUBTAREA 4: AUTOMATIZAMOS	Proponemos tareas a tener en cuenta su posible ejecución y que hayamos extraído del análisis, que nos sirvan de guía no-consciente a la hora de tomar decisiones.

Los jugadores toman decisiones en base a lo que infieren, más que en base a lo que perciben ya que la percepción se basa en muchas ocasiones en inferencias. Inferir significa utilizar los datos disponibles sobre la realidad y extraer la conclusión que nos parece más probable. Durante el desarrollo del juego, los sentidos son importantes, innegable, por supuesto, pero en muchas ocasiones nos ofrecen datos parciales y confusos. *¿Cómo será entonces la percepción?, ¿podemos basar entonces la toma de decisiones o el acto táctico en la percepción como primer elemento y punto de partida para elaborar el pensamiento y resolver?* "Percibir", a nuestro entender, es interpretar, inferir. Todo lo que percibimos es una inferencia inicialmente inconsciente a nivel cerebral hay "movimientos en nuestro cerebro sin que seamos conscientes de que los está habiendo" pero una vez la inferencia se proyecta a la consciencia, la percepción "atrapa" al individuo consciente y le participa de la misma, por tanto, sobre el acto táctico como se ha expuesto "tradicionalmente" pensamos que sería posible una revisión con un enfoque algo distinto.

Helmholtz,[91] a finales del siglo XIX ya acuñó el término de "*información inconsciente*" para explicar la percepción. Partimos de que el ser humano debe interponer un proceso de representación mental entre la respuesta sensorial temprana y el perceptor final. Para este autor, la información inconsciente es el resultado de actividades o procesos mentales que permiten el adecuado funcionamiento de la percepción y la misma contiene datos de la experiencia que no están representados de forma explícita en el estímulo. En ese sentido, las sensaciones propioceptivas[92] procedentes de "experiencias perceptuales" pasadas y almacenadas en la memoria son fundamentales en el proceso perceptual.

Los procesos mentales que actúan en la percepción y los que actúan en juicios conscientes, pueden ser diferentes, pero en su resultado, ambos producen una inferencia. Los primeros actúan a un nivel inconsciente y los segundos a nivel consciente. También tenemos que considerar que dichas informaciones no podemos corregirlas exclusivamente a través del razonamiento, de ahí la importancia de los límites como guías, de la amplitud del juego concreto.

Por último, nos resulta fundamental e interesantísimo, considerar el mecanismo de asociación de ideas como precursor, y en muchos casos principal responsable, de la construcción de informaciones inconscientes ya que muchos hechos son conscientes y a base de repetir los convertimos en inconscientes. Si nos esforzamos como técnicos en diseñar tareas en las que el jugador tome conciencia gracias al poder de su pensamiento divergente y gracias a los mecanismos cerebrales activados y alineados correctamente, estaremos ayudando al futbolista a encontrar herramientas que tendrá a punto en el desarrollo del juego para ser utilizadas en la

---

[91] Científico alemán, cuyas aportaciones en el campo de la fisiología, la psicología, la óptica, la acústica y la electrodinámica impulsaron el pensamiento científico del siglo XIX.
[92] Sensaciones relacionadas con los movimientos del cuerpo y con la posición, como el movimiento de los brazos y piernas a partir de los estímulos recibidos por órganos sensoriales especializados situados en los músculos, tendones, articulaciones y el laberinto del oído. Los estímulos pueden generarse por los cambios en la tensión o estiramiento del músculo y como reacción a la fuerza que la gravedad ejerce sobre el organismo.

toma de decisiones real, es decir, con una percepción mediatizada y la toma de decisiones rápida y eficaz. *¿Quién dijo miedo?*

La experiencia, el hábito y el entrenamiento influyen en nuestras percepciones. A mayor asociación, más irresistibles se hacen las percepciones a la hora de ser tratadas en un plano consciente. Si no hay asociacionismo como aprendizaje en el concepto de entrenamiento hay demasiadas interferencias, demasiado campo abonado a la inseguridad, "demasiadas opciones" para decidir...demasiada apertura que dificulta la concretización de la acción. Es la compuerta de la presa que se abre e inunda de inseguridad al jugador. Nade en la dirección que nade está perdido.

Reanudamos la marcha en el camino, seguimos avanzando por nuestra senda teniendo claro que existe un único canal de comunicación, una única vía que es la de las interacciones y éstas son las que nos llevan al acto decisional por lo que nos parece mucho más coherente el término que apuntamos como *"interacción proactiva"*.[93] En esta concepción, las decisiones se toman en base y a través de las plataformas de las interacciones y la acomodación que nuestro cerebro hace de las mismas. Es fundamental, por tanto, observar desde el punto de vista del entrenamiento las interacciones no como un producto "natural" del devenir del juego, sino como la esencia del mismo a través de la que debemos provocar, modificar, en definitiva, considerar que el potencial de aprendizaje en la comprensión y del armonioso desarrollo del modelo reside precisamente ahí.

Para ello, tomando como base algunos principios fundamentales a nivel de desarrollo cognitivo, pensamiento lateral y aprendizaje, hemos desarrollado unos patrones orientativos a la hora de observar el juego y unas pautas, por tanto, para facilitar sus interacciones proactivas que han dado como resultado lo que denominamos como *"canales de interacción"*[94]:

CONSECUENCIAS: dirigir la atención hacia las consecuencias de la interacción. Dividir la observación de las mismas a corto, a medio y a largo plazo.

OBJETIVOS: en muchas ocasiones tenemos una idea demasiado "difusa" de lo que estamos intentando hacer. Objetivar esto, que parece obvio, nos

---

[93] Ver Glosario. Cervera Villena, Francisco J.; Coba Sánchez, Rosa Mª. *El jugador es lo importante*. (2.012).
[94] Ver Glosario. Cervera Villena, Francisco J.; Coba Sánchez, Rosa Mª. *El jugador es lo importante*. (2.012).

ayuda a tomar conciencia de la necesidad de clarificar nuestras interacciones y no difuminar o dispersar.

DUALIDAD APARENTE-REAL: dirigir la atención hacia lo más o lo menos positivo, pero positivo.

PRIORIZAR: demasiadas cosas pueden ser importantes pero sólo algunas lo son en cada momento. Recordemos la búsqueda de atajos como medio facilitador en la toma de decisiones al tiempo que no olvidamos que para encontrar atajos hay que conocer excelentemente el camino.

ALTERNATIVAS: podemos multiplicar las posibilidades con un adecuado planteamiento de las mismas. Para ello, el entrenamiento es el canal por el que las vamos a ir descubriendo.

PUNTO DE VISTA EXTERIOR: ayuda a difuminar conflictos. "Obliga" a ejercitar la empatía sin condicionales, es decir, no se trata de ponerse en el lugar de otro en condicional (debería estar haciendo) sino en presente (debe estar haciendo).

Todo ello explicado mediante bases del aprendizaje: condicionamiento asociativo, instrumental, ley del efecto, condicionamiento, respuestas autónomas, condicionamiento motor y asociacionismo. El técnico como mero instructor, y no como generador y potenciador, no tiene cabida en esta forma de entender la labor que supone trabajar con un equipo de fútbol.

Todo lo expuesto, es compatible y complementario con el trabajo sobre diferentes herramientas cognitivas tales como la planificación, la dimensión espacio-visual, los tiempos de respuesta, memoria operativa, atención dividida, memoria visual a corto plazo, coordinación motriz, inhibición y estimulación temporal.

4.6. UN CONTINUUM DESDE LA INTENCIÓN GENERADORA A ¿LA INTENCIÓN TÁCTICA?

"Todos los niños nacen artistas, el problema es que sigan siéndolo cuando crecen"
Picasso (pintor y escultor español del S. XIX)

"Para Freud el inconsciente era irremediable, como el destino; para mí, puede ser educado"
José A. Marina

"La escuela mata la creatividad"
Sir Ken Robinson (educador, conferenciante y escritor británico)

"La *ciencia es todavía un bebé*"[95] y conforme avanzamos en las reflexiones del presente libro, más claro tenemos que es así. Como conoce el lector, el objetivo principal de esta obra es plantearnos la búsqueda de herramientas ante la que entendemos necesidad de mejora del jugador y del juego como ente interpretativo. En esta tarea, hacemos un alto en el camino y nos detenemos bajo la sombra de la evolución de los medios encaminados a la creación del modelo sustentado en los valores e intenciones tácticas que lo desarrollan. Según el diccionario de la Real Academia de la Lengua Española, "intención" es *la determinación de la voluntad en orden a un fin. Es importante comprender que la primera base del desarrollo táctico del juego comienza con un valor: voluntad.*

Antes de proseguir, para el desarrollo de la intención es necesario saber que ni los más doctos se han puesto aún de acuerdo en lo que la determina finalmente. Siguiendo los estudios sobre las posturas racionalistas e irracionalistas así como las que compatibilizan ambas vertientes en el desarrollo de la creatividad (Garma, 2011)[96]:

- Irracionalistas: comenzando por Platón y secundado por Freud, para éstos el *"factor irracional se burla y se burlará siempre del raciocinio"*. La inspiración creadora para ellos está en el ensueño, en el ente inconsciente, en las visiones, en algo más allá que la conciencia. Para éstos la creatividad se describe desde la psicología, no se explica. Según Freud, Rank y Stekel, citados por Garma, para explicar la obra de arte en la creación la clave está en las vivencias personales, en la lla-

---

[95] Punset, 2009.
[96] Profesora de la Universidad de Buenos Aires e investigadora externa de las universidades de Mar del Plata (Argentina) y Estadual de Campinas (Brasil) en su publicación sobre *Conceptos relativos a la creatividad artística según Umberto Eco*. A parte Rei. Revista de Filosofía. Publicado en Internet. Última fecha de consulta (19-10-2011).

mada por ellos "*neurosis del artista*". Para éstos existe la llamada *"intención deliberada"*, la cual podríamos describir como supuestos mecanismos subyacentes que dirigen nuestras posteriores acciones. En esta vertiente lo que si parece quedar claro es que hay actividades mentales comunes a todo pensamiento. Según Preta, también citada por Garma, "*quienquiera que piense, un literato o un científico, un artista o un filósofo, participan, aunque con modalidades diferentes, en un mismo proceso cuyas raíces en el plano individual han de buscarse en los contenidos mentales profundos y en ese estado que precede a la elaboración conceptual y que sirve de fondo a toda actividad mental. Fondo profundo y magmático, matriz generadora de acontecimientos que el pensamiento alimenta de continuo*".

- Racionalistas: el referente es Alan Poe en filosofía de la composición, así como Valéry en sus estudios sobre Leonardo. Para éstos la obra de arte es fruto de un plan deliberado, de una actitud deliberativa, de una lógica estricta.

- Garma establece como ejemplo de unión entre ambas vertientes a Pareyson, quien sostiene que en el desarrollo de la creación se unen la idea de composición y desarrollo y la de organización y tanteo. Ambas se entroncan en la teoría de pensamiento e interpretación creativa de Umberto Eco "*lo que el creador sabe y lo que no sabe pueden ser complementarios para intentar comprender cómo se genera la obra de arte*". Ni unos ni otros han logrado dar en "la tecla" del origen creativo. Lo que si es cierto, según Preta (psicoanalista italiana), es que para "entender la dinámica de lo mental ha sido fundamental, dejando a un lado hipótesis conscientes e inconscientes, la relación que entre ambas vertientes sale en claro por el pensamiento psicoanalítico".

Con la intención de pluralizar corrientes y beber de tantas fuentes de conocimiento como nos sea posible, observamos cómo desde perspectivas psicoanalíticas, la creatividad es abordada con la importancia majestuosa de todo proceso inconsciente. Sobre ésta y su puesta en escena se han desarrollado diversas e interesantes líneas de estudio que contemplan combinaciones racionalistas e irracionalistas. Citando a Freud, (Gardner, 2010), "*la actividad creativa no es reflejo inmediato de una intención deliberada; gran parte de su impulso y significado queda oculto al creador individual y, muy posiblemente, también a los miembros de su comunidad"*. La intención creativa, en un principio no es sinónimo de intención deliberada puesto que el individuo no es consciente de lo que sus propias vivencias generan y han generado en su psique.

Este razonamiento nos parece, cuanto menos, llamativo. Cuando en fútbol hablamos de una intención táctica (golpear, chutar, tirar) y de su base para el desarrollo de los medios (tiro), pedimos por igual que cada jugador establezca la intención que lleva al desarrollo de su medio como si de un mecanismo de acción-reacción se tratase: si la petición de la pelota puede ser la base de un medio simple (ver tabla capitulo 7.4) como es una circulación de balón, no debemos dar por hecho que con mostrar un movimiento determinado al jugador, la va a expresar de la misma forma que el resto, siendo el aporte "técnico, coordinativo..." el que determine si juega mejor o peor, si controla orientado o no. Esta manera de pretender aprender es, a nuestro modo de ver, tendente a un "cartesianismo creativo". Brentano[97], citado por Damasio[98], establece *la actitud intencional como el rasgo distintivo de los fenómenos mentales*. El problema resulta de la creencia, no muy lejana en el tiempo, de que tales fenómenos físicos carecían de actitud y referencialidad intencional, es tanto como pensar en acción-reacción. Se ha demostrado, incluso, cómo a nivel celular también se pone de manifiesto un carácter intuitivo. Pensar que hay una diferenciación entre ambos fenómenos, físico y psíquico, en cuanto a intencionalidad se refiere, se nos antoja altamente dudoso.

Refiriéndonos a la motivación, otro gran ingrediente en el festín... observemos como juega un papel nada despreciable en este constructo, ya que nos lleva a plantearnos si la intención deliberada de la que habla Freud, que se sustenta en la motivación y en la necesidad que la misma genera en su puesta en práctica, no puede allanar el terreno a que la intención táctica esté ya más que condicionada de antemano en lo que pedimos al jugador. Dicho de otro modo, si el jugador entiende previamente mediante la puesta en práctica de situaciones de mucha incertidumbre y genera las imágenes preconscientes oportunas, posiblemente el proceso final de intención táctica se vea como la bombilla que emite la luz tras haber sido dado el interruptor con anterioridad. Luego, de nada sirve

---

[97] Filósofo, psicólogo y sacerdote católico alemán que defendió la tesis de la intencionalidad de la conciencia y de la experiencia en general.
[98] Ibídem 33.

trabajar la intención táctica (bombilla) asociada a un medio (habitación iluminada) si la parte del interruptor se ha saltado. Citando textualmente a Damasio[99] *"El cuerpo vivo es el lugar central. La regulación de la vida es la necesidad y la motivación. La elaboración de mapas cerebrales es el activador, el motor que transforma la regulación ordinaria de la vida en una regulación dotada de una mente y, con el tiempo, la trasforma en una regulación consciente".*

El constructo "intención generadora" [100] une lo ya expuesto por ambas vertientes. Está influenciada por imágenes preconscientes retroalimentadas por todo tipo de vivencias que anidan en el subconsciente y se relacionan con la voluntad deliberada de manera inconsciente, totalmente creativa, para luego después, dentro del continuum aparecer como una intención deliberada que no tiene por qué quedar al descubierto (siguiendo a Gardner en párrafos anteriores) de los demás compañeros en general y del técnico en particular. La ¿intención táctica? Sería el ultimísimo eslabón de una cadena, el problema está en que a la hora de entrenarla y plantearla, es tan cambiante el proceso desde que nace de lo inconsciente hasta que el cuerpo lo exterioriza, que sería una contradicción hablar de intención táctica como fenómeno creativo.

Todo lo anterior es un ejemplo latente para el fútbol base y profesional pero, *¿se trabaja el fútbol base desde el punto de vista creativo o desde un punto de vista demasiado racional y poco intuitivo?* Publicó el Periódico de Catalunya (Cruyff, 17-01-2011) que *"no hay malas canteras sino entrenadores que confíen en ellas".* Estamos más de acuerdo con la segunda parte que con la primera; de hecho, las escuelas de fútbol, lamentablemente, como todo proceso de aprendizaje fragmentado, aniquila la creatividad. Marina[101] preguntó a un niño de ocho añitos *"qué debería saber el profesor/a para enseñarle bien. El chico respondió: más que el alumno".* Debemos saber más que el jugador a la hora de cuestionarse comportamientos para con el juego.

Ante una situación creativa, que a priori vemos como simultánea o post recepción y manejo de balón, se abren de par en par las puertas al debate de que inteligencia no es igual a la creatividad, como ya decíamos ante-

---

[99] Ibídem 33.
[100] Ver Glosario. Cervera Villena, Francisco J.; Coba Sánchez, Rosa Mª. *El jugador es lo importante.* (2.012)
[101] Ibídem 4.

riormente, que la intención táctica, en caso de darle curso, pueda estar subordinada a un proceso creativo previo. *¿Cuál puede ser nuestro cometido?:* estimular ese momento, llegar al jugador educando su talento. Una de las conclusiones emergentes a las que llega Gardner es "*el momento del avance*", es decir, la gran cantidad de avances en la creatividad que se dan cuando hay un *"apoyo afectivo y de fuerza social"*. Ahí puede estar parte de nuestro verdadero liderazgo. Esto muchas veces lo excusamos con lo innato, lo genético, tanto por nuestra parte como por la del jugador y quizás estemos equivocados. Hay mucho todavía por hacer, muchas cosas sobre las que "influir".

Como argumento a considerar en la perspectiva planteada, concluimos en este sentido que a nivel neurocientífico existe un único canal de comunicación, una única vía que es la de las interacciones, por tanto no encontramos, en gran parte, sentido a la llamada intención táctica por ser sinónimo de ejecución. *La intención táctica, o como el lector quiera llamarla, no es, en nuestra opinión, la que lleva en última instancia a tomar decisiones, se decide en función de las interacciones y nos parece un constructo deportivo inviable neuropsicológicamente hablando ya que existe una descontextualización del valor a través del juego y una desvirtualización del sentido real del aprendizaje transformacional porque no genera aprendizaje en sí.*

Volviendo a la creatividad, para ser justos con el resto de ramas que han estudiado y estudian la misma, seguiremos viendo a ojos de Gardner el enfoque de otras perspectivas. Para conocer la intención generadora de la que hablamos podemos tomar varios caminos continuando con el proceso de estudio de las diferentes perspectivas:

- Test de creatividad: Nos referimos a los instrumentos de medición que comparan ésta con el pensamiento divergente y nos ofrecen el Coeficiente Intelectual (C.I.). Sin embargo, en este punto aparece el primer problema ya que decíamos con anterioridad que creatividad e inteligencia no son la misma cosa. Guilford[102], en 1977, propuso estudios científicos enfocados a lo creativo. Como diría Gardner, la aproximación a la creatividad desde el punto de vista de "el papel y el lápiz" no es una herramienta muy fiable. Sin pretensión de descartar

---

[102] Psicólogo estadounidense, conocido por sus estudios sobre la inteligencia con su modelo de Estructura de la inteligencia.

aportaciones, y pese a que nos parecía, a priori, interesante estudiar la intención deliberada del jugador desde este punto de vista, quizás haya que considerar una vertiente más interpretativa como es en ciencias sociales el postprocesualismo.

- Un segundo camino otea en el horizonte más cercano observando las interpretaciones cognitivas de la creatividad. Gardner y su equipo han podido examinar mediante inteligencia artificial y métodos complejos la creatividad habiendo podido demostrar leyes como la de Boyle mediante el complejo sistema informático BACON. Éste ha podido llegar a las mismas conclusiones creativas una vez analizados los datos que ha recibido pero como dice Gardner *"el ser humano que resuelve problemas debe de resolver ante todo el problema a investigar"* o lo que es lo mismo: la inteligencia artificial es una creación del ser humano; lo que nos lleva a la toma de decisiones, o dicho de otro modo: dirigir las respuestas. En este sentido Gruber[103] ha estudiado *"sistemas en desarrollo"* en los que pretende investigar qué ideas, vivencias y conductas generativas llevan al ser humano a tomar una respuesta u otra. Quiere estudiar el *"flujo y reflujo de la actividad creativa"*. Nos vamos acercando a considerar que ni la psicometría ni las perspectivas cognitivas acaban de tener una respuesta completa ante lo planteado aunque hay una serie de conductas en la persona creativa que están marcadas por sus vivencias y que tienen un alto porcentaje emocional e influyente en las primeras etapas del fomento de la creatividad.

- Las perspectivas psicoanalistas y conductistas se basan en la personalidad y la motivación. Así, en estudios citados por Gardner, los más creativos manifiestan rasgos de independencia, confianza en sí mismos, falta de convencionalismos, viveza, acceso fácil a procesos inconscientes, ambición y entrega al trabajo. Básicamente, esto genera *"unos matices positivos y un perfil y rasgo de personalidad"* hacia la búsqueda del afianzamiento de las conductas de los jugadores. La previsibilidad no está asegurada, pero sí nos ofrecen pistas para poder dar un empujón al desarrollo de la intención generadora.

---

[103] Psicólogo americano, pionero en el estudio de la creatividad.

A mediados del S. XX, Skinner[104] afirmó al respecto que las personas, en la búsqueda de poder y dinero, se basan en la realización de actividades de tipo creativo y éstas, obviamente, están basadas en reforzamientos positivos del pasado; lo que demuestra que se puede mejorar en cualquiera de las etapas de nuestra vida. Para trabajar la circulación de balón mediante el pase, los desmarques de posesión o cualquier tipo de circulación de jugadores, la intención que mueve al jugador a llevarla a cabo no es tan simple como decirle a éste ¡acércate y pide! o ¡no "ahogues" el espacio de tu compañero! Todo esto debe ser parte de un continuo donde hay una fase previa que no podemos olvidar. Amabile, citada por Gardner, establece que las soluciones creativas por puro placer son mejores que las promovidas por factores externos. La ausencia de evaluación ayuda al desarrollo de la creatividad pero en este sentido la evaluación está siempre presente, nos guste o no, debemos admitir su presencia, aunque no podemos evitar preguntarnos: *¿no sería más fácil vivir si nos evaluaran en función de lo que somos y podemos mejorar?* No quedarnos en la primera evaluación inicial es un tema primordial.

Csikszentmihalyi[105], citado por Gardner, en su descripción del "estado de flujo" nos explica que es aquel en que la persona no es consciente del proceso vivido pero cuando reflexiona y vuelve sobre éste siente que ha estado en una disposición sublime".

Recordando la eliminatoria de Copa del Rey entre Athletic Club y Barcelona en La Catedral (05-01-11), Pinto, portero del conjunto azulgrana, en una situación de juego en la que la mayoría hubieran lanzado el balón lo más lejos posible, éste lo pasó a uno de sus centrales. El comentarista alabó la acción como cuestión de método. El segundo portero blaugrana no se ha formado futbolísticamente en La Masía pero ha adquirido la habilidad suficiente y la seguridad necesaria para dar el balón en esas condiciones. Es obvio que se lo da a todo un Piqué, pero hay que dar el pase bien gracias a imágenes preconscientes que se han ido entrenando y vivenciando. Lo intentó y mejoró. Ahora juega con los pies.

---

[104] psicólogo, filósofo social y autor norteamericano. Condujo un trabajo pionero en psicología experimental y defendió el conductismo, que considera el comportamiento como una función de las historias ambientales de refuerzo. Escribió trabajos controvertidos en los cuales propuso el uso extendido de técnicas psicológicas de modificación del comportamiento, principalmente el condicionamiento operante, para mejorar la sociedad e incrementar la felicidad humana, como una forma de ingeniería social.

[105] Profesor de psicología en la Universidad de Claremont (California). Ha destacado por su trabajo acerca de la felicidad, la creatividad, el bienestar subjetivo y la diversión, pero es más famoso por su creación de la idea de flujo.

Gardner también establece una metodología llevada a cabo por Simonton[106] que tiene en cuenta aspectos de la personalidad y la motivación pero con un enfoque "demasiado" experimental (historiométrico). Los estudios de éste han demostrado cómo la máxima creatividad se da entre los treinta y cinco y treinta y nueve años en general y que incluso en historiadores y filósofos se da muchas décadas después.

Csikszentmihalyi prefiere hablar de dónde está la creatividad y habla del talento individual, el campo y la disciplina en la que se está trabajando y el ámbito que rodea. El entrenamiento de fútbol base se hace desde un punto de vista demasiado específico y sobre una perspectiva muy historiométrica; por ejemplo, obsesionados en dar a cada edad lo que ella requiere en cuanto a medios tácticos, aún cuando éstos podrían ser trabajados antes ya que el pequeño jugador tiene a su alrededor tal cantidad de estímulos y ve tanto fútbol que ya conoce de antemano conceptos a trabajar. Del mismo modo, ni que decir tiene los ya conocidos test predictores de "puestos específicos". *La hiper especialización rompe de lleno la realidad del ente jugador.*

Como diría Simonton, para poder educar el talento ante todo hay que equivocarse muchas veces.

Por nuestra parte, para comprender la evolución de los procesos de la creatividad y la que creemos que es la base de la intención generadora, seguiremos los puntos establecidos por Gardner en cuanto al avance en la comprensión de la misma:

- En primer lugar establece un *análisis subpersonal* relacionado con la disyuntiva de hasta dónde el factor genético es esencial en torno a la acción creativa.

- En segundo lugar introduce *el factor personal*, sobre el que ya estamos empezando a comprender que es más que necesario trabajar, es decir, lo que rodea al jugador y a su entorno. Nos parece importante, por ejemplo, el papel que se puede desarrollar desde una escuela de padres en la que las futuras personas-jugadores (aficionados o profesionales) se vean influenciados por una mejor educación deportiva.

- En tercer lugar, *el factor impersonal*: entender los avances en función

---

[106] Propulsor de la llamada *Teoría de la configuración fortuita*.

del momento en el que se están desarrollando.

- Por último, el enfoque multipersonal. "*¿Está la educación mutilada?*", *como diría Morín. ¿En qué punto están las escuelas de fútbol?* Acercarnos a una multidimensionalidad basada en la interpretación postprocesual del fenómeno humano nos ayudaría mucho más. Desde las multiestructuras sistémicas Seirul´lo ya define la creativo-expresiva. Extrapolando la intención generadora al desarrollo de esta multiestructura y para poder interpretar el juego que nos rodea, el jugador ha de entrenar ésta como un todo vivenciado, sentido y jugado de forma contextualizada. No vemos sentido, aunque entendemos lo que se pretende; de hecho, no estamos de acuerdo en definir una tarea per sé como creativo-expresiva, entre otras cosas, porque todas serían así. Según la afirmación (Robinson, 2011): "*la educación nos lleva a un futuro que no podemos entender*"..."*si desaparecieran las variedades de insectos en el mundo posiblemente desaparecería la vida en la tierra; en cambio si desapareciera el ser humano, la vida volvería a florecer*".

Continuando el análisis veamos cómo la falta de control sobre el ambiente es lo que nos lleva a situaciones de estrés, lo que Sampedro titula "*neurosis de identidad*", *¿será ésta la que reprime a veces la puesta en marcha de una intención generadora?* No lo sabemos, pero el autor atisba que el futuro de la sociedad es "más de lo mismo": "*no me considero ni mucho menos un analista pero sí persona que puede emitir un juicio como cualquiera y creo que en un futuro habrá más medios de análisis que nos acercarán mucho más al supuesto conocimiento del juego pero en un futuro -el fútbol seguirá siendo así-*".

El ser humano en general y los dedicados al fútbol en particular, por querer conseguir ese afán fáustico del que hablan Gardner y Sampedro, vamos por el camino "*de intentar modificar el entorno cada vez más profundamente, sin atender al perfeccionismo interior del hombre*".

4.7. DE LA RAÍZ DE LAS MULTIESTRUCTURAS A LA SAVIA DE UN NUEVO CONSTRUCTO

No hay vientos favorables para el barco que no sabe dónde va.
Séneca (filósofo, político, orador y escritor romano del 4 a.C al 65 d.C)

Permítanos el lector comenzar nuestra exposición introduciendo la siguiente frase: *"el cerebro es el órgano de la acción"*, lo que significa que podemos interactuar con el medio gracias a él. De otro lado, fútbol es interacción.

Por tanto, tengamos muy presentes las siguientes premisas:

CEREBRO = ACCIÓN

ACCIÓN = INTERACCIÓN

CEREBRO = INTERACCIÓN

INTERACCIÓN = FÚTBOL

FÚTBOL = CEREBRO

Por otra parte, tal y como venimos exponiendo en la obra, y aún respetando otras perspectivas, nosotros entendemos que el trabajo de todo futbolista debe estar fundamentado, entre otras cosas, en la no-linealidad del proceso de entrenamiento, en las constantes interacciones, el pensamiento sistémico y las teorías ecológicas y estructuralistas, ya que el jugador es una estructura hipercompleja que está conformada por un conjunto de sistemas complejos.

La linealidad en el entrenamiento de un equipo representa la antítesis a la interacción, a la plasticidad y al progreso, puesto que no nos cansaremos en repetir que frente ciertas cuestiones no podemos pretender luchar. La incoherencia no juega; por tanto.....no le demos absurdos minutos de pretendida gloria.

Un ejemplo de esto último lo obtenemos cuando hacemos el ejercicio de observar el juego del fútbol desde una óptica experimental. Cualquier situación experimental que se precie, parte de una homogeneidad que nos ofrezca la posibilidad de observar, comparar, concluir y extrapolar. Se busca y se necesita el equilibrio y la naturaleza de los elementos estudiados nos lo permite, porque existe de forma intrínseca. En estos casos, el mecanicismo y el conductismo son constructos válidos para explicar dichos "comportamientos". En el fútbol, se busca y se supone que se necesita un equilibrio, el ya mencionado "falso control", pero la naturaleza del elemento estudiado no nos lo permite porque no existe de forma intrínseca a su naturaleza. Aquí, con estas circunstancias, el cognitivismo y el estructuralismo nos dan fundamentación.

De todo ello concluimos que, obviamente, no podemos pretender aislar el juego en un laboratorio y esperar que leyes experimentales cuya base es el equilibrio y unas constantes estables, nos sean de utilidad en nuestra labor, en la que nuestra materia prima es justamente el no-equilibrio y las no-constantes.

En el fútbol se concadenan situaciones sucesivas del citado "no equilibrio" que cada jugador debe resolver, al tiempo que no habrá dos jugadores que ante la supuesta misma situación o similar actúen de un mismo modo, ni siquiera el mismo jugador actuará de idéntica forma ante situaciones similares, ya que su capacidad de interacción está condicionada por una serie de cuestiones, tan personales como intrínsecas a cada individuo, y de un modo tan especial como particular esté siendo su proceso de aprendizaje, su historia, cómo organice su cerebro y del desarrollo del propio juego.

En este sentido, y a modo de ejemplo, veamos qué observamos al poner la lupa en el "espacio" que hay entre el arranque y la finalización de una jugada. En ese espacio, precisamente, es donde se construye el juego y el arquitecto de dicha construcción se llama lóbulo frontal. Pero cuidado....... nuestro arquitecto es muy "especial" y no trabaja a pleno rendimiento si le sometemos a la previsibilidad. Necesita un punto de desequilibrio y nos devolverá como premio la imprevisibilidad resolutiva asociada al talento. ¿No les parece maravilloso?

Podríamos decir que las particularidades del cerebro, cómo funciona, cómo se organiza, cómo realiza interacciones, a modo de ejemplo, la que acabamos de exponer, y otras, son la razón de ser, "la causa" de la exposición que presentamos y la base para el desarrollo de una nueva estructura que podríamos considerar en el aprendizaje, desarrollo y mejora del juego: cerebro y fútbol tienen mucho más en común de lo aparente, ¿no les parece?.

Como venimos explicando, el fútbol son las interacciones.....ese "espacio" que es movido por nuestro particular arquitecto. Recordemos la fórmula: CEREBRO=INTERACCIÓN. Los micro-motores que impulsan el engranaje constituyen en sí una auto-estructura compleja en su configuración y cuyo combustible son las relaciones que se dan entre determinadas capacidades, ya expuestas en este mismo capítulo: condicional, coordinativa, cognitiva, socio-afectiva, emotivo-volitiva y creativo-expresiva, que en sí mismas son complejas y que el maestro de maestros, Seirul'lo ha descrito de forma tan magnánima. Vaya por delante nuestra admiración y respeto.

En nuestra inquietud por entender el complejo y apasionante mundo de las interacciones, y desde la máxima humildad, pensamos que para que se pueda considerar como tal una auto-organización, en definitiva, el resultado de dicha auto-estructura, es necesario añadir un motor, ni más ni menos importante que los anteriores, y que, obviamente, da sentido a cada uno de los anteriores, porque es el nodo que siempre los conecta, pero que además, podría ser considerado a nuestro entender, y con el permiso del maestro Seirul'lo, el elemento "*neuro-adaptativo*", quizás, *¿por qué no una nueva estructura?, ¿por qué no un nuevo constructo?*

En el desarrollo de dicha posibilidad planteada, e independientemente de la denominación, nos parece muy importante anclar desde nuestra perspectiva, un constructo que de armonía y sentido más allá de la obviedad de que el cerebro está "detrás" de las estructuras ya descritas, y es por ello que pensamos que con la información que el desarrollo de la neurociencia, los avances en el estudio anatómico y funcional del mismo, del progreso en neuroimagen, de los interesantísimos, aunque todavía escasos e incipientes estudios en estimulación neuropsicológica no asociada a patología o déficit y de las características de un deporte como el fútbol, proponemos esta línea de estudio, de desarrollo, argumentando desde la base de que potenciando el cerebro, puesto que posee características para ello y dirigiendo esa potenciación al servicio del juego a través del jugador como hilo conductor, podemos llegar a un resultado de progreso, de mejora, de entendimiento de la preparación "futb-holística", de forma que entre otras herramientas de entrenamiento, se encuentren las relacionadas con la estructura "*neuro-adaptativa*".[107]

---

[107] Ver Glosario. Cervera Villena Francisco. J; Coba Sánchez, Rosa Mª. *El Jugador es lo importante*. (2012).

La primera característica de dicha estructura es que es la responsable de poder flexibilizar la táctica y nos permite, por tanto, afrontar el cambio, la concadenación natural de desequilibrio en el juego, con mayores garantías. Al técnico, por supuesto, le ofrece margen para alinear en función de dicho natural desequilibrio, en ocasiones provocado por las circunstancias de lesiones, calendarios, sanciones……al tiempo que le permite flexibilizar en base al "otro" responsable del desequilibrio: el rival. Por último, también permite, como no, adaptarnos al *"desequilibrio resultante del desequilibrio"*.

Juegos de palabras al margen……la estructura neuro-adaptativa nos parece que además de por lo hasta ahora expuesto, debe considerarse con entidad propia porque puede ser y debe ser, trabajada y estimulada desde la globalidad, creando situaciones de entrenamiento, diseñando tareas que permitan altos niveles de interacción y que las herramientas necesarias para resolverlas sean la optimización de las estructuras o capacidades.

El campo de estimulación neuropsicológica para potenciar habilidades y conectarlas con la interacción en un medio determinado, está incipientemente creciendo, tanto como que está todavía en pañales, y nosotros pensamos que en unos años el desarrollo de estas cuestiones va a ser tanto a nivel cuantitativo como cualitativo, muy importante

Hagamos un alto en el camino que nos permita ir conociendo más y mejor la estructura neuro-adaptativa y para ello veamos sobre qué elementos realizamos su fundamentación:

- Las características del cerebro (plasticidad, neurogénesis y complejidad funcional).
- Ambiente estimulador-enriquecido en torno al juego.
- Fútbol como actividad compleja.
- Aprendizaje constructivista.

Situándonos en el primer capítulo de este libro, pensamos que estamos hablando de la estructura que conecta con mayúsculas la mochila y el cerebro del jugador.

La plasticidad, como ya es sabido para el lector, es la capacidad del cerebro para reorganizar sus patrones neuronales en función de nuevas experiencias. La neurogénesis, por su parte, representa la capacidad natural del encéfalo para crear nuevas neuronas.

Hoy sabemos que el cerebro se reorganiza en base a las interacciones, en función de la información que recibe, de ahí, la estimulación posibilita que el cerebro se reconfigure. Ya sabemos que el cerebro se cambia a sí mismo. Cuanto más se usa una nueva hipotética red neuronal, mayor es su nivel de cooperación y de eficacia en la respuesta. Para ser precisos, esta neuroplasticidad sucede a nivel de la llamada sinapsis: el punto de contacto entre dos neuronas. En realidad, se trata de un pequeño espacio donde la información que llega al extremo de una neurona –el axón– en forma de impulsos eléctricos se transfiere a un neurotransmisor, una especie de mensajero químico que deposita el mensaje en la puerta de entrada –la dendrita– de la neurona receptora. Además, sabemos, que la estimulación cerebral induce la producción de unos factores de crecimiento llamados neurotrofinas, que favorecen el fortalecimiento de las sinapsis. *¿No les parece fascinante, en este sentido, observar este fenómeno desde la perspectiva de la combinación entre la estimulación cerebral asociada al ejercicio físico?*

Es importante destacar que afrontando situaciones nuevas, el cerebro entrenado que ha "aprendido a aprender" se reactiva, y para ello podemos diseñar tareas que impliquen que se decodifiquen, almacenen y recuperen diversos aspectos a través de los estímulos con los que hemos interactuado. Para ello, utilicemos la anticipación, hagamos preguntas sobre qué haríamos, utilicemos medios tácticos activos.....sometamos a evaluación lo aprendido o lo experimentado y hagamos del recuerdo no sólo un ejercicio nostálgico, sino altamente eficaz neuronalmente hablando. Todo ello aderezado con una actitud emocional positiva y proactiva, eso es esencial. Un claro ejemplo, ya expuesto en el capítulo tres, el referido a mapas mentales e interpretación correlacional del modelo de juego.

El fútbol como deporte representa un entramado "enriquecido" porque en sí siempre conlleva intrínsecamente un gran número y variedad de estímulos y esto representa una valiosísima "vitamina invisible" para nuestro cerebro.

La estructura neuro-adaptativa, por tanto, tiene dos grandes funciones: de un lado puede potenciar las multiestructuras ya existentes y de otro, estimular neuropsicológicamente diferentes tareas, obteniendo una mejora en las mismas.

Cuando nos referimos a este deporte como una actividad compleja, tengamos en cuenta que cuando hablamos de fútbol y cerebro debemos hacerlo en términos de complejidad, puesto que neuropsicológicamente hablando, ser un futbolista competente implica un trabajo simultáneo y consecutivo de múltiples estructuras neuronales, tanto centrales como periféricas, lo que implica estimular funciones cerebrales superiores complejas. A nivel neuropsicológico, en relación a la actividad motora, cada componente o segmento de una acción, aplicada a la práctica del fútbol, no es una actividad refleja o simple respuesta estereotipada y asociada a un estímulo. La acción motora no es un proceso lineal, caracterizado por relevos estacionales; no es el resultado de una secuencia de operaciones de procesamientos independientes y sucesivos. La retroalimentación y la cuasi-simultaneidad es la característica más distintiva del movimiento voluntario. Veamos como la estructura neuro-adaptativa podría ayudarnos a plantear tareas de estimulación neuropsicológica que tengan como objeto mejorar una estructura. En este caso, partimos del "objeto de deseo" sobre la alfombra verde, como es el balón……La capacidad para manipularlo (con el pie, con la cabeza o con las manos) es una competencia práxica, la cual debe poseer un futbolista, pero ella sola no garantiza el resultado. Su éxito dependerá de que el área de nuestro cerebro pertinente encargada de esta función (zona parietal posterior), realice la integración de las habilidades inherentes y especificas a la practica mediante la *"transformación de los elementos de la intención en elementos de la acción"* (Jubert, 2000)[108], lo cual es algo esencialmente diferente de una construcción práxica al uso ya que en el deporte, a diferencia del resto de actividades práxicas, no hay construcción (no se obtiene como resultado un objeto material permanente). El *resultado* es, en el deporte, una aleatoria puntuación, una clasificación, exponente de la consecución de un objetivo (colocar el balón en un determinado lugar) que se obtiene a través de una acción. El objetivo es convertir la intención generadora en acción, lo que nosotros venimos llamamos interacción.

---

[108] Publicado en http://www.efdeportes.com/ Revista Digital - Buenos Aires - Año 7 - N° 37 - Junio de 2001. Última fecha de consulta (21-07-2011).

Otro ejemplo de neuro-adaptación, en este caso de interacción retroestimulante, que nos ayude fundamentalmente a diseñar taras para la mejora, surge al observar la lateralidad motriz dominante, es decir, si el jugador es zurdo, diestro o ambidiestro. El responsable es, ya lo sabemos, nuestro cerebro, pero no perdamos de vista que del modo en que un jugador interaccione va a poder manejarse de un modo más hábil también con su pierna no dominante si se trabaja y se potencian tareas que permitan estimular el área pertinente del hemisferio cerebral no dominante. Esto se nos antoja fundamental a la hora de ampliar el repertorio de interacción del jugador puesto que le permite ganar grados de libertad.

Un futbolista en interacción ha de realizar, como mínimo, un análisis de tres cuerpos en movimiento en el espacio, hacer un cálculo de su velocidad, prevenir su trayectoria y ajustar la posición mas precisa de su propio cuerpo, ejecutando los movimientos pertinentes. Las áreas asociativas posteriores del lóbulo parietal derecho han de realizar este trabajo en fracciones de segundo y de aquí ha de partir la orden de organizar una rápida respuesta motriz. El camino mas rápido de salida, desde el hemisferio derecho -en virtud del cruzamiento o decusación de las vías piramidales motoras al hemicuerpo contralateral- es el hemicuerpo izquierdo. Es por ello que los zurdos poseen una acrecentada ventaja de milisegundos en esta salida organizada del movimiento tendente a un fin (coincidir con la pelota). Los diestros, por el contrario, tendrán la desventaja de tener que transferir la información al hemisferio contralateral o, en el curso de su desarrollo y aprendizaje, de tener que convertirse en bilaterales (ambidiestros o, incluso, ambizurdos) para unas determinadas acciones o funciones. Pues bien, a nivel neuro-adaptativo, podemos tener en cuenta todas las premisas expuestas y estimular de forma conveniente.

El blog semanal "El Charco" del diario El País (Solari, 17-10-2011), titula "Soluciones ambidiestras": *"Cuando hablamos de lateralidad en el fútbol, solemos pensar en: diestros y zurdos*...un jugador al que no nos atrevemos a encasillar en una categoría general...que no requiera... explicaciones y nos clarifique el pensamiento. Son ambidiestros... *la realidad nunca es tan homogénea*...en cada acción que realizamos en nuestra vida cotidiana mostramos una preferencia...Podemos escribir con la mano izquierda y jugar al tenis con la derecha...*ser diestro o zurdo...se define de acuerdo con cada acción que realizamos*...futbolistas que utilizan una pierna para trasladar el balón para luego rematar con...las dos o...no tienen inconvenientes para moverlo con ambas piernas, pero utilizan siempre la misma para rematar.

Por lo general, el perfil preferido a la hora de cabecear es el opuesto al de la pierna más hábil para rematar, con lo cual deberíamos considerar cabeceadores zurdos a los pateadores derechos y viceversa. *Cuando hablamos de ambidiestros, normalmente nos referimos al remate*...Sin embargo, solo utilizan una de las dos piernas cuando la acción se torna más fina, como en una vaselina...Hagi...zurda magistral...,a veces...con un toque sutil con la derecha por encima del portero...*Algunos jugadores que utilizan ambas piernas de manera menos definida para diferentes acciones resultan aún más difíciles de encasillar.* Michael Laudrup era derecho,...nos hacía dudar sobre su lateralidad...Andrea Pirlo...capaz de controlar, pisar, lanzar e incluso rematar con la pierna izquierda. Todas, funciones diferentes que también realiza con la derecha, aunque prefiere esta última para llevar el balón dominado. *Es difícil definir, en cada caso, si el perfil utilizado para cada acción o el dominio de ambos es algo innato o fruto de un aprendizaje. Xavi, que utiliza la pierna derecha para casi todo, controla con la izquierda los balones que le llegan al centro desde la derecha.* No sabemos si lo hace desde siempre o si es una adecuación deliberada del perfil, lograda por repetición, por convencimiento de la importancia en la velocidad y el sentido con que debe circular el balón. Se asegura así un ángulo visual mucho mayor...

Esta ambigüedad...la encontramos en Pedro aplicada a la conducción del balón. Cuando recibe alto en la banda y decide llegar al fondo, suele encarar al lateral rival a pierna cambiada. Desde la derecha suele trasladar el balón con la izquierda para poder fintar, ganar un paso y empujarlo con la pierna derecha hacia la línea final. Desde la izquierda es capaz de hacer exactamente lo mismo pero al revés.

Pero quizá el ejemplo que más claramente muestre la idea de que se es derecho o zurdo con el pie no según una categoría general, sino según la acción específica a realizar, sea el de Andreas Brehme, el famoso lateral izquierdo alemán. Dueño de un potentísimo disparo con su zurda, solía rematar los tiros libres con esa pierna, pero para tirar los penales prefería la derecha..."

Podemos pensar con todo lo expuesto, que según sean nuestras interacciones, nuestro cerebro se auto-reorganiza para adaptarse a las necesidades. Eso sólo lo hacen los jugadores que tienen como base de entrenamiento las interacciones, el cambio, la no-linealidad.

Por último, en lo referente al aprendizaje constructivista y significativo, tengamos en cuenta que un posicionamiento constructivista es el referido a que el aprendizaje que el jugador realiza en su trabajo diario, implica una reestructuración activa de las interacciones que el mismo dispone en su estructura cognitiva ya que el aprendizaje no es una simple asimilación "pasiva", el sujeto la transforma y estructura en base a las herramientas de que dispone, los esquemas cognitivos previos y sus características personales.

Las principales características del proceso constructivista (Driver, 1986) están basadas en:

- Lo que hay en el cerebro del que va a aprender tiene importancia.
- Encontrar sentido supone establecer relaciones: los conocimientos que pueden conservarse de forma estable en la memoria no son hechos aislados, sino aquellos que se relacionan de múltiples formas.
- Quien aprende construye activamente significados.
- Cada persona es responsable de su propio aprendizaje.

Con este modelo se pretende, (Contreras et al, 2001) adaptado a nuestro ámbito, "...que el jugador tome conciencia de la necesidad del aprendizaje para afrontar los problemas que surgen al tratar de alcanzar los objetivos del juego, y que dicha toma de conciencia tenga lugar en el propio marco contextual del juego. Por último, es preciso que el jugador se involucre activamente en el proceso de aprendizaje, movilizando todos sus recursos cognitivos y motrices, tratando de relacionar lo que ha aprendido con lo que ya han elaborado y asimilado. Este último aspecto es, sobre todo, el que da sentido a la idea constructivista...". "En otras palabras, se trata de valorar la importancia que tiene el que los jugadores tengan una cierta idea acerca de cuestiones tales como el qué, el para qué, el porqué y el cuándo de su conducta, cuestiones que dan contexto, sentido, significado y funcionalidad al cómo de sus interacciones, ya que sin un mínimo conocimiento acerca de la respuesta a tales cuestiones el jugador termina por situarse frente a un aprendizaje mecánico, dependiente y, seguramente, poco eficaz, respecto a la consecución de los objetivos".

Para que los jugadores comprendan las situaciones expuestas se deben entrenar en el marco denominado *"reflexión sobre la acción"*, (Contreras et al., 2001) en el que se recoge que *"...deben promoverse situaciones de análisis y reflexión, individual y colectiva, sobre los problemas y dificultades encontradas al intentar conseguir el objetivo del juego, lo que a su vez, bajo la orientación del técnico, dará lugar a una búsqueda "cognitiva" de posibles soluciones a tales problemas".* Un ejemplo lo podemos encontrar en los mapas mentales e interpretaciones correlacionales, que de nuevo son referidos como herramienta.

Ya tenemos "grandes" argumentos al descubierto: nuestro cerebro es al fútbol lo que la mano al guante porque:

- Está perfectamente preparado para rendir más y mejor ante el natural desequilibrio del juego.
- El ambiente en torno al juego está lleno de estímulos.
- La actividad motora no es un proceso lineal.
- El paso de intención a acción se hace bajo el canal único de la interacción.
- El aprendizaje que se da en el medio en torno al fútbol debe considerar al futbolista como un medio de elaboración activo y en interacción con medio como elemento básico desde la multi-relación.

A modo de conclusión, como hemos expuesto, la combinación de cerebro, ambiente, actividad compleja y estilo de aprendizaje nos lleva a considerar una estructura que hemos pasado a denominar "neuro-adaptativa" ya que entendemos que los tres elementos fundamentales que interactúan y están en la base, en el proceso y el final del todo que nos ocupa: persona-cerebro-juego, precisa de un soporte funcional que no entendemos quede recogido específicamente en las multiestructuras ya descritas y que nos ofrecen una perspectiva de trabajo, interacción y progreso de incalculable alcance.

Capítulo 5

LAS EMOCIONES TAMBIÉN JUEGAN, PERO DESDE EL CAMPO, NO DESDE EL DIVÁN: UN PLAN DE ACTUACIÓN BASADO EN EL MARKETING NEURONAL

"Emoción y emociones... sentir y sentimientos. Las emociones, aunque se piensan, sobre todo se sienten".
Carmen y Juana Mª Maganto Mateo (psicóloga clínica, doctora y profesora en la Facultad de Psicología de la UPV; profesora del departamento de Métodos de Investigación y Diagnóstico en Educación de la UPV)

"No se puede tener un sentimiento sin conciencia, pero no creo que se pueda tener conciencia sin un sentimiento".
Antonio Damasio

Como no podría ser de otro modo, hablar de emociones implica hablar de nuestro cerebro. La vida sin cerebros capaces de generar emociones sería como cohabitar un mundo robotizado en el que nos moveríamos a base de racionalidad sin más. Algún lector pudiera pensar que en ocasiones....quizás nos evitaríamos algún que otro sufrimiento si funcionásemos así pero ello nos llevaría a la involución más absoluta y a la pérdida de la identidad como especie, además de ser poco productivo ya que dejaríamos de tener, vivir y experimentar emociones positivas......la otra cara de la moneda que nos ayuda y da sentido a nuestra razón de ser y estar.

Las emociones, como recoge Morgado[109], en su origen, eran, sin más, respuestas instintivas sencillas que ayudaban a evitar o huir del peligro o nos permitían conseguir beneficios, al tiempo que configuraban una ayuda a la supervivencia en estado puro: evitar depredadores, conseguir comida, refugio y perpetuar la especie.

Las emociones, a ese nivel evolutivo, por tanto, eran conductas inconscientes de carácter instintivo. Con la evolución del cerebro a lo largo del

---
[109] Catedrático de Psicobiología en el Instituto de Neurociencias de la Universidad Autónoma de Barcelona. *Emociones e inteligencia social.* Ariel. 2007.

tiempo, en ámbitos competitivos, las mismas respuestas instintivas, digamos sencillas, fueron evolucionando con componentes más complejos en los que se iban precisando cuestiones que las convirtieron en más eficaces ya que pasaron a ser el desencadenante de respuestas complejas en las que componentes fisiológicos y conductuales cobraban vida, como por ejemplo, prestar atención al peligro, planificar, correr, dirigir la huida, la activación muscular y hormonal que nos ayuda a ejecutar dicha respuesta, en definitiva, la conjunción psicofisiológica a través de la cual funcionamos los seres humanos. Algunas de estas respuestas emocionales son, por tanto, visibles, y otras no lo son, pero existen.

La evolución del desarrollo cerebral, hizo dar paso a la consciencia y se fundamentó en el desarrollo de la corteza cerebral y las conexiones talámicas. El tálamo es la estructura cerebral que en primer lugar recibe la información procedente de los sentidos. A partir de ese momento, el "homo" pasó a ser "sapiens" porque ya no sólo se reproducían automatismos, sino que cobró fuerza la reflexividad, lo que permitió y nos sigue permitiendo, tener la capacidad magistral, fantástica y poderosa de adaptación, lo que en definitiva nos da la inteligencia.

Si los primeros homínidos "desautomatizados", permítannos la expresión, hubiesen conocido el fútbol....en fin, no pretendemos con esta reflexión "deshominizar" a nadie... pensamos que disponían del primer elemento esencial que ellos necesitaron y casualmente nosotros también necesitamos sobre el terreno de juego: la generación de nuevas representaciones contextuales. *¿Prodigiosa casualidad?* Más bien pensamos que se trata de prodigiosa adaptación, o sea, de inteligencia.

No olvidemos, que el paso de la mediocridad a la excelencia está en el ambiente que lo alberga.

Con la consciencia, el cerebro empezó a sentir sus propias emociones: los sentimientos. Damasio, al respecto, expone que *"si las emociones se representan en el teatro del cuerpo, los sentimientos se representan en el teatro de la mente"*. Por tanto, en palabras del propio Morgado, *"el miedo, la sorpresa, el enfado, la ira, la tristeza o la alegría, no son otra cosa que sentimientos, es decir, experiencias mentales que el cerebro genera, basadas en la percepción consciente de los cambios fisiológicos que se están produciendo en el cuerpo cuando estamos emocionados"*.

¿Emoción y sentimiento o sentimiento y emoción?: eterno debate. En la actualidad, pensamos que se produce un circuito retroalimentado que se puede poner en marcha desde la emoción o desde el sentimiento.

Al hablar de sentimientos, debemos poner en paralelo un aspecto importante, como es el sentido interoceptivo, configurando éste el sexto sentido a añadir a la lista de los sentidos "clásicos".

Este sentido es el que nos hace percibir permanentemente nuestro propio cuerpo y su estado. Sabemos, gracias a los avances de la neurociencia, que muchas de las áreas cerebrales que generan los sentimientos son las mismas que hacen posible el sentido interoceptivo. *¿Por qué de la importancia de esto?* Pues porque tal y como exponen Damasio o Craig y recoge Morgado[110], las emociones utilizan los mecanismos cerebrales del sentido interoceptivo para elaborar los sentimientos, lo que parece razonable, ya que los sentimientos no dejan de ser una manera de percibir el propio cuerpo en situaciones especiales, o sea, cuando estamos emocionados.

El siguiente paso de la evolución en consonancia con la línea evolutiva argumentada fue el de la autoconsciencia, que dio paso a la consciencia social, y ahí, justo en ese momento, los sentimientos y las emociones cobran su máxima expresión al servicio de la colectividad ofreciéndonos la majestuosa posibilidad de ser empáticos. Las emociones de corte, llamémosles, social, son emociones complejas ya que pueden al tiempo basarse en emociones primarias y además promover conductas sociales como la cooperación, la competencia o la fraternalización.

¿Es por esto por lo que ha ido evolucionando Benzemá y CR7 en el Real Madrid hacia una nueva socialización de ambos? Tras la goleada por cero a seis en la segunda jornada de la temporada 2011-2012 a domicilio frente al Zaragoza el luso dijo: "Marco los goles gracias al equipo".

Tenemos el escenario configurado con diferentes actores: emociones, sentimientos, instintos y razonamiento, todos ellos en torno al hecho social que nos caracteriza a la especie humana. La función será un éxito si los actores interactúan correctamente, en palabras de Spicer, filósofo de la Universidad de Bristol y recogidas por Morgado: *"las emociones y los sentimientos son el aceite que lubrica el sistema o engranaje de la razón".*

---

[110] Ibídem 109

Las emociones dirigen a la atención y dan valor a las cosas con las que convivimos ya que todo lo que nos emociona acapara nuestro "ojo avizor". Podríamos decir que las emociones tienen una función directiva, tanto en lo que se refiere a las emociones positivas como por descontado y de forma más intensa, si cabe, cuando nos asalta una emoción negativa... ¡qué difícil resulta escapar de las redes de las emociones negativas!, parece que nos inducen irremediablemente a no poder desviar nuestra atención hacia otra cuestión. Las emociones negativas nos "cierran" y las positivas nos "abren" mentalmente hablando.

Damasio, en esta línea de actuación, desarrolla la *"hipótesis de los marcadores somáticos"*, en la que explica que el mejor modo que tenemos los seres humanos de asignar valor a los acontecimientos y experiencias es el hecho de asociarlas a nuestras propias emociones y sentimientos. Así, las cuestiones positivas son las que tenemos asociadas a emociones y sentimientos positivos, tales como la alegría, la satisfacción, el orgullo...y las malas las asociadas a emociones y sentimientos negativos, tales como el miedo, la tristeza, el sufrimiento....

El jugador, sobre el terreno de juego se maneja en un vaivén de momentos que fluctúan tanto o más que el movimiento de traslación del esférico integrados en una sola unidad: él mismo.

De un lado percibe y genera emociones y sentimientos positivos y de otro, negativos. Sabemos que los negativos, en principio, le van a atrapar más: el bucle se retroalimenta y las emociones negativas nos inundan y pueden llegar hasta ahogarnos. Salir nadando es por otra parte imprescindible para poder rendir al máximo...no olvidemos que el rendimiento es un perfecto y armonioso continuo psicofísico; lo uno sin lo otro además de no tener sentido, es del todo imposible. Por tanto, una buena forma que proponemos para poder romper el bucle retroalimentado de negatividad es el entrenamiento en la diversificación de escenarios sobre la base de sus interacciones.

Una alternativa eficaz psicológicamente hablando para conseguir romper el bucle o, lo ideal, desde nuestro punto de vista, es contemplar como un elemento del desarrollo del juego al servicio del jugador, la seguridad (en contraposición con la inseguridad, miedo, bloqueo) que ofrece el entrenamiento en la toma de decisiones que se puede conseguir a través del entrenamiento cuando el mismo genera y tiene como base la diversificación contextual, como venimos exponiendo a lo largo es esta obra, o, dicho de otro modo, diversificar como una herramienta de afrontar el miedo. Las alternativas que el futbolista puede promover en el campo son las que, aunque no le puedan dar la fórmula matemática para el acierto, entre otras cosas porque no la hay, sí le van a dar la posibilidad ante el juego y sus azarosos lances de sentir la seguridad necesaria para generar sentimientos positivos. *Si tenemos la "mente abierta", la creatividad la vamos a tener más cerca, el miedo va a transformarse en activación, necesaria por otra parte, para optimizar el rendimiento.*

Veamos cómo las emociones nos ayudan a poder seleccionar en el terreno de juego lo que nos interesa especialmente.

Si en los entrenamientos se realizan tareas, trabajos, con una proyección clara sobre la realidad que se van a encontrar el domingo, las emociones van a modular la creación de memorias individuales y colectivas ante las diferentes interacciones que se van a hacer del mismo. Para que esto se de es necesario también tener un diálogo fluido en el que no se escondan verdades ni se transmitan miedos por la idea propuesta, de nada sirve decir de palabra mensajes alentadores si durante la tarea transmitimos lo opuesto.

Imaginemos un profesor al que le encargan preparar una exposición sobre un tema concreto y lo hace sin mayor criterio que el de exponer un argumento de forma inteligible, no se interesa por ninguna otra cuestión ni considera ninguna variable más que la de explicar algo que le han encargado.

No podríamos negar que no esté haciendo "parte" de su trabajo, pero eso no legitima al profesor en su tarea. ¿Por qué? Porque faltan tres elementos esenciales para llevarlo a cabo realmente: el ambiente sobre el que nos movemos, el grupo al que va dirigido y los objetivos.

Este profesor, pudiera pensar el oyente que lo hace de forma correcta….pues sentimos decirle que con esos datos, a lo máximo que podemos llegar es a pensar que el profesor es, como mucho, mediocre. ¿Por qué? Pues porque ha preparado una exposición que puede ser muy sólida pero lo ha hecho sin tener en cuenta *el contexto y su poder en la consecución de la excelencia*, sin tener en cuenta los elementos evaluadores o las percepciones que le hagan tener un feedback con el receptor de su exposición partiendo de los conocimientos de éstos, además de que no dirige el objetivo hacia una meta.

Añadamos, ya que no sería justo a la hora de depurar responsabilidades de tan azarosa tarea olvidar al "encargador" de la misma. Como poco, podemos advertir que en muchas ocasiones, los "encargadores" de tareas desconocen la naturaleza de la misma....y así es del todo imposible funcionar de un modo coherente y armonioso. Este ejemplo representa la forma más rudimentaria y elemental del incorrecto funcionamiento que en muchas relaciones sociales se dan. Las emociones, ahí, desprovistas de amparo alguno que le hagan tener sentido a algo muy normal, tal es el caso, en un orador el miedo escénico, pasa de ser una emoción "normal", adaptativa en cierta medida, a ser una condena para el orador, le hace sentirse inseguro y por tanto ese "miedo adaptativo" pasa a ser una tortura que le va a bloquear psicofisiológicamente y que como poco, las consecuencias de todo ello van a ser haber colocado una piedra en el miedo anticipatorio que cualquier otra situación que se nos pueda generar ante otra circunstancia similar frente a un público. En definitiva, malgastamos recursos, patologizamos emociones y conductas, frenamos el sistema dinámico emocional que podría ponerse en marcha como "elemento guía" en nuestro trabajo.

Pensemos en este sentido en el símbolo que pueden adoptar las líneas físicas que enmarcan el escenario: dan al jugador y al desarrollo del juego un marco sobre el que actuar en tanto en cuanto de forma explícita pero pasiva les ayudan a contextualizar, sentir los "momentos" de sus movimientos en el campo "geográficamente hablando". Pues bien, las emociones pueden funcionar de un modo similar, resituando de forma explícita y en este caso activa (en movimiento) los momentos dentro de un marco sobre el que construir el juego y sentirse unidos aún cuando están separados, permitiendo al JUGADOR, ¿recuerdan?, una apertura hacia el mismo de forma extraordinariamente coherente.

Vemos cómo las emociones, tan importantes, esenciales e innegables en nuestro *"diván llamado balón"* pueden ser por obviadas, despreciadas, y acaben siendo un lastre. Nos parece ilógico, como ya hemos expuesto en varias ocasiones, pretender construir un proyecto con objetivos a priori coherentes, en un entorno en el que las emociones se disparan con intensidad elevada por el multiverso en el que se generan (público, medios de comunicación, intereses económicos muy potentes, vidas familiares pendientes de un hilo constantemente, lesiones, destituciones, ascensos, descensos, etc), en el que no es fácil sentir seguridad ya que se trabaja con elementos muy azarosos y muy poco previsibles. El modo más favorable para hacerlo está en la construcción de ciclos de juego coadaptativos con la incertidumbre.... Intentar a toda costa un desarrollo de conceptos y un modelo, sin contemplar el dinamismo y la interacción de sus integrantes, es, además de absurdo, una forma inhumana de exponer las emociones de los futbolistas y de los propios técnicos a un muy previsible "fracaso" ya que la derrota es algo que forma parte del paisaje natural del juego.

No es menos cierto, dicho sea de paso, que la oclusión mental con la que algunas personas conviven en sus planteamientos, les inducen a tener anestesiadas parte de sus emociones, los totalitarismos y los modelos mentales unidireccionales futbolísticamente, necesitan de una retroalimentación. En ese caso, es muy fácil abogar a los errores ajenos, a la falta de esas cosas tan grandilocuentes pero vacías de contenido y peregrinas que se mencionan con la yugular a punto de estallar y algunos piensan que de ese modo, el supuesto poder de la sugestión, propio y ajeno, aumenta y da fuerza al vómito del ego de algunos en nombre del, utilizado partidariamente, interés general. Llegados a ese punto de desconexión con la coherencia situacional, no podemos esperar que las emociones de los demás sean reconocidas como un valor fundamental al servicio del balón, ni mucho menos contemplarlas como ese "plus" que nos parece que son.

Como por encima de todo somos optimistas y tenemos como objetivo compartir con el lector un espacio de alumbramiento de ideas abierto y dinámico, seguimos argumentando, a nuestro entender, otro gran aspecto a considerar, al servicio del proceso de entrenamiento y de competición que las emociones nos pueden ofrecer, muy positivo o muy negativo, según se contemple. Éstas son excelentes potenciadoras de memorias puesto que no sólo nos permiten recordar más, sino tener la sensación de que se recuerda mejor porque los sucesos con un alto contenido emocional se tienden a recordar con gran dosis de realismo y con numerosos detalles, sobre todo, como venimos argumentando, si la situación es desagradable. Un ejemplo límite, de otro lado, para exponer la "potencia" de las emociones negativas ocurre cuando ante una situación extrema y con un impacto emocional muy intenso, la "sobreactivación" cerebral que se produce, con el consiguiente torrente de glucocorticoides y adrenalina que se libera, puede llegar a tener consecuencias claramente negativas sobre la salud de una persona a distintos niveles.

En la búsqueda de nuevas vivencias, encontramos una vez más la clave, y en este caso, entendemos la clave como "la cura" en el caso necesario y por supuesto, la prevención mediante la inestabilidad puesto que es la que nos proporciona la verdadera fuerza para enfrentarnos a cualquier situación; la prevención mediante la estabilidad provoca un "locus control" efímero y engañoso que condiciona y frena al sujeto en el momento que salga de dicha zona de estable: hablaríamos, a nivel metafórico, de una *"propiocepción emocional"*.

Al tiempo que aparecen emociones, como estamos viendo, se dan respuestas psicofisiológicas, pensamientos, conductas....con un significado único para cada persona, por tanto, tenemos claro que las emociones son un fenómeno subjetivo, en tanto en cuanto cada persona los va a experimentar de un modo diferente y/o con matices particulares.

Las emociones, en resumen, son evolutivas, suponen un aprendizaje y aparecen en cualquier situación e intensidad dependiendo de diversos factores. Las hay que de forma clara podemos ver que son patológicas, por ejemplo, cuando reflejan poca capacidad de adaptación o una baja frustración, alteran respuestas fisiológicas, muestran la incapacidad para resolver un conflicto o cuando alteran funciones mentales, sociales y laborales.

El sentimiento, no confundir con emoción, es la experiencia subjetiva de la misma y constituye un elemento de juicio cuando la persona debe enfrentarse a una situación.

A modo ilustrativo, mostramos un extracto de una entrevista que se realizó en el programa "Redes" de RTVE (Punset, 05-10-2008) a Damasio denominada *"El cerebro: el teatro de las emociones",* que resume e ilustra de forma muy interesante el concepto que queremos trasmitir sobre la importancia de las mismas y de lo que significa una adecuada educación emocional:

E.P: un estímulo desencadena una emoción, pero estamos todavía en el cuerpo. Y afirmas que luego, a través de medios complejos, aparecerá el sentimiento. Y esto ya es un asunto de la mente.

A.D: Es muy importante distinguir entre la fase de emoción y la fase del sentimiento. Cuando experimentas una emoción, por ejemplo la emoción de miedo, hay un estímulo que es capaz de desencadenar una reacción automática. Y esa reacción, por supuesto, empieza en el cerebro, pero luego pasa a reflejarse en el cuerpo, ya sea en el cuerpo resal o nuestra simulación interna del cuerpo. Y entonces tenemos la posibilidad de proyectar esa reacción concreta con varias ideas que se relacionan con esas reacciones y con el objeto que ha causado la reacción. Cuando percibimos todo esto, tenemos un sentimiento. Todo este conjunto (el estímulo que lo ha generado, la reacción en el cuerpo y las ideas que acompañan a esa reacción es lo que constituye el sentimiento. Sentir es percibir todo esto, y por eso vuelve a situarse en al fase mental. De modo que empieza en el exterior, nos modifica porque así lo determina el cerebro, altera el organismo y entonces lo percibimos.

E.P: es fascinante porque, aunque afirmas que las emociones pertenecen al cuerpo y los sentimientos a la mente, cuando explicas los sentimientos, dices que cuando tu equilibrio metabólico, tu fisiología, tu química interna, funcionan bien, entonces surge un sentimiento de tranquilidad.

E.P: Cuando hablamos de dominar emociones muy fuertes. Dices literalmente que no puede conseguirse solamente a través de la razón pura, aunque también dices que es necesario una emoción inducida por la razón.

A.D: Hay dos posturas al respecto, la primera, que se puede asociar con Kant, al que literalmente, dices que no, y por pura voluntad lo niegas; y luego está una postura que podríamos asociar a Spinoza o Hume, mucho más humanizada, porque se percatan de que la mejor forma de contrarrestar una emoción negativa es tener una emoción positiva muy fuerte que la neutralice.

Esto nos conduce a lo siguiente: la voluntad es un método para educar la razón en la búsqueda de un estímulo que pueda volverte positivo en tus emociones.

E.P: eso es revolucionario ya que en el pasado se creía que las emociones tenían que reprimirse.

A.D: Hay emociones buenas y otras malas y se podría decir que el objetivo de toda educación, de una buena educación, es organizar nuestras emociones de tal modo que podamos cultivar las mejores y eliminar las peores.

A.D: ....la voluntad es realmente un método para educar a la razón en la búsqueda de un estímulo que pueda volverte positivo en tus emociones.

E.P: La emoción adecuada

A.D: la emoción adecuada es la que pueda reprimir la emoción negativa. Para contrarrestar una emoción negativa hay que tener una emoción positiva todavía más fuerte que la neutralice.

Sin duda, el eterno debate acerca del *"emotion balance" (equilibrio emocional)* tiene que ver fundamentalmente con el engranaje, el acomodo de nuestras emociones y nuestro raciocinio.

5.1. LA INTELIGENCIA EMOCIONAL DESDE LA INTERPRETACIÓN DEL JUEGO

"Ser inteligente o no, no es una característica de usted; es usted."
Elkhonon Goldberg (neuropsicólogo especialista en estudios sobre hemisferios cerebrales)

Partimos de la premisa que supone el símil que podemos hacer entre inteligencia emocional y "actuar inteligentemente".

Gardner, Goleman, Shapiro así como otros precursores y estudiosos de la inteligencia emocional, en 1995 comie nzan a hacen hincapié en la importancia que tienen las emociones y el manejo de las mismas para el desarrollo de la inteligencia en todos sus aspectos y vertientes.

La Inteligencia emocional, según Goleman, "es una forma de interactuar con el mundo que tiene muy en cuenta los sentimientos, y engloba habilidades como el control de los impulsos, la autoconciencia, la motivación, el entusiasmo, la perseverancia, la empatía y la agilidad mental entre otros". Lo especial de todo ello es que estas habilidades, a su vez, se enlazan con otras tales como la autodisciplina, la compasión o el altruismo, que resultan indispensables para una adecuada y creativa adaptación social.

Sugerimos al lector que se formule las siguientes preguntas: ¿tengo la predisposición para observar las conductas?, ¿analizo las situaciones que llevan a los demás y a mí mismo a comportarme de un modo u otro?, ¿intento averiguar qué aspectos impiden solucionar un problema?, ¿tengo los mecanismos necesarios para actuar? Si ha respondido sí a todas las anteriores preguntas, se podría deducir que usted es un ser inteligente emocionalmente hablando. Si no, ya tiene pistas para la búsqueda.

Fundamental, por tanto, conducir adecuadamente nuestras emociones al servicio de los hechos. Controlar los estímulos que nos puedan hacer perder el control de la conducta es una de las claves y uno de los pilares fundamentales que trabajan los psicólogos del deporte.

Para aprender cómo optimizar o cómo funcionar con inteligencia emocional, debemos prestar especial atención como técnicos a los siguientes aspectos:

- Confianza: entendida como la sensación de optimismo en relación al trabajo que uno realiza. A través de ella, se favorecen habilidades para contrarrestar la inseguridad y el miedo.
- Curiosidad: como estrategia para descubrir sensaciones positivas y placenteras.
- Intencionalidad: esta habilidad está ligada a la sensación y a la capacidad de sentirse competente, de ser eficaz y por tanto, al deseo y la capacidad de lograr algo y de actuar en consecuencia. Se asocia al objetivo final. El jugador pone al servicio del objetivo las ganas y la confianza en sí mismo.
- Autocontrol: como capacidad de modular y controlar las propias acciones en una forma apropiada, dominando la sensación de control interno. Es muy probable que esta habilidad sea la más compleja para el jugador, a priori, pero también la más beneficiosa cuando se avanza en ella porque le va a permitir no desviarse de lo que no le pueda hacer sumar para el desarrollo de su actividad. No es fácil, en el momento, por ejemplo, del partido, mantener el autocontrol en su punto necesario, pero ni mucho menos imposible.
- Relación: se refiere a la capacidad de relacionarse con los demás, una capacidad que se basa en el hecho de comprender y de ser comprendido. Resulta una conducta elemental para trabajar en equipo y con un equipo. No hace falta, ni es objetivo, que esa armonía sea interpretada de un modo diferente al de saber escuchar y entender otras posiciones diferentes a la propia. Es la mejor forma de ganarse el respe-

to. Sentirse respetado, es, como cualquiera puede advertir, fundamental cuando somos seres sociales y sociables.

- Capacidad de comunicar: dentro del campo, cuando los intereses se suponen son comunes, poseer una adecuada capacidad para comunicar ideas o sentimientos debería ser entendido por los integrantes del equipo como una tarea no cuestionable. Es necesario para ello confiar en los demás y percibir el gusto de la comunicación como un medio de conocimiento. El papel del capitán aquí es muy importante.

- Cooperación: imprescindible en tanto en cuanto es necesario para el desarrollo del juego armonizar las propias necesidades con las de los demás. Todos quieren lo mismo y sin cooperación no hay "todos".

Tal y como expresa Goleman en sus obras, las personas que tienen una buena educación de las emociones, son personas que se suelen sentir más satisfechas, son más eficaces y explotan mucho mejor su talento. Los que por el contrario no logran entenderse con su vida emocional están sumidos en tal pugna con ellos mismos que la capacidad de pensar, de trabajar y de relacionarse con los demás está muy desfavorecida.

Mostrarse como una persona "emocional", no es algo de lo que se deba huir. No contagia, no contamina, no ensucia......se hace difícil entender a los que el desarrollo de esta teoría nos ha llegado en el arranque de nuestra vida profesional como instrumento puesto al servicio de nuestra profesión, cómo se trataban las emociones antaño (y antaño no es hace siglos......). No es peligroso manejarse como seres emocionales. Y si lo es, que no vamos a negar esa posibilidad porque convive con nosotros (es el otro lado de la moneda) es porque no se utiliza bien ni de forma loable o porque se utilizan desde el miedo para "curarse" del miedo. Absurdo. No se trata de sustituir la razón por los sentimientos, ni tampoco lo contrario.

5.2. CULTURA Y FILOSOFÍA DE CLUB/EQUIPO: LA MAGIA DE LAS NEURONAS ESPEJO

"Las ideas antes de ser formalizadas, viven en la mente individual, pero asimismo en la cultura social, una vida compuesta de suposiciones y también de contrastes y alternativas"
Lorena Preta

"Nos sobran neuronas para existir y nos faltan neuronas para ser, sencillamente porque no las sabemos educar."
J. Lorente

Cuando hablamos de las neuronas espejo podríamos hacerlo en diversos apartados de este libro, como podrá advertirse, pero hemos decidido hacerlo en el marco de las emociones porque nos parece que constituyen un ejemplo formidable, en sí mismas, para entender *la interconexión tan poderosa entre emociones, cerebro, conductas y cultura*. Pensemos en una cultura en general y una en particular basada en la interrelación con las neuronas espejo.

La selección española sub-21 en el europeo de 2011 ha levantado, además de la copa, titulares en la prensa española que vienen a decir que tenemos estilo para rato y la pregunta que nos suscita tal afirmación es la siguiente: *¿acaso no juegan muchos de esos jugadores en otros equipos con estilos totalmente diferentes y rápidamente se han adaptado al de La Roja?, ¿tienen algo que ver las neuronas espejo?, ¿por qué en sus equipos no demuestran tanto?* Interacciones, sí, lo sabemos; ¿pero es que sus compañeros de club no tienen la calidad para jugar así?

El País publica en un artículo, (Solari, 28-08-2011): "El Barça, ideas e Intérpretes" escribió: "una vez más salió este grupo de futbolistas a imponer su estilo…en la Supercopa europea…No dando por sentado nada de lo conseguido, pero, al tiempo, consciente de su superioridad. El Barcelona llega a estas citas sin regodearse en el tesoro acumulado…

Un equipo que ha encontrado a los mejores intérpretes para aplicar sus ideas, pero que antes ha tenido la precaución de tener ideas a las que buscar intérpretes… Este Barça es una equilibrada conjunción entre la libertad individual y el compromiso táctico colectivo. Ejecutan con plena confianza los mecanismos y las variaciones….Las salidas cortas en el comienzo de las jugadas, incluso ante la presión adversaria…La inserción de

Xavi entre los centrales, que se abren como un resorte a orillas del área grande, coloca a los laterales en posiciones ofensivas cuando Valdés todavía tiene la pelota en los pies. Los movimientos horizontales en la posesión, a través del juego corto y medio, se estructuran con triangulaciones verticales que depositan el balón en la otra banda utilizando recorridos que dificultan la presión rival y facilitan la disposición para profundizar. Cuando la pelota supera el mediocampo y los triángulos encuentran a Xavi o Iniesta como vértices bajos, Villa y Pedro, con un ojo en el pie del lanzador y otro en la última línea enemiga, coquetean con el fuera de juego y piden la profundidad. Doble amenaza que, además, desprende a Messi de los centrales y le permite enlazar con holgura...

...Cesc ingresó a diez minutos del final para corroborar, en pocas intervenciones y con gol incluido, que su fichaje responde a factores que superan lo futbolístico...el Barça recupera con Cesc un pedacito de su estilo que estaba en manos inglesas....

El poder de tener una idea es que si es buena no caduca: el 29 de octubre de 2011 en el partido de liga entre Barça y Mallorca, el club condal no podía contar con Xavi, Iniesta, Pujol, Piqué ni Pedro. Jugó con Isaac Cuenca, el año anterior en el Sabadell en el grupo III de segunda división b. en este encuentro marcó este jugador al tiempo que jugó unos minutos el jóven Deuloffeu. Con esto no sólo defendemos el trabajo de cantera, creemos firmemente en que un futbolista que viene de dos categorías más abajo y juega sin los supuestamente más buenos, lo hace bien siguiendo un modelo. Luego "jugar bien", entendiendo este concepto como un fútbol aparentemente al alcance de unos pocos, quizás sea cuestión de intentarlo.

En este mismo partido, Messi juega más atrás por la ausencia de los "buenos" en el centro del campo. Sin menospreciar a nadie, pero ayudado en labores de escolta por Thiago y el mencionado Cuenca, que no son, a día de hoy, recordemos el articulo de Solari en capítulos anteriores, de la trayectoria de Mascherano, Higuaín, Tévez, Di María...al cortejo, estos también, del astro argentino, en su selección, en la que no están "los bajitos"...Trataremos de dar respuesta a lo largo del presente capítulo volviendo sobre este mismo ejemplo.

Hay otro equipo en la liga española que posee una cultura muy arraigada, asociada a un estilo de juego muy definido y particular: hablamos del

Athletic Club de Bilbao. Con la llegada a la dirección técnica de Marcelo Bielsa se ha modificado un poco dicha cultura dando mayor importancia a un juego más de toque que permite sacar más a flote, si cabe, el talento, que lo tienen y mucho, sus jugadores. En un artículo del periódico El País (Solari, 01-04-2012), publicado después del partido de vuelta en el Camp Nou entre Barça y Athletic Club: *"Aquel encuentro de la primera vuelta era un punto de inflexión para un equipo al que ya le cabía el molde de su entrenador, pero todavía esperaba un duelo de máximas alturas para terminar de convencerse. El Athletic obligaba al Barça a derramar hasta la última gota de sudor para defender su racha invicta. Si uno de los requisitos para ser un gran equipo es, en algún momento mirarse en el espejo y reconocerse como tal, después de aquel empate con sabor a proeza, el Athletic culminó su transformación: de ser un conjunto aguerrido, rocos y ordenado el año anterior a uno que sostenía las viejas virtudes y les agregaba deshinibición, valentía y audacia. La dosis inyectada por Bielsa para lograr un equipo efervescente y la habitual apertura con que juega el Barça nos regalaron un partido tan emocionante en San Mamés que disparó las expectativas para la segunda ronda.* Del entrenador suramericano se suele decir que trabaja mucho los automatismos en ataque hasta el punto de hacerlo por líneas y dividiendo al equipo en horas diferentes de trabajo. Es buena noticia, que nos ayuda a creer en el poder de las neuronas espejo y lo que consiguen transmitir pero si dichos automatismos viajan con el técnico allá donde éste firme, mala noticia sería desde el punto de vista del jugador.

A tal respecto, y siguiendo con el mencionado artículo de Solari, podemos extrapolar la creencia ya mencionada por éste de Bielsa en el talento, la desinhibición y la audacia, a pesar de ir "contracultura", a favor del jugador y sus capacidades haciendo un viaje al club de Concha Espina, el cual tiene todos los ingredientes para dejar fluir el talento: *"El Madrid parece haberse dado cuenta de que su rival más grande, a estas alturas, no es el Barça, sino él mismo. Aquel encuentro de la primera vuelta era un punto de inflexión para un equipo al que ya le cabía el molde de su entrenador, pero todavía esperaba un duelo de máximas alturas para terminar de convencerse."*

Veamos, pues, cómo poder mejorar y trasladar desde el conocimiento de lo que son y cómo funcionan dichas neuronas en torno a la práctica del deporte, concretamente del fútbol.

Las neuronas espejo, descubiertas en 1996 por un grupo de neurocientíficos italianos, al frente su director, el profesor Rizzolatti, de la Universidad de Parma, *nos permiten a los seres humanos sentir y experimentar situaciones ajenas como si fueran propias,* nos ayudan a intuir lo que la persona que tenemos delante piensa, siente o va a hacer, en definitiva *nos permiten entender a los demás, nos vinculan mental y emocionalmente.* Forman parte de un sistema de redes neuronales que a través de un único canal posibilita la interacción y las respuestas ante el medio.

Constituyen los cimientos de la empatía, que recordemos, según la Real Academia Española de la Lengua, es *la identificación mental y afectiva de un sujeto con el estado de ánimo del otro,* ya que nos facilitan compartir las emociones de los demás cuando las vemos, puesto que al ayudarnos a reconocer las acciones de los otros, también nos ayudan a reconocer y a comprender las motivaciones más profundas que las generan, las intenciones generadoras de los demás. Al tiempo, nos conectan con la vida social, colectiva y el fútbol es un deporte colectivo y nos permiten compartir emociones, experiencias, necesidades y metas.

Ante una expresión emocional, se activan las neuronas espejo, que envían a través de la ínsula[111] hasta el sistema límbico[112] la información y ahí, nosotros, los espectadores de la expresión emocional, sentimos la emoción correspondiente.

Veamos a través de un sencillo ejemplo de forma más clara cómo actúan. Imaginemos un partido de fútbol en el que en momentos diferentes del mismo, se producen dos jugadas, digamos que importantes. Una es la que se refiere a que un jugador falla una aparente clara ocasión de gol en un partido clave, enviando el balón a impactar directamente contra el larguero. La otra es la que se refiere a que un jugador recibe un fuerte impacto por otro, una de esas imágenes que al verlas sentimos un claro estremecimiento, ponemos cara de dolor y hasta encogemos la pierna homónima en la que el futbolista ha recibido el impacto. Pensemos ahora, que ese mismo partido lo vemos repetido al cabo de cierto tiempo.... Sa-

---

[111] Estructura del cerebro humano. Se encuentra ubicada profundamente en la superficie lateral del cerebro, dentro del surco lateral (cisura de Silvio), que separa las cortezas temporal y parietal inferior. Su porción más anterior, está relacionada con el sistema límbico, dada su función en la experiencia subjetiva emocional y su representación en el cuerpo.

[112] Sistema formado por varias estructuras cerebrales que gestiona respuestas fisiológicas ante estímulos emocionales. Está relacionado con la memoria, atención, instintos sexuales, emociones (placer, miedo, agresividad), personalidad y la conducta. Está formado por partes del tálamo, hipotálamo, hipocampo, amígdala cerebral, cuerpo calloso, septum y mesencéfalo. Interacciona muy velozmente con el sistema endócrino y el sistema nervioso autónomo.

bemos sobradamente lo que va a suceder, no hay sorpresas, pero volvemos a sentir ese estremecimiento cuando vemos la jugada en la que recibe el fuerte impacto….pero no nos produce ninguna emoción relevante ver la otra imagen de la que hablamos. Ver el golpe nos produce una comprensión inmediata de lo que están sintiendo dos personas. Sin embargo, cuando vemos que la pelota choca en el larguero y no entra en la portería, observamos dos objetos inanimados: pelota y larguero. En teoría el "fallo" es más "trascendente", pero no nos estremece. Todo ello lo modulan las neuronas espejo y su descubrimiento nos ha permitido la concepción del mundo a través del cerebro de forma más holística.

Hasta su descubrimiento, sabíamos que el cerebro tenía diversas partes que integraban un todo y cada una de éstas se encargaban, por ejemplo, de la función motora, otras de la función visual, auditiva, etc….y ahora sabemos que la misma neurona que se activa cuando cogemos una cosa, se activa también cuando vemos que alguien coge una cosa sin que por nuestra parte haya movimiento. Se llaman neuronas espejo precisamente por eso, porque el fenómeno que se produce es el equivalente a cuando alguien ve a otra persona hacer algo y observara su propia acción reflejada en un espejo, sin mediar en realidad acción alguna.

Tal y como explica el investigador en neurociencias Iacoboni, de la Universidad de UCLA, considerado como uno de los investigadores más activos en este campo, tras cada acción hay un estado mental, una intención subyacente y mediante este "espejo", podemos acceder al estado mental de los demás. Las neuronas espejo nos reflejan, por tanto, las sensaciones de los demás.

Además de permitirnos la empatía, son fundamentales en la imitación. Sabemos que se puede imitar sin necesidad de que intervengan dichas neuronas espejo, pero en ese caso, tenemos que tener en cuenta que dichas imitaciones están basadas en reproducir una tarea sin tener en cuenta los estados mentales asociados, por tanto, estaríamos hablando de repetir una acción sin más.

Nos resulta curioso el caso, por ejemplo, de dos centrales del F.C. Barcelona, Fontás y Bartra. Los movimientos en el campo ya no es que sean iguales que los de Piqué, sino que hasta en los gestos a la hora de llevar el balón y mostrar intención son parecidos. Observando a Bartra, nos llama la atención que al fintar ha interiorizado un personaje. Para que esto se produzca, *la motivación y la necesidad* deben ser factores generadores de tal actuación (Damasio, 2010).

En la actualidad, con los avances en neurociencias, sabemos y postulamos que además de generadores más menos intrínsecos o extrínsecos, contamos con un mecanismo neuronal que permite y da soporte al desarrollo de tales interacciones conductuales y emocionales.

Fundamental resulta para el campo sobre el que nos movemos, otra propiedad fundamental de las neuronas espejo: *reconocer los movimientos que realizan otras personas*. Son esenciales para ejecutar imitaciones en forma de objetivos puesto que están mucho más interesadas en la meta del movimiento que en el movimiento en sí.

Dada la naturaleza del cerebro, tengamos muy en cuenta estas premisas a la hora de dirigir, ya que es esencial si queremos aprovechar las posibilidades de las que disponemos, que el futbolista precise exponerse a diferentes registros ya que nuestras neuronas espejo nos ayudan a imitar, a hacer lo que vemos, mucho más que a reproducir lo que se nos indica.

Reflexionemos en el uso que se le da a las imágenes que transmitimos a nuestros jugadores a través del vídeo. Sin entrar en los diferentes sistemas o en las múltiples formas en las que se pueden usar las mismas, pensemos la relación entre éstas de forma colectiva o individual, según se precise, conociendo el mecanismo neuronal subyacente que se va a poner en marcha ya que pueden tener positivas repercusiones si se utilizan correctamente, claro está, en el campo del aprendizaje y en el campo de las emociones individuales puestas al servicio del juego colectivo.

Como propuesta de visionado desde una perspectiva neurocientífica, sin pretender dar recetas neuronales, consideremos unas pautas a tener en cuenta para ordenar el visionado más allá de rutinas escogidas al azar y de los tiempos estandarizados de proyección de imágenes. Se trataría de buscar la Interpretación Correlacional del Modelo de Juego. Para ello queremos partir de varias premisas básicas:

- Hay una "pretemporada del video": en la que el jugador debe entender, aclimatarse a lo que ha de hacer. Consideremos que la positividad en las imágenes no implica la ausencia de error en las mismas y no debemos asociar fotogramas a conceptos hasta que no se hayan integrado e interiorizado unas pautas de visionado, es decir, no interpretar pases sin saber hacia dónde hay que dirigir la atención puesto que para poder percibir una situación hay que captar primero los momentos y éstos son más genéricos que los conceptos. Saberse conocedor de esos momentos es saber cuándo se ha hecho un "esfuerzo útil", si no ha habido una actitud medrosa, si se sabe ganar ventajas en la posición o no....Estos momentos son de carácter socioafectivo y se pueden palpar en cada visionado. De ese modo, se prepara la percepción antes del visionado teniendo muy en cuenta no caer en lo que Morín definiría como *"inteligencia ciega"*.

- Es importante cómo enfocar la explicación en función de la edad y las características de cada jugador. Proponemos que desde pequeños el video sea una herramienta para fomentar la autonomía. Lo ideal sería que del visionado salieran propuestas de tareas desde los propios jugadores al tiempo que resuelvan problemas desde la comunicación dentro de la sesión de video. Nos consta que el desarrollo de situaciones de entrenamiento se ha llevado a cabo con excelentes resultados en equipos senior de categoría nacional.

- Guiar la jugada hacia la empatía que el jugador sienta por la misma en sí; al tiempo que organizar secuencias que muestren resilencia. (Capacidad de luchar contra la adversidad).

- Tanto a nivel individual como grupal es importante pensar que se pueden organizar las imágenes siguiendo las pautas explicadas en la realización de un mapa mental para solucionar problemas.

Una vez expuestas las premisas, para considerar como herramienta de aprendizaje hemos de tener en cuenta:

1º Visionado genérico.

2º Guiar la interpretación sin vilipendiar la misma:

- Visionado rápido de los aspectos negativos.
- Visionado de los aspectos positivos (no al completo, no necesariamente todas las imágenes positivas, pero en un porcentaje amplio).
- Pedirles a los jugadores su opinión, invitar a la interacción: *¿qué haríais ante tal o cual situación?* Si nos referimos a algo muy específico de juego, se puede llevar al posterior desarrollo en una tarea.

3º Establecer un trabajo de tipo simbólico. En nuestro caso, se trata de buscar la activación del canal mental por el que emoción y cognición han de pasar, entendiendo que "no hay un yo en un equipo". Buscamos una asociación rápida a una imagen con una palabra o un gesto claro, rotundo y escueto a algo ya visto en video. De esta forma ganamos en dos frentes: de un lado la velocidad de asociación; de otro, no restamos potencial porque no estamos dando una orden como tal, tan "sólo" estamos activando sus neuronas espejo. En cualquier categoría se puede hacer utilizando colores u otro icono que nos parezca oportuno así como alguna palabra/s. Una imagen asociada a un color, es también una manera de activar el mecanismo neuronal simbólico. Como aclaración en este punto, el lector debe tener en cuenta que sin la utilización de vídeo, en el caso de que no se disponga del mismo, también es posible trabajarlo y se puede hacer de forma colectiva o individual. En el trabajo táctico con los porteros, ya mencionado en el desarrollo del capitulo tres, es bastante habitual, cada vez menos, por suerte, que no dirijan a su defensa, que hablen poco o que tengan miedo a intervenir en el juego de manera activa. Esta técnica ayuda a dar una visión muy rápida y concreta de lo que se pretende y ayuda a mejorar dicha comunicación intra-posicional.

Por todo ello no podemos olvidar algo fundamental relacionado con las neuronas espejo y las posibilidades de que dispone el técnico como mecanismo rápido, eficaz y excelente para aprender nuevas tareas y/o modificar rutinas: al igual que podemos aprender cosas positivas a través de la imitación....mucha atención al hecho de que también aprendemos otras no tan buenas a través de ese mismo mecanismo. Volviendo sobre el video, que no significa que las neuronas espejo estén asociadas a la sala de proyecciones, hagamos una reflexión sobre qué matices, qué impronta y qué imágenes seleccionamos habitualmente cuando se lleva a cabo una sesión de este tipo. Hablamos de visualizar extractos de partidos, jugadas propias o de rivales, de entrenamientos, etc.... No pretendemos afirmar que es contraproducente mostrar imágenes, digamos, negativas, entendiendo por negativas las referidas a fallos o a errores...sólo queremos advertir de la importancia de dirigir el control de este aspecto. En ocasiones, el técnico puede parecer tener claro con qué fin utiliza esas imágenes, *¿pero se tiene siempre en cuenta que el cerebro está alerta y aprende en todo momento, hasta de lo negativo?* Pudiera parecer que aconsejamos eliminar lo negativo, y para nada es nuestra intención. Pero sí la de no caer en la trampa de la contradicción. *Cuando queremos que una conducta, cognición, etc, no se repita, no tiene el menor sentido reiterarse sobre ello.* De hacerlo, corremos el riesgo de que no sólo aparezca la conducta o el pensamiento a extinguir en contra de lo que se desea, que se supone era nuestro objetivo, sino que puede aparecer el fenómeno de la toma de conciencia a la inversa, es decir, tenemos tan claro que lo queremos evitar, que lo provocamos. Lo negativo, los errores, cuando se estime oportuno abordar, perfecto…todo depende del "golpe de efecto" que se imprima. Recordemos que de centrarnos en un mensaje negativo o un contenido negativo, lo óptimo para llegar a lo positivo, que en definitiva se supone que es siempre la última intención, el cambio de negativo a positivo, para ello, es fundamental iniciar y acabar la exposición con los aspectos positivos, en torno a la situación, a la persona, a la conducta y en el centro, entre los aspectos positivos, fundamentamos el negativo. Además de ayudarnos a relativizar la situación como excelente medio de afrontar el aprendizaje y el cambio, nos permite no retroalimentar el bucle negativo o la espiral destructiva que en muchos casos acompaña el análisis de las situaciones negativas. No olvidemos que el cambio, el aprendizaje, la evolución es nuestro estandarte como seres humanos.

Por ello, en caso de visionar un partido entero en el que se han dado unas circunstancias muy negativas, como estrategia puede estar bien siempre y cuando a posteriori se reconduzca a lo positivo, aunque no es fácil. Tras un paso como éste se pueden hacer reuniones individuales para "arrancar" en privado compromisos y aprendizaje para que, posteriormente, de forma colectiva se pueda avanzar. No olvidemos que es mucho más armonioso con nuestro cerebro y con nuestras emociones hacer más hincapié en lo positivo y en lo nuevo.

Podemos entender hasta este punto de la exposición que al observar un futbolista a otro ejecutando una acción, en su cerebro se activan los circuitos que realizan esa interacción en la persona que ejecuta, es decir, se activan los circuitos neuronales que hacen mover sus piernas, aunque estas señales se bloquean antes de llegar a los músculos, pero los circuitos son los mismos que si el observador estuviera golpeando a puerta, por ejemplo.

Recordemos que la efectividad del técnico depende en gran medida de cómo incrementa las interconexiones neuronales de los integrantes del equipo. Cuantas más neuronas espejo se activen, tengamos presente que más posibilidades se generan de que se optimice el rendimiento del futbolista ya que está directamente actuando sobre una de las bases esenciales de la realidad con la que se encuentra segundo a segundo el jugador: la necesidad de tomar decisiones en diferentes situaciones y contextos. Las neuronas espejo podríamos considerar que "aderezan" el canal de interacción.

Pensamos, de otro lado, que es perfectamente compatible un equilibro en la "apertura" contextual con el "determinismo" del aprendizaje por imitación que nos permiten dichas neuronas espejo.

La repetición como aprendizaje sin más, aislado, no pensamos tenga cabida en la esencia del medio. Se trata de observar, interiorizar y tomar conciencia para luego tener como una alternativa más, la repetición y la reproducción, todo ello con la apertura al juego desde el incremento de posibilidades que le damos al entorno y éste nos devuelve.

5.3. PENSAMIENTO LATERAL

"Cuando sumas cerebros, multiplicas resultados".
"Toda persona reacciona de forma distinta, dependiendo del contacto que se establece".
J. Lorente

"Cuando un alumno me dice que en su trabajo ha tenido un buen LÍDER me alegro muchísimo, seguro que él termina imitando su liderazgo en el futuro".
Patricia Ramírez Loeffer (psicóloga especialista en psicología del deporte con amplia experiencia en evaluación, intervención y docencia tanto en deportes individuales como colectivos. Actual psicóloga del Real Betis Balompié)

El estudio del mismo contempla un conjunto de métodos aplicables al pensamiento para cambiar conceptos así como la percepción y aumentar la creatividad.

Las personas, tendemos a abordar los problemas desde un modelo hipotético-deductivo. En ocasiones parece que nos empeñáramos en introducir la racionalidad a cualquier precio. Recordemos el procesualismo. Nuestro estilo de respuesta la basamos en lo que hemos aprendido, con una base histórica y un enfoque aparentemente lógico; nunca nos hemos basado en partir de quién hace la historia. Idiákez expresaría a sus pupilos que *"las empresas son las personas que las conforman"*.

En ocasiones, cuando las situaciones están desprovistas de la lógica clásica, *¿o acaso en el terreno de juego la lógica impera cual dogma de fe?, ¿y la historia previa?*, el pensamiento lateral puede ser un alternativa a tener en cuenta, en tanto en cuanto lo que vamos a hacer es enfrentar antiguos y nuevos problemas con nuevas ideas, de modo que "lo lógico" no suponga un freno para el avance del nuevo pensamiento, y por tanto de la nueva conducta. *Tendríamos personas y método nacido de ellas.*

El técnico puede tener este recurso, entre otros, como base para el desarrollo de su trabajo, ya que siguiendo la línea de este libro, se puede contribuir a escapar de ideas fijas, estáticas, que en muchos casos obstaculizan la creación.

Nos gustaría dejar muy claro al lector, que ambos tipos de pensamiento, el lógico y el lateral, son, además de necesarios, en muchos casos complementarios ya que el segundo nos permite crear ideas y el lógico, el pensamiento que hay que poner en práctica para desarrollarlas.

El pensamiento lateral, aunque está asociado a la creatividad, el ingenio y la perspicacia, podríamos decir que es más susceptible de modelarse desde la voluntad, siendo, por tanto, un pensamiento que podemos modelar y potenciar; cualidades éstas del aprendizaje que hay que ver en los más jóvenes y mejorar con los más experimentados. Pochettino, entrenador del Espanyol desde la temporada 2008, en La Liga 2011-12 se ha quedado en plantilla con las caras más jóvenes del fútbol español, le gusta, según entrevista publicada en el diario El País (Quixano, 11-01-2012), *"contar con los jóvenes es una filosofía. Me gusta trabajar con ellos por todo lo que aportan de ilusión y de compromiso, pero también soy consciente del punto de exigencia que hay que tener con ellos...y el Espanyol funciona".*

Siguiendo por la ciudad condal, en la eliminatoria de Champions disputada frente al A.C. Milán en la ciudad transalpina, el pasado 24-11-2011, Guardiola aseveró los motivos que le daban los pseudónimos de valiente y atrevido al jugar con defensa de tres en la tierra del catenaccio: *"hemos jugado de tres para tener más control y juego,...mi único trabajo con los jugadores es ayudarles a hacerles correr, la certeza es que yo con otros no habría ganado 12 títulos;...miedo tengo poco al tomar decisiones, de hecho aposté en mi primera temporada por Busquets y Pedro".*

Como ejemplifica uno de los precursores de este pensamiento (De Bono, 1991): "el pensamiento lateral es como la marcha atrás de un coche: a nadie se le ocurriría conducir todo el tiempo en marcha a atrás, pero no por ello el uso de esa marcha es menos necesario".

Una base esencial de este pensamiento es la de considerar cualquier enfoque a un problema como útil, pero con un matiz: ni es el único posible ni el mejor, de modo que prescinde de la crítica o enjuiciamiento y se limita a la búsqueda de modelos alternativos con un mismo contenido. Como se puede vislumbrar, es un pensamiento disgregador, que no desestabilizador. No queremos que el jugador se sienta inseguro, aunque pasará inevitablemente, puesto que necesita tomar conciencia de las diferentes partes de las que está compuesto un pensamiento y una interacción y de ahí pueda ir experimentando con alternativas de combinación entre ellas mismas y entre algunas de ellas y otras. Sergio Busquets ha jugado siempre en el Barça de interior y de delantero centro, ahora, en el primer equipo no sólo juega delante de la defensa, lo hace de central incluso. Los diferentes roles le han permitido adquirir tantos registros que su rendimiento es abrumador al tiempo que el campeón del mundo ha llegado a serlo pasando por puestos que requieren comportamientos específicos muy distintos.

Las características están en base a un modelo: en el cinco a cero endosado por el Barça al Villarreal en la temporada 2011-2012, para los puristas, sólo había un defensa en el campo ya que el resto defendían con la pelota; para los escépticos de la utopía y amantes del dato hipotético-deductivo, igual es por jugar con tanto futbolista de ataque por lo que se hicieron tantos goles…De ahí parte el enlace con la creatividad. Aprender que la disgregación como método de avance es mucho más práctica que la esclavitud de una directriz sin más.

El pensamiento lateral se puede utilizar cuando la solución de un problema no requiere de una información adicional, sino de una reordenación de la información disponible, es decir, una reestructuración y también es lícito de ser utilizado cuando el problema consiste en la ausencia de problema. Como expresa De Bono: *"la situación en su forma actual es lo bastante adecuada como para no exigir de forma imperativa una optimización, es decir, sus cualidades moderadas bloquean la visión de sus cualidades óptimas posibles. No se puede dar a la situación un enfoque determinado porque se ignora qué aspectos pueden mejorarse. La cuestión consiste en apercibirse de que hay un problema, reconocer la posibilidad de perfeccionamiento y definir esta posibilidad como un problema concreto".*

Cuando buscamos lateralmente, lo que debemos hacer es buscar el mayor número de enfoques. Después, como se ha expuesto al comienzo del capítulo, la lógica nos servirá para decidir el más interesante en cada momento. Si de entrada sólo aplicamos el pensamiento lógico, no estamos dándole sentido real, que pensamos debe tener el término "aprender" para un futbolista, que es el de, en primer lugar plantearse todas la opciones posibles y luego elegir. Quizás sea oportuno promover al principio de pretemporada "simplemente" juego, con objetivo de ver cómo interaccionan los componentes del equipo, aún cuando pongamos "problemas tácticos" en forma de conceptos del futuro modelo a desarrollar para ver cómo los resuelven pero sin dar ninguna pauta ni ningún conocimiento de resultado, lo que nos irá marcando los "futuros límites" a marcar. El propio jugador los muestra con sus gestos y expresiones, no hay más que agudizar el oído y afinar la mirada.

En este sentido, los límites expresados por los técnicos para acotar los del jugador en la búsqueda de alternativas, será algo más plausible, accesible y una buena estrategia en ese sentido al fijar un número de alternativas a encontrar. *El técnico tiene ahí una clave, como puede deducirse* y por supuesto, *no quedarnos con las "obvias" y "evidentes"*. Se deben incluir algunas que, a priori, puedan parecer absurdas, aunque no por ello tienen menos sentido si son usadas como conexiones hasta otras ideas. Fijar ese límite, que no condicione el crecimiento a medio plazo, debe ser entendido como método para asegurarnos un número mínimo de alternativas.

El técnico que no potencia este tipo de pensamiento basa su trabajo en un pensamiento lógico, de una vertiente lineal *¿se puede entrenar y planificar no linealmente y caer en el error de dirigir de manera lineal?* Se puede y ocurre como veremos en el capítulo seis.

5.4. RESILENCIA

> *"En mi filosofía del triunfo siempre he creído que si uno se pone a trabajar, los resultados llegarán tarde o temprano. No hago las cosas creyendo a medias. Sé que al hacerlo así sólo puedo esperar resultados mediocres. Por eso me concentro en los entrenamientos tanto como en los juegos. Es una actitud que se puede abrir y cerrar como si fuera un grifo. Sería imposible hacerme el tonto en los entrenamientos y después, al necesitar más empuje en el final de un juego, pretender que el esfuerzo se refleje.*
>
> Michael Jordan (histórico ex-jugador de baloncesto)

La resiliencia, un aspecto psicológico sobre el que se está investigando notoriamente en la actualidad, se refiere a la capacidad que tenemos los seres humanos de superar la adversidad. En otras palabras, se podría decir que *es la defensa que tenemos para enfrentarnos con éxito a los obstáculos saliendo fortalecidos y habiendo elaborado un aprendizaje.*

Regresando al ejemplo del visionado, convivir con los errores es un acto resilente, pero enfocarlos desde el punto de vista del enfrentamiento a la imagen que, aún reflejando un conjunto de conductas y conceptos bien elaborados, se puede hacer mejor si nos dejamos guiar por la generación de nuevas situaciones. *Nuestro cerebro, aditivo por naturaleza, en su empeño por encontrar un equilibrio entre lo ganado y lo perdido, nos vuelve a "marcar el camino" en la dirección técnica de equipo.*

La resiliencia marca un antes y un después en el concepto con el que tradicionalmente se ha trabajado en psicología ya que en la elaboración de situaciones a priori traumáticas o complejas el sujeto no sólo es amortiguador sin más, sino que puede actuar como elaborador activo. El mejor medio "traumático" para que un jugador interiorice las posibilidades de acción está en que su cerebro tenga que pensar ya que todo es mejorable siendo conocedor de sus límites.

Si abrimos el prisma y, lejos del victimismo, somos realistas, en el mundo del fútbol tenemos que considerar un aspecto sobradamente evidente y cotidiano como es el hecho de vivir "esclavos" del resultado.

La dirección deportiva de un club en general y su cuerpo técnico en particular tampoco escapan a dicha esclavitud que convierte a jugadores y técnicos en resilentes "obligados", a la hora de adoptar e integrar este aspecto como un elemento necesario en el continuo que debe representar el trabajo de la persona-jugador que a su vez integra un colectivo que es el equipo. Para el desarrollo de la intención generadora, la resiliencia es la llave que abre al subconsciente la puesta en marcha de la intención y posterior conducta. Es muy habitual ver jugadores que temporizan demasiado ante un duelo 1x1, esperan, dan tiempo al rival independientemente de la zona en la que se desarrolle la jugada. La intención está mediatizada por una falta de resilencia evidente. Esto nos da señales a considerar en la autoestima, el autoconcepto, ubicar un sentido a las situaciones de malestar, capacidad de diálogo, valorar el trabajo realizado como una parte de la integridad del aprendizaje de una persona así como la capacidad crítica y el razonamiento lógico.

¿Por qué hay jugadores que ante resultados adversos dan muestras de crecerse y arrastran con su actitud a otros compañeros?, ¿por qué, por el contrario, otros no salen de las quejas y de las discusiones?, ¿el miedo a perder?, ¿por qué un futbolista, aún siendo profesional, que se encuentra en pleno proceso de aprendizaje, se contagia a la más mínima de un mal momento del equipo? El primer jugador, podríamos decir, con gran capacidad resilente; el segundo necesita el apoyo de todos, especialmente del técnico y éste, además, tiene la posibilidad de trabajar este aspecto empezando por sí mismo, poniendo extrema atención a los mensajes que trasmite directa o indirectamente a los jugadores.

El futbolista tiene que trabajar con este concepto puesto que lo posible, que no probable, que ocurra en un terreno de juego es que "todo vaya sobre ruedas". *Un técnico y un jugador deben ser gestores resolutivos.* El éxito de la resolución empieza por tomar conciencia de la existencia de la misma y del papel activo que cada uno de nosotros tiene ante la misma. En la búsqueda de la resolución está la capacidad que venimos desarrollando en este libro: definir un modelo, un concepto integrador en el que *la búsqueda de soluciones sea en sí nuestro más valioso aval.*

Gestionar, implícitamente, conlleva problema o adversidad. Crecer desde la adversidad es el objetivo. El bienestar es la meta, pero lo contrario es el punto de partida. Cuando en un vestuario tengamos jugadores poco resilentes y veamos esa circunstancia a través de sus conductas dentro y fuera del campo, ensalzar acciones y diálogos representativos de actitudes de los más resilentes va a ser importante como aprendizaje invisible. Al formar equipos dentro de los entrenamientos, colocar a un jugador poco resilente con uno muy resilente ayudará más a la mejora en especificidad dinámica que colocarlos por "puestos específicos".

El técnico que pretenda partir de su "verdad" como punto de arranque en los entrenamientos está haciendo lo contrario a lo que un técnico resilente debe hacer, ya que el entrenador debe ser, entre otras cosas, un mediador que ayude a ordenar y gestionar soluciones, "verdades" de cada uno de los miembros del equipo, permitiendo que cada uno de sus integrantes pueda expresarse a todos los niveles, y que cada cual tenga la posibilidad de aportar sus maneras de vivir los diferentes momentos competitivos. A este nivel, la suma de las resilencias individuales dará como resultado un "estilo" más resilente siempre que los egos sean bien entendidos y puestos al servicio del bien común. Las diferencias de personalidad intra-grupo van a estar siempre ahí, pero podemos hacer que el umbral mínimo alcance unos valores positivos y favorecedores intra e intergrupales.

Cuando de un colectivo se trata, como es el caso que nos ocupa, hay que vigilar un aspecto que pueda casar negativamente con la resilencia como es el "paternalismo" con algún futbolista. El jugador necesita percibir que su técnico es justo, por tanto, debe poner las capacidades individuales al servicio de la socialización del grupo. Esto se puede ver muy claramente en los "estilos" de un vestuario y a poco que estemos atentos a estos aspectos, lo vamos a poder percibir como espectadores.

Si algún lector se está haciendo ahora la pregunta en torno a si promulgamos la figura de un entrenador discreto, estable, que sabe manejar los límites, que sabe dirigir desde el jugador y que entiende que en la reciprocidad que proyecta está el tesoro más preciado de su trabajo, la respuesta es rotundamente sí. Creemos que no hace falta ser alienígena para ello. Trabajador incansable sí. Y lo mejor: será más feliz.

¿Cuándo? Los buenos "gestores" saben trabajar y esperar la estabilidad día a día, en la posibilidad que les ofrece la vida de estar desarrollando un trabajo, "su" trabajo, un trabajo al servicio de los demás, al servicio de las emociones de todos y del aplauso fugaz de cualquiera. Un servidor es por la propia naturaleza de la expresión humilde y en la humildad reside su grandeza ya que no es nada fácil serlo en un mundo como el del fútbol actual, pero... no lo olvidemos, contemplemos la posibilidad de aprender a crecer. Esa es la verdadera esencia. Hay dos formas de ganar que a veces se correlacionan y a veces no. Tenemos dos oportunidades para ser felices. Una depende de nosotros, y la otra no. Es una excelente noticia. No siempre se tienen dos bazas.... La primera opción la podemos alcanzar con el trabajo diario, con el esfuerzo de cumplir "la meta" del día a día.....ni más ni menos que lo que venimos argumentando en el texto. La naturaleza de esta opción es potente, duradera, de las que sirven de verdad, de las que ayudan en la vida, porque está ligada a nuestra propia esencia y esa no nos abandona nunca. La segunda opción es más difícil, porque depende de factores que no podemos controlar, está muy contaminada, es muy golosa, muy atractiva, pero muy efímera....dura lo que dura, y después.... Por mucha gloria, portadas, flashes y por mucho que poderoso don dinero sea atractivísimo, si no tenemos felicidad configurada del modo primero....no tenemos nada. Sabemos que de misticidad no vive el hombre actual, y a nadie le amarga un dulce, pero tampoco dejemos de comérnoslo por miedo a empacharnos. Cuando "toque" nos lo comemos y mientras tanto, valoramos, apreciamos y nos nutrimos con lo que de verdad está a nuestro alcance ya que no todo el mundo es pastelero.

En numerosas ocasiones, en distintos fragmentos del libro, hemos hablado de que el objetivo único, perseguido y ansiado por todos era ganar.....Una trampa literaria que esperamos que el lector haya podido descifrar a lo largo de la lectura.

Ganar sí, en el trabajo diario. Y siempre que se pueda, también; ese es el camino.

Capítulo 6

LA DIRECCIÓN DE EQUIPO DESDE EL JUGADOR: HACIA EL ESTÍMULO EMOCIONALMENTE COMPETENTE

"Lo que hay que esperar es que cambie la conducta de estos chicos, ojalá que ellos entiendan que se pueden contactar con los ídolos de otra forma. Después si hay una pelota y la roban, bueno, nosotros cuando éramos chicos alguna pelota robábamos."
Marcelo Bielsa

"El arte de dirigir consiste en saber cuándo hay que abandonar la batuta para no molestar a la orquesta."
Herbert Von Karajan (director de orquesta austriaco del S. XX)

"Invertir en tu talento es encontrar el campo en el que vas a disfrutar"
Valentín Fuster (reconocido cardiólogo español afincado en Nueva York)

6.1. LA HIERBA CRECE DE NOCHE, EL JUGADOR EN LA EMPATÍA

¿Caminar en la misma dirección significa querer lo mismo? Según expresan Sampedro y Fuster, [113] la supervivencia siempre ha sido física y emocional. El éxito consiste en saber guiarse, tener cómo brújula el proceso cuya línea de dirección es el dominio de sí mismo; como diría Bielsa: *"el vaivén del proceso y no el anclaje en el producto".*

Guiar a un equipo, dominar el pincel a pesar de los garabatos; un arte, no sabemos si el de la guerra. Tener la capacidad de re-direccionar nuestros planteamientos y estar abierto a las sensibilidades de los que nos esperan en un vestuario no es tarea fácil; casar valores es más que un acto litúrgico en una sociedad acostumbrada al divorcio de los mismos. Ser aditivos es el objetivo.

No defendemos lo que los ingleses definirían como *"self-education"*: una educación fuera de todo mando, entre otras cosas porque los temores del ser humano encuentran un hueco en la responsabilidad de otros; aunque sí nos gustaría el máximo de autonomía por parte del futbolista. El problema aparece cuando creemos que "entregar" el mando a las sensibili-

---

[113] En su obra junto con O. Lucas *La Ciencia y la Vida*. Debolsillo. (2008).

dades del equipo es perder autoridad. Hay que ser consecuente con lo que se decide; decidir es la primera virtud de un buen técnico y esto es vital para hacernos con el mando inteligente de la tripulación y conocer el papel que ocupamos en la nave. Es importante mostrar al jugador la virtuosidad de transformar nuestros objetivos en finalidades plausibles para el equipo; no esperemos la confianza como el que aguarda un premio; se gana adquiriendo el boleto de actitud y voluntades.

Las relaciones entre jugadores se sustentan sobre la emoción, no la tecnificación, y ésta es la que da rienda suelta a poder empatizar con el talento.

¡¡¡Noticia, Noticia!!! ¡¡¡Extra, extra!!!: "¡Tras encajar el primer gol, y cuando todo parecía perdido, juegan el mejor partido de la temporada! Publicado en el rotativo local o nacional, dependiendo de la repercusión mediática de cada equipo.

Observar conductas de los jugadores durante el día a día es clave para dar sentido empático a un futuro modelo. Para crear un sencillo calentamiento, lo más óptimo tanto en el entreno como en la competición es observar la entrada en calor de nuestros jugadores. Veremos que tienen una serie de "rituales" y/o cadenas de conductas movidas por la expresión, sobre todo al final del mismo. Poner cada uno de éstos en el sitio correcto, fisiológicamente hablando, es fácil, pero permitir que el futbolista encuentre zonas de confort emocional es empatizar, dirigir desde él. Somos partidarios de dejar siempre en el calentamiento pre-partido unos minutos libres; es más, que calienten de manera autoreferida para que cada uno ejerza su libertad hacia lo que verdaderamente sienta importante en su aportación al rendimiento colectivo: "*depende de vosotros*", promulgaría *Antic*. Para ello es necesario anotar en nuestra memoria las *consistencias conductuales* de cada uno de ellos y dar tiempos de autonomía y responsabilidad individual pero no sólo en el calentamiento como podrá intuir el lector.

¿Eso es perder control y/o autoridad sobre el equipo?, ¿es ser peor preparador físico? Tal y como expresarían Fuster y Sampedro al unísono, "El –necio- es el que confunde valor y precio". Muchas veces hay jugadores que solicitan entrenamientos individualizados (en el día de descanso por ejemplo). Se les puede argumentar si es o no conveniente pero siempre hay algo que se puede hacer, aunque sea para que se sientan a gusto; la respuesta es tajante en muchas ocasiones: "queremos que todo el mundo desconecte". Desde nuestra humilde opinión, es mejor entrenarles suave y controlado acompañado de la explicación oportuna, que imponer, entre otras cosas porque es probable (hablamos de un porcentaje alto) que lo acabe haciendo a nuestras espaldas.

Hace unos años, el considerado mejor jugador del mundo, en el denominado mejor club del siglo XX, entrenaba a puerta cerrada todas las tardes. Él solo, con el preparador físico, además de haberlo hecho en el entrenamiento matutino con sus compañeros. Era una petición expresa del futbolista. *¿Aumentaba o disminuía su rendimiento?* La belleza de cada partido jugado y de cada gol radiado es música para los recuerdos de los que amamos este deporte. Su gol en una final de Liga de Campeones casi de bailarina de ballet llevando la pierna al cielo y el balón a la escuadra nos recuerda la partitura.

Tema aparte, y quizás sagrado, es el de las concentraciones. Es cierto que hay una serie de patrones y biorritmos que hay que respetar. Es un tema, obviamente delicado. Hay futbolistas que posiblemente sólo respeten ese biorritmo impuesto el día de partido en el hotel, una vez cada quince días, en caso de concentración, claro está. La pregunta que nos acucia es diáfana: si un jugador tiene un determinado biorritmo, *¿por qué no respetarlo?, ¿qué le hace sentirse mejor para competir?*

Cuando la dirección de equipo se impone de manera coercitiva y sin tener en cuenta que partimos del mismo; el jugador se impone a la dirección de equipo ya que al final la persona acaba pensando, y sobre todo si da la casualidad de estar ante resultados adversos, que, metafórico, pero no por ello utópico y haciendo nuestras las palabras de Lucas *"en mi hambre mando yo".*

Se dan situaciones, y seguro que el lector las ha vivido, lamentablemente, dicho sea de paso, en las que en el partido, imaginemos, un jugador falla en los primeros minutos un control totalmente solo en el centro del campo. Esto provoca una pérdida y un posterior gol. De una situación controlada pasamos a un cero a uno. El resto del partido no es bueno por parte del equipo en general ni de este jugador en particular. En el siguiente entrenamiento, y más si se ha perdido, independientemente del motivo, las ojeras del futbolista en cuestión delatan un divorcio claro con la tranquilidad. Nadie ha descansado correctamente, es habitual no dormir bien tras un encuentro. Se hacen dos grupos para disminuir la carga sobre los que disputaron más minutos, incluso un grupo acaba de entrenarse antes que el otro. Se observa cómo este jugador se incorpora al grupo de los que no jugaron apenas o nada. "No es conveniente que sigas entrenando", le decimos, ¿*la solución es obligarlo a irse con el otro grupo*? Quizás no. Es importante trasladarle que no debía entrenar de forma intensa; pero dejando que sus endorfinas lo vayan aliviando con cada gota de sudor. "Según él ha de purgar su pena: devolver al equipo, lo que a su juicio le quitó. Redimirse a su manera..." Conforme avanzan los minutos, lo vamos observando y buscamos el mejor momento para decirle que ya es suficiente. El jugador, más tranquilo, seguramente hará caso a su intuición, a su cuerpo y a nosotros. Sólo hay que dejar que la biología haga su efecto y se canalice en empatía.

La dirección de equipo, como en la sociedad, necesita de una comunicación bidireccional, como lo veremos en el proceso de ósmosis celular, y de lo que pasa en la biología sabe bastante Fuster: *"cuando una persona nota que la sociedad se adueña de sí misma sin su consentimiento se pierde en estabilidad"*. Los técnicos movemos el hilo, ellos son la cometa, la incertidumbre, el juego. Cuando se trata impositivamente a un jugador y da resultado, no es porque lo estemos tratando así, sino porque él se da cuenta de que algo no estaba haciendo bien y hasta que no advierte y quiere cambiar esa situación, nadie puede motivar a quien hizo de la indolencia una forma de vida. Como reza el dicho popular *"no se escarmienta por cabeza ajena"*. *Podemos influir en la voluntad pero no hacernos maestros de ella.*

Los jugadores demandan trabajo, que se les permita crecer. Como diría un afamado jugador italiano ante la destitución de su técnico: "*a un fórmula uno hay que ponerle un piloto, no un guardia de tráfico.*"; O como suscribimos completamente, (Cano, 2011) "*hablamos mucho de fútbol pero no de futbolistas*".

6.2. EL ENTRENADOR COMO GESTOR DE LAS CONSISTENCIAS CONDUCTUALES. PARTIR DEL PRINCIPIO DEL CARÁCTER NO LINEAL DEL COMPORTAMIENTO HUMANO

> *Un problema sin solución puede ser un problema mal formulado".*
> Gaston Bachelard (poeta, físico, profesor de física y crítico francés)

> *"Busca sustentar esos aprendizajes en los -quiebres- del propio aprendiz, en aquellas situaciones en las que éste (y no otros) percibe como limitantes y obstruyentes y en el impulso que él (y sólo él) es capaz de conferirle a la posibilidad de realizar sus sueños".*
> Leonardo Wolk (coacher)

> *"No se trata de sistemas, sino de comportamientos"*
> *"Si las cosas van mal, que sean síntoma de cómo estamos, no de cómo somos"*
> Imanol Idiákez

Desde un punto de vista de la perspectiva evolucionista, todo grupo social tiende a evolucionar desde niveles simples a complejos. Es casi necedad por nuestra parte expresarlo puesto que es como decir: existe un nivel bajo frente a un nivel alto y óptimo de evolución. Entender lo complejo como sinónimo de sencillez no es fácil, sin embargo, complejizar lo sencillo puede ser una forma de retroceso en un principio como el de *"dar un paso atrás para dar dos adelante"*. De ahí que elegir un tipo de liderazgo u otro dependerá en parte del análisis situacional que pongamos en práctica para nuestro equipo.

Decíamos que no podemos comparar aspectos que se interrelacionan de manera diferente, pero si tenemos en cuenta la *consistencia conductual* como referencia, aquella que ha obtenido unos resultados satisfactorios en diferentes culturas contextuales, optimizando dichas consistencias, nos ofrecería más garantía de éxito. De ahí nos surge el interrogante sobre *quién es mejor jugador: ¿aquel que siempre rinde en todos los equipos en los que juega ante distintas sinergias o el que más rinde en un único equipo?* El mismo dilema estaría hoy de moda en cuanto a quién es el mejor entrenador del mundo.

Una sociedad "moderna" no tiene por qué tener un nivel de complejidad más grande que una sociedad del Amazonas. Es tanto como decir que un equipo de primera división es más difícil de gestionar que uno de segunda división B donde, recordemos, hay muchos problemas, demasiadas veces, con llegar a fin de mes, etc, etc, etc...*¿está más avanzado en cuanto a relaciones el primero que el segundo?*

Las personas hacemos las cosas siempre en función de los resultados que obtenemos post-conducta. Cuando jugamos a pasar la pelota, la posibilidad de pérdida aumenta; por eso, si nos piden que lo hagamos, utilizamos pases para superar líneas, en el mejor de los casos, pero normalmente para no ser los culpables en la pérdida del balón. Una inteligencia ciega se apodera de consistencias que deberían ser tan "coloquiales" como pasar para llamar la atención sin prisa alguna. *Saber competir es saber aplicar las consistencias a cada momento que ha de ser resuelto.* Ahí reside la *respons(h)abilidad* de la que hablábamos.

Es también muy común ante un pase "de la muerte", hacer una cobertura al portero cuando están en igualdad en un dos contra dos (portero más defensor ante dos atacantes). *¿No será más fácil ir a pares para que no remate?* El juego está lleno de pistas consistenciales que adolecen de sentido común en la aplicación de las fases del juego.

El fútbol es un deporte que se confronta con cuestiones muy especializadas. Las reglas ya son una provocación de por sí a la incertidumbre, a la probabilística. *¿Merece la pena analizar un video rival en el que marcamos únicamente supuestos automatismos de éste para contrarrestarlos?* Los mal llamados sistemas de juego tienen un esqueleto al que le damos sólo la importancia de completar un buen scouting. A pesar de que un técnico estipule unos determinados comportamientos en su equipo, analizarlos sin tener en cuenta los jugadores que hay en ese momento en el campo es hacer un análisis mecanicista. *¿Nos pasamos informes de rivales marcados por una deducción mecanico-tecnicista?* Según los postulados de "*La navaja de Ockham*", del S. XIV, ante igualdad de condiciones, la teoría más simple tiene más probabilidades de ser más acertada que la compleja aunque necesariamente no tiene por qué ser verdadera en todos los casos y, la más simple de todas no es buscar movimientos ni automatismos, sino jugadores que los generan.

No sabemos si "todo vale", pero sí sabemos que "todo importa"; tan sencillo como que el jugador es el que juega, tan complejo como asumir que eso es lo que importa. No podemos inferir que analizando las consistencias conductuales, la relación posterior, y el resultado a conseguir, van a ser mejores. Hay que empatizar con la voluntad. Lo que resulta más certero es "partir de una mirada ontológica[114](Wolk, 2007), estableciendo que hay dos partes claves en el análisis de una realidad cambiante:

- La primera es el *observador*: somos técnicos con una capacidad de observación más o menos desarrollada. Ésta se puede cultivar y pulir. Acabamos siendo un observador de observadores; pero también podemos mostrar lo que queremos que nuestros jugadores observen en nosotros. Cuando se produzca una situación conflictiva en el vestuario, muchas veces, permanecer inmóvil, impasible, dejar que los demás se expresen, es una forma de ensalzar que la suma de esfuerzos es ganancia para todos. Independientemente de que nos hayan convencido o no sus argumentos, se sentirán mejor, más alegres y, por tanto, más receptivos por haber mostrado su punto de vista. Ello no significa que no expresemos nuestra posición o pensamiento, pero debemos tener en cuenta el momento, lugar y el medio para hacerlo; lo que reduce la tensión, no la aumenta. Nombrar como capitanes a los más "fieles" puede no ser la mejor solución, debe existir alguien que rivalice con los demás, que tenga otros puntos de vista, que no tenga las mismas sensibilidades que el colectivo...es tanto como que pertenezcan a un equipo de gobierno miembros de la oposición. Siguiendo a Mandela y sus estrategias de liderazgo[115]: *"lo acertado es convencer a la gente de que haga algo, induciéndoles a creer que es idea suya"*; obviamente de manera camuflada, inteligente, hablando menos, escuchando más, mostrando de manera positiva los errores; siendo proactivo (saludar primero, no ser saludado), transmitiendo que dependemos de ellos a pesar de la *"vulnerabilidad que esto pueda acarrear"*; pensando bien de los demás porque esto les hace mejores; transmitir que nosotros somos la razón de nuestro destino; reflejar nuestra meta es la forma en la que la buscamos; no haciendo creer a nuestros jugadores que son inferiores al rival, mostrándonos como la imagen de una moneda (orgullosos, seguros, con el mentón bien alto y cuando seamos el centro de atención tener presente que la sinceridad y humildad pueden llegar a ser virtudes públicas pero no por ello publicables de cualquier manera para no caer en la falsa modestia; hacerles ver que muchas veces hay que elegir entre dos opciones que no tienen por qué traer buenas consecuencias; mirar fijamente a los

---

[114] Ibídem 9.
[115] Stengel, P. En su obra *El legado de Mandela. 15 enseñanzas sobre la vida, el amor y el valor.* Temas de hoy. (2011).

ojos, mientras tanto, observar atentamente), teniendo cerca a nuestros rivales y tratando de comprenderlos (incluyendo a los jugadores más conflictivos), ganándonos al enemigo fuera y "dentro de casa" (si lo hubiera) sin nunca regodearnos ya que cuando el mejor triunfo se da, es cuando más comprensión debemos mostrar; no liberar primero al jugador en sus capacidades sino liberarlo del miedo a explotarlas, parafraseando a Mandela: *"mirar al corazón permite dirigir al cerebro"*; lo que transmites al entrenar lo atraes hacia ti. En definitiva, mostrando (Stengel, 2011)[116] *"entidad emocional" y en palabras de Ghandi, "ser el cambio que buscas"*.

En las consistencias conductuales hay que tener presente, siguiendo a Wolk, que hay *"factores ocultos al comportamiento humano"*. No basta con la transformación del tipo de observador simplemente. Y ahí entramos en el segundo punto.

- *El sistema:* entendiendo una no similitud entre el concepto de la palabra sistema en general y futbolístico en particular pero aún así, ambos tienen la capacidad de ser transformados porque dependen de las personas que los conforman. Según éste autor *"al tomarse tales acciones y realizar tales transformaciones, los seres humanos tienen la capacidad de generar posibilidades que previamente les estaban cerradas."*

¿Alguna vez hemos cerrado las posibilidades de un jugador dentro de un entramado que, a priori, nos va a dar buenos resultados en competición? Cuándo plantean un partido dos grandes estrategas, ¿cuántas veces es un enfrentamiento azaroso al mínimo error?

Este autor establece un *modelo observador-acción-resultados* cuyo final es el aprendizaje. Leyendo desde atrás, cada persona recibe un feedback en función de los resultados obtenidos. Si el resultado afecta y modifica la acción nos quedamos en un aprendizaje de primer orden, importante pero cambiante en cuanto pasa un tiempo determinado. Si los resultados llegan hasta el observador, se produce un aprendizaje de segundo orden, nos da las armas para poder interpretar nuevas ideas, pero cuya consistencia temporal también puede ser cambiante para volver a lo que dicho autor llama *"estructura de coherencia"*. Por último, si el resultado tambalea dicha estructura, entramos en el *aprendizaje transformacional men-*

---

[116] Ibídem 115.

cionado. Estamos tratando de hacer lo que Sócrates hacía con la mayéutica, nacer para luego adaptarnos a la realidad cambiante que preconizaba Heráclito; salir de La Caverna de Platón para volver a entrar y observar la oscuridad una vez que hemos visto la claridad y la luz.

Convencer, retroalimentarnos, captar el mensaje que cada jugador pueda aportar y ser conscientes de que se puede influir sobre la estructura básica de la coherencia. Somos observadores de observadores que podemos mejorar, de hecho hay margen de hacerlo entendiendo que se tendrán que asumir los fallos en nuestra manera de entender las circunstancias que nos rodean; lo que no significa *"negociar con ideas", sino asumir que son cambiantes desde el primer momento en el que interactúan con un medio que las pone a prueba. ¿Quiere evolucionar como técnico?: puede.*

Tal y como expusimos en el capítulo cinco, referido a las emociones, en que entre otras cosas hablábamos de que una emoción puede llegar a modelar de forma importante nuestro entramado psicofisiológico, al tiempo que las mismas podían tener un papel esencial en el aprendizaje. Veamos cómo Schein, profesor de la Universidad de Harvard en los años cincuenta, postuló el *aprendizaje transformacional al servicio de la emoción*. Proclamó esta teoría en un terreno apasionantemente complicado. Hablando a cerca de las guerras y del lavado de cerebro de los soldados, llegó a la conclusión de la influencia emocional en el aprendizaje adquirido. En 2002, el propio investigador llevó su teoría a la bancarrota al pensar que para poder aprender sobre lo aprendido, o para cambiar sobre lo aprendido, hacía falta el dolor y el sufrimiento como único medio para hacerlo.

Quien viene del dolor no es la misma persona. Estamos de acuerdo con la teoría de Wolk de que hay que *"re-situar el papel de los factores emocionales y la importancia de la positividad en el aprendizaje"*. Nuestra propuesta trae la presencia del cuerpo a la experiencia, pero no para torturarlo o disciplinarlo, sino para liberarlo del cautiverio que nosotros mismos le hemos impuesto.

Las consistencias-liderazgos y relaciones grupales admiten tantas paradojas fuera del campo hasta el punto de aparecer planteamientos como el del *"dilema del prisionero"*[117]: problema fundamental de la teoría de jue-

---

[117] Formulado por Poundstone, (1995).

gos, el cual, postula, cómo dos personas pueden no cooperar incluso si en ello va el interés común.

6.3. EL PROCESO DE ÓSMOSIS EN LA DIRECCIÓN DE EQUIPO: UNA VISIÓN METAFÓRICA DE LA REALIDAD. UNA FUNDAMENTACIÓN BIOLÓGICA DE LA DIRECCIÓN DE EQUIPO

"Cada vez que se encuentre usted del lado de la mayoría, es tiempo de hacer una pausa y reflexionar."
Mark Twan (escritor, orador y humorista norteamericano de fanales del S. XIX)

"No sugerimos que haya una única fórmula mágica para el liderazgo: Sin embargo, la capacidad de los líderes de inspirar a quienes le rodean es lo que más se acerca a esa solución todopoderosa".
Zenger, Folkman y Edinger en su obra El líder inspirador

"Orden desde el ruido"
Foerster (científico y cibernetista del S. XX; precursor de la teoría del constructivismo radical y la cibernética de segundo orden)

"La ósmosis es un fenómeno físico relacionado con el comportamiento de un sólido como soluto de una solución ante una membrana semipermeable para el solvente pero no para los solutos. Tal comportamiento entraña una difusión compleja a través de la membrana, sin "gasto de energía". La ósmosis del agua es un fenómeno biológico importante para la fisiología celular de los seres vivos."[118] Ese agua, que pasa mediante este fenómeno, lo hace porque hay una membrana permeable o semipermeable.

Dentro de las formas que adoptamos cuando dirigimos, podemos ser más permeables, menos, o nada. Prigogine, Premio Nóbel química en 1977, ya citado en capítulos anteriores, hizo ver a la comunidad científica una aportación a los sistemas vivos que tambaleaba muchas ideas preconcebidas en el pasado más reciente. Cuando habla de "*teorías disipativas*" llega a la conclusión, en termodinámica, que la disipación de energía siempre se veía como una pérdida.

En los sistemas abiertos, como los que nosotros dirigimos, la disipación es todo lo contrario, una fuente de orden. Delegar, incluso en la gestión de nuestro cuerpo técnico, en términos físicos, nos demuestra que el desgas-

---

[118] Diccionario Enciclopédico Wikipedia. (2011).

te es menor y que la auto-organización nos conferirá más orden si cabe. Puede parecer algo un poco pretencioso, pero tenemos el convencimiento de que en el momento que una persona se siente valorada y útil, la reducción de problemas dentro del equipo y del staff técnico es, posiblemente, directamente proporcional al grado de implicación de cada persona. Sin ósmosis no es posible la vida celular. Así podremos observar el "fluido total" que se genera cuando vemos al equipo como es: más que la suma de sus partes.

Siguiendo con la metáfora biológica, debemos entender que el fluido pasa de un lado a otro de la membrana hasta que la concentración es uniforme. Éste va de donde hay menos concentración al de mayor. Si tenemos dos cuencos, dos vestuarios, como es el caso, el fluido, en forma de gestión, irá pasando de un lado a otro. El cuerpo técnico aporta su parte, pero la de los jugadores es mayor y, por tanto, más fluctuante porque son más. Asumir que la concentración irá siempre hacia nosotros es una obviedad biológica y coherente en el mundo del fútbol.

En "*El Charco*" del diario El País (Solari, 30-03-2011) se expone que si elegimos el uso exclusivo del autoritarismo, entendiendo éste no sólo a nivel de mando, sino a nivel de entrenador únicamente *"verticalista"* (como veremos en la tabla explicativa del capítulo 6.5) quizás nos llevaría a la misma ausencia de equilibrio y seríamos víctimas, siguiendo al mismo autor en el mismo blog (23-01-2012), de los "escollos de la especialización": "*este Madrid es una máquina especializada y la actividad concreta en la que ha elegido centrarse es la verticalidad. Con los conocimientos tácticos arraigados en el último año y medio y una plantilla superpoblada de excelencia… Perder la pelota no trae mayores consecuencias cuando el equipo que está enfrente, más temprano que tarde, la cede nuevamente. Contra el Barcelona, en cambio, cada pérdida del balón se paga con un maratón…el Madrid se acelera… Otras veces, cuando se percata de que en determinadas jugadas no tiene sentido la verticalización inmediata, se detiene. Ahí genera su propio desconcierto: pasa de ser un equipo expeditivo y seguro de sí mismo, capaz de tejer los mejores contragolpes del planeta, a ser uno tímido, aprensivo, que se muestra impotente a la hora de encontrar recursos para gestionar aquellos balones que no tienen oportunidad de volar directamente al área contraria.*" Sí, es cierto, no sólo el técnico luso marca las pautas, las marcamos todos, pero que no se nos olvide que si la membrana sólo se comporta permeable en una dirección, al final se acabará desbordando.

Es lo que le puede pasar al exuberante Cholo Simeone con el paso del tiempo cuando "la furia, la novedad, se disipe" si se hacen patentes las palabras publicadas en el diario El Mundo, sección *Blogiblanco* (Caballero, 30-01-2012) : "ha traído toneladas de furia en el equipaje para repartir entre muchachos con talento. No negocia el método" tras haber conseguido ganar en Pamplona su tercer partido consecutivo por la mínima.

En este último caso, *¿qué ocurre al cabo del tiempo?:* que el fluido será mayor en uno de los lados (presión osmótica) y para poder equilibrarlo las membranas deben actuar para poder permitir que dicho fluido "se purifique" y pueda pasar de nuevo en busca de equilibrio. A este fenómeno se le llama *ósmosis inversa*.

Siguiendo nuestro viaje, ahora por el mundo cibernético, éstos ya hablaban de retroalimentación equilibrante (negativa) y autorreforzadora o positiva. De ahí que en los sistemas no-lineales los pequeños cambios puedan generar una amplificación de dicha retroalimentación. Nuestro trabajo, al fin y al cabo, no es más que la gestión racional y pensada de un proceso solidario, hecho éste intrínseco al devenir del desarrollo y la evolución de la especie.

6.4. LA POSIBILIDAD DE LO IMPROBABLE

"La otra opción que nos queda es abrazarse incondicionalmente a la complejidad"
Antonio Damasio

"No es tarea fácil dirigir a hombres; empujarlos, en cambio, es muy sencillo."
Rabindranath Tagore (poeta y filósofo bengalí de finales del S. XIX y principios del S. XX)

"Uno no ve lo que es, ve lo que quiere"
Picasso definiendo "el ojo censor"

Desde que el ser humano existe, se ha adaptado a las circunstancias que se le iban planteando día a día. Todo regido por la incertidumbre. "Condenados" a adaptarnos como medio de subsistencia.

Cada día hemos ido entendiendo, (el lector advertirá de nuestro optimismo), un poco más, que ahí está la clave de una mejor convivencia con nosotros mismos.

Pensamos que un técnico, como persona humana que es, debe entender lo que Djénane,[119] hablando sobre Morín, define como "*la sociología del presente*". Uno de los fenómenos sociológicos por excelencia desde hace unas décadas a la actualidad es el fútbol y más, el de hoy en día ya que nos muestra una dualidad subyacente que se ve salpicada por el propio entorno social. Entenderlo es el supuesto airbag que puede garantizar un poco de protección ante un golpe seguro. El caos, la emocionalidad y la educación personalizada, son la base del desarrollo de las capacidades y sensibilidades de cada uno.

Permítanos el lector, que le recomendemos abra especialmente sus sentidos y deje que le acaricie el corazón y la razón el relato que les vamos a trasladar y que con la mayor humildad del mundo nos ha participado Luis Rubiales,[120] que viene a demostrarnos cómo no debemos anteponer protocolos a personas y que éstas hacen buenos o malos los mismos: *"Déjenme que me retrotraiga al año 1977. A los pocos meses de nacer, sufrí un accidente. Mis piernas quedaron enormemente dañadas, se partieron ambos fémures y los cuádriceps de ambas piernas formaron un conglomerado diferente a lo fisiológicamente esperado (especialmente la extremidad izquierda).*

Con el paso del tiempo, fui mejorando y sorteé una cojera a priori casi inevitable, tuve suerte, pero mi recto anterior izquierdo, quedó lastimado, simulando la silueta de un reloj de arena. Para colmo, la naturaleza me obligaba a utilizar esa pierna más a menudo que la otra cuando jugaba en el recreo. Efectivamente, era, soy zurdo.

Siempre padecí muchos problemas y pequeñas lesiones, hasta que, un día, con 18 años, la parte más débil se rompió por completo, de lado a lado, dividiendo en dos el músculo y formando una fibrosis que, según todos los traumatólogos que visité, me obligaba a dejar el fútbol.

Me encomendé a la última oportunidad. Visité por primera vez en mi vida a una eminencia en la materia, el Dr. D. Pedro Guillén, ahora gran amigo personal. Se dirigió a mí y me preguntó: "Viejo, ¿estás estudiando?" Yo le respondí que sí. Él me replicó: "Eso está muy bien. Sabes hijo, no podrás jugar como profesional, tal vez como amateur o para divertirte algún

---

[119] En su obra *Mi Camino. La vida y obra del pensamiento complejo*. Gedisa. Autobiografía. (2010).
[120] Actual presidente de la Asociación de Futbolistas Españoles (AFE) y ex jugador de los siguientes clubes: Guadix CD, RCD Mallorca B, UE Lleida, Xerez CD, Levante UD, Alicante CF, Hamilton Academial Football Club.

rato con los amigos. No conozco ningún caso parecido a éste que se haya recuperado para estar al máximo nivel competitivo".

Mi padre me acompañaba en ese momento en la consulta del Doctor. El silencio inundó la sala unos segundos. Mi respuesta fue: "Yo seré el primero que lo consiga". Entonces D. Pedro me jaleó: "Venga! Vamos a intentarlo!". Y lo logré gracias a 2 cosas: las prodigiosas manos de un número uno y una idea que me repetía cada vez que me veía retirado del fútbol: "¿por qué no voy a ser capaz de conseguirlo? Sigue luchando!!"

No sé cómo explicar cuantos pensamientos negativos y frustraciones diarias tuve que superar y cuantas veces tuve que autoconvencerme para desterrar de mi cabeza la idea de rendirme. Por no hablar de las muchas horas dedicadas a la rehabilitación cada día, del dolor, sobrecargas y molestias que durante el resto de mi carrera tuve que superar en esa zona de mi pierna izquierda. Sólo el fisioterapeuta del Levante UD, mi "escudero" José Baixauli, lo sabe tan bien cómo yo.

Después vinieron otras lesiones que superé en menor tiempo de lo esperado para sorpresa de quienes me trataban. Recuerdo cuando me rompí la rodilla izquierda y de nuevo fui intervenido por el Dr. Guillén diagnosticándome 6 ó 7 meses hasta la recuperación total, pero tras una charla añadió: "seguro que por llevarme la contraria te recuperas en sólo 4 meses", y así fue. O cuando me dañé el cartílago de la misma rodilla, acabando contrato con el Levante UD y a dos meses de finalizar la temporada en 1ª División, bajando las previsiones de los 3 meses iniciales a 1 mes. Acabé jugando 30 partidos oficiales de titular.

Y es que la "posibilidad de lo improbable", ha de perseguirse, soñarse, verla cada día en tu mente. Así y sólo así se logrará. Utilizando el instrumento más importante a nuestro alcance (el cerebro), se superan adversidades para aprender, mejorar, obtener resultados, conseguir un sueño. Mi sueño era ser futbolista. Recomiendo perseguir los sueños."

Después de lo explicado, pensamos que cualquier cosa que podamos trasladar al lector carece de la entidad y autoridad moral que rendimos a Luis Rubiales, Rubi, un ejemplo donde los haya. Él personifica con mayúsculas que la posibilidad de lo improbable es posible, además de que representa la más sublime expresión de la plasticidad. Trabajar las rutinas, esforzarse, perseguir con ahínco e ilusión un objetivo, así como una estimulación adecuada y magistralmente dirigida con los signos de identidad de los que todos deberíamos aprender y aplicar sean cuales sean nuestras circunstancias, sea cual sea nuestro momento. ¿Por qué? La meta difícilmente es algo objetivo y tangible, no es algo seguro. Pero lo que sí es seguro es el aquí y el ahora y la potente conexión entre esto y el futuro. Esa es la meta. Intentar que haya una conexión entre ambos estados temporales. El futuro no puede ahogar el presente. El presente nos debe conectar con el futuro. Sociológicamente, esta actitud, también nos conecta con el crecimiento y nos aleja, afortunadamente, de caer en ese pozo sin fondo del "todo vale" en pro de tendencias costumbristas retrógradas.

Igualmente, observamos un magnífico ejemplo de cómo la plasticidad cerebral es el sostén necesario para que las múltiples manecillas de la inteligencia se direccionen en el equilibrio y el progreso: adaptarnos nos hace seres inteligentes.

Continuando nuestra exposición, tengamos presente otro aspecto diferente pero de una misma orilla que se refiere al equilibrismo que solemos hacer entre dos elementos: de un lado está el conformismo, *el meme*[121] ya conocido de "este deporte es así" y del otro, el cientificismo llevado a la más incontextualizable realidad del entendimiento.

Llegamos a la conclusión personal que al centrarnos en el trabajo semanal, miramos demasiado lo que demanda la planificación, la no linealidad mal entendida. Ajram nos cuenta en su libro sobre los límites humanos el significado de un tatuaje que lleva en su cuerpo: *se trata de un dado* en el que se pueden ver tres caras que marcan su *leitmotiv: el infinito, el interrogante y una espiral*. La primera la compara con la lucha contra lo imposible, es cierto que hay cosas que sí lo son o pueden llegar a serlo por las circunstancias pero agotar todos los recursos es nuestra obligación. Para definir lo segundo habla de la ilusión, cualidad volitiva que nunca debemos perder y que rápidamente lapidamos cuando surge algún contratiempo, fruto, muchas veces, del victimismo. La tercera significa conformismo. Para nosotros, la más peligrosa de todas. No es la ausencia de ambición como tal, sino un conformismo inducido en el que entramos cuando pensamos que hemos tocado techo con nuestras posibilidades.

¿Hemos probado a traspasar los límites de nuestra propia mejora como técnicos?, ¿estamos realmente preparados para decirnos a nosotros

---

[121] Unidad teórica de información cultural trasnmisible de un individuo a otro.

mismos que es urgente enfocar el proceso de entrenamiento desde un punto de vista diferente? Si entendemos que nuestro empeño puede más que nuestras posibilidades, la respuesta a estas dos preguntas es sí.

Morín define *"senciencia" (sentience en inglés)* como la capacidad del organismo para recibir estímulos. Unos conducimos mejor y otros peor, pero la capacidad de interactuar con el camino la tenemos todos y si no está suficientemente desarrollada urge potenciarla. Partamos de la máxima, según el maestro Bateson[122]: *"la mente es la esencia de estar vivo".*

Tolstoi dijo una vez *"que hay muchos más estados de ánimo negativos que positivos".* A partir de ahí, podemos defender mejor nuestros planteamientos, entrenar flexibilizando nuestras convicciones y, por qué no, incrementarlas. Recordemos los ejemplos acerca del montaje de video, del tipo de comunicación empleado con el jugador, y de la comunicación y mensajes verbales, no verbales y praxémicos que los propios jugadores se transmiten entre ellos dentro y fuera del campo, de las destrezas no verbales que debemos mostrarle como observador de observadores, de las reglas no restrictivas que disfrazan la negatividad de confort y alejan las zonas de óptimo desarrollo propugnadas por Vigotski. Transmitir y mostrar el camino sobre lo que los africanos llaman *ubuntu*: *"somos humanos sólo a través de la humanidad de otros"* (trataremos este concepto en el último capítulo). Consiste en transmitir dominio de sí mismo. Como diría Stengel sobre Mandela *"no se trata de que sepas en todo momento lo que hacer y cómo hacerlo, sino ser capaz de contener los sentimientos y las preocupaciones que te impiden ver el mundo como es... la clave está en profundizar en ello".*

Sobre los pasos para poder identificar la ausencia de bienestar, destacamos, haciendo una comparativa con el artículo del diario As (Relaño, 04-04-2011):

- En primer lugar, *desaprender lo aprendido como punto de partida para luego aprender* (el fútbol inglés de los sesenta cambió el *"pick and rush"* de patea y corre por un *"push and run"* de toca y trota).

- En segundo lugar, *no coordinar lo que ya se coordina por sí solo* "(Rowe fue el manager que obró el prodigio y Blanchflower, medio dere-

---

[122] Citado por F. Capra en su obra *La trama de la vida. Una perspectiva de los sistemas vivos.* Anagrama. Colección Argumentos. (1998).

cho, su profeta)...*El juego no consiste en abrumar al contrario a pelotazos, sino en ganarle con estilo"*.

- En tercer lugar, *la felicidad como ausencia de miedo con una idea que potencie lo mejor y lo que esté por mejorar de cada futbolista.*

- Finalmente, hacer todo lo necesario, y como técnicos fomentarlo, para que el miedo sea un estímulo positivo hacia la tarea de pensar y ocupar espacios de manera inteligente. Este estilo era el Tottenham de los sesenta, un club que desaprendió lo aprendido introduciendo más calidad y permitiendo que, los que no tenían tanta, desde el punto de vista coordinativo, utilizasen sus neuronas espejo para contagiarse de un modo nuevo de hacer, utilizando las salidas en paredes hasta medio campo como el mejor medio socio-afectivo posible en cuanto a cohesión de tarea se refiere. Un howknown al más puro estilo no inglés. Si aquí tuvo repercusión, *¿por qué hoy no?* Con esto no defendemos el fútbol de toque, defendemos el fútbol que potencie lo mejor de cada jugador. Las neuronas espejo nos dan la razón. *¿Dónde está el problema?*

Cano cita, y se debería de postular como uno de los diez mandamientos del fútbol: *"únicamente los jugadores y sus posibilidades de interacción pueden dar sentido a nuestro entrenamiento porque de ahí emerge el modelo a implantar".*

Guardiola, en su intento por acercarse más al jugador, defiende *"no haber pedido nunca a ninguno de ellos hacer algo que no sepa hacer".* Este planteamiento, para nosotros, tal cual, no es del todo correcto puesto que no se trata de perder el norte en los entrenamientos, y ni mucho menos en los partidos, pero sí debemos ir más allá. Cuando a un niño de tres o cuatro añitos, con unas condiciones motoras en desarrollo, se le coloca un balón y una portería cerca lo primero que hace es patear a gol, *¿le hemos provocado nosotros este comportamiento de chutar a puerta?* Lo hizo la situación (balón más portería). Pedirle al futbolista que provoque cosas, que invente otras nuevas, que nutra su paisaje de atractores, que nunca se de por vencido: tal y como expresa Damasio[123] *"no siempre las cosas son lo que parecen. La luz blanca es una luz compuesta por los colores del arco iris aunque ello resulte evidente a simple vista.".*

---

[123] Ibídem 33.

Desconocemos si el técnico Blaugrana quiso decir, pero sí lo pensamos nosotros, que el jugador, en ocasiones, puede no ser consciente de que "sabe" hacer algo y la grandeza de un técnico reside precisamente en provocar que aflore una interacción con el medio que en principio no estaba en su carta de presentación.

Según se recoge en el genial libro de Capra, "*Sabiduría insólita*"[124]: nosotros mismos podemos encontrar la manera de aprender a interpretar. Ése, y como también se recoge en otro libro "*El punto crucial*"[125], del mismo autor, es el camino de la mejora: "*los problemas principales de nuestra época son todos de una misma crisis única, y que dicha crisis, es esencialmente una crisis de percepción*".

¿Puede haber crisis de percepción-interacción en una tarea de entrenamiento?, ¿cómo podemos detectarla?, ¿aprendemos a interactuar más en la escuela futbolística de la vida que en la escuela de fútbol? Quitemos la valla para entrenar y pongamos más problemas a solucionar en el juego: es la mejor manera de optimizar nuestras constancias perceptivas interactivas, básicamente, y disculpe el lector por la simpleza de nuestra expresión, pero se nos antoja esencial: "ahí reside la grandeza para ser más buenos". Usted decide.

6.5. EL PROCESO DE ENTRENAMIENTO: ¿UNA INCOHERENCIA HECHA REALIDAD O UNA REALIDAD INCOHERENTE? ¿ES LA PERIODIZACIÓN TÁCTICA UNA FORMA LINEAL DE PLANIFICAR?

"*Se le decía a Boskov, que tenía problemas de indisciplina con Juanito ¿Por qué no lo quitas? Él contesto que para quitarle vale cualquiera. Mi trabajo consiste en hacer que el equipo aproveche sus valores*"
Alfredo Relaño

"*Todos somos perfectibles, nadie lo sabe todo...el futbolista, como ser humano que es, nunca está terminado del todo*"
Santiago Coca citado por Óscar Cano

¿*Qué es entrenar bien?* Nosotros lo vamos teniendo cada vez más claro, y para ello nos lo cuestionamos todo, eso sí, haciendo de la constructividad

---
[124] Kairós. (2003).
[125] Estaciones (1996).

nuestra seña de identidad. Todos nos hemos equivocado y nos equivocaremos entrenando.

El primer error viene marcado por lo que nosotros denominamos la instauración de un *"pragmatismo metodológico"*[126]: consiste en la creencia de que la consecución del objetivo es síntoma de mejora en el jugador y en el juego; todo esto bajo el yugo que generan medios tácticos deslavazados y pensados para ser ejecutados por cualquiera pero que generan un torrente terminológico tan inservible como inoperantemente pragmático. Siguiendo a Idiákez, "es la diferencia entre construir o estar de paso".

En su prisma particular, cada uno se hace a medida el traje con el que visiona el mundo. Hay quien prefiere construir un equipo desde atrás; quien sólo entrena la defensa; los hay, muy pocos, que se centran en el balón; los hay, menos todavía, que se centran en el jugador; los que creen firmemente en los sistemas; los que poseen mil y un ejercicios de entrenamiento idénticos para cada situación; quien pone a los jugadores a pasar muchas vallas, picas, aros, mancuernas, estafetas, pulsómetros, gps, paracaídas, trineos...

Como decíamos al comienzo del libro, en palabras de Sampedro, *"quizás haya que empezar de nuevo en algunas cosas"*. Con ello no pretendemos romper con nada de lo establecido, pero sí revelarnos ante el interrogante, sin miedo a encontrar en la mejora una metodología del mañana basada en no olvidar los valores de un ayer que se aleja pateado por el virus de una modernidad que vaga fragmentada. El proceso de entrenamiento se convierte en una contradicción preciosa por no disponer de la pócima llamada *"¿cómo ser eficaz entrenando?"*, pero hay que mirar todo lo aprendido desde unos prismáticos humanizados porque, si es así, la incoherencia tiene sentido; por el contrario, actuamos como seres necios al tratar de simular lo indisimulable: se nos escapa la interpretación del juego y, *¿cuándo se nos va de las manos?* Cuando priorizamos todo lo demás. Es muy común anteponer lo condicional, la intensidad física al desarrollo normal de las tareas para entrar dentro de lo "condicionalmente establecido": una situación de juego posicional, valga como ejemplo, se está dando a un ritmo lento, la fatiga física no es muy alta (perdón por

---

[126] Ver Glosario. Cervera Villena, Francisco J.; Coba Sánchez, Rosa Mª. *El jugador es lo importante*. (2.012).

disociar, no sólo Descartes comete errores), pero la mental...la mental es brutal: "es que el equipo no ha estado intenso hoy en el entrenamiento", pensaríamos... "el pulsómetro marca un trabajo en capacidad aeróbica para algunos jugadores cuyo umbral está muy por encima, no han entrenado bien", "vamos a completar con carrera en la siguiente sesión o con alguna tarea de más intensidad"...esto lo hacen, lo dicen, se habla... *¿Interpretación?* El juego que proponemos no es fácil, el proceso de aprendizaje es lento pero "vamos bien" sería el razonamiento y la conversación entre integrantes del cuerpo técnico a nuestro entender, correcto. Han trabajado en capacidad aeróbica, otros en potencia...pero están intuyendo lo que pasa, pronto aumentará la velocidad de una manera razonada, porque ser veloz no es correr más rápido, no es cuestión de músculo, hasta que se vuelva a plantear otro problema y así hasta un multiverso infinito de situaciones cambiantes. Tranquilidad, sería la gran virtud de los impacientes.

Todos sabemos de los extremos a la hora de plantear entrenamientos: desde los más puristas hasta los más modernos. No vamos a entrar a cuestionar a nadie, todo lo contrario, posiblemente cuanto más se conoce, más se duda y esa es una duda positiva, sana, de las que nos ayuda a crecer. Como la parte más purista ya la conocemos, analicemos algunas vertientes metodológicas que pueden convivir juntas, que están coherentemente planteadas pero que en el día a día las presentamos como un menú incoherente en el proceso, porque en el resultado, como decíamos en capítulos anteriores: *"la historia la hace el que gana"*:

El entrenamiento integral basado en la repetición globalizada. Es una repetición continuada de la parte principal de la actividad deportiva. No confundir con integrado.

El Entrenamiento Integrado, puro (sólo lo físico) y mixto (lo físico- técnico y lo técnico-táctico) supuso un punto de inflexión entre lo anterior y lo moderno, una forma de integrarlo todo haciendo un esfuerzo por no disociar nada; el resultado: un planteamiento teórico-práctico que ha quedado en "offside" debido a la incursión de las multiestructuras y el entrenamiento sistémico de Seirul'lo y la más reciente corriente de la periodización táctica. Conviviendo con todas, los más escépticos y puristas que se adaptaron mejor a lo integrado que las otras dos corrientes expuestas. Respetamos muchísimo esta metodología, al igual que a las otras, pero no la compartimos por algo obvio y que el lector habrá podido ya esbozar con la lectura del libro: se parcializan realidades y aunque se nombran juntas, es una unión forzada; además, hablan de circuitos técnico-tácticos y ya sabe usted que en este caso el orden sí altera el producto. Se ha dicho del entrenamiento integrado que lo "*entrenaba todo pero que no entrenaba nada*"; a este punto no vamos a llegar en nuestra exposición porque pensamos que se utilice el método que se utilice siempre "algo" se entrena, otra cosa es que ese "algo" sea significativo o parta de las premisas que planteamos. Hoy en día está de moda no pertenecer a esta vertiente por considerarla clásica y denostada pero en el día a día se utiliza más de lo que pensamos porque lo físico-técnico, que se estudia acomodado al modelo de juego, en realidad no tiene tanto en cuenta a éste, entre otras cosas porque prescinde de la puesta en marcha de unos "músculos" llamados neuronas.

En el continuum de las tareas propuestas por Seirul´lo (generales, dirigidas, específicas y competitivas) con el fin de realizar situaciones simuladoras preferenciales encontramos una manera magistral de organización. La preparación física en general y los preparadores físicos en particular le deben mucho al Maestro. A nivel teórico ya hemos expuesto que es una anticipación neuropsicológica sólo al alcance de mentes muy privilegiadas el poder analizar de un modo tan exhaustivo los procesos cognitivos y más, con los medios existentes en el momento en el que fue preconizada la teoría; quizás, hoy en día, como ya anticipábamos, podría hacerse una ampliación y revisión de la misma desde las nuevas corrientes neurocientíficas. El problema viene después, no sabemos si por interpretación de quien la pone en práctica o porque la práctica no varía mucho de dicha interpretación al ser llevada al campo.

Por ejemplo, una tarea de resistencia de tipo dirigido, de la que explicamos un pequeño esbozo: tratando de simular patrones del modelo de juego, un lateral ha de tocar un número determinado de conos que forman una figura geométrica, cuadros, triángulos...cerca de su zona de actuación, pegada a banda, antes de salir a atacar pero si el compañero, lateral de banda contraria, lo realiza antes, han de estar pendientes para que uno quede y no se incorporen ambos al mismo tiempo. Trabajamos así el ángulo de visión, teóricamente, y el que acabó más tarde, queda en vigilancia o en zona de rechace mientras otros compañeros de otros puestos específicos han realizado tareas parecidas de manera simultánea en sus figuras correspondientes. Todo esto acaba con una finalización. *¿Acaso no disgregamos el propio juego?, ¿qué interacciones tenemos en cuenta?, ¿en qué simulamos al modelo?, ¿dónde está la tan ansiada no linealidad ya preconizada y periodizada en conceptos de ataque y defensa?, ¿en que un lateral sube y el otro queda?, ¿de esta forma ambos laterales mejoran su interacción en el modelo?*

Por otra parte, si entrenamos seis atacantes contra cinco defensores, lo llamamos situaciones simuladora preferenciales (SSP) *¿esto no es ataque contra defensa de los que postula el entrenamiento integrado?*

Cuando realizamos circuitos, introducimos conceptos de juego; desde nuestro punto de vista sólo pueden servir a modo de calentamiento, pero nada más, ya que en el mismo instante en el que se acelera el proceso decisional, los conceptos estaban siendo trabajados de manera integral y mecanizada. Aún así, como complemento no está mal.

A correr sin balón lo llamamos una tarea de tipo general con carácter volitivo al tener que gestionar una capacidad de sufrimiento y superación...a nuestro entender, la preparación física basada en el atletismo de Álvarez del Villar sería lo más volitivo del mundo, pero arremetemos todos contra este tipo de metodología por considerarla en el asilo del fútbol. ¿Por qué?....Igual ocurre con las tareas de tipo preferentemente coordinativo: pasar unas picas, esquivar, pasar la pelota, sprint...son divertidas, amenas, posiblemente mejoren la motricidad, ayudan a dirigir al jugador desde sí mismo porque le suelen gustar por encontrar en ellas la tan anhelada "chispita"...pero, no dejan de integrar lo físico-técnico, lo integrado en definitiva. *¿Queremos simular el juego?* Hagámoslo. *¿Queremos preferenciar fases del ciclo de juego?* Hagámoslo, pero sin balizar objetivos.

La periodización táctica. Es lo moderno. Propugna, como sabe el lector, periodizarlo todo en base a la táctica jugando con conceptos de intensidad adaptados al juego, entendiendo ésta como un valor emocional de entrenamiento en fatiga mental. El problema en el que se puede caer es en periodizar en base a conceptos de juego únicamente sin ver lo que sus protagonistas pueden dar. Si tenemos ya un conjunto de conceptos periodizados sin adaptarlos a los jugadores que tenemos, que suele ocurrir bastante más a menudo de lo que puede parecer, esta vertiente metodológica basada en fractales y no-linealidades es todo lo contrario; mecanicista y lineal. Es una filosofía que defiende mucho juego y poco jugador. Nos cuestionamos, ¿*cómo podemos acoplar una pieza en un puzzle sin ni siquiera saber cómo es dicha pieza?, ¿adaptamos las sinergias entre jugadores a los conceptos que pretendemos periodizar?* o, al revés, *¿periodizamos y luego adaptamos?*

Posiblemente la personalidad marque un antes y un después en el entrenamiento en *especificidad dinámica* que pretendemos. Dentro de los rasgos psicocaracteriales de cada persona-jugador hay que facilitarles el auto-reconocimiento de lo que es importante para su mejora. A partir de ahí, adaptar el entrenamiento a las condiciones de cada uno. Por ejemplo, entrenando con dos porteros, como decíamos, uno pide grandes dosis de descarga de explosividad, velocidad y adrenalina. Lo demanda con sus gestos, con sus palabras, con su lenguaje verbal y no verbal. Por el contrario, el otro siempre pregunta por la tarea una y otra vez, trata de cuestionarla, no por no estar de acuerdo, sino porque necesita ir poco a poco. Incluso tarda en realizarla correctamente con un par de series hasta que se familiariza con ella. Sus comentarios y gestos son siempre de mucha negatividad, transmite falta de confianza. Lo que quizás verdaderamente pase, sea una cuestión cultural. Este portero viene de un país donde la desconfianza en la vida en general es una auténtica losa. La superstición, la kabuleria, como dirían los castizos, impregna su modo de ver el fútbol, su modo de ver la vida. Es curioso, ¿verdad? Hace del deporte algo más grande aún.

En el trabajo de prevención de lesiones establecemos protocolos que hay que seguir pero dentro de ellos hay una parte fundamental: lo que siente el jugador, lo que le hace rendir mejor. Hay futbolistas que prefieren, ante dos ejercicios parecidos, uno u otro, dejar de lado lo conveniente cuando esto no daña el proceso de recuperación y/o prevención, es darle al futbolista lo que demanda para sentirse más a gusto consigo mismo. El día antes del partido hay quien solicita hacer unas repeticiones explosivas de tren inferior en squat, lo que muchos llaman "pico de fuerza"; todo profesional de la preparación física sabe que esto no siempre es lo más conveniente por el tiempo de recuperación...provocar que el jugador se convenza de lo que le conviene es labor nuestra, pero aún así, si el futbolista se encuentra mejor, adelante. Entre otra, es una forma de indirectamente exigir responsabilidad y profesionalidad al jugador. Nuestro objetivo es mostrar *"flexibilidad inteligente"*. En el entrenamiento podemos buscar lo que Damasio cita como *"estímulo emocionalmente competente"* (haciendo formal la verdadera similitud entre el dispositivo emocional con el dispositivo básico de la regulación de la vida).

Ser más sensible a las personas nos hace ser más mesurados, perfila nuestra personalidad. El técnico ha de ser muy meticuloso en el cumplimiento de los detalles. Con éstos no nos referimos sólo a los del desarrollo del modelo, sino también a los del día a día, cualquier detalle es muy importante, cualquier sensibilidad maltrecha rompe con lo establecido. Buscar la mejora en este sentido es el camino hacia un verdadero entrenamiento en especificidad dinámica que no sabemos si es entrenar bien, pero parte de personas.

Como decíamos al hablar del procesualismo frente a postprocesualismo, una periodización táctica sólo es posible si está basada en conceptos flexibles cuya evaluación por parte del técnico ha de ser la de intuir la evolución organizativa de los propios sujetos; de ser así, es válida ya que la especificidad propugnada sería no lineal.

El lector se podrá posicionar en la metodología que estime oportuna, no es nuestra intención dogmatizar nada, pero sí reflexionar acerca de todo. No tratamos de "vender" un término basado en especificidad dinámica, es más, llámelo usted como quiera; pero sí tratamos de basarnos en las consistencias conductuales y en no caer en una incongruencia que, por muy moderna que sea, no deja entrever más que la *hiperespecialización de las ciencias* de la que habla Morín y que tanto daño está haciendo al presente en el que vivimos.

La libertad como soporte para el pensamiento sistémico que permita a la persona hacer una lectura coherente del medio en el que se desenvuelve es una de las claves que hacen que el estilo, la filosofía y el modelo puedan conjugarse con la armonía precisa en el entrenamiento en especificidad. No hablamos de táctica porque para ello primero hay que dirigir personas y eso, dará como resultado una supuesta periodización. *Para una buena especificidad dinámica hay que reflexionar: la persuasión como una forma de aditividad nula (donde unos salen beneficiados y otros no, porque esto es la vida aún cuando peleamos por el mismo objetivo), los límites como guía de crecimiento y seguridad, la sabiduría del grupo como estandarte de identidad, el pragmatismo como forma de cambio en la antí-*

tesis a la indecisión, la empatía como liberación del miedo, el valor por encima del medio...

Siguiendo con la especificidad adaptada a nuestros días, *¿cómo adaptar el talento flexible en el fútbol a una sociedad que va aceleradamente hacia el contravalor?* Entendamos la convivencia de valores y la creencia en el carácter dinámico del grupo como base a la compresión de las interacciones no periodizadas del modelo y los dominios de aprendizaje.

Cuando priorizamos al jugador antes que minimizar el grado de error, cuando la táctica parte de los principios individuales antes que la estrategia generada a nivel colectivo, es de suma importancia saber qué tipo de jugador tenemos a nivel emotivo-volitivo. Deben marcar una tendencia recíproca que nace de ellos pero que se refleja en su entrenador y viceversa. Dirigir enérgicamente desde la banda quizás pueda transmitir al jugador lucha, garra, entrega...pero también miedo a cometer un error, temor a romper el orden preestablecido, cuando, en muchas ocasiones hace falta. *"El juego es una finta continua al rival"* basada en el engaño y en la superación de debilidades, fingir que se es valiente presentándose en un acoso, viviendo unidos momentos sin balón, sustituir dos metros de cambio de ritmo por cuarenta en basculación...El medio que comunica a nuestros rivales el estilo de juego mediante las interacciones ha de ser transmitido y elevado por los jugadores a una entidad moral, porque esto involucra al público, eso gana partidos, eso vende ideas. Stengel promulgaría que *"si se finge ser valiente, se es valiente".*

Para finalizar este capítulo, tomando como base un artículo ya mencionado del periódico El País (Solari, 30-03-2011), concretando un poco más, y respetando a todo tipo de técnico, veamos la siguiente tabla:

CREEN EN LOS SISTEMAS	CREEN EN LOS FUTBOLISTAS
Estructura Verticalista	Estructura Heterodoxa
El objetivo principal es reducir al máximo la cantidad de errores.	Moldear un esquema que respete las características de los jugadores.
Prever y controlar todo lo que pueda pasar.	Tolera espacios de libertad.
Ordenar y automatizar.	Guiar y Convencer.
Banalización de la Responsabilidad Individual.	No banalización de la Responsabilidad Individual.
No hay cabida a la creatividad.	Hay cabida a la creatividad.
No se promueve el talento.	Abrir la puerta a las posibilidades talentosas que todo jugador tiene.
Cretiniza al jugador a nivel cognitivo (no le hace pensar), emocional (le genera miedo y un escondite tras su técnico) y socio-afectivo (no le genera compromiso social suficiente).	No cretiniza al jugador a nivel cognitivo (le hace pensar), emocional (no le genera miedo y un escondite tras su técnico) y socio-afectivo (le genera compromiso social suficiente).
Interacciones encorsetadas en sistemas.	Interacciones talentosas.

Ambos tipos tienen cabida en el fútbol, pero ¿qué tipo de entrenador hay que fomentar?, ¿cuál de ellos ha de estar en el fútbol base?, ¿por qué en la élite se perdió la apuesta por el crecimiento en el talento personal?

En Harvard Business Review, se presenta (Goleman y Boyatzis, 2002) un artículo sobre inteligencia social y biología del liderazgo de gran interés, a nuestro entender, en el marco de la dirección de equipo, ya que nos explican cómo las mentes de sus integrantes se pueden fusionar como un sistema único y cómo los líderes pueden mejorar la performance del grupo entendiendo la biología de la empatía a través de las neuronas espejo ya que las mismas generan un sistema de experiencias compartidas.

Liderar debe conllevar aplicar la información para mejorar la propia calidad de vida y desarrollar la empatía. Éstas son competencias fundamentales para dirigir un grupo, desarrollar una sana relación con los demás, comprenderlas y despertar a través de las propias interacciones la motivación.

El liderazgo es un fenómeno emocional que consiste en trabajar para conseguir los objetivos esperados y su éxito depende de lo que ocurre emocionalmente entre quienes lo ejercen y quienes lo reciben (los liderados). Cuando lideramos, lo hacemos con personas, y las personas son seres emocionales.

Al hablar de líder, en un mundo tan endogámico como es el fútbol, lo hacemos pensando en el líder como agente de cambio, o como recoge Senge en *"La quinta disciplina"*[127]: "*el líder produce una transformación deseable para un grupo de personas*".

Un técnico, como líder que es, no debemos olvidar que ha de buscar y optimizar las capacidades de cada uno de sus jugadores y ponerlas al servicio de la colectividad de manera aditiva. *Ello debe hacerse teniendo muy clara la dirección del flujo: el líder se adapta a los componentes del equipo.* Esto es antagónico, evidentemente, a lo que pensamos que en demasiadas ocasiones se hace, que consiste en que el líder espera que el equipo se adapte a su forma de ser y su ideario, lo que sería tan poco coherente con la teoría que defendemos en este libro como pretender robotizar al capital humano. En declaraciones recogidas en el diario El País (29-08-11) sobre Guardiola, *desde su llegada al banquillo, en 2008, se ha convertido en la referencia del fútbol mundial, pero ayer no se atribuyó más méritos que haber sabido sacar rendimiento a un grupo de jugadores irrepetible: "No me cansaré de darles las gracias ni de elogiarles porque el mérito es suyo, de su competitividad y sus ganas."*

Según expone F. Soriano[128], los perfiles de líderes se podrían agrupar en las siguientes categorías:

---

[127] La quinta disciplina. Granica. (2004).
[128] *La pelota no entra por azar*. J.P Libros (2010).

	CAPACIDAD −	CAPACIDAD +
CONTENIDO +	EXPERTO AUTORITARIO	COACH
CONTENIDO −	DICTADOR POLÍTICO	FACILITADOR

Capítulo 7

FÚTBOL SOCIOAFECTIVO.
EL VALOR POR ENCIMA DEL MEDIO

"En una sociedad dominada por el dinero y los economistas, lo no cuantificable no cuenta."
José Luis Sampedro

"Si la interpretación es mecánica o relamida, los circuitos cerebrales que fijan la atención se ahorrarán el esfuerzo de reparar en ella"
Antonio Muñoz Molina (escritor y académico español, ocupa un sitio en la Real Academia de la Lengua desde 1996)

"No dudes jamás de la capacidad de tan sólo un grupo de ciudadanos conscientes y comprometidos para cambiar el mundo. De hecho, siempre ha sido así".
Margaret Mead (antropóloga social estadounidense)

"Desmintiendo la vieja quimera de que la historia es un caudal continuo de mejoras"
Concha Caballero (escritora y portavoz política)

7.1. EL PROBLEMA DE LO CUANTIFICABLE EN EL DESARROLLO DEL JUEGO. EL FÚTBOL COMO RETRATO DE LA SOCIEDAD

Parafraseando a Marina, ¿cómo adaptar el talento flexible en el fútbol a una sociedad que va aceleradamente hacia el contravalor? Una posible solución es mediante el control exacerbado del juego y el jugador; Fuster respondería: "La transformación del hombre mismo...la genética, la neurobiología, la nanotecnia...".

Hace más de cincuenta años hubo una guerra mundial que cambió la mentalidad de la gente. Los volvió más conservadores desde el punto de vista de disfrutar más de sí mismos y de sus trabajos. Intentar sentir algo más de la vida. El emprendedor queda más a un lado y se queda de la mano de unos pocos. Podríamos decir que de un tercio. Se instauraron una serie de valores y, a partir de ahí, la *"trampa del orden natural"* determinista, el transgresor, el que, en palabras de Sampedro, *no tendría sitio en ese momento*. Curiosamente se juega a un fútbol que va avanzando en un orden espacial, quizás acorde al orden social. Había sitio para el talento. Éste siempre ha tenido su espacio; es como el mar, no puede ser cercado, por alguna parte fluye cuán ave phoenix. Haciendo un viaje con despegue en lo analógico y aterrizaje en lo digital, *¿qué hace falta ahora para que cambie un poco la situación del entrenamiento en general?* Obviamente no una guerra mundial, aunque sí un guiño a la reflexión.

Hoy en día tenemos un occidente muy desarrollado pero en decadencia. En esta sociedad se vende tabaco (industria de la muerte prematura) como principal fuente de ingresos pero se prohíbe fumar; se promueven proyectos de millones de euros tan cambiantes como un billete mecido por el viento; no hay dinero para medicina preventiva porque se quieren resultados a corto plazo, lo que es a largo plazo no interesa....El fútbol no escapa a esta situación. Conforme más grande se hace este negocio, como todos los negocios del mundo, pierde su esencia, más se destruye a sí mismo.

Los posicionamientos iniciales y el desarrollo estratégico y táctico hacen de este gran juego una especialización que puede llegar a aburrir. *¿Alguna vez ha escuchado y/o leído decir que en esta categoría no se puede jugar bien al fútbol?* Refiriéndose, por ejemplo, a la actual Liga Adelante, segunda división A y en segunda B, etc.... *¿Por qué?* Hay calidad en los jugadores... *¿De dónde viene esta idea?, ¿quién la puso de moda?* Ya, es que jugar bien al fútbol sólo es hacerlo desde atrás; pues no, porque atraer rivales para tocar balón sin superar líneas de pase y pasar a un compañero al que mientras le das el esférico estás avisándole de un posible "¡cuidado!" es más bien jugar a cualquier precio desde atrás; jugamos para hacer goles y evitar que nos los marquen. Se ha parcializado tanto el juego que los partidos oficiales llegan a ser "partidos de estrategia". El fútbol de hoy en día está muy igualado, preconiza aquel, la estrategia decanta un partido; estadísticamente hablando es cierto, cualitativamente no estamos de acuerdo.

No concebimos que veintidós jugadores enfrentándose en la elite del fútbol de un país jueguen a renunciar a la pelota poniendo la mitad de sus recursos neurodecisionales al servicio del esfuerzo poco útil. Todos los jugadores deberían tener el derecho de poder desplegar su fútbol, el que llevan dentro. Defender un córner es más cuestión de sentir el salto, vivir caídas, rechaces....que de altura. Interpretar el juego en un entramado inventado y racionalizado por el hombre, mediatizado por el euro y agasajado por el ego.

La educación en general y la del fútbol en particular debe gestionar esto de otro modo porque si no, en un futuro habrá más especialistas que jugadores en un terreno de juego o, con todo nuestro respeto, informáticos interpretando planillas mediante softwares programados para ser reseteados.

En ese sentido no creemos que el juego vaya a avanzar, y ni mucho menos la persona que lo practica. El valor de lo intrascendente se propaga de manera directamente proporcional a la consecución de objetivos a muy corto plazo; así como inversamente proporcional a la mejora en talento y creatividad. Quizás nos dirigimos hacia la mayor complejidad cretinizante que habrá en el mundo del deporte colectivo. Ya no bastará con entrenar, habrá que reprogramar.

Respetando todas las metodologías, en una conferencia de fútbol se nos explicó un estudio de cómo entrenar al noventa por ciento del VO2Máx (consumo máximo de oxígeno) en un tapiz rodante. Como conclusiones al mismo, se decía que equivaldría a jugar con doce jugadores de las mejoras fisiológicas producidas. El tapiz rodante rueda como el balón, eso nos consuela. *¿Aguanta un jugador más acosando a su par o a su impar poseedor del balón con un VO2Máx mejorado pero con un valor no sentido ni interpretado?, ¿cuál es el consumo de oxígeno necesario para entrenar la voluntad de acercarse o separarse?*

Elsa Punset, tras muchos años de investigación, concluye que en el año 2020 habrá un elevado número de casos de niños con problemas por falta de educación en valores y nosotros nos preguntamos: *¿cómo será el jugador del futuro más inmediato?* Criado entre máquinas de todo tipo, volcado por una ambición sin límites, distorsionado por una sociedad que le vende narcisismo y superficialidad. *¿Sabrá ser receptivo?, ¿sabrá comunicarse y escuchar?, ¿tendrá un súper especialista para la parte técnica-táctica-física y emocional?* Así va a parecer, quizás porque sea un fútbol transmisor de miedos, el que genera la inseguridad y el afán de trascendencia y de supervivencia más puramente ancestral. Será un fútbol monitorizado. Nos queda, tras la reflexión, la esperanza, lo último que se pierde; lo que da sentido a todo.

Fuster sabe, como especialista en ciencia, de la capacidad del ser humano como modificador de actitudes y conductas y de la importancia del poder cognitivo del cerebro en su lóbulo frontal, responsable éste de una gran cantidad de interconexiones de redes neuronales, lo que nos llena de esperanza para poder entrenar en *la más alta especificidad dinámica*. La *"monitorización del organismo"*, la que diferencia a un hombre de un animal, es la parte más sensible y menos cuantificable de todas.

En el fútbol, el azar y el talento, acompañados de persuasión en el trabajo, le devuelven al juego lo que es del juego. Según Robinson en la conferencia "Do schools kill creativity?", la escuela: "matará la creatividad".[129]

Las teorías del citado Bruner defienden que la cultura es como la mano que va dando forma a una figura de arcilla. La mano es la sociedad y la figura es la mente humana. Un fútbol de cantera es el reflejo de la cultura del propio club, de su filosofía, siendo éste responsable del tipo de jugador que sale de la misma.

Para finalizar este punto, nos gustaría hacer mención a un párrafo del libro escrito por Lucas ya mencionado puesto que su sentir da un flujo de aire a este negocio de vivir y, por analogía, a los técnicos y demás especialistas que tenemos la oportunidad de avanzar en este deporte: *"Y después de nosotros, mañana, cuando el hombre en su propio cuerpo vaya siendo afectado por la genética, la neurociencia, la nanotecnia y otros futuribles en el horizonte, ¿qué palabras danzarán en los silencios? Y entre tanto, ahora, ¿qué podemos hacer cuándo vemos tan torpemente llevado el timón de la nave?*

Al menos algo creemos: la nave es una galera. Si todos los galeotes anónimos unidos nos conjurásemos para remar sólo por una banda, la nave cambiaría el rumbo obligando al timonel. El futuro es manejable, la vida imparable."

---

[129] En las TED (Technology, Entertainment, Design) Conferences sir Ken Robinson habla de cómo la educación que se imparte en las escuelas mata la creatividad. Vídeo original: http://www.ted.com/index.php/talks/view/id/66 Duración: 20 minutos. Subtítulos: Pedro Villarrubia. Versión subtitulada del vídeo "Do schools kill creativity?" de Sir Ken Robinson. Última fecha de consulta (20-02-2011).

7.2. HACIA UNA NUEVA PERSPECTIVA DE LAS RELACIONES SOCIALES: ALGO QUE ESTABA EN EL JUEGO Y SE ESTÁ DESVIRTUANDO

"En el momento en el que el niño conoce el pase conecta con la generosidad, la convivencia, la complicidad y la necesidad de relacionarse con sus compañeros a la búsqueda de un objetivo común".
Ricard Torquemada (periodista deportivo)

"Intrínseca e inevitablemente, la educación es una cuestión de valores y objetivos humanos. Me gustaría que esta frase estuviera en el despacho de todo responsable de política educativa".
Howard Gardner

El artículo publicado en el diario Mundo Deportivo llamado *El complejo mundo del pase*, (Torquemada, 27-02-2010) nos hizo sentir una gran cantidad de emociones positivas: *"un niño se encuentra con un balón lo chuta, lo conduce mientras corre, después lo utiliza para driblar, pero empieza a entender el juego cuando alguien le descubre el pase".*

Desde el punto de vista de un técnico, pensamos que es preferible tener un vestuario con una gran cohesión, algo indudable. Defendemos que la mejor cohesión es hacia la tarea. *"Messi nos da mucho más que goles. Por toda la ayuda que da al equipo en defensa, y también en ataque. Su trabajo es muy positivo para todos"*, señalaba Valdés al terminar el encuentro de vuelta frente al Shakhtar de la Liga de Campeones 2010-2011.

El modelo de juego es el tapete sobre el que se sustentan los valores. Unos utilizan el pase, multitud de ellos, como forma de comunicación, tranquila; otros utilizan uno o dos pases, atacando al espacio a una velocidad vertiginosa...hay quien elije el repliegue como agrupación estable; otros, la estabilidad que da sentirse unidos defendiendo. Tras el partido mencionado, Guardiola declaró: *"Esto es la demostración de la estabilidad, de las cosas bien hechas. No me canso de repetir, además, que esto es un éxito global, de los directivos, de los técnicos, de los jugadores. Y no pensemos que por haberlo hecho en los últimos cuatro años, esto es sencillo...no está todo acabado....pero llega un momento en que ya no se puede hacer mejor. Tenemos una sensación de paz por haber llevado al Barcelona tan lejos en todas las competiciones".*

No sabemos si es el mejor modo, desde luego, ni el único de hacer las cosas, pero es un ejemplo claro del tipo de cohesión pretendida cuando dirigimos en un mismo equipo futbolistas de tanta capacidad rendida al talento, crecidos bajo un modelo, una forma de entender el juego. Eso se contagia.

El portero del Barcelona, Valdés, explicaba que había entrenamientos en los que era uno más con el pie. Seguramente, el resto de porteros de la base, estarán siendo instruidos desde la premisa de la circulación de balón como medio catalizador del juego. Esto nos lleva a imaginar situaciones de entrenamiento estresantes, no sólo parar, como son dirigir para evitar "manos a mano" al jugar tan abiertos; colocarlo de central…

Para entender mejor la cohesión en la tarea veamos lo que supone no ahogar el espacio cuando Messi recibe el esférico, no entrometerse en el espacio de intervención de Alves cuando va a iniciar la carrera por banda, dejar la opción clara cuando Piqué tiene el balón para que pueda ofrecer una buena salida del mismo; en el Real Madrid abrir el campo cuando Xavi Alonso tiene la pierna dominante libre; en el Málaga permitir que Cazorla reciba en diferente eje y altura que Joaquín; que Puyol reconozca sus virtudes defendiendo con el cuerpo orientado para correr en un 1x1… *Todo lo que mejora la situación del siguiente compañero es cohesión. Con humildad, es entrenar bien.* "Todos para todo", diría Cano. Esa es la sociosfera que configura y educa al jugador y se puede hacer desde pequeño en el club.

Educar en el valor, en lo que supone tocar o enviar en largo (pero no por ser presos del miedo), según los tiempos del partido, empezar de nuevo si no se ha podido culminar bien un ataque…La empatía generada a nivel emocional se refleja en los valores de cohesión que llevarán a cabo nuestro modelo de juego, la neuropsicología al servicio del juego hará el resto.

En un ejemplo de vida titulado "*elogio a la lentitud*" (Honoré)[130], se resume aquello de *"vivir deprisa no es vivir, es sobrevivir".* Quizás por esto, el fútbol "sube" como deporte pero "sufre" como juego.

El *trilema de Münchhausen*, también llamado de Agripa (el barón de Münchhausen, filósofo escéptico, el cual dijo haber escapado de una ciénaga tirando de sí mismo), entró en la teoría del conocimiento en el siglo XX a manos del popperiano Hans Albert. *"Es un ataque a la posibilidad de lograr una justificación última para cualquier proposición, incluso en*

---

[130] En el blog www.notodo.com/…/elogio_de_la_lentitud_carl_honore_rb. Última fecha de consulta (14-05-11).

las ciencias formales como la matemática y la lógica". Una de las tres soluciones al cuerno del trilema, si lo que se pretende es certeza absoluta, es que A se justifica por B, B se justifica por C, y C no se justifica. Esta última proposición puede presentarse como autoevidente, de "sentido común" o como un principio fundamental (postulado o axioma) de la razón; pero aún así representaría una suspensión arbitraria del principio de razón suficiente. El proceso de entrenamiento en fútbol necesita de certezas utópicas y menos rutinizado para encontrar el sendero adecuado. Hacen falta razonamientos tales como "entreno así porque es en lo que creo; lo que siento me desprende del miedo a proponer cosas; y esto es innegociable".

Empezar de nuevo en algunos planteamientos sería de vital trascendencia para que no caigamos en un abismo *"tautológico sin sentido"* (fórmula de la verdad que siempre tiene el mismo significado ante diferentes interpretaciones: *el fútbol es así y siempre será así*).

En el vídeo *"Flexibilidad en clave animal"*[131], se empieza a vislumbrar el origen de la vida hasta nuestros días. Esta teoría está desarrollada por el cántabro Ubalde, basándose en Darwin:

"La selección natural en las organizaciones: algunos quisieron ver en la naturaleza un lugar lleno de peligros dónde domina la ley del más fuerte pero la verdad es que todo comenzó como una historia de amor y cooperación. Existían unas células, las procariotas, que poseían estructura pero carecían de núcleo, a las células eucariotas les pasaba exactamente lo contrario así que en vez de destruirse, optaron por la estrategia de darse una a la otra de lo que carecían creándose las primeras formas de vida en el mar. Comenzaba la historia, el origen de la vida y aprendieron a moverse y a mirar. Emprendedores con una mirada apreciativa hacia el cambiante entorno, decidieron salir fuera del agua y adaptarse. Algunos aún hoy viven entre nosotros...Pero un día un asteroide impactó en la tierra y el mundo quedó envuelto en llamas, todo tuvo que empezar de cero, una nueva era. No sobrevivieron los más fuertes, ni siquiera los más inteligentes; aquellos que supieron dar sentido a sus acciones y generar nuevos contextos, encontraron su oportunidad. Un lugar hecho para los mamíferos y sus complejas redes sociales: empatía, colaboración y flexibilidad eran algunas de sus capacidades más valiosas. Surgieron organiza-

---

[131] *El blog de las competencias.* Última fecha de consulta (05-11-10).

ciones complejas y la evolución premió aquellas dónde la relación estaba por encima de todo. El aprendizaje social y la transmisión de conocimientos eran sus fortalezas; la innovación y su inteligencia social, su punto fuerte. Habían surgido los primates. Unos seres excepcionales, con formas sofisticadas de cooperación y competición: el liderazgo, la motivación y la resolución de conflictos no son asuntos nuevos en la historia del ser humano. Las organizaciones, al igual que otros organismos vivos están sujetas a las leyes de la ley natural. El video concluye: Bienvenidos a un enfoque revolucionario. Bienvenido a la selección Natural Aplicada a las Organizaciones."

7.3. LA CONVIVENCIA DE VALORES COMO CREADOR DEL MODELO DE JUEGO. LOS DOMINIOS DE APRENDIZAJE

"El cambio de paradigmas requiere una expansión no sólo de nuestras percepciones y modos de pensar, sino también de nuestros valores"
Fritjof Capra (reconocido físico austríaco, padre de la asunción entre la física occidental y el Tao oriental)

"Lo que observamos no es la naturaleza en sí misma, sino la naturaleza expuesta a nuestro método de observación"
Heisenberg (físico alemán del S. XX conocido por formular el principio de incertidumbre)

Según expone Punset [132], "el modelo competitivo es un modelo que no requiere empatía con las necesidades o las emociones de los demás. No existe una escala de valores, sino una escala de resultados. Otro problema del sistema competitivo es que para ganar deprisa y repetidas veces no se piensa a largo plazo, se forman jugadores a corto plazo. Se persiguen pequeños objetivos para mañana o pasado mañana, generando, finalmente, frustración a la larga. El sistema educativo actual refleja los valores y los criterios organizativos de nuestra sociedad pero, en realidad, ¿es útil para la sociedad crear un modelo así?"

Cuando el entrenamiento suscita sentimientos de pertenencia en el valor generado se puede dar más rienda al talento. Éste saca el fútbol de la mediocridad. Lo hace más bello, más dúctil, menos vulnerable a la ignorancia. Tras dicha experiencia vital en cada minuto jugado y/o entrenado podemos encontrarnos dos respuestas: una negativa y otra positiva. Si el jugador valora que es negativa, cuando el juego le solicite lo mejor de sí

---

[132] En su obra *El viaje a la Felicidad. Las nuevas claves científicas.* Ediciones Destino. (2009).

mismo estará marcada por el miedo y la ansiedad. No imaginamos a jugadores como Özil siendo los primeros sustituidos en la final de Copa del Rey frente al F.C. Barcelona o en la ida de la semifinal de Champions frente al Real Madrid, ambas pertenecientes a la temporada 2010-2011. En televisión se le veía cansado, destrozado, quizás por ser desposeído del balón.

¿Está encorsetada la creatividad en el sistema?, si creemos en la existencia de éste, el corsé está puesto per sé. ¿Por qué siempre paga la creatividad los platos rotos del miedo?, ¿cómo llegar a jugar un juego de posición sin ocupar una posición fija en el campo?

Cuando el jugador genere una conciencia positiva, que le haga cuestionarse cosas, lo logrará, tendrá que ser gestionado correctamente, demostrando a su propia habilidad que el devenir es lento y cambiante, sinuoso y sin restricciones. El estímulo emocionalmente competente hará que se sienta capaz. Saber elegir no debe convertirse en la novedad que se entrene cuando las cosas marchen bien; conseguir que las imágenes preconscientes se hagan cada vez más fuertes. Ser como una partícula de Heisenberg, que no tiene lugar fijo en el espacio pero interacciona con él. En palabras de Marina: *"la percepción está supeditada por el interés"*. ¡¡¡Despertemos pues la vitalidad y el propio interés de la capacidad dormida y olvidada tras la nana restrictiva!!!

Los valores que estamos transmitiendo con una forma de dirigir en la que predomina la ausencia de error, según Capra, serán básicamente de *dominación, cantidad y competición*. Por el contrario, si asumimos que el prisma ha de ser otro, nuestros pensamientos comenzarán a ser, siguiendo al mismo autor, *integrativos: basados en la intuición, lo sintético, lo holístico y, por supuesto, lo no-lineal*. Los valores que encontraremos serán de conservación, calidad, cooperación y asociación. Ante un repliegue, cerrados atrás, la no-linealidad cohabita con la realidad, lo contrario sería una falacia, pero el desarrollo del entrenamiento está buscando horizontes mesuradamente lineales. Por tanto, sólo se "aprende" a defender frente a lo que pensamos efímeramente que se denomina defendible. No concebimos trabajar la voluntad de superación, de provocar cosas, de mostrarse...en sesiones de trabajo psicológico descontextualizadas, tanto por especialistas como por parte del técnico, y más cuando los medios tácticos que se ponen en práctica a posteriori tanto en el partido como en el entrenamiento inciden en la reactividad y en la renuncia de la pelota. Cuando se es reactivo se soporta menos presión externa y se sobrelleva mejor la interna. Como el fallo no depende de nosotros en gran parte. *¿Queremos que un jugador juegue bajo presión? Que juegue con el balón, que se ponga a prueba y haga lo mismo con el rival...*Curioso, como diría Idiákez: *"cuando un jugador, central, por ejemplo, no acostumbrado a sacar el balón desde atrás se encuentra más cómodo con rivales cerca, siendo él poseedor, es síntoma de que el juego no le exige pensar; la decisión ulterior se le complica cuando tiene tiempo de hacerlo al tener rivales lejos y ha de relacionarse con la tercera línea ofensiva".* Esto nos demuestra que no sólo basta con asemejar lo que entreno a cómo juego, los medios tácticos tienen vida propia como luego veremos. Tienen valores y un significado cognitivo-conductual cuyo resultado puede devenir en conductas de repetición o de evitación. No confundirnos con no asumir nuestras propias debilidades. Muchos "estrategas" trabajan psicológicamente a sus equipos, con jugadores de nivel, pero el planteamiento de los encuentros está basado en la *autoprotección basculada* al servicio del movimiento rival.

Ya decía Kant que la mejor asignatura sería la comprensión de la vida. No se trata de linealidad frente a no–linealidad; sino asumir que reducir la incertidumbre es miedo, jugar con ella es bien distinto.

Busquemos la concretización integrativa de cada valor y los valores que emanan de cada uno de ellos. La relación social que defiende la UNESCO en sus *dominios de aprendizaje* es, quizás, la que marca las demás, a saber: *cognoscitivo, habilidad y actitud*. Nadie nace racista, ni xenófobo...el entramado social te coloca en una u otra disposición de partida. Esto traducido al lenguaje futbolístico, en fútbol base sobre todo, supone unir medios de relación en el modelo de juego como prioridad al posterior desarrollo interpretativo.

Marina expone que *la educación debe quedarse bajo la convivencia. Son un grupo de amigos.* El repliegue como momento inquebrantable de las fases del juego es la asunción colectiva de que hemos perdido lo que más importa en el juego, el balón, pero con la autoestima alta, esa que da haber intentado sacar lo mejor de uno mismo, tu talento, y que debemos aunar como el primer valor colectivo; todo depende de la estrategia operativa o del modelo de juego que cada uno desarrolle, pero por encima de todo, está el sentimiento de pertenencia vivido y responsable. Para unirse en un repliegue hay que divorciarse en un despliegue; juntar para separar, de lo contrario estamos disociando el ciclo de juego y confundiendo la palabra unión.

Cuando entrenemos tareas de ataque frente a defensa, ya de por sí mal expresadas por nuestra parte, porque rompemos la esencia del juego ya que todas las tareas son de atacar algo o a alguien y viceversa, el medio centro, si jugamos en esa disposición, pretendemos que encuentre el espacio entre los centrales, o que sea el que vaya a la ayuda en banda y esperar así a que éstos no salgan de su zona...pero no mostramos algo tan sencillo y egoístamente solidario como es distribuir quién asume a cada rival cuándo éste se introduce en un intervalo (espacio entre defensores) ante un desmarque de penetración hacia portería y/o que se defienden rivales, no la portería (lo que se da mucho ante envíos laterales, la cobertura al portero). Ese primer valor implica la humildad del que erró en el pase o perdió la pelota; la solidaridad de sus compañeros; la mayor solidaridad si cabe del que ha de volver más rápido porque no le da tiempo a llegar ya que le ha tocado estar en ese preciso instante en una posición alejada de la zona de influencia; la comprensión del que estaba en dicha zona y podía haber sido como compañero del poseedor un beneficiario perfecto, etc, etc. *¿Por qué no aparece la distribución coherente? Quizás porque damos prioridad al puesto específico antes que a la realidad intrínseca del juego; en consecuencia, hemos transmitido que unos atacan y otros defienden....de nuevo, "el valor roto".*

El mundo de la física y la matemática se define como lo, a priori, más "certero y exacto". En los años setenta, Chef defendía en su filosofía *"Bootstrap" que no se aceptara ninguna constancia, ley o ecuación fundamental.* Con esto queremos decir que no hay un fútbol mejor que otro aunque sí hay uno más bonito que otro, eso es indudable. Hay que ganarse el corazón de quién es entrenado porque si no, el rendimiento no es el que debería ser. Según Carlin,[133]*"no hay que apelar a su razón, sino a sus corazones".*

Homo homini lupus (el hombre es un lobo por el hombre); para el fútbol es igual. Lo que en su día el pueblo inventó, el ser humano ultrajó; como diría Menotti en un artículo publicado en el diario El País (Martín, 11-07-2011): *"el fútbol se lo robaron al pueblo".* Italia ha sido tetra campeona del

---

[133] En su obra *El factor humano*. Seix Barral. (2008).

mundo practicando el "catenaccio" (literalmente, cerrojo en italiano). Es muy respetable pero, la pregunta que nos intriga es tan ambiciosa como humilde: *¿por qué desde pequeños se "enseña" a los jugadores a jugar a la mitad de su capacidad?*

El fútbol empezó siendo grande porque de por sí despierta en el ser humano, desde que es pequeño, la dificultad de intentar dominar con una superficie de contacto muy complicada, un móvil que está regido, a su vez, a las inclemencias de lo que le rodea; pasó a querer ser dominado, ahora a ser vilipendiado por la falta de entrenamiento del talento. *¿Cuántas veces a un niño que intenta hacer del balón un objeto obediente se le dice "quítame la pelota" en lugar de decirle que evite perderla?* No es lo mismo, perder algo que quieres como tuyo ya suscita de por sí las ganas de recuperarlo.

Es que Zidane, Maradona, Puskas, Gento, Messi, Romario...sólo hay uno...es imposible que salgan más. Todo muere por su propia virtud y el fútbol no es una excepción. El juego pone a cada uno en su sitio. Cada vez hay más distancias entre los grandes clubes y los pequeños. El dinero diferencia quién se puede llevar a un futbolista mejor que a otro; pero los equipos de arriba juegan, muchos de ellos, igual que los de abajo, la diferencia la marca la calidad, la psique....*Todos sabemos que el juego nace, se desarrolla y muere en las relaciones que los jugadores provocan dentro del campo; cualquier planteamiento táctico nunca será más fuerte que sus fundamentos.* Einstein expresa que *"el aprendizaje es experiencia, todo lo demás es información".*

Laureano Ruíz, en un artículo publicado en El País un día antes de la entrega del balón de oro al mejor jugador de 2010 por la FIFA, habló de su experiencia como entrenador en los años setenta y cuenta paradojas muy curiosas al llegar a la Masía como entrenador, ya anticipadas unas breves pinceladas en el capítulo 4.1: *"Desgraciadamente, al poco tiempo, ya estaba altamente decepcionado, desilusionado. Allí solo valoraban -como en los clubes más modestos que conocía-, a los jugadores altos, fuertes y valientes, eliminando o no fichando a los que poseían buena técnica y calidad, principalmente si eran pequeños. Además, en los entrenamientos no aparecía el balón, dedicándose al trabajo puramente físico y, sobre todo, a la célebre -carrera continua-. Yo empleé mi -fútbol-fútbol-, con extremos -habían desaparecido-, y los entrenos los basé en los rondos, partidos de pases, partidos con la cabeza, partidillo con el sistema... Es decir, el balón siempre presente. A los pocos días, durante un entreno, se me acercaron los técnicos responsables del club y me preguntaron: -¿Tus jugadores nunca corren?-. Yo les contesté: -¿Qué están haciendo?- (jugaban un –partidillo-). Contestación: -Sí, ya, pero nos referimos a un trabajo específico para mejorar la velocidad, resistencia, fuerza...- Y terminé yo: -Si nos dedicamos a correr ¿cuándo aprenden a jugar?- Sin embargo, fracasé con los futbolistas de escasa estatura. Dentro del club se me criticaba por ficharles y hacerles jugar -porque nunca podrán llegar al primer equipo-.....“ “El único pequeño que pasó fue Sánchez, pero lo hice yo, cuando entrené al Barça (estaba de suplente en el Atlético). Les aseguro que si en dicha época Messi, Xavi e Iniesta hubieran estado en los juveniles, tampoco les habrían pasado...Años después llegó Cruyff como técnico...y empleó el balón en los entrenamientos, utilizó extremos y contó con futbolistas técnicos, de calidad, fueran altos o pequeños, fuertes o estrechos. ¿Saben que Guardiola tuvo un pie fuera del Barça -estaba de suplente-, -por débil-? Lo salvó Cruyff pasándolo al primer equipo -como a Milla, Ferrer y Sergi- no por su condición física, sino por su talento...Cruyff consiguió lo que a mí me fue imposible: que los técnicos del club cambiaran su criterio sobre los futbolistas y les ficharan y valoraran por su talento, no por su fortaleza y estatura. De todas maneras, el problema de los altos y bajos en el Barça, no acaba de estar superado. Hay técnicos que valoran mucho a los altos y fuertes mientras consideran que los pequeños son flojos y enclenques. Una vez que se marchó Cruyff, los -equivocados- hicieron prevalecer sus ideas. Principalmente Xavi e Iniesta tuvieron que pasar un verdadero calvario: decían que no valían, Iniesta estuvo prácticamente traspasado al Albacete, que no podían jugar juntos, y Xavi en el ¡2008! cansado de las críticas de los técnicos -no de Guardiola-, de acuerdo con su padre y el agente, decidió aceptar una oferta mareante del Milán. La firme oposición de su madre, le hizo desistir."*

Lo triste de lo que dice Ruíz es que todavía ocurre esto, todavía eres mejor cuanto más corres. Aunque hemos de decir una cosa importante: desde nuestro punto de vista, el talento lo estamos llevando a un punto, como ya decíamos, de estar o no estar presente en el jugador; pero para nosotros el verdadero talento de los técnicos es saber adecuar unos jugadores a una idea que parta de las mejores capacidades de cada uno de ellos. El talento es ya de por sí intentar romper barreras tanto por parte del técnico como por parte del jugador. ¿Creemos que sacamos el máximo a *nuestros jugadores?* Si ganamos, sí; si perdemos, algo falla. No podemos estar más en desacuerdo. Disculpen la osadía, pero lo pensamos así, a veces es mejor dar petos y que jueguen a restar capacidades en función de una idea no adaptada a lo que realmente tenemos. En el Barcelona triunfa un "gran capitán" que ha sabido, le han dejado y ha aprendido para poder desarrollar sus cualidades al máximo y adaptarlas a los demás, sabe sus límites y los explota y está en la elite, es top.

En un artículo del diario El País, (Torres, 08-01-2011), sobre el debate del delantero ante la lesión del "Pipita Higuaín" en la temporada 2010-2011, el título llama la atención: *"Menores no aptos para Mou"*. En dicho texto analizan las edades medias de los equipos del luso y se puede ver cómo el Real Madrid de Mourinho es la plantilla más joven que ha dirigido. Al parecer, el técnico los prefiere maduros. En este Madrid parecen ser "niños". Claro que lo más importante es el debate que genera este artículo: *"¿debe el técnico tener "la paciencia" suficiente para que este proyecto se consolide o por el contrario fichar a jugadores ya muy experimentados para ganar rápido?"* Obviamente es una pregunta para ser contestada por los mandatarios del club blanco, pero la respuesta puede ser muy clara: en el primer equipo ganar y en la base formar. Es sintomático, y sin ánimo de comparar entre técnicos, puesto que "desconocemos" la metodología de uno u otro; los jugadores del Real Madrid Castilla dicen que la mejoría en el segundo tramo de la temporada 2010-2011 se debió fundamentalmente a que les han inculcado no tener miedo a equivocarse. Un club como el blanco, dónde diez años de tu vida te los juegas en diez minutos con el primer equipo, no tener miedo es muy complicado. No decimos, aunque parezca una estupidez para el lector, que el segundo técnico sea mejor que el primero porque consiguió luchar por el ascenso cuando parecía perdido; si alguien interpreta que defendemos que el resultado marca únicamente la diferencia entre el bueno y el malo, cierren por favor este libro, ningún argumento tiene sentido. El jugador es el juez de cada entrenador; si ellos dicen que han perdido el miedo a provocar una ductilidad contextual en el campo, estos futbolistas no están siendo sesgados, que, nos reiteramos, no decimos para nada que en la etapa anterior lo estuvieran siendo. Según publica el diario Marca (08-02-2011), *"los jugadores son los mismos pero la confianza en sus posibilidades no. El comentario que más predomina desde el cuerpo técnico es "sin miedo al error" y "los jugadores sois los mejores, no os fijéis en nadie" ¿Se están cum-*

pliendo ahora los objetivos de formación y antes no?" Lo desconocemos, pero si se consigue optimizar las posibilidades de un jugador al máximo, el club merengue está de enhorabuena.

Por este argumento y cien más, nos preguntamos: ¿cuáles son los objetivos de formación de una base en general y de un filial en particular?, ¿por qué hay filiales en la categoría de bronce que disponen "del despeje" como único medio de relación socio-afectivo?, ¿por qué se están planteando echar al técnico del primer filial blaugrana a comienzos de la temporada 2011-2012 por ir de los últimos y disponer de un equipo muy joven?

Mourinho, en una entrevista al diario O´Jogo (26-01-11): *habría que dejar que el club creciera en un sentido definido estructuralmente.* El fútbol inglés nos da una lección en ese sentido.

Para nosotros, triunfar no sólo es levantar la Champions; sino el "trofeo" que te pongan tus jugadores cuando hablen de tí, ellos son los que verdaderamente tienen el barómetro de cada técnico. Es un tema a replantearse, estamos convencidos. Todo esto empieza y acaba en los técnicos. La única manera de sublevarnos es "abrazándonos a la incertidumbre", de querer avanzar asumiendo traspiés.

No es fácil "vender ideas", para ello hay que creérselas. Eduquémonos en el afán de la inquietud porque si no, en un futuro, el fútbol seguirá creciendo como negocio, como casi todo en la sociedad, pero seguiremos buscando en la calle a los mejores jugadores, en un patio, en un parque...porque ellos están "fuera del sistema, en el caos que se reorganiza a si mismo"; como publica el diario El País (04-04-2011), y cambiando el orden del titulo: *"De ladrones de cuero a poetas con botas"* porque esta lucha que les castiga les hace fuertes en su creatividad y los educa para la vida y el fútbol. A veces se es *"muy listo para los libros pero muy tonto para la vida"* o como preconizaba Mandela: *"Se dirige más con presencia que con inteligencia".*

Cano contaba a título personal como, mientras dirigía un partido en uno de sus equipos profesionales, uno de sus asistentes, ante el buen hacer con el balón de dos jugadores en una zona del campo y ver cómo se acercó un tercero a pedir la pelota, el ayudante exclamó: "¡*pero si están tocando el violín!, ¡dónde vas con el bombo!"* Entender eso y optimizarlo nos debe obsesionar más que valoraciones antropométricas al servicio del puesto específico. Hacerle ver al futbolista en qué momento debe de acercarse a pedir, saber alinear interacciones y, lo más importante: que el jugador sea consciente de que en esa "orquesta" no era su momento de gloria.

7.4. LA NEUROCIENCIA COMO BASE DE LOS MEDIOS SOCIO AFECTIVOS. HACIA UN "UBUNTU FUTBOLÍSTICO"

"El entrenador nunca es importante; el importante es el jugador por él mismo. Creo que he sido un entrenador muy afortunado".
Josep Perlas (técnico español de tenis)

"En el juego no es lo mismo estar alejado, que alejarse; como tampoco lo es estar cerca que acercarse"
Imanol Idiákez

"La inteligencia es la función que adapta los medios a los fines"
Nicolai Hartmann (filósofo alemán del S. XIX y mediados del S. XX)

No sólo basta con hacer tareas ya planeadas como hipotéticos tejidos del modelo de juego para ver las interacciones; éstas hacen la tarea. Se rompen tópicos gracias a la neurociencia, aunque ésta podría dar sentido a uno de Helenio Herrera de que se juega mejor con diez que con once…Nosotros, aunque se pudiese demostrar, preferimos jugar con once, o con trece si hace falta. Al hablar de las neuronas espejo y las inteligencias múltiples, ya vimos, que todo tiene una consecuencia azarosa.

La neurociencia nos enseña valores para, según versa Idiákez, "vivir momentos juntos, ganar ventajas posicionales mediante el esfuerzo útil ya que si me ahorro uno, son problemas futuros para el siguiente; lo que ahora supone un esfuerzo, dentro de dos minutos será diferente, igual ya no servirá…vivamos todo hacia delante, desde un despeje y salida, hasta saberse pacientes cuando tenemos el balón porque no es obligatorio pasar, sí ganar espacio y tiempo para superar líneas…". Es la base para todas las edades, pero no de palabra, sino desde la interacción. Jugar en zona está de moda. Defender en zona también. Aprenderán a ejecutar marcajes en distancia y en proximidad pero si no se interioriza mediante el sentimiento de daño a uno de los tuyos y, por tanto, a ti mismo, "valor y concepto roto".

La distribución de contenidos por edades está muy clara, el problema es de tres tipos: de un lado avanzar en medios sin reparar en lo que los sustenta, da igual la edad; por otra parte avanzar sin repasar pensando que ya se dan conceptos por sabidos cuando el valor de la persona puede haber cambiado de un año a otro, de una experiencia a otra; por último, asociar un tópico que es el que más daño ha hecho y hará al deporte en general y al fútbol en particular: pensar que una vez llegados a una determinada edad ya no se puede mejorar. *El valor se reinventa a sí mismo en cada instante de la vida y del desarrollo del juego, incluso un valor puede contaminar el buen hacer de un medio táctico.*

Torquemada publicó en el artículo ya mencionado anteriormente: "*hace muchos años el Barcelona escogió como forma de relacionarse el pase*". Ese es su medio, es el "*termómetro de su estado de salud.*" Gracias a esas relaciones han conseguido generar una red de relaciones capaz de optimizar a sus futbolistas al máximo entendiendo que para llevarlo a cabo hace falta una filosofía clara: *entender dónde están mis virtudes y dónde mis defectos para, a partir de ahí, evolucionar.*

En una entrevista publicada en el diario As (15-12-10), Cruyff explica: "el fútbol es más que yo, es enseñanza para los jóvenes, ellos deben ser un reflejo para niños y su comportamiento es vital, al igual que unidad es importante. En fútbol no todo es el 'yo'."

Llenar de virtuosismo el juego es complicado, pero desvirtuarlo es muy sencillo; como una gran amistad: construirla cuesta toda una vida, destruirla sólo un instante. En el presente libro no se han dado ni se "dan recetas" como una máquina expendedora en busca del envoltorio no caduco del resultado, porque no las hay. Guardiola dijo que "*nunca promete títulos y que para ganar tendrán que seguir confiando en su idea de jugar bien*". Es una filosofía imponente pero quizás en parte basada en el miedo. No se puede prometer nada más que trabajo y voluntad pero hay que saber dónde se está.

No todo vale o debería valer en el fútbol y, ni mucho menos, en la base. Observar las conductas se antoja lo más importante. Puede ser bastante común ver cómo se cruzan los valores. Básico debería ser que los jugadores entiendan el juego y la vida como aspectos paralelos y/o caras de una misma moneda.

En este tipo de aprendizaje ha de haber disonancia cognitiva no sólo en el medio, sino en el valor que lo sustenta, entrar en dilema mejora nuestro ángulo muerto ante las cosas, una fragancia pérdida que emana de las relaciones sociales anilladas a través del balón y con el árbitro como juez de ceremonias.

La fatiga mental es el terremoto en cuyo epicentro se haya la erupción emocional. Es fundamental crear un departamento de metodología en cada club para que el jugador nos pueda transmitir sus sensaciones y podamos dirigir desde él. La metodología la acaban configurando ellos. Fomentar el conocimiento declarativo no sólo es plantear una forma de jugar, sino una forma de levar anclas incrustadas en una realidad fragmentada.

Interiorizar el engranaje que une el sistema vivo es lo más potente para que no se resquebraje. Invitamos al lector a que dirima en el medio que quiere entrenar y el valor que conlleva. *¡Partamos del valor!* Éste se puede adaptar y retroalimentar, a pesar de los golpes azarosos de cada jugada mecida por la sinuosidad cambiante que entorpece el fluir del orden preestablecido sirviéndose de movimientos apriorísticamente estudiados pero, quizás, no interiorizados. La consistencia del valor es lo que hay que entrenar, no el medio en sí; no es igual evitar el "valor roto", que asumir el vaivén del valor dentro de las propias interacciones entre jugadores, por los motivos que fueren: estado de ánimo, una jugada puntual…

Desde nuestro faro vislumbramos que la única manera de poder entender, comprender y convivir con el componente siniestro, contingente, albur, hado… tantos guiños gramaticales caben como inhóspito se antoja el juego, es tener inculcados los valores suficientes como mantener un estado óptimo en competición. *¿Nos equivocamos si pensamos que el valor se sustenta en la calidad del jugador?, ¿cuántos jugadores de "calidad" contrastada mundialmente confunden el pase con tirar el balón o salir fijando adversarios con salir atropellándolos?* El valor o hado es el que nos educa en todos los sentidos; si las tareas las centramos en la no intervención de ambos, la auto-eco-organización del futbolista va a ser devuelta con el certificado de deserción. Para poder trabajar con sistemas vivos sólidos, los valores que los llevan a cabo parten de la máxima de que todo está al servicio del jugador y no al revés. Tratar al mismo como una integridad es ir más allá de los aspectos meramente psicológicos y futbolísticos. *Un* *entrenamiento necesita de algo más que buenas tareas para ser realmente constructivo.*

Sobre este abaniqueo de reflexiones, la *"teoría de fractales"* [134]tiene mucho que proponer y aseverar. Haciendo una analogía coloquialmente fractalizada del fútbol, si nos permiten la expresión, sería decir que "se juega como se entrena". Un equipo colocado lo más parecido posible para entrenar que en un partido, jugaría como ha entrenado. Ahora bien, cuando los conos marcan el movimiento a desarrollar (basculación, permuta, desdoblamiento...), igual no está relacionado con la teoría fractal, sino con tesis analíticas y descontextualizadas, no lo sabemos, pero nos lo planteamos. *El fractal (si podemos seguir llamándolo así en este preciso ejemplo) es interpretativo y emocional, "es pensado incoscientemente", es reflexivo, es subjetivo, es una interpretación, es una resolución continua de problemas inexacta. Es cómo linealizar algo tan inmecanizable como es la "transición de fase": término de la teoría de sistemas (TSD) referido al cambio de un momento, fase o un ciclo de la vida a otro.* No podemos enfocar esta teoría sólo a las tareas, aunque claro, hacerlo, sería como disociar al ser humano de su derredor, dejarlo en *"La Caverna"* ya mencionada que Platón vislumbró encadenado a sus propias lacerías e indigencias destructivas del "no puedo".

Si todos entrenamos igual, según Idiákez, el razonamiento post facto (a posteriori) es que todos jugaríamos igual. *"Buscamos la metodología del triunfo para mover personas; cuando son éstas las que dan sentido a ésta".* Sí, pero es que todos tenemos diferentes cualidades...cuando se trata de talento, el automatismo táctico-estratégico ulterior es sólo eso, cuestión de práctica. *¿Podrían el Barcelona y el Real Madrid jugar parecido si quisieran?* No, porque los valores de ambos equipos son diferentes, sus filosofías también; no porque los valores de unos no son los de los otros...no porque lo forman diferentes personas...pero, si sólo vemos talento, *¿acaso no tienen la capacidad de tratar la pelota correctamente tanto unos como otros?, ¿quién cortó el cable de la circulación al lóbulo frontal donde, por ahora, habita el talento?, ¿quién inventó el límite del aprendizaje?* Éste

---

[134] Según Diccionario Enciclopédico Wikipedia un fractal es un objeto semigeométrico cuya estructura básica, fragmentada o irregular, se repite a diferentes escalas. El término fue propuesto por el matemático Benoît Mandelbrot en 1975 y deriva del Latín *fractus*, que significa quebrado o fracturado. Muchas estructuras naturales son de tipo fractal. Última fecha de consulta (23-03-11).

se pierde en las posiciones, en el juego zonal, en la fragmentación de las ciencias del deporte y de la vida en general.

Franklin, estadista y científico estadounidense, respondería a esta cuestión avalando nuestro postulado de que avanzar no implica necesariamente no tener que recordar lo esencial, *"quienes son capaces de renunciar a la libertad esencial a cambio de una pequeña seguridad transitoria, no son merecedores ni de la libertad ni de la seguridad". ¿Quién sutura la pequeña libertad transitoria en un equipo?, ¿el propio jugador?* Las manijas del reloj avanzan, denostamos los medios tácticos más básicos por considerarlos sabidos, conchabados con la edad y categoría del futbolista, cuando, curiosamente, lo más básico es siempre lo que antes se olvida. No nos cansaremos nunca de repetir, *¿alguna vez han probado a hacer una pretemporada sin trabajar ni un solo concepto defensivo disociado del juego y lo han enfocado a tratar de tener el balón y ante la pérdida ejecutar con responsabilidad lo que pueda ocurrir?* Ajustes harían falta, pues claro, pero para los amantes de las estadísticas puede que se lleven una sorpresa si comprueban esto evaluando goles a favor, en contra, partidos ganados, perdidos, empatados...Los medios no generan equipo (Whitmore, 2000) citado por Horts Wein: *"Un futbolista recuerda después de tres meses sólo un diez por ciento de lo que le ha hablado o instruido su técnico y un treinta y dos de lo que el entrenador le ha explicado. En caso de que el jugador haya experimentado propiamente la misma situación con ayuda del técnico, recuerda un sesenta y cinco porciento."*

Articulamos valores tales como la decencia, la voluntad, la lealtad, la bondad, la sensibilidad, la alegría, el respeto, la cooperación, la solidaridad, la honestidad, la responsabilidad, la comunicación...pero hay uno que está sobre el que se reinventan las relaciones de todos lo demás, uno ya citado: *la capacidad de empatizar.* La empatía es fundamental entendida como un valor en el juego. *Es muy fácil desvirtuarla ya que da el pistoletazo de salida a la voluntad para querer hacer cosas.* Ayuda a hacerse responsable. Es el director en la orquesta de valores; la neurona espejo que sale de nuestro cerebro a relacionarse con los demás.

Desde que el jugador se está formando hasta que llega a la cúspide, si lo hace, la empatía es cardinal porque continuamente hay un choque de intereses. Definiciones de empatía como se ha visto en la obra hay muchas, como la que hace referencia (Ronderos, 2012) a que: *"es el don que tiene el ser humano para conectar con otra persona y responder adecuadamente a las necesidades de su homónimo, a compartir sus sentimientos e ideas, de tal manera que logra que el otro se sienta muy bien con él".*

Se habla de este valor, según los expertos, como *"nuestro radar social", y no tenerlo genera una "sordera emocional".* Es nuclear para el desarrollo de cualquier medio en el terreno de juego, es el carburador del resto de valores*: el* "ubuntu futbolístico" como medio del valor inquebrantable. Si como reseñábamos en el capítulo sobre el procesualismo frente postproce-sualismo, la solidaridad se practica porque es una buena idea, la empatía es mucho más profunda ya que apunta de lleno a los intereses que nos mueven en cada segundo de nuestro devenir. *La empatía es una buena idea de nuestras neuronas espejo;* es una necesidad, un saber emancipador de los que propugnaba Grinberg.

Posiblemente la convivencia en un vestuario y en el campo puede que se fragmente y la empatía actúe como pegamento.... En un equipo se puede dar la pseudoempatía en el vestuario pero dentro del campo no valen medias tintas. O se es, o no se es. Todo medio socio-afectivo nace y muere en saber conectarse con los sentimientos del compañero.

Es relativamente fácil entender que hay un bien común; pero no es fácil interiorizar que para que el juego de todos fluya no sólo basta con captar a los demás, sino que ellos nos vislumbren también a nosotros. El uno para todos y todos a impedir la ruptura del valor. El jugador inteligente no es el que da pases de ensueño, ayuda a que los del rival no se produzcan, es un jugador de *"inteligencia interpersonal"* como definiría Gardner. *El jugador brillante sabe lo que cada uno demanda de él en cada momento.* En caso de no producirse, podemos optar porque no juegue, aunque preferimos un plan alternativo: ponerlo durante los entrenamientos en puestos donde el corporativismo sea algo más que un simple ideal laboral y tenga que suministrar al resto la gasolina necesaria para generar conductas activas en el ciclo de juego.

No hay medio que entre a la fiesta del juego que no esté medido por el rasero de la empatía.

Un valor importante en el desarrollo del modelo y que ayuda a empatizar es hacer ver al jugador la importancia y la responsabilidad de tomar las decisiones acorde a las mejores cualidades de cada uno; a una recursividad intrínseca a la propia naturaleza de las cosas: orden-desordenvolver a ordenar; *"Polidimensionalidad"*, según Morín, el cual explica cómo abordar la inteligencia del ser humano en las situaciones de variabilidad que pueden impresionar como caos. Para que se produzca mejora ha de haber voluntad, y para que exista ésta se ha de fomentar la capacidad de autoproducción. *El valor de amar lo que uno hace.*

La empatía genera una actitud medrosa en la teoría del entrenamiento a nivel profesional, es un conflicto para los pragmáticos: *¿por qué no juegan siempre los mejores?* Kenny Dalglish, una leyenda viva del Liverpool y entrenador del club inglés en los años ochenta y recientemente en 2010-2011 (siguiendo como técnico mientras transcurren estas líneas), decía que uno de los problemas que se le planteaba al entrenador español Rafa Benítez en su etapa en los Reds era que rotaba demasiado a sus pupilos y que nunca jugaban los mejores de manera continuada. A pesar de las diferencias de potencial con Chelsea o Manchester United, lo cierto era que en las competiciones habitualmente llamadas del K.O. (Fa Cup, Copa de la Reina, Champions...) los de Liverpool eran más fuertes que en la liga regular, en la cual perdía muchos puntos frente a equipos, a priori, inferiores.

Relacionado con esto, y con la idea de que en este deporte hay buenos o menos buenos, a la hora de repartir minutos, Idiákez dice: "yo prefiero hablar de *hacer partícipes* que del término rotaciones ya que un jugador que no se siente participe de algo no puede ser rotado en las alineaciones de un domingo a otro."

El séptimo arte se hace eco de nuestras sensibilidades en la búsqueda del orden caótico de cada uno en su vida; tal es el caso, a priori, inverosímil de detectar, como es el instinto de protección. Es el lance determinante de la película ganadora de un Óscar *"The blinde side"* (2009): en la trama, un test rutinario para acceder a una escuela privada al que es sometido el protagonista, desvela un noventa por ciento en una escala como parámetro de dicho instinto. El jugador y protagonista no asimila el fútbol americano, nunca ha jugado, su conducta está mediatizada por su pasado. El puesto que le asignan en el campo es el de proteger al quarterback.[135] El medio grupal defensivo que define dicho puesto, basándonos

---

[135] En varios medios latinoamericanos es referido como *mariscal de campo*; es un anglicismo utilizado para una posición en fútbol americano y en el fútbol canadiense. Los quarterbacks son miembros del equipo ofensivo y se sitúan justo detrás del center, en el medio de la línea ofensiva. Los quarterbacks son los líderes del equipo ofensivo, responsables de decidir la jugada a realizar. Inician prácticamente todas las jugadas recibiendo el balón del center mediante un snap (aunque a veces

en la categorización de medios (Antón, 2007) es el bloqueo principalmente. El protagonista no entendía los medios, pero sí entendía que su cometido era amparar, y en eso era el mejor. Entender la vida personal de cada jugador y sus antecedentes, respetando los fotogramas made in Hollywood, nos dan pistas de sus capacidades en el desarrollo de los medios.

Estudios recientes (Toro, 2011)[136] en Baloncesto, postulan que los medios básicos deben de ser los más utilizados porque, al igual que los valores más humanos, y a priori sencillos de la persona, se difuminan con la edad. Avivemos la llama del humo que se pierde, que el jugador lo llene como señal de comunicado. Nos especializamos y nos desvirtuamos. Obviamente dichos medios que favorecen la progresión y colaboración se verán mejor cuanta más riqueza motriz adquieran los jugadores por su ensamblaje con el juego. Claro, que la multiplicidad motora debe ir acompañada de la exuberancia moral en una praxis que fomente un espacio abierto al auxilio, colaboración, socorro, ayuda permanente como un objetivo no limitante de las capacidades de la persona-jugador. Interpretamos como negativa una máxima: *"están jugando más con el corazón que con la cabeza"*.

En dicho estudio, se encuestó a ciento dos entrenadores de baloncesto. Éstos hablaban del contraataque y la defensa colectiva individual a trabajar en todas las categorías. Pensamos que *el contragolpe está bien que se muestre como fase intrínseca del juego pero es un contrasentido, en la base sobre todo, defender todos para que ataquen unos pocos; como también lo es decirle a un jugador de la base que se dispone a sacar el balón jugado: "tranquilo...lanza arriba"*. El tiempo ya nos dejará que el jugador interprete el contragolpe como una parte más del juego. Este medio acaba siendo una mirada hacia delante, muy buena, dicho sea de paso, pero muy esquiva hacia todos los lados. Se genera una colaboración selectiva. En la base, hay que ser más ambiciosos. Un contragolpe tiene mucho de colectivo, decir lo contrario sería un ultraje por nuestra parte ya que estaríamos fragmentando, y más si entendemos el juego como avanzar y superar líneas para hacer gol, pero entrenarlo como único medio de comporta-

---

éste puede ir dirigido hacia otro jugador). Una vez que el quarterback recibe el balón, puede correr con él, dejárselo en mano a otro jugador o intentar un pase.

[136] *Medios técnico-tácticos colectivos en baloncesto en categorías de formación.* Revista Internacional de Medicina y Ciencias de la Actividad Física y el Deporte vol. 10 (38) pp. 234-244. http://cdeporte.rediris.es/revista/revista38/artBC153.htm. (2010). Última fecha de consulta (24-4-11).

miento colectivo no es hacer un favor al entendimiento grupal de la progresión en el juego; sino la transmisión de miedo al atacar con pocos y defender con muchos. Además, el pequeño jugador entiende que defienden unos y atacan otros, todos desde la formación de egos maniatados sobre cualidades inconclusas y encasilladas según los manuales "del libro gordo de la táctica."

Para el desarrollo socio-afectivo de los medios que hacen funcionar al equipo es necesario analizar las interacciones de sus protagonistas y las que generan en la utilización de cada medio. Según trabajos (Jiménez y Morcillo, 2003) realizados sobre el desarrollo y la lógica interna del juego[137] y en la estructura, conceptos y medios tácticos grupales ofensivos y defensivos que propone Antón, modificada por Perea[138] y que, a su vez, hemos adaptado:

---

[137] Apuntes Escuela de entrenadores de Fútbol de Andalucía. Nivel I.CEDIFA. (2003).
[138] Apuntes Escuela de entrenadores de balonmano de Granada. Nivel 1. (2006).

ATAQUE POSEEDOR – COMPAÑERO DEL POSEEDOR	DEFENSA OPONENTE DIRECTO – OPONENTE NO DIRECTO	ATAQUE MEDIOS DE GRUPO Y EQUIPO	DEFENSA MEDIOS DE GRUPO Y EQUIPO
Petición de balón	Interceptación del pase	**Medios Elementales** Situaciones asimétricas	**Medios Inmediatos** Distribución responsabilidades
Movilización del adversario	Disuasión	**Medios Simples** - Circulación balón - Circulación jugadores	**Medios Preventivos** - Basculación - Cobertura, permuta
Obstrucción del adversario	Acoso	**Medios Básicos** - El pase y va (aquí queremos aclarar que no estamos de acuerdo con este concepto tal cual ya que cuando se pasa no se tiene por qué ir, es decir, no hay que desmarcarse sí o sí justo cuando se pasa ni tampoco lo contrario. Solemos unir dos conceptos de manera peligrosa para con la interpretación del juego, a saber: el "pase y va" con el "toca – toca". Nadie quiere pasar para perder la pelota pero tocar y pasar y desmarcar..., ambas cuando no se deben, generan perder opciones de juego. Lo correcto sería algo más que obvio e intrínseco al concepto en sí de pasar que es jugar para el siguiente). - La penetración sucesiva	**Medios Reactivos** - El doblaje - La defensa del pase y va
Desmarque	Control a distancia del poseedor o del no poseedor	- El cruce - La cortina	- La barrera dinámica - El cambio de oponente
Lanzamiento	Obstrucción del lanzamiento	- La permutación (cambio en misma altura y eje). - Desdoblamiento (cambio en diferente altura y mismo eje). - El bloqueo	- El deslizamiento (a la espalda del oponente directo). - El deslizamiento (oponente no directo sigue persigue al beneficiario de la acción). - El contrabloqueo
Relación	Obstrucción del adversario	- La pantalla	- La colaboración con portero

ATAQUE POSEEDOR – COMPAÑERO DEL POSEEDOR	DEFENSA OPONENTE DIRECTO – OPONENTE NO DIRECTO	ATAQUE MEDIOS DE GRUPO Y EQUIPO	DEFENSA MEDIOS DE GRUPO Y EQUIPO
Fijación del adversario	Oponente directo: Disuadir. Oponente no directo: Provocar, dejar en fuera de juego. Control a distancia del poseedor o del no poseedor		**Medios Activos** - La flotación: como tal en fútbol no se da como en la esencia de deportes como el balonmano, de dónde está extraído en la presente tabla, pero si es cierto que si utilizamos un pressing fuerte del más cercano y cercanos al poseedor, aparecen espacios a la espalda de éstos "flotan" de un lado a otro para evitar una salida de presión rival. La ejecución de un medio activo requiere de una gran flotación.
Compañero del poseedor: Inhibirse (fijarse o movilizarse a sí mismo para desconcertar al rival en la posición).	Control a distancia		- El ataque al impar: mediante acoso atacamos al poseedor con una trayectoria y velocidad creciente de aproximación a través del par que inició el acoso: por ejemplo: ante lateral y central, éste poseedor, el interior acosa al central partiendo desde la zona del lateral con una trayectoria que no permite una relación entre central y lateral. - El dos contra uno defensivo

FASES, PRINCIPIOS Y OBJETIVOS

En el libro sobre el modelo de juego del F.C. Barcelona (Cano, 2009) se establece como objetivo general en el desarrollo de cada situación valores tales como "*el sentimiento de acosar ante pérdida*", "*la solidaridad ante los esfuerzos del compañero*"... En uno de los capítulos del mencionado texto, concretamente el 2.5., el cuál versa sobre el jugador como productor de conocimiento, citando a Seirul'lo: "*Cuanto mayor es el estado de incertidumbre espacial, mayor es la interacción del hombre y el medio, por tanto más se estimulan la conductas de decisión, y se pone a prueba la disponibilidad del sujeto*". En el proceso de entrenamiento hay que dar rienda suelta a la auto-eco-organización ya que el medio se encarga de generarla por sí mismo. Presentar el divorcio al miedo. En una entrevista a Xabi Prieto en el diario El País (Ciriza, 02-10-2011) el día en el que se enfrentan al Athletic Club, es preguntado: "*¿Sería capaz de repetir el penalti que lanzó al estilo Panenka en su primer encuentro en el Bernabéu contra el Madrid? En el fútbol uno debe hacer lo que siente. Yo juego exactamente igual que cuando era un cadete. Sin miedo, sin ataduras.*"

En condiciones de fatiga mental el cerebro humano actúa con un filtro más potente como mecanismo de "*autoprotección*"; intenta economizar en la medida de lo posible. Si esto ya cuesta trabajo llevarlo a cabo a nivel personal, cuanto más pensar en una situación así para beneficio de los demás. Es cierto que ese beneficio es retroactivo ya que lo mejor para el equipo es lo mejor para uno mismo. El problema estriba cuando entra en escena el natural ego, ese que nos permite ser los mejores y hasta los peores seres humanos; "ese que hace dudar incluso a los más grandes filósofos de que las personas desciendan de los simpáticos monos" (*Nietzsche*); el que nos hace pretendientes de la crítica destructiva tras una pérdida fácil o un error de estos imperdonables. En esos momentos la cosa se vuelve más complicada. Gestionar egos no es fácil. Hay que tenerlos en cuenta al confeccionar una plantilla porque se puede ser muy inteligente en la puesta en marcha del medio pero muy corrupto en la puesta en marcha del mismo. Un comentario saciado de negatividad ya atenta contra el valor aún cuando se intenta animar.

Izar las velas a modo de ideas en nuestro modelo de juego y hacer ver que lo más importante es el que se viste de corto necesita mucho tiempo. Para ello quién mejor que Rexach en una entrevista para el diario El País realizada por Martín horas previas a la entrega del balón de oro de 2010 para explicarnos el sentimiento y valores del juego que pretendemos transmitir. Quién mejor que él para poner el cronómetro en cero partiendo de los futbolistas, de sus características, de sus manías, de sus miedos, de sus virtudes, de sus rarezas, en definitiva, de su complejidad como seres humanos:

"El que lo cambió todo de verdad, en 1973, fue Michels: la manera de jugar y de entrenar. Cambió lo de subir escaleras, correr y saltar con balones que pesaban una barbaridad por la pelota, los rondos, la conservación del balón. Después empezó a venir un entrenador cada año,..... Y cada año el Barça jugaba de una manera. Pero Michels nos dejó aquel gusto. Hasta que volvió Cruyff en 1988, hicimos foc nou (tabla rasa), y buscamos jugar como queríamos, más o menos. Pero, por encima de todo, nuestro mérito fue demostrar que de esa manera se podía ganar. Porque no todo el mundo nos daba la razón, muchos pensaban que no se podía jugar así. Tuvimos que demostrar que esa filosofía funcionaba y lo conseguimos.

Cuando fueron a ver a Eusebio a Madrid en un amistoso Johan me dijo: '¿Estás seguro de que es bueno? ¡No la ha tocado!'. Pero sabíamos lo que queríamos. Yo sabía que en casa había gente: Milla, Amor, Roura... Nuestro éxito fue que empezamos poco a poco. Dijimos dónde jugaba cada número y qué tenían que hacer: 'Mirad: el 2 hace esto, el 3 esto... Y quietos paraos, cada uno en su sitio y aquí no se mueve ni Dios'. Lo importante no era quién jugaba, sino dónde y a qué."

Ante la pregunta sobre por qué pusieron en un entrenamiento a Zubizarreta de 11 aseveró: "Sí, para dejar claro que más allá de las calidades individuales, que ya las ajustaríamos, lo importante era que todos supieran qué tenían que hacer. Luego empezamos a moverlos. Primero dos: Laudrup se cambiaba con Stoichkov; Laudrup hacía de 9 y Hristo de 11. Luego, tres: incorporabas a Txiki, que era el 10. Entonces giraban tres y cada uno podía hacer lo del otro. Luego el lateral... Ya eran cuatro. Queríamos que cada uno ocupara una parcela del campo e hiciera su trabajo en relación al otro. Pero, para empezar, en vez de eso de tocas y te vas nosotros dijimos lo contrario. En el fondo la idea es sumar la calidad al colectivo."

Sobre el problema de Ibra con Pep dijo: "Nadie puede decir que Ibra sea malo, porque es muy bueno. Y lo sabe él y lo sabe Pep. Pero llega aquí, Pep le empieza a decir que si patatín patatán y él piensa: 'A mí qué me explica este tío si yo siempre soy el mejor'. Él quiere jugar a su manera y el del Barça es un estilo donde todos deben interpretar el mismo fútbol. La gente sabe que primero es el nosotros y luego el yo. Eso lo tiene claro hasta Messi, porque Messi sabe que gracias a sus compañeros él es mejor."

Con respecto a sus visitas al Camp Nou desde que era pequeño: "El Barcelona de mi infancia jugaba muy bien. Luego tuve mala suerte: llegó un fútbol oscuro, triste, físico. Sin imaginación alguna, era correr y correr, y si no corrías no jugabas. Yo me cansé de oír eso de sudar la camiseta, pelear... "Hay que morir por la camiseta", nos decían. Y yo pensaba 'oiga, yo lo que quiero es jugar y pasármelo bien, ¡no me quiero morir que tengo veinte años, hombre!'. 'Hay que manchar la camiseta', decían. ¡Uns collons! Al fútbol se juega de pie, cuanto menos te ensucies mejor, señal de que has podido jugar más y te has podido pasar la pelota. En el fondo, de lo que más orgulloso estoy es de que se haya convertido en realidad lo que pensé toda mi vida: que jugando bien al fútbol también se gana, que no es necesario ni morder, ni morir, ni chorradas. Que siendo pequeño se podía jugar estaba demostrado hacía muchos años. Mira Simonsen. Si no pones al bueno, no juega. Tengo que acabar de creerme que la gente lo ha entendido... Luis y Del Bosque lo entendieron hace años y se subieron a este carro del Barça, lo completaron con muy buenos jugadores y ganaron porque jugaron muy bien. La selección perdió el tiempo hablando de furia porque, a chocar y a correr, a un alemán no le ganas, ni antes ni ahora. Me cansé de oír: mira ese que bueno, lástima que sea tan bajito. ¿Y qué?"

En referencia a su pasado como jugador y a los entrenadores que ha tenido: "¡Muchos! Sin moverme de aquí tuve a Buckimgham, Kubala, Olsen, H. H., Artigas, Weissweiler... Uno me decía una cosa, el otro otra. Yo, al final, pensé: si uno me dice una cosa y el otro, otra, uno de los dos me enreda. La ventaja de Pep es que creció escuchando una versión. En el Barça hace cincuenta años que le hablan al jugador de cantera de una idea."

ROLES

En ataque, para lanzar, desbordar, atraer-movilizar-fijar, relacionarse, desmarcarse...: el nexo común de todos estos es *relacionarse* debido a la lógica del juego. Toda intención generadora pivota sobre ésta. Para lanzar o tirar a puerta es necesario saber y asumir la responsabilidad de que estamos finalizando de algún modo lo ya construido por nuestros compañeros, nunca tiene que ser motivo de enfado el fallo salvo cuando el egoísmo nutre el disparo ante una posibilidad de relación mejor; quizás, partiendo de la máxima del aprendizaje habrá que hacerlo consciente y para ello, a parte de verse a sí mismo en competición, durante el proceso de entrenamiento trabajar para los demás desde la realización de la tarea. Tener unas cualidades de desborde geniales, en muchas ocasiones es mérito del que realiza la ayuda a su compañero que fija, atrae, se inhibe para dar muestras de que no entra en juego pero está haciendo sentir al rival que puede hacerlo alejando líneas rivales entre sí... Con la nueva regla del fuera de juego, inhibirse (quedarse en posición antirreglamentaria hasta el momento oportuno para dispersar la atención) es una forma de ayudar a cualquier otra interacción ya que la posición puede ser clara y manifiesta pero la influencia es siempre relativa y a criterio arbitral. Sentir que todos pasamos, que todos desbordamos líneas, unas veces más en menos tiempo, otras menos en más tiempo nos ayudan a educarnos en la relación más allá que el propio pase. Hablamos, como expondría Idiákez de *"sentir lo que se hace, que se juega en todas las direcciones y en todos los ejes, que no es lo mismo centrar, que pasar centrando; que no es igual estar cerca que acercarse, ni estar separado que separarse; diferenciar velocidad de conducción con velocidad de pase; que no es obligatorio pasar, pasar sólo cuando el compañero ya se ha desmarcado y estar en condiciones de recibir; haber hecho una conducción contraria al lado del que paso para luego hacerlo a pierna alejada del rival..."llamar" a éste mediante una conducción; desmarques ampliando el espacio de intervención y facilitando al resto el momento inmediatamente después..."* Todo esto para asumir la protección de balón como el mejor medio defensivo sinónimo de esfuerzo útil. Pero esto no sirve de nada si el jugador no asume a lo que juega, no sabe que la filosofía de club está por encima del jugador: En el artículo publicado en el diario El País (Martín, 02-10-2011) titulado *"La reinvención del Guaje"*:

"...Acostumbrado a ser punto final del equipo, referente atacante en el Sporting, el Zaragoza y, por supuesto, en el Valencia, estaba por ver si El Guaje, sería capaz de encontrar su sitio en el complejo sistema de juego azulgrana y aprendería a vivir al servicio de Messi. Y resulta que Villa se ha reinventado con Messi y ahora con Cesc. Hoy convertido en un futbolista más universal que el que creció en la escuela de Mareo.

No le ha costado ponerse al servicio de Messi: "Siempre ayudé al equipo"

"Nos da lo que no nos proporciona ningún otro", le elogia Guardiola. "Todavía me reconozco en el jugador que fui antes del Barça. Aunque es verdad que he cambiado la manera de jugar, sigo teniendo una única intención: ayudar a mis compañeros. Trato de ser útil haciendo lo que me pide el entrenador", sostiene Villa, al que no se le han caído los anillos por ponerse al servicio de Messi.

La función del delantero barcelonista ha dejado de ser solo meter goles. "El trabajo en el equipo no se basa en eso", sostiene, consciente de lo mucho que trabajan en el conjunto de Pep Guardiola los extremos. En ese sentido, reconoce haberse fijado en Pedro -"aprendí mucho viéndole porque sus movimientos son perfectos"-, pero no ignora la ayuda que ha tenido en Abidal: "Me habla mucho para corregir mi posesión. Me ayuda tenerle a mi espalda". La presión es uno de los aspectos que más ha tenido que mejorar El Guaje, que no ha perdido ni capacidad de desmarque ni instinto ante la portería.

...parece disfrutar jugando en el Barça pese a que, aparentemente, haya perdido protagonismo.

No hay más estrella que Messi, pero Villa ha aprendido a brillar a su lado. "No me extraña", dice Xavi; "es una cuestión de humildad y es humilde". Villa ya no solo mete goles. También los genera."

En defensa, tanto para el rol de oponente directo como el de oponente no directo, la clave de ambos está, fijándonos en la tabla, en la distribución de responsabilidad previa según se esté en igualdad, inferioridad o superioridad defensiva. El rol defensivo no es fácil de desarrollar desde que se es pequeño, en primer lugar porque no "se promociona" correctamente y, en segundo lugar, porque para entrenarlo correctamente es necesario adaptar el cambio de rol a los esfuerzos que puede realizar cada edad, de este modo, el jugador, desde que comienza, va poco a poco interiorizando la manera correcta de cambiar el rol y lo siente como una parte de todos, no como algo a ejecutar por unos pocos. Por ejemplo, para poder acosar al más cercano ante pérdida y que el jugador vivencie y aprenda esta conducta, es necesario que lo sienta como suyo; está muy de moda por todo el fútbol actual acosar ante pérdida, pero se ha de ejecutar de una manera inteligente, ya no sólo por el esfuerzo útil, sino porque se aprenda que no se trata de correr más, sino de correr mejor. No podemos pedir a un jugador alevín que acose si su físico todavía no lo aguanta. Según Cano, *le pedimos que disuada al rival, que dirija los movimientos del mismo en función de interacciones pensadas en beneficio de su equipo.* Acostumbrarlo cuanto antes a no estar expectante a los movimientos de su propia sombra al vaivén de la circulación del rival. Ambos conceptos, acosar y disuadir, implican de una gran solidaridad y espíritu colectivo; en definitiva, un juicio de valor, cualidad intrínseca a la naturaleza humana. Cuesta adaptarse cuando te piden que pienses, porque en el momento en que decides acosar estás determinando una conducta que, como las demás, implica un riesgo y por tanto una confianza tatuada en la mente de todos los compañeros, lo que mal ejecutado se puede convertir incluso en un prejuicio.

Adaptarse al acoso, momento en el que el poseedor quiere ser desprovisto del tesoro más ansiado del partido, desde el punto de vista "mecánico-inercial" es menos complejo que disuadir, como diría aquel, "¡a correr!"; en cambio, *disuadir es la parte pensada del acoso*. Incluso desde que son pequeños, aún cuando el físico aguantara acosos ilimitados, disuadir es un medio empático, de unión reflexiva, genera más confianza para en futuro acoso. Disuadir es interpretar una situación asimétrica elemental.

Continuando con conceptos defensivos a la hora de sentir la zona y al rival, que no es igual que estar en zona o marcando al hombre, no sólo en reanudaciones de juego, sería muy importante asumir la fijación del impar como modo de educar la visión del juego en la pérdida y/o mientras no se dispone de la posesión. Sobre todo en espacios reducidos como medio socializador porque es asumir que todos son pares de todos. Es una forma de hacerle ver al jugador que no sólo en el oponente directo está el peligro; que el acierto o el error sea de todos, y no del responsable único del par. Hacer entrar en su espacio vital a sus compañeros para que le ayuden y ser ayudado. Ser conscientes de que el oponente directo ahora es mío por proximidad e influencia en el mismo espacio de intervención pero que pronto "mi problema" pasa a ser de mi compañero. Cuando se explica la marca individual y en zona lo primero que habría que hacer es generar situaciones en las que se asuma este valor y después resolveremos la marca individual, sin disociar, claro está, una parte de la otra. Es la verdadera base para una futura defensa colectiva y zonal. Hablando de estos tipos de defensa, *¿cuántas veces no hemos visto bascular a un equipo de fútbol base "entre conos"?, ¿no sería más apasionante dejar que el acto defender aparezca sólo porque se pierde la pelota?* Se pueden entrenar las orientaciones corporales como ajustes de la conducta defensiva pero lo prioritario, tener el balón.

LOS MEDIOS DE GRUPO Y EQUIPO

Siguiendo a Antón, los medios pueden ser (siguiendo la tabla de menor a mayor complejidad de arriba hacia abajo y de defensa-ataque de izquierda a derecha):

- Elementales frente a inmediatos: desde nuestro punto de vista, el fútbol, al igual que en otros deportes colectivos, es un continuum de situaciones elementales con una ejecución inmediata. Ante la interacción más elemental se tiene que dar una reacción lo más rápida posible. Es la base para entender los demás medios. Siempre buscamos superioridades e inferioridades posicionales aún cuando el jugador es tan pequeñito que no entiende lo que está haciendo pero se sabe con ventaja cuando lo lleva a cabo. Son la verdadera base de todo.

- Simples frente a preventivos: ayudan a valorar la capacidad interpretativa, si los dejamos de lado, el resultado es un "sistema" de juego limitado por su propia naturaleza hierática; es como un tablero de ajedrez que paraliza la inteligencia creativa. El posicionamiento hay que moldearlo, según necesidades, como el sistema educativo *(Morí)*, al final, si algo no va bien, el jugador pone en práctica lo que sabe hacer, y no lo hace nada mal, nos sorprenderíamos si les dejásemos ser más naturales, por eso no debemos hacer que se sientan censurados. *¿El orden es intrínseco al valor de solidaridad?* Preferimos a un jugador no educado en medios complejos de juego pero que piense por sí mismo a un otro que ponga en práctica los mismos sin la confianza necesaria para hacerlo. Para entender la cobertura, hay que enseñar la solidaridad como medio sine qua non para el rendimiento en un deporte colectivo. Parafraseando al gran Martí: *"Buscamos la solidaridad no como un fin sino como un medio encaminado a lograr que nuestro fútbol cumpla su misión universal".* (*Nuestra América* diría el político y escritor cubano de fines del siglo XIX).

- Básicos frente a reactivos–activos: Imprimir de manera virtual si el juego tiene más interacciones de tipo reactivo o activo es como el símil del huevo y la gallina, sobre todo cuando hablamos de situaciones globales, claro está; pero cuando lo hacemos de defensa, la reactividad se podría asemejar al sinónimo de minimizar el error, y esto es una visión restrictiva de la realidad del juego en general y de la plasticidad cerebral en particular. No podemos disociar las fases del mismo, aunque eso sí, entendamos la exposición de los medios reactivos como la conducta que está a expensas de la actividad rival. En el trabajo defensivo de fútbol base deberían de alzarse como protagonistas las situaciones de tipo activo puesto que sus cómplices en el campo serían la creatividad, el talento, la posibilidad de especular... *¿o es que el talento sólo sirve cuando se tiene el balón?* Para ejecutar de manera activa hay que pensar ya que implica dejar espacios en primera línea unas veces, en segunda otras.... La excusa ulterior es *"los jugadores no están del todo compenetrados", "no hay comunicación suficiente"...* Un jugador, por muy pequeño que sea, si no gana, no confía en su educador y/o entrenador, lo entendemos; como el principio de Arquímedes aplicado al fútbol: *la reactividad sumergida es igual al número de goles desalojados de dentro de la portería.* Cada equipo tiene unos jugadores, unos técnicos, una idiosincrasia, en todos no se entrena igual; pero sí es común la baladronada de defender a coste cero.

Entrenar y aprender ha de ser en base a dinámicas conductuales y comportamientos antes que a sistemas. CREEMOS EN EL PROCESO DE ENTRENAMIENTO. Si entrenar específico está sólo referido a tareas, tenemos un problema terminológico grave. Hay quien aboga por una unificación de términos en fútbol porque se genera una versatilidad que no ayuda a entendernos a los técnicos. Nosotros estamos de acuerdo siempre que los términos lleven un significado práctico emotivamente competente en la sesión de entrenamiento, para ello, hace falta sentarse y sentir una metodología basada en el jugador. El resto, con todo nuestro respeto, son como estanterías vacías en las que cada uno cuadra sus zapatos según puede, quiere y/o le dejan. Queremos concluir con el inicio de un viaje hacia las personas como base del juego, para ello nos hemos enamorado de un artículo publicado en la agencia EFE (Muñoz, 31-08-2011) porque defiende, y no es nuestra intención enaltecer a nadie en concreto ni barrer para ningún lado más que para la idea de que **el jugador es lo importante** y la amistad como base del modelo:

"Todo es mentira, una comedia rodada por Álvaro Fernández Armero en 1994, podría haber sido el título de un documental sobre el Barcelona de Guardiola. El argumento sería simple: la trayectoria de un equipo campeón de todo y en el que nada es lo que parece.

Es el Barça de Pep una enorme y maravillosa mentira. La gran mentira del fútbol. Empezando por su portero, Valdés, que desmonta el mito de que un meta sólo se dedica a parar y no tiene influencia en el ataque de un equipo, y acabando por su falso 'nueve'. Sí, ese 'nueve' mentiroso que es Leo Messi. Porque el Barça juega sin delantero centro y los mete de cinco en cinco, porque es capaz de formar sólo con tres defensas y lograr que no le tiren a puerta hasta el minuto 88. Porque su mentira empieza en la pizarra y acaba sobre el campo.

Tendemos a ordenar siempre las cosas, a darles forma y a etiquetarlas para poder explicarlas. Que si un 4-3-3, que si en realidad es un 4-1-2-3, que si alguna vez se convierte en un 3-4-3 o 3-5-2... No pierdan el tiempo. El dibujo de este Barça sólo es un punto de partida. Una recreación numérica que se va al traste con el pitido inicial. A partir de ahí, el sistema muta hacia una disposición espartana cuando no se tiene el balón y a otra cuando se recupera.

En su debut liguero ante el Villarreal, la versión 4.0 del Pep-Team *escenificó su gran mentira futbolística de la forma más sublime. Jugó con un solo zaguero nato (Abidal), aunque formó con tres (Mascherano y Busquets) y llegó a defender con cinco (Thiago bajando hasta ocupar el lateral y Keita incrustándose entre los dos centrales) cuando fue necesario. Mascherano, un tipo rudo que se ganó los galones de capitán en la albiceleste como medio centro de contención, resulta que es ahora un central que sale el primero a la presión y achica espacios como nadie. Abidal, ese lateral zurdo de largo recorrido, en el Barça es capaz de transformarse en un especialista de la marca al 'nueve' y en el rey de las coberturas. Busquets, un espigado centrocampista que juega al primer toque, es ahora el encargado de dividir como nadie mientras actúa de líbero por detrás de los dos marcadores.*

Otro engaño. Como un centro del campo en el que uno no sabe si jugaban tres, cuatro o cinco futbolistas. Porque Cesc, más que un mediapunta, era el punta, o ¿lo era Messi? ¿o ambos eran el 'diez'?. Vaya usted a saber, debía pensar Garrido. Ante el Villarreal era difícil entender de qué jugaba Thiago, que aparecía y desaparecía del carril del 'ocho' para marcar un gol desde la frontal o dar un par de asistencias. O Iniesta, ese jugador que asocia con todos desde ambos vértices, el medio centro o incluso cayendo a la banda. Puro caos. Un desorden perfectamente organizado. Una clase magistral de posición, velocidad, toque y ocupación de espacios. Una exhibición de cómo sorprender llegando y ocupando el lugar en vez de habitar en él.

Y eso que no fue titular Villa, otro impostor que golea partiendo de la izquierda; o no estaban Daniel Alves, un lateral que pisa la línea de fondo más que cualquier extremo; o Piqué, un defensa central con alma de delantero capaz de convertirse en un killer *del área o darle una asistencia de tacón a Messi. Todo mentira, como la patraña de que Thiago y Cesc no podían jugar juntos, o que, mientras Messi sea el 'diez', el ex del Arsenal está condenado a jugar en la posición de Xavi.*

Guardiola ha creado un espectáculo de ilusionismo. Cualquier día, acabará en la sala de prensa parafraseando a Anthony Blake. "No le den más vueltas, todo lo que han visto es fruto de su imaginación", finaliza el mentalista cada show."

EPÍLOGO

El Fútbol imperecedero o El peso de la Tradición.

El jugador es lo importante... y el entrenador también.

Sin el jugador no hay gol, no hay ni desmarque ni pase, no hay acoso ni cobertura... no hay equipo, no hay fútbol. Sin el entrenador, puede que sí pero también puede que no haya felicidad, respeto y responsabilidades cuando obviamente conviene que las haya. Quizá sí o quizá no exista o puede que sí a pesar de éste, la deseable sintonía entre orden y libertad que facilite la manifestación de los talentos individuales en el contexto de expresión colectiva de las prestaciones de rendimiento del equipo; puede que sí y puede que no haya equipo en el sentido amplio de la palabra, y que los jugadores logren serlo o no en la medida de sus posibilidades.

Los actos del entrenador pueden tanto amplificar como silenciar el potencial del jugador, favorecer su desarrollo o inhibir sus virtudes, anestesiándolas hasta llegar a provocar su abandono. Es por ello que el entrenador, ya sea por exceso o por defecto tendrá la opción de posibilitar o no que el jugador sea todo lo importante que su código futbolístico preestablece.

La tarea de entrenar está configurada o se desarrolla en una realidad compleja; tan compleja por multifactorial que las relaciones causa efecto son absolutamente imposibles en tal paisaje profesional. Esto contrasta con el hecho de que el principal y hasta único criterio de evaluación en todos los niveles deportivos sea el producto o resultado final, el éxito o el fracaso.

El fútbol es indudablemente un ente caótico pero tal vez nosotros lo hacemos más diseñando, por ejemplo, el mismo menú diario de afectividad, esfuerzo o motivación para todos los integrantes de un equipo, pretendiendo de ese modo que a todos ellos les cohesione o motive lo que a nosotros nos mueve, y que sean ellos los que adapten sin excusas sus capacidades naturales a nuestra probablemente desnaturalizada idea de juego. Con esta propuesta tendrán serias dificultades para expresar sus bondades y/o esconder sus limitaciones, lo que indiscutiblemente condicionará la salud afectiva y emocional del grupo y en consecuencia su rendimiento.

Parafraseando al escritor José Luis Sampedro, esto hace que "*vivamos en el centro de un gran chantaje*"[139]. Mientras en la mayoría de ámbitos y sectores apremia el renovarse o morir, en nuestro deporte, no es que renovarse sea morir sino que simplemente la finalidad es sobrevivir encubiertos bajo el paraguas de los indefinidos y poco discretos, criterios de evaluación de nuestras responsabilidades.

El jugador es lo importante y el fútbol es de los futbolistas... Sin duda, ésta, una de las escasas e indiscutibles certezas a las que me apunto, es a la vez la excusa perfecta, la fácil, interesada y ventajista puerta de entrada al "todo vale". Aunque en el fútbol y particularmente en la tarea de entrenar, como horizonte enredado, único y cambiante, no existan esas relaciones causales, debemos intentar ser sensatamente responsables en nuestros actos y convicciones independientemente de que el resultado final sea la victoria, y sobre todo no debemos utilizar a ésta como aval fundamental o al menos exclusivo de los efectos del trabajo realizado.

Igual que no se gana simplemente por ingerir determinada dieta, del mismo modo no es fácilmente demostrable que se pierda ni por ella, ni de forma exclusiva por alguno de los otros muchos ingredientes del rendimiento. En el deporte y particularmente en el fútbol, el producto final es consecuencia de la influencia de múltiples y muy variados factores entre los que destaca sobremanera el talento natural de los jugadores, por lo que la hipotética escasa aportación y hasta ausencia de alguno de los otros (llámese "metodología apropiada" si la hubiera, adecuada selección de contenidos si es que acertamos, eficacia en la dirección de grupo si fuera demostrable,...) puede no entorpecer lo suficiente para que el equipo deje de ganar.

El jugador es lo importante y el equipo que tenga a los mejores normalmente ganará, y puede que lo haga hasta a pesar del entrenador y su forma de ser, de vivir y sobre todo de hacer y de convivir.

"*Procurar a las personas las oportunidades y animar a éstas a aprovecharlas*" (Blackemore y Frith, 2007). Desde esta perspectiva autocrítica y creemos que responsable, un buen entrenador o un buen grupo de trabajo serán los que proporcionen a sus jugadores las mejores condiciones de expresión de sus talentos, lo hagan con un clima de equipo que favorezca

---

[139] Blog personal. http://www.clubcultura.com/clubliteratura/clubescritores/sampedro/home.htm.

y hasta contagie la implicación de todos los elementos hacia la misma causa, elijan unas formas personalizadoras de dirigirse a la victoria que posibilite la manifestación del potencial de cada jugador; los que fomenten en definitiva una actitud de superación, creativa y constructiva de las prestaciones del jugador. Entendemos en este punto que enseñar y entrenar deben relacionarse en el pensamiento del entrenador con la plasticidad cerebral, rigurosamente tratada por los autores. Actividad imantadora ésta, dirigida a la construcción de un hábitat no sólo favorable sino también agradable, estimulante,... El entrenador autocrítico, formado y formador ayuda a potenciar al jugador o cuanto menos no limita sus posibilidades naturales.

Nos identificamos plenamente con las palabras de Pepu Hernández (2007)[140] cuándo declara: "*yo soy ayudante de jugadores, los protagonistas son ellos*" y del mismo modo que lo hacemos con el pensamiento de Osho (2002), para el que "la responsabilidad es una cara de la moneda, la otra es la libertad. Si no quieres responsabilidad, no tendrás libertad y sin libertad no existe el crecimiento". Es obvio que no existen ni metodologías exclusivamente ganadoras, ni formas de dirigir o liderar que garanticen el éxito, pero entendemos que es responsabilidad del entrenador vivir su profesión como lo que es, una tarea "embarazosa" de la que no por ello es honesto inhibirse.

Aunque el hecho de que el entrenador desarrolle o cumpla "bien" con sus responsabilidades no sea garantía de éxito en el resultado final, ello no debe ser justificación para considerar siempre válida la metodología y forma de liderar que utiliza el cuerpo técnico ganador, es decir, catalogar como adecuada a cualquier forma de hacer o dirigir.

Será entonces oportuno que el entrenador antes de nada reconozca e intente adaptarse a la realidad que conforman los integrantes del equipo que lidera, para a continuación disponerse a contribuir a su máximo rendimiento mediante la identificación y diseño de una idea de juego o entorno de expresión colectiva que posibilite la confluencia de los talentos individuales. En este sentido, normalmente la respuesta a porqué no se evalúa de otro modo o con otro criterio que no sea con el resultado final, es muy simple: porque muy probablemente no se han preestablecido otros objetivos que no sean la consecución de la victoria.

---

[140] Hernández, P. y Fernando, L. (2007). *Entrenar el éxito*. La esfera de los libros: Madrid.

Como el objetivo final se alcanza por muchos caminos, esta desafortunada y anquilosada característica diferenciadora se establece como parapeto al todo vale. Se gana tanto sin planificar como llegando al detalle, entrenando de forma significativa como descontextualizada, liderando de un modo ecológico: teniendo en cuenta las características del grupo y de cada individuo, y también se logra sin apenas preocuparse ni del grupo ni del jugador,... todo ello se convierte en excusas para cobijar las irresponsabilidades a pesar de que finalmente nos adjudiquemos, a veces injustamente un porcentaje importante de la responsabilidad de la victoria.

Y es que el día a día de un equipo de fútbol pensamos que se podría describir en muchas ocasiones como *la dictadura de lo menos relevante* por lo que utilizando palabras de los propios autores de esta obra, sería conveniente ir haciendo "prevención de la incoherencia". Como indica Giráldez (2000) *"durante mucho tiempo hemos entrenado para entrenar en lugar de entrenar para jugar"*. Los jugadores siguen cuestionando porqué se dedica tanto tiempo a contenidos descontextualizados y nosotros haciendo caso omiso continuamos cargados de razón llenando los campos de entrenamiento de conos, picas, vallas, aros, paracaídas,... Insistimos en tratar al colectivo como suma de talentos en lugar de preocuparnos por su socialización, por el establecimiento de redes de organización que favorezcan la plenitud de expresión futbolística de las características de los integrantes.

La rutina está protagonizada por la preocupación en hábitos y conductas que se pueden denominar menos influyentes, mientras en muchas ocasiones el desprecio es el valor concedido, entendemos, a lo fundamental, prevaleciendo de ese modo lo estético sobre lo básico, lo artificioso sobre lo natural, lo accesorio sobre lo esencial. Invertimos en instrumental que informa de las velocidades a las que se producen los desplazamientos de los jugadores sin preocuparnos demasiado porque eso se produzca en situaciones que favorezcan el desarrollo de regularidades en el juego del equipo en la competición.

Mientras todo esto ocurre, históricamente se ignora y menosprecia lo básico, que no es otra cosa que la comprensión de la naturaleza del juego, preocuparse por el fomento del potencial del jugador, la identificación de las condiciones de entrenamiento con ese fin, diferenciándolas de las que o son neutras o incluso tienen tales efectos pues se alejan de la naturaleza del deporte en cuestión.

Gracias Rosa, gracias Fran. Con apasionadas, además de vocacionales y tan trabajadas aportaciones como vuestra rigurosa obra, el fútbol logrará desmarcarse de la "*patología del saber*" (Morin, 1994). Entendemos que al igual que no debemos ignorar ni menospreciar, la aportación de la historia a través de la literatura específica y las expertas aportaciones, del mismo modo es preciso que el fútbol se disuada de muchos de los tópicos que asentados en los tambaleantes criterios de evaluación lastran su evolución. Como indica Frade, 2003; citado por Gaiteiro, 2006 "*la generalidad de las personas aún no se sacó de la cabeza aquello que es el gran cáncer conceptual que son las fases, los periodos, las etapas, las cargas*", entre otros, añadiríamos nosotros cuando en lugar de preocuparnos exclusivamente de la preparación física lo hagamos de una vez, de la preparación futbolística. "*Parece como si sólo podamos comprender lo que ya conocemos*" (Jodorowski, 2009), en lugar de pensar que "la mente sea como un paracaídas, que sólo funciona si se abre" (Einstein).

No se trata de reinventar el fútbol. Está claro que está inventado, pero no tanto que esté plenamente definido, y sobre todo que su cuerpo de conocimiento esté completa y coherentemente organizado. Lejos de invitar a seguir modas, como indica Ruí Faría en Oliveira y cols. (2006)[141], pensamos que "*hoy día cambiar conceptos es romper con la norma y desconcierto para muchos, atrevimiento para otros, y, finalmente, desconocimiento para la mayoría*". Conviene que en el futbol nos sensibilicemos definitivamente por establecer una específica, completa y lógica estructuración de contenidos que permita la programación de modelos de juego específicos de equipo y no sólo de modalidad (Guillerme, 2007), lo cual no es poco teniendo en cuenta que no siempre se da. Conviene también que nos quitemos el traje de la envidia y la comodidad y nos vistamos de coherencia para definitivamente convencernos de que a la vez que está inventado, el fútbol renace con cada plantilla, con cada alineación, con cada momento de la competición y con cada circunstancia del partido; con cada emoción y la forma en que afecta a cada jugador,... larga vida al entrenador que mira al fútbol con ojos de niño, con cara de asombro.

---

[141] Oliveira, B. y cols. (2006). *Mourinho. Porquê tantas vitórias?*. Gradisa: Lisboa.

Felicidades Rosa y Fran por saber lo que sentís, por sentir lo que decís, conocimiento e inquietud son el motor de todas las cosas.

José Alfonso Morcillo Losa
Preparador Físico

GLOSARIO

- *Reciprocidad adquirida en el juego (ver cap. 1.):* el juego, en su naturaleza más pura, entraña reciprocidad, entraña dar y recibir. La personalidad del jugador, influye, en su comportamiento en el campo, el jugador le da al juego, al tiempo que el juego le da al jugador la posibilidad de mejorar su motivación intrapersonal y la relativización, aumentar el autoconocimiento y crecer en la asunción de responsabilidades de forma madura y coherente.

- *Especificidad dinámica (ver cap. 2.):* es ir más allá que entrenar en lo que entendemos por especificidad; es un escenario en el que el jugador conoce sus cualidades, las potencia, las explota y aprende a observarlas por sí mismo y con los demás para evitar caer en el "valor roto". Para ello lo trabaja compactando este desarrollo bajo dos parámetros: el dinámico y el integrador. El primero establece que estamos ante un proceso en movimiento, se puede modificar por tanto; y el segundo, el integrador, nos abre la puerta a la interacción, a poner el proceso al servicio de cada segundo jugado. Los conceptos de juego están adaptados a los rasgos psicocaracteriales de cada persona-jugador facilitándole el auto-reconocimiento de lo que es importante para su mejora.

- *Desensibilización sistemática en el juego* (ver cap. 2.1.): la desensibilización sistemática, como técnica psicológica, fue desarrollada por Wolpe y es una técnica dirigida a reducir las respuestas de ansiedad /miedo y eliminar las respuestas motoras de evitación. Llevarla a cabo con el desarrollo de medios tácticos activos para cualquiera de las fases y subfases del ciclo de juego.

- *Interpretación correlacional del modelo de juego* (ver cap. 3.): es ir un paso más allá que los mapas mentales mediante la solución a un problema además de generar más opciones de interpretación en el juego. La palabra mapa, en sí misma, genera limitaciones espaciales en un cerebro interrelacionado.

- *Valor roto* (ver cap 3.2. y su posterior desarrollo en el cap. 7.4.): cuando se prioriza el "sistema" antes que los comportamientos y valores y/o también se ejecutan conceptos y medios que nutren al "sistema" sin partir de dichos comportamientos se genera un valor roto, un medio táctico desmembrado, un "sistema" desarticulado desde antes de intentar ser conjugado.

- Intrageneralizaciones (ver cap 3.5.): se dan cuando ponemos al servicio del juego la "libertad" del jugador como forma de interacción y aprendizaje, como forma de comunicación propuesta y que él decide finalmente. Ello va a dar lugar a que el aprendizaje se generalice en tanto en cuanto el futbolista experimente y descubra registros ejecutables. Las mismas van a conformar estilos de respuestas que van a tender a repetirse o a extinguirse en base al uso que hagamos de las mismas.

- *Límites de control* (ver cap 3.6.): cuando en el terreno de juego cada integrante del equipo ocupa una demarcación concreta con más o menos flexibilidad, con más o menos márgenes, aunque su área de interacción tiene ciertos límites, llamémosles "geográficos", en el desarrollo del mismo y, pese a que el jugador sea un excelente "explorador", también debe tener claros, al igual que su entrenador, sus puntos fuertes entendidos como límites, pero límites positivos, no como tope.

- *Planificación táctica conductual*" (ver cap. 4.1.): es tener en cuenta las interacciones de los jugadores para poder elaborar conceptos adecuados y así poder orientar el proceso de entrenamiento desde la persona-jugador. Si se tiene una entidad de club y una idea de juego, sería la concretización en el campo de todo el trabajo de captación y fichajes.

- *No respuesta como instrucción no R como I* (ver cap. 4.3.): No se trata de dar instrucciones a través de respuestas, sino de perseguir la esencia provocando que el jugador se haga preguntas y necesite en la respuesta la generación de experiencias. Dicho paradigma nos lleva a la esencia del mismo, la inteligencia sistémica, o dicho de otro modo, llegamos a *"no R como I"* gracias a ésta.

- *Cretinización neuropsicológica* (ver cap. 4.5.): lo opuesto a "no R como I"; es pasar de un "apoyo en la interpretación" a un recetario infalible basado en el pensamiento efímero del entrenador demostrador.

- *Amplitud de juego concreto* (ver cap. 4.5.): el ser humano está acostumbrado a pensar qué fue antes para poder tomar decisiones y eso lo extrapolan al juego. En este caso el jugador debe elegir, siguiendo parámetros contrarios a los ofrecidos por al sociedad, es decir, no cartesianos, conde ninguna decisión se sucede antes que otra en el tiempo ya que éstas son también, como motor del juego, interactivas; no son pre ni post, sino durante. Esta visión holística le dará al futbolista la amplitud necesaria para poder acotar y hacer del juego un ente concretizador hacia la travesía de caminos interactivos. Concluiríamos, por tanto, que es una simplificación sistémica de lo amplio a lo concreto.

- *Interacción Proactiva* (ver cap. 4.5.): las decisiones se toman en base y a través de las plataformas de las interacciones y la acomodación que nuestro cerebro hace de las mismas. Es esencial observar desde el punto de vista del entrenamiento las interacciones no como un producto "natural" del devenir del juego; sino como la esencia del mismo a través de la que debemos provocar, modificar, en definitiva, considerar que el potencial de aprendizaje en la comprensión y armonioso desarrollo del modelo reside precisamente ahí.

- *Canales de Interacción* (ver cap. 4.5.): patrones orientativos a la hora de observar el juego y unas pautas, por tanto, para facilitar sus interacciones proactivas tomando como base algunos principios fundamentales a nivel de desarrollo cognitivo, pensamiento lateral y aprendizaje. Los mismos son: consecuencias, objetivos, dualidad aparente-real, punto de vista exterior, y siendo todo ello explicado mediante condicionamiento asociativo, instrumental, ley del efecto, condicionamiento, respuestas autónomas, condicionamiento motor y asociacionismo.

- *Intención Generadora* (ver cap 4.6.): une las vertientes irracionalistas y racionalistas en el acto creativo. Está influenciada por imágenes preconscientes retroalimentadas por todo tipo de vivencias que anidan en el subconsciente y se relacionan con la voluntad deliberada de manera inconsciente, totalmente creativa, para luego después, dentro del continuum aparecer como una intención deliberada que no tiene por qué quedar al descubierto de los demás compañeros en general y del técnico en particular.

- *Estructura neuro-adaptativa* (ver cap. 4.6.): para que se pueda considerar como tal una auto-organización, dicha estructura permite potenciar las multiestructuras ya descritas por Seirul'lo y también estimular neuropsicológicamente herramientas de trabajo específicas. Para ello se deben tener en cuenta las características del cerebro (plasticidad, neurogénesis y complejidad funcional), el ambiente estimulador-enriquecido en torno al juego, el fútbol como actividad compleja y el aprendizaje constructivista. El objetivo último es el de potenciar habilidades y conectarlas con la interacción en un medio determinado.

- *Pragmatismo metodológico* (ver cap. 6.5.): consiste en la creencia de que la consecución del objetivo es síntoma de mejora en el jugador y en el juego.

- *Ubuntu futbolístico* (ver cap. 7.4.): es la aplicación de un concepto sudafricano, el de ubuntu (nuestro bienestar depende de facilitar el de los demás), como medio del valor inquebrantable que evite así la aparición de un valor roto en el desarrollo del juego.

REFERENCIAS BIBLIOGRÁFICAS

- Ajram, J. (2010). *¿Dónde está el límite?* Plataforma editorial. Barcelona.
- Anderson, Lorin W. (edt)/ Krathwohl, David R. (edt)/ Bloom, Benjamin Samuel (edt). *A Taxonomy For Learning, Teaching, And Assessing.* Edit. Addison-wesley
- Antón García, J.L. (2002). *Balonmano. Táctica grupal defensiva. Concepto, estructura y metodología.* Edit. Grupo Universitario. Granada.
- Blakemore, S-J, Frith, U. (2007). *Cómo aprende el cerebro.* Las claves para la educación. Edit. Ariel.
- Brooks, R; Goldstein, S. (2007). *El poder de la resilencia.* Edit. Paidós.
- Bruner, J. (1985). *En busca de la mente.* Ensayos de autobiografía. México: FCE.
- Bunge, M. (1985). *El problema mente-cerebro: un enfoque psicobiológico.* Madrid: Tecnos.
- Bucay, J. (2010). *El Camino hacia la Espiritualidad.* Llegar a la cima y seguir subiendo. Edit. Grijalbo.
- Cano Moreno, O. (2000). *Fútbol: Entrenamiento global basado en la interpretación del juego.* Edit. Wanceulen. Editorial deportiva S.L. Sevilla.
- Cano Moreno, O. (2009). *El Modelo de Juego del F.C. Barcelona.* Una red de significado interpretada desde el paradigma de la complejidad. Edit. Mc Sport. Colección preparación futbolística.
- Capra, Fritjof (1998). *La trama de la vida. Una perspectiva de los sistemas vivos.* Edit. Anagrama. Colección argumentos.
- Capra, Frijtof (1990). *Sabiduría Insólita. Conversaciones con personajes notables.* Edit. Kairos.
- Clarke, D.L. (1968-1984). *Arqueología Analítica.* Edición póstuma revisada por Bob Chapman. Ediciones Bellaterra, S.A. (Barcelona).
- Cubeiro, Juan C.; Gallardo, Leonor (2010). *Mourinho versus Guardiola. Dos métodos para un mismo objetivo.* Edit. Alienta.
- Damasio, A. (2010). *Y el cerebro creó al hombre ¿Cómo pudo el cerebro generar emociones, sentimientos, ideas y el yo?* Edit. Destino.
- Dancy, J. (2007). Introducción a la epistemología contemporánea. Edit. Tecnos.
- De Bono, Edward. (1994). *El pensamiento creativo.* Edit. Paidós.
- De Bono, E. (1991). *El pensamiento lateral. Manual de creatividad.* Edit. Paidós.
- De Bono, Edward. (2011). *Piensa, antes de que sea demasiado tarde.* Biblioteca Edward de Bono. Edit. Paidós.
- Doidge, N. (2008). *El cerebro que se cambia a sí mismo.* Edit. Aguilar. España.

- Ebeling, W. y F. Schwitzer *Self-Organization. Active Brownian Dynamics, and Biological Aplications*. Nova Acta Leopoldina. Volume 88, Issue: 332, Pag. 22. (2002).
- Espar, X. (2009). *Jugar con el corazón*. Plataforma editorial. Barcelona.
- Festinger, L. (1957). *A theory of cognitive dissonance*. Stanford, CA: Stanford University Press.
- Fuster, V.; Sampedro, J. L. con O. Lucas (2008). *La Ciencia y la Vida*. Edit. Debolsillo.
- Gaiteiro, B. (2006). A ciencia oculta do sucesso. Mourinho aos olhos da ciencia. Inédito.
- Garcia Herrero, J. A. (2003). *Entrenamiento en balonmano: bases para la construcción de un proyecto de formación defensiva*. Edit. Paidotribo. Barcelona.
- Gardner, H. (2011). *Inteligencias múltiples. La teoría en la práctica*. Biblioteca Howard Gardner. Edit. Paidós.
- Gardner, H. (2010). *Mentes Creativas. Una anatomía de la creatividad*. Edit. Biblioteca Howard Gardner.
- Geus, A. (1998). *La Empresa Viviente: Habitos Para Sobrevivir en un Ambiente de Negocios Turbulento*. Granica. Prólogo de P.M. Senge.
- Goleman, D. (2001): *Inteligencia Emocional*. Edit. Kairós.
- Goleman, D; McKee, A; Boyatzis, R. (2002). *Primal Leadership*. Edit: Hardvar Bussiness Scholl Press.
- Grinberg, M. (2002). *Edgar Morín y el pensamiento complejo*. Edit. Alfaomega.
- Guillerme, J. (1991). Especificidade, O pos-futebol do pre-futebol. Apuntes inéditos.
- Hardy, T; Jackson, R. (2005). *Aprendizaje y cognición*. Edit. Pearson.
- Hernández, P. y Fernando, L. (2007). *Entrenar el éxito*. La esfera de los libros: Madrid.
- Iacoboni, M. (2009). *Las neuronas espejo*. Edit. Katz.
- Leydesdorff, L; Blume, S; Bunders, J; Whitley, R. (1987). *The Social Direction of the Public Sciences: Causes and Consequences of Cooperation Between Scientist and Non-Scientific Groups*. Sociology of the Sciences Yearbook, Spinger.
- Jiménez y Morcillo J.A. (2003). *Apuntes Escuela de entrenadores de Fútbol de Andalucía*. Nivel I. CEDIFA.
- Jodorowsky, A. (2009). Manual de Psicomagia. Debolsillo: Barcelona.
- Maganto, C; Maganto, J.Mª. (2010). *Cómo potenciar las emociones positivas y afrontar las negativas*. Edit. Pirámide.
- Marina, J.A. (2007). *Anatomía del miedo. Un tratado sobre la valentía*. Edit. Anagrama. Colección Argumentos.
- Marín, A. (2011). *Sabiduría estratégica*. Edit. Plataforma.

- Marina, J. A. (2010). *La educación del talento*. Universidad de Padres. Edit. Ariel (Planeta). Barcelona.
- Marina, J.A. (2004). *Teoría de la Inteligencia Creadora*. Edit. Compactos-Anagrama.
- Modeo, S. (2010). *José Mourinho. El entrenador alienígena*. Edit. Planeta.
- Moreno, Eloy (2011). *El bolígrafo de gel verde*. Edit. Espasa. 8ª Edición. España.
- Morgado, I. (2007). *Emociones e inteligencia social*. Edit. Ariel.
- Morín, E. (1994). *Introducción al pensamiento complejo*. Gedisa: Barcelona.
- Morín, E, conversa con Karen Tager, Djénane (2010). *Mi Camino. La vida y obra del pensamiento complejo*. Edit. Gedisa. Autobiografía.
- Oliveira, B. y cols. (2006). *Mourinho. Porquê tantas vitórias?*. Gradisa: Lisboa.
- O´Connor, J; McDermott, I. (1998). *Introducción al pensamiento sistémico. Recursos esenciales para la creatividad y la resolución de problemas*. Edit. Urano.
- Perarnau, M. (2011). *Senda de campeones. De la Masia al Camp Nou*. Edit. Salsa book.
- Perea, P. (2006). *Apuntes Escuela de entrenadores de balonmano de Granada*. Nivel 1.
- Perea, P. (2012). *La administración de información como labor docente del entrenador de balonmano: análisis descriptivo en categorías de base*. Tesis Doctoral Universidad de Granada.
- Portolés, J. (2006). *Módulo Metodología para el desarrollo de la Velocidad. Máster Preparación Física en Fútbol por la UCLM*. Las Rozas, Madrid. (2005-2007).
- Punset, Eduardo (2009). *El viaje a la Felicidad. Las nuevas claves científicas*. Ediciones Destino. Barcelona.
- Richardson, K. (2001). *Modelos de desarrollo cognitivo*. Edit. Alianza ensayo.
- Rizzolatti, G; Sinigaglia, C. (2006). *Las neuronas espejo*. Edit. Paidós.
- Saramago, José (1995). *Ensaio sobre a Cegueira*. Edit. Caminho, S.A. Lisboa.
- Senge, Peter M. (1994). *La quinta Disciplina*. Edit. Granica. Argentina.
- Skynner, B.F. (2005). *Walden dos: hacia una sociedad científicamente construida*. Edit. Martinez Roca. España.
- Stengel, Richard (2011). *El legado de Mandela. 15 enseñanzas sobre la vida, el amor y el valor*. Edit. Temas de hoy.
- Soriano, Ferrán. (2010). *La pelota no entra por azar*. Edit. J.Pocket.
- Tamorri, S. (2004). *Neurociencias y deporte*. Edit. Paidotribo.

- Torrents, C. *La Teoría de los Sistemas Dinámicos y el entrenamiento deportivo*. Tesis Doctoral. INEF de Catalunya. Universidad de Lléida. (2005).
- Training Fútbol (2010). *Revista Técnica Porfeional. Entrevista a Óscar Cano por Jesús Cuadrado Pino sobre construcción del modelo de juego.* Nº 178.
- Wolk, L. (2007). *El Arte de soplar Brasas en Acción*. Edit. Argentina.

REFERENCIAS ELECTRÓNICAS

- *El blog de las competencias.*
  Enlace: elblogdelascompetencias.wordpress.com. Última fecha de consulta (20-05-09).
- Blog club cultura.
  http://www.clubcultura.com/clubliteratura/clubescritores/sampedro/home.htm.
- El blog del *Pensamiento Sistémico. Ideas y reflexiones para un mundo complejo.* Enlace: www.jmonzo.blogspot.com/. Última fecha de consulta (21-08-11).
- Garma, A. *Conceptos relativos a la creatividad artística según Humberto Eco.* A parte Rei. Revista de filosofía. Última fecha de consulta (21-10-11).
- Honoré, C.
  http://www.notodo.com/.../elogio_de_la_lentitud_carl_honore_rb. Última fecha de consulta (14-05-11).
- Narváez, M.B. *http:// viref.udea.edu.co/contenido/pdf/113-caracteristicas.pdf*, 2003. Última fecha de consulta (20-10-2011).
- Lago Peñas, C. y López Graña, P. (2001). *Las capacidades coordinativas en los juegos deportivos colectivos. El balonmano*
  http://www.efdeportes.com/ Revista Digital- Buenos Aires – Año 6 – Nº30 – Febrero. Última fecha de consulta (28-08-11).
- López, C. (28-09-2011). *Entrevista a Molo, ex jugador de Osasuna promesas.* Enlace: http://www.vavel.com. Última fecha de consulta (17-03-2012).
- Ortega Toro, E. (2010). *Medios técnico-tácticos colectivos en baloncesto en categorías de formación.* Revista Internacional de Medicina y Ciencias de la Actividad Física y el Deporte vol. 10 (38) pp. 234-244. http://cdeporte.rediris.es/revista/revista38/artBC153.htm. Última fecha de consulta (24-4-11).
- Piñuel Raigada, J.L. y García-Lomas, J.I. *Autopoiesis y Comunicación.* http://web.jet.es/pinuel.raigada/A%20y%20Com.pdf. Última fecha de consulta (28-08-11).

- Prigogine, I. *¿Qué es lo que no sabemos?* Traducido por María Cascón. http://www.aparterei.com/?dl=1. Última fecha de consulta (24-01-11).
- Ronderos, G. (2012). Definición de empatía. http//www.psicopedagogía.com/definición/empatía/. Última revisión de consulta (18-03-2012).
- Robinson, S.K. Do schools kill creativity? http://video.google.com/videoplay?docid=-9133846744370459335&hl=es#. Última fecha de consulta (21-10-11).